DERECHO DE INTERNET

Cabanellas de las Cuevas, Guillermo
Derecho de Internet / Guillermo Cabanellas de las Cuevas, Keith Aoki y Kory D. Christensen - 3ª ed. - Buenos Aires, Heliasta, 2012.
p.; 23 x 15 cm.

ISBN 958-950-885-050-7

1. Internet-Legislación I. Aoki, Keith II. Christensen, Kory D. III. Título

Diseño de tapa: Eduardo Ruiz

ISBN 958-950-885-050-7

Distribuidores exclusivos:
Editorial Heliasta S.R.L.
Juncal 3451 (C1425AYT), Buenos Aires, Argentina
Tel. y Fax: (54-11) 4804-0472
editorial@heliasta.com.ar - www.heliasta.com.ar

Queda hecho el depósito que establece la Ley 11.723
Libro de edición argentina

DERECHO DE INTERNET

2ª Edición actualizada y aumentada

GUILLERMO CABANELLAS DE LAS CUEVAS
(Director)

ÁNGEL MONTES DE OCA
(Coordinador)

KEITH AOKI - KORY D. CHRISTENSEN
CRISTIAN ELBERT - JOSÉ MASSAGUER
BILL MAURER - PABLO PALAZZI
HENRY H. PERRITT (h.) - GUILLERMO CABANELLAS
CAROLINE SCAGLIA - JUAN C. MENÉNDEZ MATO
JUAN CALVO VÉRGEZ - MANUEL JESÚS RODRÍGUEZ PUERTO

Heliasta

PRÓLOGO

La presente obra está destinada a brindar un panorama de los problemas jurídicos creados por la Internet, desde el punto de vista tanto del Derecho Público como del Derecho Privado.

Sin constituir una nueva rama del Derecho –pues sus conceptos e instrumentos son los propios de las disciplinas jurídicas preexistentes–, la problemática legal creada por la Internet ha requerido un proceso de adaptación de los instrumentos normativos disponibles, de escasos antecedentes en la historia del Derecho tanto desde el punto de vista de la amplitud como de la rapidez.

En cuanto a su amplitud, la Internet ha afectado la efectividad y contenido de derechos fundamentales de raigambre constitucional, y ha alterado significativamente la operatividad de las fronteras nacionales. Todo el Derecho Privado, desde los contratos a los derechos de propiedad intelectual, pasando por la responsabilidad extracontractual, han sufrido el masivo impacto de esta nueva tecnología. Y todo ello ha tenido lugar en el curso de una década.

Esta obra comienza con un panorama general del impacto de la Internet en un sistema jurídico nacional, en este caso el argentino.

Una segunda parte de la obra reúne diversos trabajos dirigidos a examinar los efectos de la Internet sobre distintos aspectos del Derecho Público, y particularmente sobre la identidad, atribuciones y poderes de los Estados nacionales.

En una tercera sección se estudian las consecuencias de la Internet sobre aspectos específicos de la propiedad intelectual.

Se incluye un estudio de análisis económico de uno de los casos más renombrados –el caso Napster– en materia de conflictos característicos del llamado ciberespacio.

Finalmente, esta edición comprende también estudios sobre aspectos contractuales y tributarios de las operaciones efectuadas mediante la Internet.

Este esfuerzo internacional e interdisciplinario pretende dar un panorama general de una materia jurídica que, por su rápida evolución, se ha mostrado refractaria a generalizaciones y sistematizaciones. La amplitud del instrumental intelectual empleado en los trabajos que componen esta obra apunta a permitir la utilización y adaptación de ese instrumental en relación con el particular desarrollo de este ámbito jurídico.

DERECHO DE INTERNET EN LA ARGENTINA

Guillermo Cabanellas y Pablo Palazzi

1. Introducción

El sistema legal argentino no contiene una codificación general de reglas aplicables a cuestiones de Internet[1]. Como sucedió en otras áreas del Derecho, tales como la competencia desleal o los secretos comerciales, el Derecho de Internet está evolucionando en la Argentina, inicialmente a través de la aplicación de reglas contenidas en el Código Civil y otras leyes generales, y luego de ello, a través de leyes específicas que regulan algunos aspectos del Derecho de Internet, como es el caso de la firma digital[2].

Existen diversas razones que justifican este enfoque. La principal ha sido la velocidad con que el desarrollo de Internet se ha instalado en nuestra sociedad, lo que impide su regulación a través del proceso legislativo tradicional. La red Internet crea cuestiones y problemas en algunas de las áreas más controvertidas del Derecho argentino, tales como las patentes, el derecho de autor y las regulaciones financieras. Como no fue posible llegar a un consenso acerca del tratamiento jurídico apropiado para ciertas actividades en Internet, el resultado fue que el statu quo legal se mantuvo en varias áreas, no porque existiera una política conservadora en la materia, sino simplemente por la imposibilidad de llegar a acuerdos acerca de cuáles eran los cambios deseables.

Una segunda razón detrás de este enfoque está relacionada con la estructura de los sistemas legales basados en el Derecho Continental, y del sistema de Derecho argentino en particular. Los sistemas de Derecho Continental –por

[1] Tampoco es conveniente tenerla. La evolución de las materias que forman el Derecho de Internet es tan constante y veloz que sería imposible contar con un conjunto de normas actualizadas. Parece más atinada la aplicación de los principios y reglas generales del Derecho y sólo en contadas situaciones recurrir a nuevas normas. Éste es el caso en los Estados Unidos.

[2] Con respecto al desarrollo de Internet en Argentina ver en general Mauricio Devoto, *Comercio Electrónico y Firma Digital. La Regulación del Ciberespacio y las Estrategias Globales* (2001); Horacio Fernández Delpech, *Internet: Su Problemática Jurídica* (2001); Ricardo Lorenzetti, *Comercio Electrónico* (2001); Raúl Martínez Fazzalari, *Régimen Público de Internet*, Ad-Hoc (1999).

oposición al *common law*– están basados en una estructura normativa de naturaleza en extremo abstracta, lo que resulta en principio aplicable a cualquier tipo de conducta humana o transacción. Esta estructura básica es luego ajustada a específicas situaciones a través de una regla legal más concreta, de reglamentaciones administrativas y de casos judiciales o administrativos concretos. En teoría, la estructura legal puede adaptarse fácilmente a cambios tecnológicos y corresponde a la jurisprudencia ir realizando los necesarios ajustes para hacer el sistema viable en el contexto de conflictos y transacciones específicas.

Esta metodología ha funcionado correctamente en algunas áreas. Por ejemplo, el Derecho de daños está codificado en 71 artículos del Código Civil, muchos de los cuales datan de la versión original del Código Civil del año 1869. Esta estructura básica ha sobrevivido a grandes desarrollos tecnológicos, cambios económicos y movimientos sociales, con modificaciones mínimas en su articulado[3]. Sería un grave error, sin embargo, creer que el Derecho de daños, como un todo, se ha mantenido estable y limitado al Código Civil que le dio vida. Por el contrario, un continuo fluir de casos judiciales ha cambiado la manera en que los tribunales argentinos aplican el Derecho de daños, y sólo a través de extensos tratados es posible tener una idea de cómo realmente funciona el Derecho de daños en Argentina.

Es que a la hora de aplicar el Derecho, los jueces del sistema continental también crean reglas jurídicas, al dar alcance interpretativo a las normas y al establecer cuáles hechos están contenidos en el supuesto de hecho de aquellas disposiciones legales[4].

Este tipo de ajustes a nuevas circunstancias no es siempre posible. El Derecho del software constituye un buen ejemplo de cómo la resistencia a ajustar la estructura básica de las leyes argentinas a nuevos desarrollos sociales y técnicos puede crear obstáculos legales.

[3] Tal como ha señalado Goldenberg, el sistema del Derecho Civil salteó a su propio tiempo que fue el de la Revolución Industrial, el del maquinismo y el del urbanismo, el de la producción en serie y la correlativa oferta de bienes masivos al público. No es complicado demostrar su falta de adecuación, que resulta por ejemplo del privilegio del tratamiento de los daños causados por animales con relación a los causados por cosas, y de la corrección que debió hacerle la ley 17.711 (art. 1113 CC); de la necesidad advertida en 1915 de una legislación para los infortunios laborales. El citado autor señala que "El código dedica ocho artículos a los daños causados por los animales y sólo cinco a los causados por las cosas, y en el derogado art. 1113 C.C. ni siquiera mencionaba entre ellas a las máquinas". Isidoro H. Goldenberg, Mesa redonda del 19/10/88 sobre "Impacto tecnológico y masificación social en el Derecho Privado", Departamento de Derecho Privado de la Facultad de Derecho y Ciencias Sociales de la Universidad de Buenos Aires, en *Temas de Derecho Privado*, Ed. Colegio de Escribanos de la Capital Federal, Buenos Aires, 1989, citado por Atilio, Alterini, "¿No a la reforma?, ¿No a esta reforma? (Sobre ciertas críticas al proyecto de código civil de 1998)", en *JA* 1999-II-1012.

[4] Luis Diez Picazo, *Experiencias jurídicas y teoría del derecho*, 3ª ed. corregida y puesta al día, Ed. Ariel, Barcelona, 1993.

Como sucedió en otros países, la Argentina estructuró la protección jurídica de los programas de ordenador sobre la base de las normas del Derecho de autor[5]. La posición inicial adoptada por el gobierno y la doctrina fue que la amplitud que en la Ley de Derechos de Autor 11.723 encontraba el concepto de obra intelectual protegida era suficiente para amparar a los programas de computación. Las particularidades del software –el hecho de que incluye un conjunto de instrucciones a la máquina, su naturaleza funcional, etc – no fueron consideradas como un obstáculo para poder aplicarle la Ley de Derechos de Autor. Sin embargo, posteriormente resultó aparente que ciertos aspectos del software no resultaban fácilmente protegibles con el derecho de autor. Por ello se emitieron normas administrativas para regular la registración del software a los fines de su protección por el derecho de autor[6].

Pero estas normas de rango inferior a la ley provocaron problemas debido al hecho de que las normas penales de la Ley de Derechos de Autor se consideraban inaplicables por los tribunales argentinos, por lo menos a las infracciones penales en materia de software, debido a la prohibición de analogía que rige en Derecho Penal[7]. Tampoco alcanzaba para penalizar la copia de software la existencia de numerosos tratados de Derecho de Autor con objetos abiertos (tales como el Convenio de Berna o el GATT TRIPS)[8].

[5] Con relación a la protección jurídica del software en Argentina ver Antonio Millé, "Propiedad intelectual del software para computadoras y bases de datos", *ED* 157-679; Martín Massini Escurra, "El software y el derecho de reproducción", *ED* 159-471, quien explica que el Decreto 165/94 vino a consolidar la postura de la jurisprudencia y de la doctrina imperante hasta entonces; Pablo Palazzi, "La reproducción ilícita de programas de computación", en *JA* 1994-III-641. Puede verse también el voto de la doctora Patricia Llerena (Trib. Oral n. 18, 23/10/96, "Fernández", sentencia inédita); Horacio Fernández Delpech, *Protección Jurídica del Software* (Abeledo Perrot, 2000) y Pablo A. Palazzi, comentario al caso de la Corte Sup. del 23/12/1997 en autos "Pellicori", *JA* 1998-III-316.

[6] Decreto 165/94.

[7] Ver por ejemplo Cámara Nacional de Casación Penal, sala I, 1995/07/19, en *La Ley*, 1998-B, 74, donde se sostuvo que el "software" es una obra "sui generis", por lo cual no puede incluirse en el tipo penal previsto en el art. 72 de la ley de propiedad intelectual 11.723, pues se podría violar el principio "nullum crimen sine previa lege poenale". En efecto, extender el tipo penal aludido a la protección de esas obras, importaría quebrar la garantía de la realización del Derecho Penal liberal en cuanto limita las fuentes del poder represivo, propias del Poder Legislativo, ya que es facultad del Poder Judicial aplicar las leyes pero no sancionarlas. Ver también Fernández Delpech, *Protección jurídica del software, cit.*, pp. 17-18, Martín Bohmer, "La protección jurídica del mercado informático y un decreto que se anula a sí mismo", *LL* 1994-D-1019, y Marcos Salt, "Protección del software y Derecho Penal en la República Argentina", publicado en *El Derecho Penal hoy*, libro de Homenaje al Profesor David Baigún, Editores del Puerto, Bs. As., 1995, pp. 91 y ss., quien adhiere a la tesis de Bohmer.

[8] La Corte sostuvo que la Convención Internacional para la Protección de Obras Literarias y Artísticas de Berna de 1886 (dec.-ley 17251/67) y la Convención Universal sobre Derechos de Autor, Ginebra, 1952 (dec.-ley 12088/57) no dan origen a la obligación de legislar sanciones penales (Corte Sup., 23/12/97, "Pellicori, Oscar A. y otros", *JA* 1998-III-316).

El Derecho Penal no permite la flexibilidad que encontramos en el Derecho Privado, de poder hacer extensivas las normas tradicionales a los nuevos desarrollos tecnológicos. Por ello resultó necesaria la reforma de la Ley de Derechos de Autor para incluir el software como objeto de protección[9].

Similares desarrollos encontramos en el área del Derecho de Internet. Con la excepción de la protección legal de los nombres de dominio –un sector del Derecho en el que resultó claramente necesario un nuevo marco legal–, la metodología utilizada en el Derecho argentino fue, inicialmente, aplicar las normas legales y conceptos jurídicos existentes a las nuevas cuestiones creadas por Internet. En algunas áreas –tales como los contratos o el Derecho de daños– existen reglas jurídicas que datan del siglo XIX. En otras áreas tales como el Derecho de patentes o el Derecho de autor, existen normas jurídicas más específicas que se han adaptado –con relativo éxito– a la problemática de Internet.

Esta metodología inicial ha mostrado en forma inmediata sus limitaciones. Ciertas reglas del Derecho Privado se han vuelto básicamente incompatibles con las necesidades de las transacciones de Internet. Así, por ejemplo, la formación del contrato bajo el Derecho argentino se basa en la suscripción de documentos escritos por medio de la firma de las partes[10]; los contratos y las firmas electrónicas no son compatibles con ese sistema, y, por lo tanto, resultó necesario introducir normas especiales para permitir la validez legal de esos medios de formación contractual y de la firma digital.

A su vez, el Código Penal, que data del año 1921, y sus normas complementarias, son interpretados de acuerdo con la prohibición constitucional de analogía, por lo que resulta imposible penalizar conductas que han utilizado a Internet como un medio comisivo, si se apartan de los elementos preestablecidos del tipo penal[11].

En materia de privacidad frente a la acumulación de datos personales en bancos de datos puede decirse que la Argentina recién en el año 1994 receptó en su Constitución una disposición constitucional tendiente a otorgar a los registrados un derecho a controlar los datos personales[12], y sólo en el año 2000 legisló a nivel nacional no sólo una reglamentación de esta cláusula constitucional sino también una ley de protección de datos personales siguiendo el modelo europeo y en especial la ley española.

[9] La ley 11.723 fue reformada en el año 1998 por la ley 25.036.

[10] Ver art. 1193 del Código Civil.

[11] Ver Fernández Delpech, *Internet, cit.*, p. 149 y ss. y Pablo, Palazzi, *Delitos Informáticos*, Ed. Ad-Hoc, pp. 48-53, 2000.

[12] Ver "El Hábeas Data en la Constitución Nacional (La protección de la privacidad en la 'era de la información')", en *JA* 1995-IV-711.

La reacción a estas limitaciones legales ha tenido manifestaciones dispares. En algunos casos, tales como los contratos telemáticos y las firmas electrónicas, sólo se legisló luego de años de vacío legislativo. En otras áreas, tales como los delitos informáticos[13] o las transacciones financieras a través de Internet, las normas legales necesarias aún no han sido aprobadas y el vacío legal no ha sido cubierto a través de decisiones judiciales o regulaciones administrativas.

El resultado del desarrollo del Derecho de Internet en la Argentina no es del todo satisfactorio. En algunas áreas tales como el Derecho de daños en Internet, el sistema legal de responsabilidad argentino es lo suficientemente flexible para acomodar las situaciones creadas por Internet, existiendo a la fecha interesantes propuestas nacionales[14]. En otras, tales como los nombres de dominio, los contratos telemáticos, las firmas digitales y la protección de datos personales, los cambios legislativos o regulatorios tuvieron lugar y no existe obstáculo para el desarrollo de negocios en estas áreas. Finalmente existen aspectos de la actividad de Internet en los cuales la normativa existente no alcanza a otorgar un marco jurídico de seguridad jurídica, más allá de la diligencia de los tribunales y las agencias del gobierno. Tal es el caso de los delitos cometidos a través de Internet[15], las transacciones financieras[16], y en algunos casos la protección de obras digitales por el derecho de autor[17].

Existen varias razones –comunes a muchos países– por las cuales la adaptación del sistema legal al fenómeno de Internet no fue la adecuada.

Algunas de ellas son:

a) Internet es básicamente un sistema internacional, y en este contexto, resulta difícil ubicar una conducta que ocurre en el ciberespacio dentro de un determinado territorio. También la extensión con que las conductas tienen

[13] Ver por ejemplo el proyecto de ley sometido a consulta pública por la Secretaría de Comunicaciones a fines del año 2001, o el reciente proyecto de ley elevado por el Ministerio de Justicia y la Procuración general para suplir el vacío legislativo. Ver el comentario a estos proyectos en el punto 10.2 de este trabajo.

[14] Cfr. Jorge M. Galdós, "Responsabilidad civil de los proveedores de servicios en Internet", en *LL* 2001-D-953 y Gustavo D. Tanús, "La responsabilidad de los proveedores de servicio de Internet", *ED* 192-900 (2001).

[15] La prohibición de analogía impide la aplicación de tipos penales ya existentes a situaciones no previstas por el legislador. Sobre el tema de delitos por Internet remitimos al punto 10.1. del presente trabajo.

[16] Las actividades financieras están reguladas en la Argentina en forma muy estricta. Los bancos generalmente no pueden extender sus actividades a nuevas áreas a menos que exista una regulación expresa en tal sentido. La regulación legal de esas actividades en Internet aún no ha tenido lugar.

[17] Aunque las leyes de Derecho de autor son amplias, los nuevos problemas y relaciones creados por Internet son mucho más amplios que los creados por las cuestiones previas a la era de Internet y no resulta siempre posible aplicar las leyes tradicionales a Internet (por ejemplo, se diferencia el acceso al *web site* de la copia del material de un *web site*). Ver punto 7.1. del presente trabajo.

efectos en otros territorios es mucho más amplia que en otras áreas del Derecho. La aplicación de normas legales requerirá mayor cooperación entre diversos Estados con la finalidad de armonizar el Derecho[18] y la colaboración judicial y administrativa[19]. Pero en América Latina, en general, y en la Argentina en particular, el nivel de cooperación internacional en cuestiones legales relacionadas con Internet y las nuevas tecnologías es bastante bajo. Así puede comprobarse en forma específica en materia de protección de datos personales en bancos de datos[20], o en materia de protección legal del software y de los bancos de datos, o en cuestiones de firma digital[21].

b) Internet crea posibilidades tecnológicas que van mas allá del ámbito de las leyes existentes. La metodología utilizada tradicionalmente por países cuyos sistemas legales se basan en el Derecho Continental consistió en ajustarse a los nuevos fenómenos sociales y económicos a través de normas de carácter general. Esto ha funcionado en forma correcta en el pasado, sobre todo en áreas tales como el Derecho de los contratos y las obligaciones. Pero los desafíos técnicos implícitos en el desarrollo de Internet van más allá de esas reglas generales. Por ejemplo, los contratos telemáticos no pueden ser regulados por las normas tradicionales del Derecho contractual, a pesar de la amplitud de sus términos.

c) Internet plantea asimismo problemas para la aplicación y ejecución de la ley. Parte de estos problemas –por ejemplo en el área de juegos de azar o de publicidad– resultan de la naturaleza internacional de Internet. Otras cuestiones son consecuencia de las posibilidades tecnológicas creadas por Internet. Por ejemplo, ciertas infracciones a las normas de Derecho de autor son posibles sólo en Internet y tienen un efecto negativo potencial que no encontramos en las infracciones tradicionales al Derecho de autor[22]. Las reglas creadas para tratar esos casos tradicionales carecen de efectividad en el nuevo ambiente creado por Internet[23].

[18] Ver Robert Kossick, *The Internet in Latin America: New Opportunities, Developments and Challenges*, 16 Am. U. Int'l. L. Rev. 1309, 1316, 1317 (2001).

[19] Tal como lo propone la Convención del Ciberdelito promovida por el Consejo de Europa, y aprobada en Budapest en noviembre de 2001, donde se establece un sistema de cooperación entre fuerzas de seguridad y de investigación del ciberdelito con la finalidad de facilitar la recolección de pruebas en ambientes digitales.

[20] Pablo Palazzi y Roberto Chacon de Albuquerque, "Protección de datos personales en el Mercosur" en *Revista del Derecho Privado y Comunitario*, No. 2001-2, p. 607.

[21] Compárese las similitudes y diferencias entre las leyes de firma digital de México, Colombia, Perú, Chile, Ecuador y la Argentina. Varias de estas leyes contemplan el reconocimiento de certificados digitales extranjeros pero dicho reconocimiento está sujeto a diversos estándares de problemático cumplimiento.

[22] Téngase en cuenta el resonado caso A&M Records v. Napster (239 F.3d 1004), por ejemplo.

[23] Particularmente, toda norma legal o judicial tendiente a prohibir la reproducción de un determinado contenido carece de eficacia desde el momento en que la obra intelectual que se

d) No existe en la Argentina un grupo de presión con suficiente poder que haya hecho lobby para lograr la adaptación del Derecho a los nuevos conflictos creados por la Internet. El empleo generado por Internet es muy bajo. Su empresariado ha sido literalmente devastado por la caída del boom de Internet y sus consecuencias. En el contexto de una experiencia no muy feliz con la globalización, las empresas extranjeras de Internet tienen muy poco o ningún poder de lobby. Un fuerte proteccionismo comercial en los Estados Unidos, la Unión Europea y Japón ha puesto la adecuación a los acuerdos comerciales de la OMC como una prioridad muy baja para el gobierno argentino.

e) Internet plantea nuevos modelos de negocios cuyas características escapan muchas veces a los conceptos legales tradicionales. Esto, sin embargo, genera una constante crisis que se origina cuando se intenta aplicar una ley anterior a una nueva situación no prevista específicamente. Así sucedió con los notarios y las autoridades certificantes[24], o con los martilleros y los sitios de ofertas y subastas de cosas por Internet. En este último caso, en la Argentina se sostuvo que la denominada "subasta on-line", si bien es un ofrecimiento de productos publicitado mediante una página o "site" de la Internet, no constituye una subasta de acuerdo con el concepto clásico y tradicional que le ha sido dado por la legislación argentina[25].

Pese a lo expuesto no han faltado en el ámbito jurídico valiosas propuestas, sugiriendo seguir la legislación internacional y las directrices internacionales en ciertos sectores de la materia[26]. Estas propuestas no han tenido eco en el Congreso Nacional.

busca proteger es reproducida en la red por varios sitios. El efecto en cadena que producen estas situaciones, como por ejemplo la que ocurrió en la demanda al sitio www.2600.com que había "posteado" la rutina DECSS de desencriptado de DVDS o el caso relativo a la rutina de desprotección del programa de filtrado CPAHCK son un claro ejemplo de ello (el lector lo podrá comprobar con una simple búsqueda de alguna de estas rutinas en un buscador en la red). También sucede en otros ámbitos como el derecho a la privacidad. La medida cautelar obtenida por los familiares del fallecido presidente Mitterrand para secuestrar el libro contando secretos de su vida privada resultó sin eficacia frente a una copia digital del mismo libro que circulaba por Internet días después de que el libro desapareció de las vidrieras de las librerías parisinas.

24 Recordamos el fallo del Tribunal Constitucional de Colombia que rechazó un amparo contra la ley de firma digital de aquel país que les impedía actuar en forma personal como autoridades certificantes. Los notarios argumentaban que ellos eran los únicos titulares legales de la fe pública.

25 C. Apels. Comodoro Rivadavia, 2ª, 30/05/2000, "Campoli, Gabriel Andrés v. LaCompu. Com". Un caso similar se sustanció ante la Justicia federal por el mismo actor contra deremate. com y mercadolibre.com pero fue rechazado por falta de legitimación.

26 Cfr. Ana I. Piaggi, "El comercio electrónico y el nuevo escenario de los negocios", en *LL* 4/10/99 (sugiriendo la adopción en nuestro ámbito interno de la ley modelo de uncitral sobre comercio electrónico).

2. La estructura del Derecho de Internet en la Argentina

El desarrollo de una nueva área del Derecho en la Argentina, como en cualquier otro país basado en un sistema de Derecho Continental, puede usar diferentes metodologías. Una consiste en adaptar los conceptos legales preexistentes a las nuevas conductas o transacciones. La otra implica crear un nuevo conjunto de reglas legales adaptadas al sector de conductas humanas que se quiere regular.

Es posible usar ambas metodologías conjuntamente. Por ejemplo, cuando los códigos de fondo que la Constitución Nacional[27] requería fueron aprobados en la segunda mitad del siglo XIX, el Derecho Bancario no existía como tal en la Argentina. Éste era un país agrícola periférico, con poca alfabetización y sin un sistema bancario. Actualmente el Derecho Bancario es una compleja e importante rama del Derecho. Esto surge en parte como adaptación de las reglas básicas del Derecho sustantivo, pero también por la aprobación de normas específicas con conceptos legales nuevos y particulares. La prenda, por ejemplo, es un derivado del Derecho Civil y Comercial, y sus efectos son generalmente similares, sea el acreedor una entidad financiera u otra persona. La garantía de los depósitos, por otra parte, sólo tiene sentido en el contexto bancario, y las reglas especiales que se aplican en ese caso sólo gobiernan los depósitos hechos en un banco.

El Derecho de Internet sigue esta metodología ecléctica. La mayor parte de su contenido no requiere mayores exigencias que ajustar el Derecho preexistente –contratos, Derecho de autor, daños, Derecho Penal– al nuevo fenómeno. Pero otra parte de esta reciente área jurídica –tal como la regulación de los nombres de dominio o los contratos electrónicos– es totalmente nueva, pese a estar integrada con el resto del ordenamiento jurídico en general.

Esta metodología ecléctica implica que la expresión "Derecho de Internet" tiene un significado distinto del de otras como Derecho de Patentes, o Derecho Contractual. No existe un sistema general de reglas sobre Internet. Bajo el Derecho Contractual argentino, por ejemplo, si una cuestión no puede ser resuelta a través de las reglas específicas aplicables a un determinado tipo de contrato, es posible subir un escalón más en el nivel de abstracción a ser aplicado, llegando a las llamadas reglas generales del Derecho Contractual, e incluso existen reglas aún más generales aplicables a todo tipo de transacciones legales (*actos jurídicos*), y por ende también a los contratos.

Pero no existe semejante conjunto de reglas para el Derecho de Internet. No existen principios generales aplicables a Internet como un todo. Por ejemplo, si

[27] Art. 75, inc. 13, CN.

una cuestión de Derecho de autor relacionada con Internet no puede ser resuelta con la aplicación de leyes o casos, la solución no podrá ser encontrada en una regla general hipotética sobre Internet[28], pero sí mediante el Derecho de autor en general o algún principio aplicable al Derecho de Propiedad Intelectual.

Las próximos capítulos de este estudio examinarán las áreas legales en las cuales Internet ha tenido un impacto en el Derecho argentino, sin entrar a describir un posible, pero actualmente inexistente, Derecho de Internet como rama jurídica autónoma.

3. Contratación electrónica y firma digital

3.1. Antecedentes

De conformidad con el Derecho argentino, los contratos deben celebrarse, en la mayoría de los casos, por escrito[29]. A falta de escrito, la existencia de un contrato puede ser probada por otros medios sólo en casos excepcionales[30], como por ejemplo cuando resulte imposible realizar el acuerdo por escrito[31] o cuando la ejecución del contrato ha comenzado[32] o cuando existe una prueba por escrito en relación con el acuerdo, incluso si el acuerdo no fue realizado por escrito[33].

Con estas normas resultaba casi imposible realizar contratos por vía electrónica que resultaran vinculantes[34], pues para el sistema legal argentino en principio un contrato sólo resultará vinculante si está firmado y existe un escrito[35]. Pero los efectos de estos obstáculos se extienden más allá del Derecho

[28] Sin embargo, algunos tribunales, en el Derecho Comparado, han receptado como fuente del Derecho la costumbre, y dentro de Internet, un conjunto de normas conocido como reglas de *netiquette*, que son reglas de convivencia existentes en Internet previamente a la irrupción masiva del comercio en la red. Puede mencionarse, entre otros, un caso canadiense que fue resuelto con cita de estas normas. Ver "126723 Ontario Inc. v. Nexx Online Inc." [1999] O.J. No. 2246, June 14, 1999. Ontario Superior Court, Wilson J. (apelando a reglas de *netiquette* para calificar como ilegal el *spam* por ser contrario a los usos y costumbres de la red).

[29] Ver Cód. Civ., art. 1193. Se establece una excepción para contratos de determinado valor, pero ha quedado superada por la inflación.

[30] Ver Cód. Civ., arts. 1191 y 1192. Tales casos de excepción comprenden, entre otros, situaciones donde es casi imposible realizar un acuerdo escrito, por ejemplo, porque la cosa debe ser depositada en forma inmediata para evitar su destrucción.

[31] Cfr. Art. 1192 C.C.

[32] *Idem.*

[33] *Idem.*

[34] Ver Fernández Delpech, *Internet, cit.*, pp. 251, 252; Javier F. Núñez, "Internet (Su impacto en la contratación moderna)", *JA* 1999-II-929.

[35] Art. 1012 C.C. Ver Osvaldo, Gozaini, "La teoría de la prueba y el fenómeno de la informática", *JA* 1999-II-912.

Contractual. La exigencia de un documento escrito y firmado, con distintas variantes, se aplica a todos los documentos y transacciones legales y no sólo a los contratos. Bajo el Código Civil argentino no había posibilidad legal alguna de aceptar los documentos electrónicos[36].

Sin embargo, el uso de Internet y otros medios electrónicos de comunicación son cada vez más frecuentes en las transacciones electrónicas, por ejemplo, para adquisición de productos por parte de consumidores. De allí que resultó necesario introducir cambios en la normativa civil, con la finalidad de permitir la validez de los contratos y documentos electrónicos.

A tal fin, en el año 1995 se aprobó legislación –a través de la Ley de presupuesto– para otorgar validez al documento electrónico dentro de la administración pública[37]; le siguieron luego toda una serie de normas intermedias que fueron facilitando el uso de documentos electrónicos en la administración pública[38] y finalmente, el 11 de diciembre de 2001 se aprobó la Ley de Firma Digital[39], que permite el uso de documentos y firmas electrónicas y crea una infraestructura de clave pública para el uso de firmas digitales basadas en esa tecnología. Desde esa fecha, en nuestro país se receptó la validez de la prueba por medios informáticos. Pero la Ley no es totalmente operativa. En lo que respecta a firma digital, tal como señaló Lynch[40], se requiere el establecimiento de una infraestructura específica; en cambio, el citado autor postula que, en lo relativo al documento digital (no así su conservación, art. 12), la Ley está vigente y operativa.

3.2. La Ley de Firma Digital

El elemento central de la Ley es el reconocimiento de valor jurídico a la firma digital (arts. 1° y 3°). Esto significa que puede existir un documento en formato digital (art. 6°) si éste es suscrito por medio de una firma digital (art. 3°). Esto implica asimismo que los contratos también pueden estar contenidos en un documento digital y ser suscriptos a través de la firma digital[41].

La Ley define firma digital como el resultado de aplicar a un documento digital un procedimiento matemático que requiere información de exclusivo

[36] Ver Fernández Delpech, *Internet, cit.*, p. 251 y ss.

[37] Ley 24.624 (B.O. 30/12/95).

[38] Ver el desarrollo de estas normas en Pablo Palazzi, "El documento electrónico y la firma digital en el Derecho Argentino", en *Cuaderno de Doctrina No. 6 del Colegio Público de Abogados de la Capital Federal*, 1999.

[39] Ley 25.506 (B.O. 14/12/2001).

[40] Sobre la Ley ver Mauricio Devoto, *ob cit.*, y Horacio M. Lynch, "Comentario a la ley 25.506 de firma y documento digital" en *ADLA* LXII-A-1555 (2002).

[41] Con las excepciones previstas en el art. 4 de la Ley de Firma Digital.

conocimiento del firmante[42], encontrándose ésta bajo su absoluto control. En la práctica se suele decir que esto implica un "secreto no compartido", pues el acceso a la clave privada, y su protección, sólo deben ser posibles por quien tiene asignada esa firma, ya que, en teoría, cualquiera que conozca la clave o tenga acceso a ella podría firmar reemplazando al suscriptor[43].

De acuerdo con el artículo 2° de la Ley, la firma digital debe ser susceptible de verificación por terceras partes, tal que dicha verificación simultáneamente permita identificar al firmante y detectar cualquier alteración del documento digital posterior a su firma.

Se entiende por documento digital a la representación digital de actos o hechos[44], con independencia del soporte utilizado para su fijación, almacenamiento o archivo (art. 6°). Un documento digital también satisface el requerimiento de escritura.

Ciertos documentos están excluidos por el artículo 4° de las disposiciones de la Ley de Firma Digital. Concretamente la Ley no resulta aplicable a las disposiciones por causa de muerte; a los actos jurídicos del Derecho de Familia; a los actos personalísimos en general[45]; y a los actos que deban ser instrumentados bajo exigencias o formalidades incompatibles con la utilización de la firma digital, ya sea como consecuencia de disposiciones legales o acuerdo de partes. Esta última incompatibilidad puede resultar de normas expresas, como las relativas a escrituras, o de otras en las que las partes hayan prohibido, en forma tácita o expresa, su uso[46].

La Ley de Firma Digital contiene una presunción de que, salvo prueba en contrario, toda firma digital pertenece al titular del certificado digital que permite la verificación de dicha firma (art. 7°). La Ley, desde esta perspectiva

[42] La exclusividad en este contexto no impide que otra persona tenga conocimiento del procedimiento matemático descripto en esta norma, siempre que la clave privada generada por ese procedimiento sea confidencial, esto es, que constituya un "secreto no compartido". No existen casos al respecto, ni siquiera en el Derecho Comparado, pero la publicidad del algoritmo es algo supuesto en círculos académicos de tecnología, donde, con el objeto de evitar la existencia de "trap doors" en el *software* de firma electrónica, se suelen publicar los códigos fuente generadores del programa.

[43] De allí la importancia de penalizar todo uso ilegal de este sistema de firmas digitales en cualquier clase de documento electrónico. Ver el comentario al proyecto del Poder Ejecutivo en el punto 10.2 de este trabajo.

[44] La referencia a actos o hechos no es casual, y tiene significación legal, pues éstos son conceptos básicos utilizados por el sistema de Derecho Privado. Así, los contratos son una especie de los actos jurídicos, y las normas aplicables a los actos jurídicos son generalmente aplicables también a los contratos.

[45] Estos actos se relacionan generalmente con el Derecho de Familia, tales como las adopciones y están excluidos por el art. 4° de la Ley. Hay también actos de naturaleza personal, como por ejemplo, el cambio de nombre o la capacidad legal de un individuo.

[46] Vb.gr. el caso en que un contrato establece una prórroga por determinado medio, y las partes excluyen utilizar documentos firmados digitalmente para ejecutar dicha prórroga.

adoptó la distinción tradicional –tanto en el Derecho nacional como comparado– entre firma digital y firma electrónica[47]. Esta última es definida como el conjunto de datos electrónicos integrados, ligados o asociados de manera lógica a otros datos electrónicos, utilizado por el signatario como su medio de identificación, que carezca de alguno de los requisitos legales para ser considerada firma digital (art. 5°).

La firma electrónica no crea una presunción a favor de su validez, y en caso de ser desconocida la firma electrónica corresponde a quien la invoca acreditar su validez (art. 5°). En tal sentido, Lynch concluye que todos los sistemas de identificación digital que expresen asentimiento e identificación y que carezcan de algunas de las características de la firma digital serán firma electrónica[48].

Para que una firma digital califique como tal, esto es para que pueda ser considerada más que una firma electrónica, se requiere cumplir con ciertos requisitos de certificación (art. 9°). En primer lugar, la firma debe haber sido creada durante el período de vigencia del certificado digital válido del firmante. Este certificado digital es emitido por un agente de certificación autorizado e incluye la fecha de inicio y fin de validez del certificado (art. 15). En segundo lugar, la firma debe ser debidamente verificada por la referencia a los datos de verificación de firma digital indicados en dicho certificado según el procedimiento de verificación correspondiente (art. 9°, inc. b); y en tercer lugar, dicho certificado debe haber sido emitido o reconocido, según el artículo 16 de la Ley, por un certificador licenciado (art. 9° inc. c).

Además de la presunción de validez descripta arriba, una firma digital tiene varios efectos específicos. Así, cuando un documento digital sea enviado en forma automática por un dispositivo programado y lleve la firma digital del remitente se presumirá, salvo prueba en contrario, que el documento firmado proviene del remitente (art. 10). Esta última provisión es importante pues servirá para los acuses de recibo en caso de presentaciones digitales para trámites a través de Internet, tanto frente al Estado como a otros particulares.

Los documentos electrónicos y los reproducidos en formato digital firmados digitalmente a partir de originales de primera generación en cualquier otro soporte, también son considerados originales y poseen, como consecuencia de ello, valor probatorio como tales, según los procedimientos que determine la reglamentación (art. 11).

[47] Ver Jonathan E. Stern, *The Electronic Signatures in the Global and National Commerce Act*, 16 Berkeley Tech. L.J. 391 (2001); Jane K. Winn, *The Emperor's New Clothes: The Shocking Truth about Digital Signatures and Internet Commerce*, 37 Idaho L. Rev. 355 y ss. (2001); Pablo Palazzi, *El documento electrónico, cit.* y Ricardo Daniel, Altmark, "Documento electrónico (la necesaria respuesta normativa)" en *JA* 1999-II-851.

[48] Lynch, *ob. cit.*, p. 1559.

Por último, la exigencia legal de conservar documentos, registros o datos también queda satisfecha con la conservación de los correspondientes documentos digitales firmados digitalmente, según los procedimientos que determine la reglamentación, siempre que sean accesibles para su posterior consulta y permitan determinar fehacientemente el origen, destino, fecha y hora de su generación, envío y/o recepción (art. 12).

La Ley de Firma Digital establece las condiciones que deben reunir los certificados digitales para que una firma digital pueda ser considerada tal. Esto presupone, sin embargo, una infraestructura compleja para funcionar, razón por la cual un alto porcentaje de la Ley (85%) está dedicado a su organización[49].

A tal fin, los certificados deben ser emitidos por un certificador licenciado por el ente licenciante (art. 14 inc. a) y deben responder a formatos estándares reconocidos internacionalmente, fijados por la autoridad de aplicación argentina (art. 14 inc. b). Por último, los certificados digitales deben contener, como mínimo, los datos que permitan: identificar indubitablemente a su titular y al certificador licenciado que lo emitió, indicando su período de vigencia y los datos que permitan su identificación única; ser susceptibles de verificación respecto de su estado de revocación; diferenciar claramente la información verificada de la no verificada, incluidas en el certificado; contemplar la información necesaria para la verificación de la firma; identificar la política de certificación bajo la cual fue emitido.

Los certificados digitales emitidos por certificadores extranjeros podrán ser reconocidos en los mismos términos y condiciones exigidos en la Ley y sus normas reglamentarias cuando: a) reúnan las condiciones que establecen la Ley y la reglamentación correspondiente para los certificados emitidos por certificadores nacionales y se encuentre vigente un acuerdo de reciprocidad firmado por la República Argentina y el país de origen del certificador extranjero, o b) tales certificados sean reconocidos por un certificador licenciado en el país, que garantice su validez y vigencia conforme a dicha Ley. A fin de tener efectos, este reconocimiento deberá ser validado por la autoridad de aplicación (art. 16).

La identidad y las operaciones de los agentes de certificación están definidas y reguladas en la Ley de Firma Digital. Un certificador licenciado puede ser una persona de existencia ideal, registro público de contratos u organismo público (art. 17).

Para operar como tal debe estar autorizado por la autoridad argentina. Esas operaciones están sujetas a una regulación estricta en relación con sus actividades, que incluyen obligaciones de confidencialidad, tecnología mínima, información y obligaciones de registro (ver art. 21).

[49] Lynch, *ob. cit.*, p. 1550.

Los certificados emitidos por un certificador licenciado se presumen válidos, pero pueden ser revocados por ciertos motivos (arts. 19 inc. e) y 23 inc. c). No son válidos en caso de utilización para fines no autorizados (art. 23 inc. a) o si se refieren a transacciones con valor en exceso de aquel para el cual el certificado ha sido emitido (art. 23 inc. b).

La Ley de Firma Digital regula la relación legal entre el certificador licenciado y las partes cuya firma digital es certificada (arts. 24 y 25) exigiendo –entre otros requisitos– que estas últimas mantengan el control exclusivo de sus datos de creación de firma digital, no los compartan con terceros e impidan su divulgación (art. 25 inc. a). La relación entre el certificador licenciado que emita un certificado digital y el titular de ese certificado se rige por el contrato que celebren, sin perjuicio de las previsiones de la Ley de Firma Digital y demás legislación vigente (art. 37).

El certificador que emita un certificado digital o lo reconozca en los términos del artículo 16 de la Ley, es responsable por los daños y perjuicios que provoque en las siguientes situaciones: (i) por los incumplimientos a las previsiones de ésta, (ii) por los errores u omisiones que presenten los certificados digitales que expida, (iii) por no revocarlos en legal tiempo y forma cuando así correspondiere y (iv) por las consecuencias imputables a la inobservancia de procedimientos de certificación exigibles. Corresponderá al prestador del servicio demostrar que actuó con la debida diligencia (art. 38).

Los certificadores licenciados, sin embargo, no son responsables en los siguientes casos: (i) los que se excluyan taxativamente en las condiciones de emisión y utilización de sus certificados y que no estén expresamente previstos en la Ley; (ii) por los daños y perjuicios que resulten del uso no autorizado de un certificado digital, si en las correspondientes condiciones de emisión y utilización de sus certificados constan las restricciones de su utilización; y (iii) por eventuales inexactitudes en el certificado que resulten de la información facilitada por el titular que, según lo dispuesto en las normas y en los manuales de procedimientos respectivos, deba ser objeto de verificación, siempre que el certificador pueda demostrar que ha tomado todas las medidas razonables (art. 39, incisos a), b) y c).

Aunque puede decirse que la Ley de Firma Digital implicó un importante avance en la materia de contratos electrónicos y firmas electrónicas en general, aún queda un gran número de importantes cuestiones por resolver relacionadas con esos contratos y transacciones, soluciones que se pueden encontrar en la aplicación de normas y principios generales del Derecho Contractual en conjunción con las normas de la Ley de Firma Digital.

3.3. Cuestiones relativas a la contratación electrónica

Corresponde examinar algunas cuestiones relativas a la contratación electrónica después de la sanción de la Ley de Firma Digital.

Una de estas cuestiones es la relativa a la existencia de una oferta y aceptación en casos en que el texto de esas ofertas o aceptaciones se origina en un dispositivo electrónico que no es activado en forma directa por un individuo. Antes de que la Ley de Firma Digital se aprobara, se dudaba acerca de la validez jurídica de tales actos jurídicos sin intervención humana. Una solución propuesta para superar esos obstáculos consistía en acordar previamente por escrito, antes de las transmisiones electrónicas de oferta y aceptación, el efecto jurídico de esos mensajes[50]. La Ley de Firma Digital dispone una solución específica para este problema, estableciendo que los mensajes son legalmente vinculantes si incluyen la firma digital de la persona a quien el mensaje es legalmente atribuido (art. 10).

Otra dificultad se refería a la determinación del momento en el cual el contrato electrónico se perfecciona. El Derecho de los Contratos en la Argentina establece dos sistemas al respecto[51]. El primero se aplica a dos personas que están presentes, conocido como "contratos entre presentes". En este caso el contrato se perfecciona en forma inmediata, cuando ambas partes se ponen de acuerdo sobre la declaración de voluntad común (art. 1145 Cód. Civ.). La segunda variante se aplica a negociaciones contractuales donde las partes no están presentes, y por eso se la denomina "contratos entre ausentes". En este caso, el contrato se perfecciona si la parte acepta la totalidad de la oferta (art. 1152 Cód. Civ.) enviada por la otra parte (arts. 1152 y 1154 Cód. Civ.). Esta aceptación puede ser retractada hasta el momento en que es conocida por el oferente (art. 1155 Cód. Civ.), pero si la aceptación no es retractada el contrato se entiende válido desde la fecha en que la aceptación fue enviada al ofertante (art. 1154).

Los contratos electrónicos no caben dentro de estas dos claras modalidades contractuales. Una solución razonable que se ha propuesto para este problema de categorización[52] consiste en aplicar las reglas de los contratos entre presentes a las partes que están en contacto inmediato, por ejemplo, en el caso de una comunicación interactiva donde se ha hecho una oferta y aceptación; siendo en ese caso la aceptación generalmente irretractable (éste sería el caso de los servicios de mensajería electrónica, chat u otros dispositivos que permitan una comunicación

[50] Éste era el caso del EDI (*Electronic Data Interchange*), que en la práctica requería a varias empresas o a todo un sector de una industria la adopción previa de contratos que regirían el valor de los intercambios electrónicos a realizar entre las partes. Pero con el advenimiento de Internet, el uso de estas soluciones a medida y sujetas a derechos de propiedad, de alto costo, carecía de sentido. Ver Lorenzetti, *ob. cit.*, p. 176 y ss.; Pablo Palazzi, *El documento electrónico,* cit.

[51] Ver Guillermo Borda, *Contratos*, 4ta. edición, p. 48 y ss.

[52] Ver Lorenzetti, *ob. cit.*, p. 187.

inmediata). A falta de una comunicación inmediata, las reglas sobre los contratos entre ausentes resultarán aplicables (sería el caso del correo electrónico).

Otra cuestión legal relativa a los contratos electrónicos se relaciona con la determinación de si un sitio en Internet o una página web constituyen una oferta contractual. La regla general, bajo el Derecho argentino, es que la oferta generalizada, no dirigida a una persona específica, no constituye una oferta en términos estrictamente legales, sino sólo una invitación al público en general para ofertar[53]. Esta regla se aplicaría a sitios de Internet[54], con la salvedad de que no estén direccionados a una persona específica y siempre que la legislación argentina resulte aplicable al sitio en concreto, pues en general los sitios pueden contener cláusulas de prórroga de jurisdicción[55]. La Ley de Defensa del Consumidor establece que la oferta dirigida a consumidores potenciales indeterminados obliga a quien la emite durante el tiempo en que se realice, debiendo contener la fecha precisa de comienzo y finalización, así como también sus condiciones, modalidades o limitaciones (art. 7°, Ley 24.240).

Aunque normalmente no existirá un contrato vinculante en ausencia de un documento digital firmado digitalmente, las comunicaciones electrónicas que no lleguen a cumplir con ese estándar pueden tener ciertos efectos en relación con la celebración de los contratos.

El principio general en el Derecho argentino es que cualquier medio de prueba puede ser utilizado en conexión con un conflicto relativo a la existencia de un contrato (art. 1190). En este contexto, sería admisible el uso de correos electrónicos como evidencia de negociaciones contractuales o de otros actos[56]. El requisito de documento escrito o de documentos digitales con efectos similares al primero, implica que un correo electrónico no será normalmente suficiente por sí mismo para probar la existencia de un contrato, pero puede ser parte de la prueba relativa a su existencia[57].

[53] Arts. 1148 Cód. Civil y 454 Cód. de Com.

[54] Ver Lorenzetti, *ob. cit.*, pp. 187 y 188; Edgardo J. Dall'Aglio, "La protección de los derechos del consumidor informático. Contratos por adhesión en el campo de la informática", *JA* 1986-I-741 y Karina Weisman, "Internet y los contratos" en DJ 2001-3-151 (sostiene la aplicación de la Ley de Defensa del Consumidor a Internet).

[55] Ver sobre este tema Fernando J. Cafferatta, "Utilización de la red de Internet. La jurisdicción y el derecho aplicable para solucionar conflictos", en *LL* 2001-B-1281; Gustavo J. Schötz, "Las cláusulas de prórroga de jurisdicción en contratos de consumo internacionales celebrados en la Internet", en *Revista Responsabilidad Civil y Seguros*, 2002.

[56] Ver el caso "G., D.E. v. C. S.A.", 23/10/2001, Jdo. Nac. Comercial No. 16, 1era. Instancia, firme, publicado con nota de Federico Vibes, "Valor probatorio y nuevas tecnologías", en *LL* 19/2/2002. Aunque en este caso se rechazó la medida previa porque de conformidad con la legislación comercial no procedía el secuestro solicitado de la correspondencia.

[57] Un problema adicional, que no ha sido resuelto hasta la fecha por los tribunales argentinos, es cómo probar la existencia del correo electrónico. En la práctica se suele recurrir a actas labradas por escribanos o a declaraciones de peritos y las correspondientes pericias sobre el equipo emisor y/o receptor.

Lo expuesto sería aplicable también a formularios completados en la web que implican aceptación de cláusulas contractuales, los contratos conocidos como "click and wrap"[58] y a sistemas de mensajería electrónicos. Si bien en estos casos no queda una copia del documento en poder del consumidor, es posible configurar el programa para guardarla e incluso se podría certificar su existencia por vía notarial.

Finalmente, debe hacerse una referencia al problema de determinar el lugar de celebración del contrato electrónico. Esta determinación tiene diversas implicancias[59]. El lugar de celebración de un contrato, en general, puede ser determinado por las partes en sus acuerdos[60]. A falta de una cláusula expresa al respecto, existen varias alternativas. Se ha considerado que el lugar de celebración está en la ubicación de la parte que recibe la aceptación de la oferta contractual, ya que la recepción determina la existencia del contrato[61]. Otra alternativa consiste en no ubicar la celebración de un contrato en un lugar en particular e ignorar el lugar de celebración como determinante para la selección del Derecho aplicable al contrato[62]. Este segundo enfoque encuentra apoyo en la vaguedad de las normas argentinas relativas al Derecho aplicable en casos en los cuales las partes están ubicadas en jurisdicciones diferentes[63].

Finalmente, debe concluirse que si bien el tema que analizamos inicialmente se dirigió sólo a la firma digital y al documento electrónico[64], las recientes reformas a la legislación contractual de Alemania y los Estados Unidos (UCITA) y el último informe de UNCITRAL publicado en marzo de 2002[65] proponen ingresar en cuestiones de fondo. Esto ya no sólo implica la reforma de las normas sobre la prueba y celebración del contrato sino también incursionar en aspectos de fondo que conciernen a la revitalización del Derecho Contractual frente a los nuevos requisitos de la economía digital.

[58] Ver RCyS, 2000-1322, con nota de Claudia R. Brizzio comentando la jurisprudencia norteamericana sobre contratos a través de Internet.

[59] Ver Fernando Gago, "Contrato en Internet. Ley Aplicable–Autonomía de la Voluntad", *LL* 2000-C, pp. 1053, 1054. Ello llevó en parte a que en Estados Unidos se elaborara una norma jurisprudencial basada en el estándar de *targeting*, que consiste en determinar dónde "apunta" el sitio.

[60] Lorenzetti, *ob. cit.*, p. 200.

[61] *Id.*

[62] Ver Gago, *ob. cit.*, p. 1054.

[63] Art. 1214, CC. Ver asimismo Werner Goldschmidt, *Derecho Internacional Privado* (8va. ed.), p. 208.

[64] Por ejemplo, la Directiva europea de firma digital expresamente aclara que no se refiere a temas relativos a la formación contractual. En igual sentido se pronuncian las leyes americanas y los proyectos de antecedentes argentinos en la materia.

[65] Ver el informe comentando la última reunión del Working Group on Electronic Commerce, donde se hace referencia a un posible tratado sobre contratación electrónica http://www.uncitral.org/english/sessions/unc/unc-35/509e.pdf.

Recientemente UCITA ha sido objeto de fuertes controversias, y ello motivó que un comité ad hoc propusiera cerca de 38 reformas a esa ley modelo de transacciones electrónicas[66].

Algunos temas de la legislación de fondo resultan importantes. Por ejemplo, los consumidores que adquieren productos a través de la red tendrían, de aplicarse la Ley de Defensa del Consumidor, la facultad o derecho de revocar la aceptación de una operación dentro de los cinco días corridos cuando se trate de supuestos de venta domiciliaria y por correspondencia, que incluye a la efectuada a través de Internet[67].

Por último, dentro del ámbito del Derecho Societario electrónico, Internet posibilitaría una amplia cantidad de actividades societarias a través de la red[68]. Así Carlino sugiere la notificación electrónica en el sistema de la Ley de Sociedades, la posible existencia y uso de un domicilio electrónico, la publicación electrónica y el teletrabajo aplicado a la sindicatura[69].

Dentro de la dinámica societaria es necesario que ciertas acciones o decisiones sean notificadas a los socios o terceros. Estas notificaciones tienen distintos plazos y recaudos, según los tipos societarios y los recaudos generales aplicables a notificar, comunicar y hacerlo en forma fehaciente. Carlino ha analizado las distintas alternativas que ofrece la Ley de Sociedades, y en especial la del art. 159 referida a la sociedad de responsabilidad limitada, sugiriendo la admisión del domicilio electrónico como válido y vinculante para las comunicaciones requeridas por la norma. Esto, sugiere, puede incluirse en el contrato o suplirse mediante la utilización por parte de la gerencia de un medio fehaciente y simultáneo, que puede ser satisfecho con la admisión del documento electrónico con firma digital. Un razonamiento similar se sigue en orden a los demás artículos de esa Ley[70].

Carlino también propone cambiar el domicilio legal y su reemplazo por un domicilio electrónico. Reflexionando sobre el concepto de domicilio en la Ley de Sociedades, resalta su función de nexo para comunicar las relaciones intra y extrasocietarias y propone que el diario de publicaciones legales circule en el mundo digital, como sucede con un sinnúmero de diarios que tienen su copia digital en Internet. Como señala acertadamente Carlino, hoy en día "publicar" es totalmente compatible con la edición electrónica en una red de acceso público[71].

[66] Ver UCITA Standby Committee, proponiendo reformas en respuesta a las críticas de la American Bar Association: http://www.nccusl.org/nccusl/ucita/ucita_Standby_ Comm. htm.

[67] Karina Weisman, "Internet y los contratos" en *DJ* 2001-3-151 (sostiene la aplicación de la ley de protección del consumidor a Internet y en especial el derecho de retractación).

[68] Bernardo P. Carlino, *Firma Digital y Derecho Societario Electrónico*, Sta. Fe, 1998.

[69] *Idem*, pp. 77/78.

[70] *Idem*, pp. 82/86.

[71] *Idem*, p. 89.

4. Nombres de dominio

La extensión de este artículo no nos permite un análisis detallado de las cuestiones legales planteadas por los nombres de dominio en el Derecho argentino[72]. Por ello simplemente vamos a delinear los principios legales y jurisprudenciales vigentes.

El Ministerio de Relaciones Exteriores, Comercio Internacional y Culto (MRECIC) –a través de su Dirección de Informática, Comunicaciones y Seguridad– desde el año 1987 tuvo a su cargo el registro de nombres de dominio en la Argentina. Luego se intentó traspasar sin éxito la administración de los dominios al Correo Argentino y a la Secretaría de Ciencia y Tecnología[73]. Hasta el momento en que se formalice la transferencia de jurisdicción es responsabilidad del MRECIC el velar por la correcta prestación de los servicios. Pero en la práctica la Secretaría de Comunicaciones y cada agencia del gobierno dentro de sus respectivas jurisdicciones poseen competencia para regular la red[74].

4.1. Regulación del registro de nombres de dominio en la Argentina

El Ministerio de Relaciones Exteriores, Comercio Internacional y Culto (MRECIC) dictó la Resolución 2226/2000 por la cual se establecen normas para el registro de dominios en Internet[75].

[72] Sobre el tema pueden verse, entre otros, los siguientes trabajos: Gabriel Martínez Medrano y Gabriela Soucase, *El Registro de Dominios de Internet en Argentina (Dos Cuestiones Acerca del Registro de Dominios de Internet según la Visión de la Jurisprudencia Argentina)*; Iván A., Poli, "Nombres de dominio y marcas: piratería en Internet", *JA* 2000-IV-877 y Fernández Delpech, *Internet, cit.*, p. 49 y ss.

[73] A fines de 1999 la entonces Secretaría de Comunicaciones mediante Resolución 4536/99 dispuso que el correo oficial argentino se encargaría de administrarlos. Esta norma fue adoptada entre "gallos y medianoches", sin una audiencia pública, y sin oír sugerencias de los más interesados en Argentina: los usuarios de Internet. Esta norma fue dejada sin efecto por una resolución conjunta de la nueva Secretaría para la Ciencia, la Tecnología y la Innovación Productiva y la Secretaría de Comunicaciones. Por último, el Decreto 252/2000 designó a la Secretaría para la Ciencia, la Tecnología y la Innovación Productiva como responsable. Luego el MRECIC dictó la Resolución 2226/2000 por la cual se establecen normas para el registro de dominios en Internet y hasta la fecha continúa con su administración.

[74] Por ej. la Secretaría de Turismo dictó la Res. 257/00 (BO 5/7/2000) por la que se reglamenta la comercialización de servicios turísticos por medios informáticos; la Secretaría de la Función Pública reglamentó el uso de sitios web y su diseño en el ámbito de la administración pública nacional; la Secretaría de Comunicaciones estableció en su momento ciertos recaudos para los proveedores de acceso a Internet en materia de filtros y en cuestiones de acceso mediante líneas especiales de llamada más económica y como veremos seguidamente, la Cancillería argentina reglamentó el registro de nombres de dominio en Internet.

[75] Resolución MRECIC Nro. 2226/2000, Boletín Oficial del 29/08/2000, p. 6. Estas normas fueron modificadas por tres actas sucesivas que se pueden consultar en www.nic.ar y que agregaron reglas para el registro de los dominios .mil y net.ar y otras cuestiones del procedimiento de registro.

Entre los considerandos de la norma se resalta que se ha producido un significativo aumento en la cantidad de registraciones de nombres de dominio, previéndose un crecimiento aún mayor en el futuro próximo. Asimismo se señala que las reglas para la registración de nombres de dominio en Internet se encuentran desactualizadas y no contemplan numerosas situaciones originadas en tal actividad registral dejando, hasta cierto punto, en un estado de indefensión al MRECIC ante la posible existencia, cada vez mayor, de acciones de carácter judicial y/o administrativas[76].

Este punto contiene un breve comentario a la nueva reglamentación, y algunas sugerencias que consideramos oportuno formular.

Hasta su dictado, las reglas del NIC-AR venían siendo aplicadas desde hacía varios años pero sin haber sido publicadas en el Boletín Oficial, sólo en el sitio web del MRECIC.

Mediante esta Resolución se regulariza esta situación aprobando las "Reglas para la registración de Nombres de Dominio Internet en la República Argentina", las que entraron en vigencia el día siguiente de su publicación en el Boletín Oficial, esto es el 29 de agosto de 2000 (art. 1°).

Podrá sorprender a más de un lector que el registro haya funcionado tanto tiempo sin publicación oficial de estas reglas, como lo exigen el Código Civil y la Ley de Procedimientos Administrativos. Y más aún que se hayan aceptado estas normas como válidas, existiendo discusiones sobre su aplicación pero sin cuestionar su validez por motivos formales. Esta falta de formalidad fue producida por la propia Internet, donde a menudo los órganos que crean normas son más técnicos que legales, como sucede no sólo con estos estándares de registro de nombres de dominio sino también con el protocolo de funcionamiento de acceso a sitios y de filtros o con el protocolo de protección de la privacidad (P3P).

En la normativa se faculta a la Dirección de Informática, Comunicaciones y Seguridad del MRECIC para que introduzca las modificaciones que se estimen necesarias a efectos de mantener actualizadas las reglas, publicando dichas modificaciones en la red en la dirección www.NIC.ar, a efectos de que tomen estado público (art. 2°).

La delegación a una Dirección de Informática para que formule nuevas reglas no es de extrañar. Cada vez con mayor frecuencia, cuerpos de ingenieros forman organismos que regulan cómo se debe estructurar Internet, la forma de adquirir un dominio, protocolos de intercambio de datos, protección de la privacidad, etc.[77] Esta tarea de determinar qué nombres de dominio se pueden

[76] Existen a la fecha varios casos judiciales dirimiendo conflictos marcarios sobre nombres de dominio. También se plantearon varios recursos administrativos dentro del Ministerio de Relaciones Exteriores.

[77] Por ejemplo, P3P es un protocolo que permite notificar y negociar la protección de la privacidad del consumidor entre un usuario de un sitio web y el sitio en Internet que colecta datos

registrar y cuáles no forma parte de la determinación de la estructura de Internet en la Argentina y por ello es muy importante, por las consecuencias que puede tener para los derechos de terceros. De allí la analogía que Lawrence Lessig suele establecer entre el código informático y la legislación creadora de derechos y obligaciones[78].

En base a las recomendaciones[79] de la Organización Mundial de la Propiedad Intelectual (OMPI), se encomienda a la Dirección de Informática, Comunicaciones y Seguridad que elabore una propuesta de mecanismo de resolución de controversias (art. 3°). Esta decisión constituye un paso muy importante pues de establecerse un procedimiento de resolución de disputas, las controversias sobre nombres de dominio podrán durar un tiempo menor en contraposición al que suele durar un litigio en tribunales. Ello sin perjuicio de la posibilidad de optar por la vía judicial posterior.

Siguiendo las recomendaciones de la OMPI sobre la conveniencia de arancelar los servicios de registración para evitar favorecer la actividad de los llamados "usurpadores de nombres de dominio", se encomienda a la Dirección citada el estudio de un sistema de arancelamiento para las tareas que cumple el registro (art. 4°). Hasta la fecha no se ha arancelado el registro de dominios ".ar"[80].

Las nuevas reglas no varían sustancialmente respecto de las anteriores, pero se han realizado algunos cambios en la limitación a las denominaciones, los recaudos para la transferencia de nombres de dominio y el registro por parte de personas extranjeras.

No se aceptarán solicitudes de registro de nombres de dominio iguales a otras ya existentes, o que puedan confundirse con instituciones o dependencias del Estado u organismos internacionales, salvo cuando sean realizadas por ellos mismos. Las denominaciones que contengan las palabras, letras, o nombres

personales. Ver W3C, Platform for Privacy Preferences P3P Project (visitado oct. 31, 2000) http://www.w3.org/P3P. Ver asimismo Joel R. Reidenberg, *The Use of Technology to Assure Internet Privacy: Adapting Labels and Filters for Data Protection*, Lex Electronica (Fall 1997) (visitado Marzo 31, 1999) http://www.lex-electronica.org/reidenbe.html.

[78] Ver Lawrence Lessig, *Reading the Constitution in Cyberspace*. 45 Emory L. J. 869 (1996) y Joel R. Reidenberg, *Governing Networks and Rule Making in Cyberspace*, 45 Emory L. J. 911 (1996) (donde los autores hacen referencia a la tecnología como creadora de normas legales).

[79] Se trata del Primer Proceso de Nombres de Dominio que se puede consultar en www.ompi.int.

[80] Nuestra propuesta, que realizamos a través de este trabajo, es seguir la tendencia mundial que propone otorgar la administración de los dominios a manos privadas, con varios registradores en competencia, y aumentar las diferentes clases de dominios que pueden registrarse. Alternativamente la existencia de varias empresas compitiendo por el registro de dominios y ofreciendo servicios alternativos bajaría los costos de registro y de esa manera permitiría a los usuarios seguir usando dominios sin que su registración se transforme en algo oneroso e impida el acceso a la red, pues la utilidad pública de la misma le otorga un interés social. Este proceso de privatización fue abordado por ICANN, luego por Canadá, Inglaterra y por varios otros países.

distintivos que usen o deban usar la Nación, las provincias y los municipios, sólo podrán ser registradas por las entidades públicas que correspondan. Se elimina la regla tercera del reglamento anterior que establecía "las denominaciones que contengan la palabra ...Argentina, ... sólo podrán ser registradas por las entidades públicas...".

A raíz de esta norma, MRECIC rechazaba la inscripción de dominios que tuvieran la palabra "Argentina", lo que había sido convalidado por la jurisprudencia[81]. Como consecuencia de las nuevas reglas, las empresas extranjeras que tengan sucursales en el país podrán ahora registrar como nombre de dominio el término usado como nombre comercial más la palabra "Argentina" o "de Argentina".

Se mantiene la regla del *first come, first served*, y que no son susceptibles de registro las denominaciones contrarias a la moral y las buenas costumbres[82]. NIC-Argentina no evalúa si el registro o el uso del nombre de dominio puede violar derechos de terceros. Sin embargo, se encuentra facultada para denegar o revocar un nombre de dominio en caso de que éste "se refiera a una persona física o jurídica de trascendencia o notoriedad pública" si el registrante no pudiera demostrar que se encuentra debidamente autorizado por esa persona a efectuar tal solicitud.

El registrante, o el solicitante en el caso de que el registro sea solicitado por una persona física o jurídica diferente del registrante, al completar el formulario electrónico de la página Web de NIC-Argentina para solicitar un registro de nombre de dominio, manifiestan conocer y aceptar las reglas, procedimientos e instrucciones vigentes.

A los fines de solicitar el registro del nombre de dominio, el registrante deberá proporcionar la información que se le pide en el formulario electrónico. La información suministrada reviste carácter de declaración jurada. Por tanto, al completar el formulario electrónico, el registrante declara y garantiza que toda la información proporcionada en la solicitud de nombre de dominio es correcta y verdadera. Se puede rechazar una solicitud de registro de dominio, en caso de verificarse que ésta contiene datos falsos o erróneos. Los registrantes en ".com.ar" deberán suministrar número del Documento Nacional de Identidad, C.U.I.T. o C.U.I.L. En caso de tratarse de solicitudes de personas físicas o jurídicas que

[81] Juzgado Nacional de 1ª Instancia Civil y Comercial Federal Nº 4, Secretaría 7, 29/2/00, "BYK Argentina S.A. c/ Estado Nacional s/ medidas cautelares" (rechazando la medida cautelar donde se impugnaba la prohibición de registrar un dominio con el término "Argentina" con base en la presunción de legitimidad de que gozan actos con formalidades de ley), citado en *Revista Derecho y Nuevas Tecnologías*, Año 2, No.3, p. 247 y el comentario de Gabriel Martínez Medrano y Gabriela Soucase a éste y otros casos: "El Registro de Dominios de Internet en Argentina (Dos Cuestiones Acerca del Registro de Dominios de Internet según la Visión de la Jurisprudencia Argentina)".

[82] Cuestión que algún fallo en los Estados Unidos ha considerado lesiva a la libertad de expresión comercial. Sin embargo, esta postura del reglamento argentino coincide con el reglamento español y con otros latinoamericanos.

no residan en la República Argentina, éstas deberán suministrar el número de su documento de identidad o de identificación tributaria del país de residencia (para una empresa o individuo estadounidense esto equivale al *social security number* o el *tax identification number*).

El registro del nombre de dominio tendrá una validez de un año computado a partir de la fecha de inscripción, y será renovable. La renovación deberá solicitarse durante el último mes de vigencia del registro. En el caso de que el registrante no la solicitara antes del cumplimiento de dicho período, se producirá la baja automática del nombre. En la práctica, MRECIC no da de baja el dominio, el que se mantiene vigente hasta que se produzca un cambio por la propia voluntad del registrante o por una orden judicial.

El MRECIC podrá revocar el registro de un nombre de dominio (i) por razones técnicas o de servicio; o (ii) por orden judicial. Sin embargo, parece lógico que quien ha invertido recursos y trabajo en la creación de un nombre de dominio que deviene reconocido a nivel nacional no sea sometido a la privación del dominio por simples razones de servicio, más aún si sobre éste posee un derecho marcario o el correspondiente a una designación.

Únicamente el registrante de un nombre de dominio podrá transferirlo. A tal fin, se deberá remitir a MRECIC el acto de transferencia por instrumento público o privado, con certificación de firmas por ante escribano público en donde conste: (i) que el que transfiere es efectivamente la entidad registrante, sea ésta una persona física o jurídica. En este último caso, que el acto se efectúa a través de su representante legal; y (ii) a tal fin, deberá acreditar, ante el escribano interviniente, su calidad de representante legal de la entidad registrante, así como también que posee facultades suficientes para llevar adelante la operación, constatadas y certificadas expresamente por el escribano interviniente. La transferencia se operará a partir de la presentación de una solicitud de baja por transferencia por parte de la entidad registrante a través del contacto establecido para el nombre de dominio, y de la presentación subsecuente de una solicitud de registro por transferencia de parte de la nueva entidad registrante.

El 17 de noviembre de 2009, mediante Resolución 654/09, el Ministerio de Relaciones Exteriores, Comercio Internacional y Culto aprobó un nuevo conjunto de Reglas para el Registro de Nombres de Dominio bajo el Código País "AR", así como un Glosario de Términos vinculados con la materia, derogando las Reglas para la Registración de Nombres de Dominio Internet, originalmente aprobadas por la Resolución Ministerial 2226 del 2000.

Las nuevas Reglas establecen que NIC Argentina "es la sigla que, siguiendo las prácticas internacionales en la materia, identifica al Ministerio de Relaciones Exteriores, Comercio Internacional y Culto en su carácter de administrador del dominio Argentina de Internet". Agrega que "NIC Argentina efectuará el registro de los nombre de dominios solicitados de acuerdo con las reglas, procedimientos, instrucciones y glosario termino lógico vigentes".

Establecen las nuevas Reglas que "NIC Argentina no aceptará solicitudes de registro de nombres de dominio iguales a otros ya registrados, o que puedan confundirse con instituciones o dependencias del Estado u Organismos Internacionales, cuando no sean requeridos por éstos."

Bajo la Regla 1 del nuevo sistema, el registro de un determinado nombre de dominio se otorgará, en principio, a la persona física o jurídica registrante que primero lo solicite, quien será así titular del nombre de dominio, con las excepciones que se establecen en la correspondiente normativa. Los caracteres válidos para un nombre de dominio serán las letras del alfabeto español y portugués, incluidas la "ñ" y la cedilla, las vocales acentuadas y diéresis, los números y el guión "-". No se podrán registrar nombres que comiencen con los caracteres "xn- -" o que comiencen o terminen con el carácter "-".

Se limita el número de nombres de dominio que una entidad registrante puede inscribir en los subdominios COM.AR u ORG.AR a doscientos. Se permiten ciertas excepciones a este límite, pero impidiendo la transferencia a terceros de los dominios que, en razón de tales excepciones superen el citado límite.

El solicitante debe presentar cierta información, volcada a un formulario electrónico, en carácter de declaración jurada.

Conforme a la Regla 4, NIC Argentina efectuará el registro de nombres de dominio bajo los subdominios COM.AR, ORG.AR, NET.AR., TUR.AR, GOB.AR, MIL.AR. e INT.AR. Para estos registros se establecen ciertas reglas especiales:

– Podrá registrar nombres dentro del subdominio COM.AR cualquier persona física o jurídica argentina o extranjera.

– Sólo podrán registrar nombres dentro del subdominio ORG.AR las entidades que sean organizaciones sin fines de lucro argentinas o extranjeras. No podrán registrar nombres del ORG.AR las personas físicas aunque la actividad que las mismas desempeñen carezca de fines de lucro.

– Sólo podrán registrar nombres dentro del subdominio NET.AR. las entidades argentinas o extranjeras que sean proveedoras de servicios de Internet y tengan licencia de la Comisión Nacional de Comunicaciones para prestar servicios de valor agregado en la República Argentina.

– Podrán registrar nombres dentro del subdominio TUR.AR las empresas de viajes y turismo o agencias de pasajes que se encuentren habilitadas por la Secretaria de Turismo de la Nación para funcionar como tales conforme a la normativa vigente en la materia. También podrán registrar nombres dentro del dominio TUR.AR los organismos de los gobiernos provinciales o municipales que tengan competencia en materia de promoción turística de la provincia o municipio correspondiente.

– Sólo podrán registrar nombres dentro del subdominio INT.AR las entidades que sean representaciones extranjeras u organismos internacionales con sede en la República Argentina, debidamente acreditadas ante el Ministerio de Relaciones Exteriores u otro organismo competente.

– Sólo pueden registrar nombre dentro del subdominio GOB.AR las entidades que pertenezcan al Gobierno Nacional, Provincial o Municipal de la República Argentina. En tales casos, deben cumplirse las siguientes normas (Regla 7): las denominaciones que contengan las palabras, letras o nombres distintivos que usen o deban usar la Nación, las provincias y los municipios, sólo podrán ser registradas por las entidades públicas que correspondan. Las denominaciones bajo GOB.AR sólo se registrarán a nombre de organismos de gobierno que pertenezcan a los Poderes Ejecutivo, Legislativo o Judicial nacionales, provinciales o municipales. La solicitud de registro de un nombre de dominio, en estos términos, podrá tener aceptación definitiva cuando la autoridad competente del organismo registrante haga llegar a NIC Argentina una nota oficial en la que se solicite el nombre de dominio en cuestión por dicho organismo.

– Sólo podrán registrar nombres dentro del subdominio MIL.AR. las entidades que pertenezcan a las Fuerzas Armadas de la República Argentina que cumplan con lo establecido en la Regla 7, expuesta en el párrafo precedente.

De acuerdo a la Regla 5, el registro de un nombre de dominio tendrá una validez de un año computado a partir de la fecha de registro y será renovable. La renovación se deberá solicitar durante el último mes de vigencia del registro. En caso de que el registro del dominio no fuera renovado antes del cumplimiento de dicho período, luego del vencimiento comenzará el "proceso de baja", que durará treinta y tres días corridos. Al comenzar dicho proceso, si el dominio estuviera delegado, se dará de baja la delegación automáticamente. Los dominios en proceso de baja serán susceptibles de ser renovados. Si al concluir dicho proceso un dominio no fuera renovado, se producirá la baja automática y total del mismo.

Conforme a la Regla 9, la entidad registrante es la única responsable por las consecuencias de todo tipo, para sí y respecto de terceros, que pueda acarrear la selección de su nombre de dominio. En caso de que el registro haya sido solicitado por una persona física o jurídica diferente de la entidad registrante, el solicitante será solidariamente responsable con la entidad registrante. NIC Argentina se limita exclusivamente a registrar el nombre de dominio indicado por el solicitante. Agrega al respecto la Regla 10 que el hecho de que NIC Argentina apruebe el registro de un nombre de dominio a favor de una entidad registrante no implica que asuma responsabilidad alguna respecto de la legalidad de ese registro ni del uso que haga del nombre de dominio la entidad registrante. En virtud de ello, no le corresponde evaluar si el registro o el uso del nombre de dominio puede violar derechos de terceros. NIC Argentina no acepta ninguna responsabilidad por cualquier conflicto debido a marcas registradas o por cualquier otro tipo de conflicto de propiedad intelectual que el registro de un nombre de dominio pudiera originar. NIC Argentina carece de competencia respecto de los contenidos de las páginas Web que puedan construirse bajo los nombre de dominio que integran su registro.

Asimismo, la Regla 12 dispone que la entidad registrante y el solicitante declaran bajo juramento que, de su conocimiento, el registro y el uso del nombre de dominio solicitado no interfieren ni afectan derechos de terceros. Agrega la Regla 13 que la entidad registrante y el solicitante declaran bajo juramento que el registro del nombre de dominio no se realiza con un propósito ilegal ni viola legislación alguna, y que todos los datos suministrados son verdaderos, no habiéndose ocultado información que NIC Argentina pudiera considerar esencial para su decisión de aceptar la solicitud del nombre de dominio; asimismo, la entidad registrante se obliga a comunicar inmediatamente a NIC Argentina cualquier modificación de los datos registrales que se produzca.

Complementando estas normas, la Regla 17 establece que la entidad registrante y el solicitante asumen plenamente el compromiso de no responsabilizar en ningún caso a NIC Argentina por cualquier daño o perjuicio que pudieran sufrir directa o indirectamente por el hecho del registro o uso del nombre de dominio. La Regla 18 agrega que la entidad registrante y el solicitante reconocen que resulta técnicamente imposible suministrar un servicio libre de errores y que NIC Argentina no se compromete a ello. Además, la Regla 16 dispone que NIC Argentina no es responsable por la eventual interrupción de negocios, ni por los daños y perjuicios de cualquier índole que el rechazo de una solicitud o la revocación o pérdida de un registro pudiera causar a la entidad registrante o al solicitante.

En materia de conflictos entre partes, la Regla 8 sienta la norma básica de que NIC Argentina, excepto en los supuestos previstos en las Reglas, no intervendrá en los conflictos que eventualmente se susciten entre entidades registrantes, o solicitantes, y terceros, relativos al registro o uso de un nombre de dominio.

La Regla 11 dispone que NIC Argentina se encuentra facultada para revocar el registro de un nombre de dominio en caso que el mismo afecte los derechos subjetivos de un tercero. La persona física o jurídica que pretenda la revocación de un nombre de dominio registrado deberá acreditar fundadamente su mejor derecho, pudiendo NIC Argentina solicitar cualquier otro medio de prueba que estime necesario a efectos de resolver su procedencia.

Establece asimismo la Regla 11 que, ante varios reclamos debidamente acreditados sobre un mismo nombre de dominio, el formalizado en primer término gozará de preferencia en el registro. NIC Argentina analizará el reclamo y, en caso de considerarlo verosímil, informará respecto del mismo, vía correo electrónico, a la entidad registrante del nombre de dominio en disputa, y detallará la documentación acreditante adjuntada. La entidad registrante del dominio deberá acusar recibo de dicha comunicación por la misma vía y emitir su descargo en un plazo no mayor a diez días hábiles administrativos. En él, deberá ofrecer la prueba que estime pertinente a efectos de establecer su derecho al uso del nombre disputado.

En caso que NIC Argentina no pueda determinar a quién asiste mejor derecho, informará tal temperamento, vía correo electrónico, tanto al reclamante como a la entidad registrante del dominio, en cuyo caso las partes deberán resolver la disputa por la vía que estimen corresponder.

La citada Regla 11 establece reglas para determinar la conversión y equivalencia respecto de distintos caracteres, particularmente los utilizados en otros idiomas.

En el ámbito exclusivo del subdominio TUR.AR, toda designación comercial otorgada por la Secretaría de Turismo de la Nación a una empresa de viajes y turismo, agencia de turismo o agencia de pasajes, implicará su mejor derecho a la registración de dicho nombre.

Adicionalmente, la Regla 15 ordena que NIC Argentina podrá revocar el registro de un nombre de dominio cuando, por razones técnicas o de servicio, ello sea conveniente o cuando se haya producido algún error en el registro, renovación o transferencia, entre otros casos, de un nombre de dominio, notificando por correo electrónico a la entidad registrante. En caso que la revocación se realice por orden judicial, será efectivizada en el plazo que la misma establezca.

En materia de transferencias, la Regla 19 establece que únicamente la entidad registrante de un nombre de dominio podrá transferir el mismo a otra persona física o jurídica que cumpla los requerimientos establecidos en la reglamentación. La transferencia, en el caso de nombres registrados bajo el subdominio COM.AR o el NET.AR., se llevará a cabo a través de un formulario electrónico de transferencias. La transferencia operará a partir de la presentación de una solicitud de baja por transferencia por parte de la entidad registrante o de la presentación de una solicitud de registro por transferencia por parte de la nueva entidad registrante, debiendo ambas partes confirmar la solicitud presentada para que el trámite finalice. El registro por transferencia operará como registro de un nuevo nombre de dominio a todos los efectos.

4.2. Evaluación de la jurisprudencia local sobre nombres de dominio

Como vimos, el derecho a un nombre de dominio en la Argentina se adquiere mediante su inscripción en un registro denominado NIC-Argentina[83] a cargo de MRECIC. La prioridad se determina al momento de presentar la solicitud al NIC,

[83] Ver www.nic.ar.

y ésta se presenta en forma electrónica, en un formulario cuyo contenido es determinado por NIC-Argentina.

NIC-Argentina no procede a analizar los posibles derechos del registrante. El control sobre el registro de un nombre como dominio está limitado a ciertos aspectos, básicamente si existen registraciones similares con anterioridad, o si es similar o confuso con la denominación de entidades publicas u organismos internacionales. NIC, por lo tanto, no controla si existen violaciones de otros derechos –tales como marcas– y las regulaciones aplicables no prevén un procedimiento –como sucede en otros casos, por ej. Chile– bajo el cual terceras partes pueden oponerse al pedido de registro de un nombre determinado.

NIC-Argentina no tiene competencia para decidir sobre conflictos que existan entre el registrante y los derechos de terceros y tampoco actúa como árbitro o mediador[84], pese a tener, como vimos, un cierto grado de discrecionalidad al poder rechazar el pedido de inscripción, por ejemplo, de una marca notoria. En general, esto llevó a la necesidad de dirimir los derechos a través de acciones judiciales contra el registrante[85], pues los planteos administrativos ante el citado Ministerio –ya sea mediante recursos o denuncias– donde funciona NIC-Argentina no fueron en esos casos conducentes.

Los conflictos entre distintos nombres de dominio o entre nombres de dominio y titulares de otros derechos tales como el nombre personal o marcas, han sido resueltos en la Argentina por tribunales con jurisdicción sobre estos derechos o por los mecanismos expresamente previstos para ello[86]. Los litigios han sido resueltos por los tribunales en forma muy parecida entre sí[87]. El comentario se limita solamente a las decisiones nacionales, sin incluir las decisiones en materia de arbitraje de la OMPI para el caso de registro de dominios genéricos que involucren a titulares argentinos o demandados argentinos[88].

Los siguientes casos merecen ser mencionados:

– "Heladerías Freddo S. A. c. Spot Network". Se trata del primer caso de nombres de dominio resuelto en el país. Allí un juzgado de primera instancia sostuvo que es procedente la medida cautelar solicitada por el peticionario para impedir el uso de su marca a través del sistema Internet por un tercero no autorizado, pues conforme al art. 232 del Cód. Procesal el juez puede conceder medidas diferentes a las expresamente reguladas o adaptar las previstas a las

84 Como sucede en otros regímenes como los de Chile, México, Perú o Venezuela.

85 El reglamento incluye normas de exclusión de responsabilidad del registro. Dado el nivel de resolución administrativa de este reglamento, la validez de estas normas es dudosa.

86 Res. MRECIC cit., art. 8 y Fernández Delpech, *Internet, cit.*, p. 118.

87 Ver Martínez Medrano y Soucasse, *ob. cit.*, y Fernández Delpech, *Internet, cit.*, p. 97.

88 Ver sobre este tema Alejandro Pérez, "Resolución alternativa de disputas como respuesta a la problemática de los nombres de dominio", en RDNT Nº 3, p. 103 y Gabriel, Martínez Medrano, "Los nombres de dominio en Internet: sistema mundial de solución de controversias", en *JA* 24/4/2002, p. 17 y ss.

particulares situaciones de hecho[89]. Para así decidir se tuvo en cuenta que la prolongación en el tiempo de la situación de hecho existente –en el caso, uso por Internet de un nombre de dominio igual a la marca por él registrada– es susceptible de provocarle un perjuicio cierto e irreparable en tanto le impide acceder a este sistema electrónico con su nombre identificativo mientras dure el anterior registro irregular.

– "Byk-Argentina S.A. c. Estado Nacional"[90]. En el caso, se había objetado la registración del dominio byk.argentina.com.ar pues el uso de la palabra "Argentina" estaba reservado a entidades públicas y las normas de registro prohibían el uso de esa palabra para la denominación de un nombre de registro (art. 7°). La Cámara Civil y Comercial Federal confirmó la decisión inferior que había ordenado la registración del mencionado nombre bajo el fundamento de que el registrante era el titular del nombre comercial y social "Byk Argentina". Aunque el tribunal federal no invalidó el reglamento, y la facultad de MRECIC para aprobar ese reglamento no fue directamente atacada, la decisión parece indicar que el reglamento no puede entrar en conflicto con normas legales de una jerarquía superior, como aquellas que reconocen los derechos al nombre comercial. Como vimos antes, el nuevo reglamento comprende esta cuestión.

– En "Camuzzi de Argentina S.A. c. Arnedo, J.P."[91] se dictó una medida cautelar con fundamento en el artículo 50 del Acuerdo TRIP[92] contra la registración del dominio camuzzi.com.ar. El actor era el titular de la marca registrada "Camuzzi Argentina". El tribunal autorizó también el uso del mencionado dominio ordenando la registración del dominio en NIC-Argentina a nombre del actor.

– En "Errepar S.A. c. Besana, G.A."[93] se adoptó una medida cautelar con fundamento en el artículo 50 del Acuerdo TRIP en relación al uso del dominio errepar.com.ar, basado en la existencia de conflictos con marcas registradas.

– En el caso "Hotel Ava Miriva S.R.L."[94] se dictó una medida cautelar permitiendo al titular de un nombre comercial no registrado el uso del dominio y ordenando la suspensión de los efectos de la registración cuestionada. Allí se sostuvo que "siendo notoria la denominación con que la peticionaria designa su actividad comercial, es procedente la medida cautelar genérica por ella solic-

---

[89] Cfr. Juzgado Nacional de 1a Instancia en lo Civil y Comercial Federal Nro 7, 26/11/97, "Heladerías Freddo S. A. c. Spot Network", *La Ley*, 2000-D, 3, con nota de María Pía Iturralde. Luego del dictado de la medida cautelar las partes llegaron a un acuerdo extrajudicial.

[90] C. Nac. Civ. y Com. Fed., sala 3ª, 23/3/2000, "Byk Argentina S.A. c. Estado Nacional", *JA* 2001-II-334, *LL* Nov.20, 2000 y RDNT No. 2/3-271.

[91] Juzg. Primera Instancia Civil y Comercial No. 4, decisión del 4 de junio de 1999, cit. por Fernández Delpech, *Internet, cit.*, ps. 102 et seq.

[92] Acuerdo ratificado por Argentina mediante Ley 24.425.

[93] Juzg. Civil y Comercial No. 3, 5/3/99, cit. por Fernández Delpech, *Internet, cit.*, pp. 105 y 106.

[94] Juzg. Fed. Rosario, n. 1, 26/5/2000, "Hotel Ava Miriva S.R.L", *JA* 2001-II-336.

itada con el fin de que se suspenda preventivamente el registro del nombre de dominio concedido a los accionados y, en consecuencia, corresponde autorizar a la primera a utilizarlo hasta tanto se resuelva en definitiva la cuestión suscitada". En esta ocasión el tribunal extendió la protección otorgada en oportunidades anteriores a casos de uso y registro de nombres de dominio, al caso de nombre comercial o designación, que bajo el Derecho argentino no requiere registración a los fines de su protección legal y titularidad (arts. 27 y 28 Ley de Marcas).

– En el caso "Marcelo Tinelli"[95], los demandados habían registrado el nombre de dominio marcelotinelli.com. Marcelo Tinelli es un personaje televisivo muy conocido en la Argentina. Aunque no existía una marca, una medida cautelar fue dictada a favor del actor y finalmente el nombre de dominio fue transferido a su favor.

– En el caso "Pugliese, Francisco N. c. Pérez, Carlos"[96] también se sostuvo que para que la titular de la marca pueda acceder al mercado de Internet con ella, constituir su propio sitio y distribuir sus productos desde allí, es necesario ordenar cautelarmente el cese de uso y la cancelación provisional del registro del nombre de dominio constituido con la referida marca –concedido por el NIC de Argentina– por el tercero infractor y, al propio tiempo, otorgarle a aquélla el aludido registro, también en forma provisional. Se señaló que independientemente de que el nombre de dominio de Internet sea o no una marca, si lo que se encuentra en juego es la protección de un registro marcario que es utilizado por quien no es su titular para designar un sitio, reciben aplicación las disposiciones que sobre el tema trae el TRIP incorporado a nuestro ordenamiento positivo por la Ley 24.425. La solución de este caso ha sido criticada por considerarse que no se está en presencia de una marca notoria y de que no se examinó la confundibilidad de los servicios o productos mencionados en el sitio psa.com.ar[97].

– En el caso "F. Hoffmann La Roche A.G. c. S.A.F. S.A. y otro", la Cámara Civil y Comercial Federal abordó por primera vez el tema de la especialidad en materia marcaria y el problema de su aplicación en los dominios de la red. Allí se dijo que "los nombres de dominio en Internet, contrariamente a lo que sucede con el registro de las marcas, abarcan a todos los productos o servicios, pues no rige en ese ámbito el principio de especialidad vigente en materia marcaria. De ese modo, podría darse la posibilidad de que hubiera más de una persona, con igual interés legítimo, para registrar un mismo nombre de dominio (v. gr., por

95 Cit. por Fernández Delpech, *Internet, cit.*, p. 118.

96 C. Nac. Civ. y Com. Fed., sala 2ª, 30/12/1999, Pugliese, Francisco N. c. Pérez, Carlos, *JA* 2000-III-403.

97 Ver el ya citado comentario de Martínez Medrano y Soucasse, *ob. cit.*, p. 256.

ser titular de una marca idéntica en otra clase del nomenclador)"[98]. La Alzada entendió que estaba suficientemente acreditada la verosimilitud del derecho invocado por la actora a partir del interés legítimo que surge de la titularidad de los registros marcarios invocados, en tanto la contraparte no había alegado ni mucho menos acreditado qué derecho o interés con igual grado de legitimidad la amparaba para registrar un nombre de dominio que es idéntico a la marca registrada por la primera. En el caso, la demandada S.A.F. se dedicaba a servicios de logística y no tenía relación alguna con el nombre en cuestión. Igualmente consideró que la actora tenía registrado en el dominio genérico su marca: www.xenical.com y que otro de los codemandados, según informó NIC-Argentina, había obtenido una gran cantidad de nombres de dominio que incluían marcas de productos (tal como, por ejemplo, viagra.com.ar)[99]. El tribunal finaliza señalando que no le corresponde a NIC-Argentina evaluar si el registro o el uso de un nombre de dominio puede violar derechos de terceros, por lo que la circunstancia de que se haya accedido al registro no le otorga al registrante ningún derecho irrevocable, conclusión que el tribunal reafirma con cita de las reglas 10 y 12 de la Res. 2226/00.

– En "Bacardi & Company Limited"[100] se confirmó la decisión de primera instancia que había dispuesto la suspensión provisional del dominio www.bacardi.com.ar pues el demandado no había acreditado el interés legítimo, a lo que añadió la Sala que el demandado había registrado más de sesenta nombres de dominio entre los que se encontraban "absolutevodka.com.ar" o "menem.com.ar", según lo informado a la causa por el registro argentino de dominios (NIC-Argentina). También rechazó la Sala el argumento de que la actora ya tenía registrado el dominio "bacardi.com" al entender que tal registro está referido a un nombre de dominio genérico de nivel superior (.com), en tanto "bacardi.com.ar" corresponde a un dominio territorial, en este caso para la Argentina, el que se puede obtener de acuerdo con los requisitos que cada país establezca.

– Por último, en "Trader Com Argentina SC c. Worldsys SA s/medidas cautelares"[101] la Sala de feria de la Cámara Civil y Comercial Federal resolvió suspender provisionalmente, mientras durara el litigio, el uso del dominio "autofoto.com.ar" a pedido de la accionante que era titular de la marca "Autofoco" y del dominio "autofoco.com.ar". El tribunal tuvo por acreditada la verosimilitud del derecho al considerar que existía cierta comunidad de elementos entre los signos en pugna que podrían eventualmente provocar confusión en el consumi-

[98] C. Nac. Civ. y Com. Fed., sala 1ª, 7/9/2000, F. Hoffmann La Roche A.G. c. S.A.F. S.A. y otro, *JA* 2001-II-329.

[99] Esta presunción es similar a la que ha desarrollado la jurisprudencia estadounidense y los paneles de arbitraje de la OMPI.

[100] C. Nac. Civ. y Com. Fed., sala 1ª, 30/11/2000, "Bacardi & Company Limited".

[101] C. Nac. Civ. y Com. Fed., sala de feria, 18/1/2001, "Trader Com Argentina SC c/Worldsys SA s/medidas cautelares".

dor ("autofoco" y "autofoco.com.ar" de la actora por un lado, y "Autofoto" y "autofoto.com.ar" de la demandada). Éste es el primer caso en confrontar el derecho de dos titulares de dominios distintos y sus respectivas marcas.

4.3. Otras cuestiones relativas al uso de marcas y nombres comerciales en la red

El uso activo de marcas en Internet crea múltiples problemas legales, y sólo algunos han sido resueltos en el Derecho argentino. No existen normas jurídicas específicas en este área[102] pues la Ley de Marcas vigente, que data del año 1980, no contiene normas especiales sobre las prácticas de Internet.

Un aspecto básico de la aplicación del Derecho Marcario a Internet es determinar qué es lo que constituye una infracción marcaria en el contexto de la red. No toda conducta relacionada con una marca, que es utilizada sin autorización del titular de la marca, constituye una infracción marcaria.

En el Derecho argentino se diferencia entre los *usos marcarios* y los *usos no marcarios*. Los primeros son aquellos cuya finalidad es distinguir un producto o un servicio de otros productos y servicios, por ejemplo, utilizar la marca en un determinado producto.

Por el contrario, los otros son usos en los cuales la marca es usada pero no con la finalidad de distinguir un producto o un servicio de otros productos y servicios; por ejemplo, cuando una marca es utilizada para realizar comentarios negativos sobre productos de determinadas marcas.

Los usos marcarios pueden resultar en infracciones marcarias sujetas a las normas sobre responsabilidad y medidas cautelares prescriptas en la Ley de Marcas. Los usos no marcarios no resultan en una infracción prevista en la Ley de Marcas pero pueden resultar ilegales si constituyen competencia desleal o si violan los derechos del titular de la marca (por ejemplo, los derechos relacionados con su reputación o su buena fama).

La distinción es importante en el ámbito de Internet, pues muchas de las prácticas relativas al uso de marcas en ese contexto pueden constituir usos no marcarios.

El primer caso lo encontramos con los pedidos y el registro de nombres de dominio especulativos (conocidos en doctrina como posesión pasiva de un dominio). Estos pedidos de registros y el registro en sí mismo no implican un uso marcario; ello así pues no existe una identificación de un producto o servicio concreto con la marca. Esto no impidió que los tribunales argentinos prohibieran el registro o uso de nombres de dominio basados en pedidos judiciales

[102] Sobre el Derecho Marcario en Argentina ver Luis Eduardo Bertone y Guillermo Cabanellas, *Derecho de Marcas*, Heliasta, 3a. ed., 2007; Jorge Otamendi, *Derecho de Marcas*, cuarta edición actualizada y ampliada, Ed. Lexis Nexis Abeledo Perrot, 2002; Gabriel, Martínez Medrano y Gabriela, Soucase, *Derecho Marcario*, La Rocca, 2001.

de los titulares marcarios[103]. Los tribunales no han expresado con claridad los fundamentos jurídicos de dichas medidas cautelares, pero la existencia de una marca registrada fue considerada suficiente para impedir la registración de un nombre de dominio que incluyera a la marca.

Sin embargo, bajo el Derecho Marcario argentino, existen límites a los derechos de los titulares de una marca en el contexto de Internet, que en el futuro podrían impedir la registración o el uso de un nombre de dominio sobre la base de una marca registrada. Por ejemplo, la registración de una marca no crea un derecho ilimitado en relación con el uso de la marca registrada, sino sólo un derecho exclusivo relacionado con ciertos productos o servicios definidos en la registración de la marca[104]. Por lo tanto, el titular del nombre de dominio podrá argumentar que éste será usado en conexión con servicios o productos que no estén relacionados con una marca registrada preexistente y que ni el nombre de dominio ni su registración y uso violan los derechos del titular de la marca dentro de la clase de productos que aquél comercializa[105].

La validez de este tipo de argumentos no fue discutida en forma amplia pues la mayoría de los casos se referían a marcas notorias o de alto renombre. En este contexto, los tribunales concluyeron razonablemente que la registración del nombre de dominio era ilegal no sólo porque violaba los derechos del titular del registro de la marca, sino porque afectaba también otros derechos del titular, como la buena fama y reputación y su derecho de usar la marca en Internet. También los tribunales infirieron en algunos casos, y en otros concluyeron con abundante prueba, que el demandado quería apropiarse o beneficiarse del prestigio y del poder de atracción de clientela de ciertas marcas.

Otra cuestión que surge en la aplicación del Derecho argentino al uso de nombres de dominio en Internet es la que se refiere al nombre comercial o la denominación societaria de una persona, en relación con el mismo nombre utilizado por el registrante, aunque no esté protegido por derechos marcarios.

En esos casos, el registro del nombre de dominio crea un obstáculo para el uso del nombre comercial preexistente, puesto que el dueño o titular de ese

103 Ver entre otros los casos Camuzzi y Errepar antes mencionados. La jurisprudencia americana, en uno de sus primeros casos, sostuvo que la mera registración del nombre para luego venderlo equivalía a su uso comercial en los términos de las normas marcarias norteamericanas. Ver Panavision v. Toeppen, 945 F. Supp. 1296 (1996) confirmado por 141 F.3d 1316 (1998).

104 Conocido como principio de especialidad marcaria, que puede ser dejado de lado en el caso que se intenta aprovechar del prestigio de una marca notoria (C. Nac. Civ. y Com. Fed., sala 1ª, 25/03/1999, Nobleza Piccardo SAICIF c. Baccarat s/ cese de oposición al registro de marca, causa 26875/94; y Baccarat c. Nobleza Piccardo SAICIF s/ cese de oposición al registro de marca, causa 4998/97).

105 Estos argumentos se usaron sin éxito en los casos "Bacardi & Company" y "F. Hoffman La Roche AG", pero la Cámara los rechazó en el reducido marco de la medida cautelar pues no aparecían como verosímiles.

nombre se verá impedido de usarlo en Internet sin confusión. Asimismo, la registración y uso de ese nombre de dominio creará un cierto grado de confusión en relación con la identidad de la persona que hace esa registración y uso. Varias situaciones pueden mencionarse:

a) En el caso de nombres de dominio que incluyen nombres de individuos, la jurisprudencia argentina ha protegido los nombres individuales contra la registración de esos nombres sin autorización[106]. Sin embargo, estos casos están relacionados con el nombre de personajes públicos, por lo que la intención de apropiarse del prestigio de la figura pública resultaba una presunción muy difícil de contradecir. En casos que no involucren a figuras públicas, los individuos estarán protegidos por las reglas sobre nombres individuales, que otorgan protección al individuo contra el uso no autorizado de su nombre[107].

b) En el caso de un nombre de dominio que involucra el nombre de una empresa, la protección es posible a través de las normas que regulan el nombre comercial o designación (ver punto c], más abajo), pues los nombres societarios son normalmente usados como nombre comercial. Si ése no fuera el caso, la protección aún sería posible si el uso del nombre societario como nombre de dominio por una persona no autorizada crea un importante nivel de confusión en el público, frustra el funcionamiento y finalidad del nombre societario e impide el uso del nombre societario en Internet.

c) En el caso de designaciones –nombre o signo con el que se designa una actividad, art. 27, Ley 22.362–, el titular de la designación tiene el derecho exclusivo de usarla en conexión con bienes o servicios y en el mercado o ramo en el cual se utiliza (art. 28, Ley 22.362). Sin embargo, una vez que una designación ha sido identificada y tutelada como tal, la registración de tal designación como nombre de dominio puede ser prohibida sin límites. Aunque los tribunales no han sido del todo explícitos acerca de los fundamentos y alcance de tal protección de las designaciones[108], parecen haber tomado en cuenta la necesidad de evitar la confusión sobre la identidad del titular del nombre de dominio, así como la necesidad de permitir al titular de la designación el acceso a Internet.

Otro ámbito de conflicto en materia de nombres de dominio en Internet se refiere a los conflictos entre nombres similares pero no idénticos. El Derecho marcario contiene reglas específicas para determinar el ámbito de protección

[106] Por ejemplo, el caso "Tinelli" al que hicimos referencia más arriba (n. 95). En los casos de arbitraje de la OMPI es posible encontrar una multitud de casos referidos a nombres de personajes famosos o notorios, y de celebridades, con diversos resultados. Ver los casos relativos a los dominios de Sting, Jimmy Hendrix, Madonna, entre otros. Estos casos sólo otorgan protección dentro de los dominios de nivel superior .com, .net y .org.

[107] Ver Ley 18.248, art. 21 y Julio Rivera, *El nombre en los derechos civil y comercial*, Astrea, 1977, p. 79 y ss.

[108] Juzg. Fed. Rosario, n. 1, 26/5/2000, "Hotel Ava Miriva S.R.L.", JA 2001-II-336, con nota de Iván A. Poli, cit.

otorgado a una determinada marca frente a otra similar pero no idéntica. Esta metodología tiene en cuenta varios elementos, tales como la naturaleza de los bienes y servicios involucrados, la posibilidad de confusión visual, fonética e ideológica, etc. En principio, este sistema sería aplicable a la violación de derechos marcarios en Internet mediante el uso de un nombre de dominio. Sin embargo, los nombres de dominio tienen ciertas características que deben ser tenidas en cuenta para determinar el alcance de los derechos marcarios en la red. Así, por ejemplo, los nombres de dominio no son generalmente utilizados en conexión con una marca o servicio específicos, sino que son herramientas que permiten un continuo flujo de información acerca de múltiples y variados bienes, servicios y actividades; de allí que las posibilidades de confusión al consumidor son muy distintas de las que surgen con las formas tradicionales de comercio.

Otros aspectos del Derecho de Marcas en Internet, donde aún los tribunales argentinos no se han pronunciado, están relacionados con el uso de *metatags*[109]. En el caso de *meta-tagging*, la dificultad reside en que normalmente dicha práctica no resultará en la identificación de bienes o servicios como sucede en una tradicional infracción marcaria pues los *metatags* son invisibles a los usuarios, y sólo los "leen" los buscadores de Internet para encontrar los pedidos de búsqueda de usuarios o navegantes. Por ello, no existe en principio violación de derechos marcarios pues no hay una conducta marcaria[110]. Sin embargo, como en otros casos de usos no marcarios, será posible prohibir estas conductas pues implican una competencia desleal, en especial si se desvía o daña el prestigio y la clientela del titular de la marca[111]. En el Derecho estadounidense este tipo de situaciones ha sido considerado como infracción marcaria a través de un test denominado "initial interest confusion"[112], que tiene en cuenta la confusión generada en el público usuario como resultado de las búsquedas en Internet (que generalmente siguen en parte el contenido de los *metatags*).

[109] Street y Grant los definen de la siguiente manera: "Metatags are keywords that can be inserted into the source code of Web sites. Search engines read metatag keywords and use them as references for a Web site. You cannot view a Web site's metatags through ordinary viewing of a site. However, you may be able to view them through Web browser functions(...)". F. Lawrence Street y Mark P. Grant, *Law of the Internet* (2001), p. 4-44.

[110] Ver bajo el Derecho Marcario español, con normas similares a las del argentino, el trabajo de José Massaguer, "Conflictos de marcas en Internet", 648 *Revista General del Derecho* (1998), pp. 11. 107, 11. 133, y del mismo autor el cap. "Las marcas en Internet", en el presente volumen.

[111] Ver Massaguer, *Conflictos, cit.*, p. 11. 134.

[112] Ver Stanley U. Paylago, Trademark Infringement, Metatags, and the Initial Interest Confusion Remedy, 9 *Media L. & Pol'y*, pp. 49 y ss. (2000) y más recientemente Tom Monagan, Can an Invisible Word Create Confusion? The Need for Clarity in the Law of Trademark Infringement through Internet Metatags, 62 *Ohio St. L.J.*, p. 973 (2001).

Una situación similar se produce con los hipervínculos, esto es, conexiones entre diferentes sitios de Internet por medio de referencias a hipertextos[113]. Si una marca es incluida en la página referenciada, esto no resultará normalmente en una infracción marcaria, pues en principio no habrá una identificación de bienes o servicios con esas marcas[114]. Sin embargo, existen muchos otros posibles resultados ilegales, en especial, si el hipervínculo resulta en la desviación de clientela o en la apropiación de los esfuerzos del titular de la marca y se produce una situación de competencia desleal[115].

Otra cuestión relacionada con las marcas en Internet es la relativa al uso de marca como requisito para la conservación del derecho, según lo exige la Ley argentina de Marcas, y el problema de la venta a distancia. La Ley exige la comercialización del producto en nuestro país. Ello descarta el uso de marca realizado en el extranjero, así como también la publicidad realizada fuera del país, aun cuando ello permita conocer la marca en la Argentina. Es el caso de la publicidad en revistas editadas en el extranjero que luego son vendidas aquí, o el de la publicidad que se efectúa en programas televisados en el exterior. Si el producto no está en el mercado, no hay uso marcario[116].

Otamendi señala que una modalidad de venta habitual es aquella por catálogo y los catálogos pueden ser remitidos desde el extranjero, así como también los productos adquiridos, y que el mismo sistema se emplea por Internet. En estos casos muy similares, el comprador recibe un producto en su domicilio que ha circulado en nuestro territorio en virtud de su "comercialización". La marca que el producto lleve habrá sido usada en la Argentina, a los fines de la ley marcaria, sin importar que quien lo venda lo haga desde el extranjero[117].

5. Cuestiones del Derecho de Patentes relacionadas con Internet

El Derecho de Patentes en la Argentina se encuentra sustancialmente menos desarrollado que el Derecho de Marcas[118]. La legislación tiene una redacción

[113] Para una descripción del funcionamiento de Internet y de sus recursos, ver Pablo Palazzi, "La informática jurídica y las autopistas de la información", en *JA* 1997-II-710.

[114] Ver Massaguer, *Conflictos, cit.*, p. 11. 136.

[115] Un reclamo fundado en competencia desleal requerirá, si es en la esfera penal, la concurrencia de otros elementos, además de un simple hipervínculo, incluyendo el hecho de que el actor y demandado se encuentren en competencia en el mismo mercado, y que la práctica tienda potencialmente al desvío de clientela del actor al demandado. Ver art. 159 del Cód. Penal.

[116] J. Otamendi, *Derecho de Marcas*, cit., p. 210.

[117] *Idem*, p. 211.

[118] La Ley de Patentes argentina lleva el número 24.481 (Ley 24.481 modificada por la Ley 24.572 t.o. 1996 - B.O. 22/3/96, y sus modificaciones posteriores). Sobre esta ley ver Guillermo

pobre y deficiente y está claramente inclinada a otorgar una protección débil al inventor. A ello cabe agregar que la jurisprudencia es escasa y técnicamente inadecuada.

Varias normas de la Ley de Patentes prohíben el registro de ciertas invenciones de tecnologías relacionadas con Internet, entre otras:

a) el art. 4° de la Ley de Patentes establece que serán patentables las invenciones de productos o de procedimientos, siempre que sean nuevas, entrañen una actividad inventiva y sean susceptibles de aplicación industrial. Habrá "aplicación industrial" según la Ley, cuando el objeto de la invención conduzca a la obtención de un resultado o de un producto industrial, entendiendo al término industria como comprensivo de la agricultura, la industria forestal, la ganadería, la pesca, la minería, las industrias de transformación propiamente dichas y los servicios (art. 4°, inc. e], de la Ley de Patentes);

b) los métodos matemáticos no son invenciones según la ley (art. 6°, inc. a], de la Ley de Patentes);

c) tampoco se considerarán invenciones a los fines de la Ley de Patentes a los planes, reglas y métodos para el ejercicio de actividades intelectuales, para juegos o para actividades económico-comerciales, así como los programas de computación (art. 6°, inc c], de la Ley de Patentes).

Estas normas tienen un alto efecto restrictivo sobre las patentes relacionadas con tecnologías de la información, como es el caso de las vinculadas a Internet. En el caso de uso de software para implementación de actividades en la red, tales programas de computación están excluidos de la posibilidad de ser patentados por la propia Ley (art. 6°, inc c]), independientemente de su nivel de invención o de su novedad. Bajo el Derecho argentino, el mecanismo adecuado para la tutela del software ha sido el derecho de autor (Ley 11.723 con su reforma por la Ley 25.036). La posibilidad de patentar un programa de ordenador no está restringida si el software es parte de una invención más compleja [119], siempre y cuando dicha invención cumpla con el requisito de "aplicación industrial" del art. 4° de la Ley de Patentes[120].

Con relación al patentamiento de modelos de negocios, el lenguaje de la Ley argentina, como vimos, es claramente contrario a la posibilidad de su validez (art. 6°, inc. c])[121]. Incluso en caso de ausencia de esta prohibición expresa, los

Cabanellas, *Derecho de las Patentes de Invención*, Heliasta, 3ra. ed.; 2011; Carlos María Correa, *Derecho de Patentes*, Ciudad Argentina, 1996.

119 Éste fue el criterio inicial que estableció la disposición 15/75 de la Oficina de Patentes de la Dirección Nacional de Propiedad Industrial. Ver Pedro Chaloupka, "Derecho de la Informática", p. 85, en *Derechos Intelectuales*, No.1, Astrea, Buenos Aires, 1986.

120 Ver Guillermo Cabanellas, *Derecho de las Patentes de Invención*, Heliasta, 2001, t. 1, pp. 819-820.

121 A diferencia de lo que sucedió en la jurisprudencia norteamericana respecto de esquemas de negocios e incluso a procesos abstractos aplicables al software en casos como State Street Bank,

modelos de negocios no serían patentables debido a los requisitos de "aplicación industrial" antes analizados (art. 4°, inc. e], de la Ley de Patentes).

6. Derecho de autor e Internet

6.1. Marco legal

La Ley argentina 11.723, sobre propiedad intelectual, data del año 1933, pero ha sufrido varias reformas, hasta su modernización con la inclusión del software y las bases de datos en el año 1998.

Los puntos centrales que caracterizan a la Ley son los que seguidamente enunciamos[122]: (i) en cuanto a las obras protegidas, enunciadas a título ejemplificativo, la Ley da cabida a toda clase de creaciones, dejando librado a los tribunales establecer qué debe entenderse por obra; (ii) se establecen derechos exclusivos en cabeza del autor (art. 2°); (iii) como sujetos de derecho se reconoce a los autores de obras originales y a los autores de obras derivadas cuando utilizan legítimamente la obra original, así como a los que adquieren esos derechos por cesión o herencia (art. 4°); (iv) el plazo de duración inicialmente reconocido fue de 30 años, que luego se amplió a 50 años en 1957 y a 70 años en 1997 (Ley 24.870), a partir de la muerte del autor; (v) las excepciones al derecho exclusivo del autor son limitadas a licencias onerosas por inacción de los herederos, licencias gratuitas en materia de representación y ejecución, suspensión del derecho de autor en caso de omisión del registro, y derecho de cita, pero no existe un derecho similar al *fair use* norteamericano.

En la Argentina, el Derecho de Autor otorga amplias facultades al titular de los derechos intelectuales y en los casos que hasta la fecha se presentaron, relacionados con nuevas tecnologías, los tribunales civiles fueron muy amplios, incluyendo la posibilidad de demandas civiles y penales[123], requerir el secuestro autónomo de la obra como medida cautelar fundada en los arts. 80 a 82 de la

---

149 F.3d 1368; AT&T Corp. v. Excel Communications, 172 F.3d 1352 (aceptando la posibilidad de patentar un procedimiento informático con independencia de sus limitaciones físicas o elementos) y el caso Amazon.com v. Barnesandnoble.com, No. 00-1109, 2001 U.S. App. lexis 2163 (Fed. Circ. Feb 14, 2001) donde se concedió inicialmente una medida cautelar sobre el proceso de selección de libros con un solo click. La medida fue revocada por la Cámara de Apelaciones.

122 Ver Carlos Villalba, "Panorama del derecho de autor en la Argentina", p. 142, en *Derechos Intelectuales*, No. 2, Astrea, Buenos Aires, 1987.

123 Ver arts. 71 y 72 de la Ley 11.723.

Ley 11.723[124] y hasta la constatación de existencia de software ilícito en las dependencias del demandado[125].

6.2. Protección de obras intelectuales en la red

El Derecho de Autor en la Argentina, sin embargo, no se ha adaptado al impacto que Internet produjo en esta rama del Derecho. Aunque las normas argentinas de Derecho de Autor son lo suficientemente amplias como para receptar estas nuevas tecnologías, su flexibilidad no es infinita, como lo examinamos al comienzo en relación con los programas de computación, respecto de las cuales fue necesario reformar la Ley 11.723 para superar las limitaciones que los tribunales habían establecido.

La Ley argentina no tiene una excepción expresa para uso privado[126]. Las normas penales tienden a aplicarse sólo si existe fin de lucro, pero este requisito no se utiliza generalmente a fin de determinar la responsabilidad civil[127]. Por ello, la distribución de obras literarias o musicales a través de Internet sin permiso del titular de los derechos puede constituir una infracción civil al derecho de autor por parte de las personas que "bajen" o utilicen esas obras y una infracción penal en el caso de la persona que, con finalidad de lucro, participa en la distribución ilegal de esos trabajos a través de Internet[128].

Con relación a las obras literarias, se realizó una distinción en cuanto a si la obra ha sido incluida inicialmente en la red en forma legal. Si la obra literaria fue incluida en un sitio en la red por el propio autor o una persona con derechos sobre la obra, puede entenderse que el uso de esa obra dentro de los límites de Internet es legal, ya que deberá entenderse que ese uso ha sido autorizado por el autor o por la persona que es titular de esos derechos. En este contexto, los usuarios no sólo tendrán acceso en forma legal a la obra en cuestión al utilizar un navegador (*browser*) de Internet, lo que les permite leer, ver o escuchar

[124] C. N. Civ., Sala I, 30/10/2001, "Laffont Ediciones Electrónicas SA c. Geofutura Ediciones" (se hace lugar a una medida cautelar consistente en el secuestro y prohibición de comercializar y difundir la obra editada por la demandada bajo forma de CD ROM), con nota de Inés Langenauer (medida cautelar de secuestro de software).

[125] C. N. Civ., Sala L, 30/5/2000, "Autodesk c/ Myeel SA" (haciendo lugar a la constatación en los domicilios de la demandada de la existencia de programas de ordenador, de los certificados de licencias y de un inventario de diskettes, con fundamento en que de conocer la demandada la existencia del juicio los elementos de prueba podrían desaparecer). Ver también Sala L, "Autodesk c/Valley SA".

[126] Delia Lipszyc, *Derecho de Autor y derechos conexos*, Unesco-Zavalía, p. 223, 1993.

[127] Cfr. Fernández Delpech, *Internet, cit.*, p. 191 y ss.

[128] Art. 72 bis, Ley 11.723. Existe jurisprudencia que establece, al interpretar el art. 72 (no el 72 bis) que no se requiere fin de lucro para el tipo penal de reproducción ilícita de obras de *software*. Ver C. Nac. Crim. y Corr. Fed., sala 1ª, 4/4/1994, - Lotus Development Corp. y Ashton Tate Corp, JA 1994-III-637, cuestión que la Ley 25.036 no aclaró respecto del art. 72 de la Ley 11.723.

la obra, sino que también podrán "bajarla" (*download*) en forma impresa o electrónica, siempre y cuando este uso se realice dentro de los límites del uso personal[129], y siempre que no existan protecciones específicas en tal sentido, que demostrarían la intención del titular de no permitir esta clase de usos[130]. Sin embargo, si el usuario excede el límite del uso personal y utiliza el mecanismo de bajar o grabar la obra para enviarla a terceros en formato electrónico o en otro formato, esto podría considerarse como que excede la autorización implícita dada por la persona que legalmente colocó la obra intelectual en la red[131].

En el caso de una reproducción no autorizada de una obra intelectual en la red, la persona que la incluyó en el sitio infringe sin lugar a dudas los derechos exclusivos del titular. El medio electrónico, utilizado para violar la Ley de derecho de autor 11.723 no cambia en nada la identidad de la infracción, ya que la Ley argentina prohíbe todo tipo de infracciones de los derechos del titular de la obra, más allá del medio o instrumento utilizado (arts. 1 y 71, Ley 11.723). La situación de los usuarios de tales obras reproducidas ilegítimamente en la red es menos clara. Si el uso involucra la transmisión de la obra a terceras personas, esto será un hecho ilícito tanto desde el punto de vista civil como penal[132], puesto que ese uso no puede ser ubicado en una posición legal mejor que la derivada de obras legalmente incluidas en la red[133]. Si el uso de la obra no incluye transmisión de la obra a terceros, la existencia de responsabilidad civil o penal para el usuario dependerá de si éste actuó con buena o mala fe, por ejemplo, si sabía o tenía conocimiento de la ilicitud de la inclusión de la obra en el respectivo sitio de Internet. Este último criterio es importante para determinar la responsabilidad de sitios de hospedaje de páginas gratuitas en la red, que pueden almacenar trabajos en infracción a la Ley 11.723 introducidos por usuarios, pero sin conocimiento del administrador del sitio.

Ciertos aspectos de la metodología del Derecho de Autor en la Argentina pueden facilitar la solución a problemas provocados por Internet que han ocurrido en otros sistemas legales. Tal es el caso, por ejemplo, del escaso significado del término "fijación" (*fixation*) bajo el Derecho de Autor argentino. La fijación de una obra intelectual sobre un determinado medio no es un requisito exigido para la existencia de la obra amparada por el Derecho de Autor[134] ni

[129] Cfr. Fernández Delpech, *Internet*, cit., p. 201 y ss.

[130] Por ejemplo, en los archivos creados y que pueden ser leídos con el Acrobat Reader en formato PDF es posible configurar y proteger el archivo para que no pueda ser grabado o impreso, y que sólo pueda ser visualizado en la pantalla estando conectado a la red. En estos casos, el titular de los derechos ha demostrado claramente su voluntad de no permitir la "bajada" o impresión de la obra.

[131] *Idem.*

[132] Ello es así pues la transmisión implica una "reproducción".

[133] *Idem.*

[134] Lipszyc, *Derecho de Autor, cit.*, p. 68.

para determinar la existencia de una infracción a ese Derecho (arts. 1° y 71, Ley 11.723). Por ende, no puede argumentarse válidamente en el Derecho argentino que una obra susceptible de ser amparada por la Ley 11.723 pueda ser copiada porque tenga una existencia "inmaterial" o "evanescente" (*evanescent*)[135] en la pantalla de un ordenador, en una memoria RAM o en cualquier otro dispositivo electrónico de almacenamiento de datos, o porque ha sido copiada utilizando medios evanescentes. De allí, como el titular de una obra intelectual tiene un derecho exclusivo a usar y reproducir el material amparado por el derecho de autor[136], este derecho exclusivo se extenderá contra el uso y reproducción a través de medios electrónicos tales como Internet.

El derecho de autor incluye en la Argentina los derechos exclusivos en relación a la ejecución y exposición pública de la obra protegida (art. 2°, Ley 11.723). Las reglas son amplias y abstractas, de tal manera que incluyen, como violaciones al derecho de autor, todas las exhibiciones realizadas en una página web y cualquier otra transmisión pública realizada a través de Internet. El hecho de que el público no se encuentre físicamente presente en ocasión de la ejecución o exhibición no altera la aplicabilidad del derecho de autor en estos casos.

En relación con las transmisiones de Internet, la amplitud de los derechos del titular de una obra intelectual en la Argentina –incluyendo disposición, publicación y cualquier forma de reproducción, entre otros derechos (art. 2° Ley 11.723)– hace imposible la transmisión legal de una obra intelectual sin el permiso del titular de los derechos correspondientes. No se ha exigido, en este contexto, la existencia de un nuevo derecho de transmisión de la obra.

La cuestión relativa a las licencias implícitas no requiere debate alguno. Tales licencias son válidas[137], como se indicó más arriba, con relación a ciertas infracciones al derecho de autor. Sin embargo, una vez que se ha admitido que tales licencias son válidas, es posible que surjan ciertas dificultades con relación a las limitaciones aplicables a las licencias implícitas, en especial en las transacciones con consumidores. Si una licencia implícita en el contexto de una transacción de consumo incluye restricciones a los derechos del consumidor que están amparados por el orden público[138], o si limita la garantía legal establecida

135 Para usar la terminología incluida en el debate legislativo de la Copyright Act norteamericana; ver H.R. Rep. No. 94-1476, 52-53 (1976).

136 Ver Miguel Ángel Emery, *Propiedad Intelectual*, Astrea, 1999, p. 65 y ss.; Federico, Villalba Díaz, "Algunos aspectos sobre los derechos de autor en Internet (conflictos con el uso de obras en el ciberespacio)", *JA* 2000-IV-911; Federico Pablo Vibes, "El impacto de Internet en la propiedad intelectual", *LL* 18/6/2002.

137 Señalamos que la ley 25.026 incluyó a las licencias de *software* como contratos previstos en la ley de derechos de autor. Sobre este tema ver Lorenzetti, *ob. cit.*, p 205.

138 Ver Ley 24.240, de Defensa del Consumidor, art. 37(a),(b).

a favor del consumidor[139] o si limita derechos del consumidor establecidos por la Ley de Defensa del Consumidor[140], la licencia podrá resultar válida pero las cláusulas o disposiciones nulas no resultarán aplicables (art. 37, Ley 24.240).

Es posible, en principio, superar las limitaciones relativas a la validez de estas licencias a través de licencias expresas redactadas adecuadamente. Pero en la práctica esta posibilidad será normalmente inaplicable debido a las dificultades de los contratos electrónicos vinculantes en el contexto de licencias de derecho de autor relacionadas con Internet.

Acerca del uso privado de obras, sobre todo de obras musicales en formato MP3, habida cuenta que la Ley argentina establece que sólo puede reproducirse con la autorización expresa del autor, la Ley argentina no permite la "copia personal" de obras musicales o cinematográficas[141]. Gregorio Badeni, sin embargo, sostiene que el adquirente legítimo de un disco tiene un ámbito de disponibilidad de la obra que queda reservado y protegido por el art. 19 de la Constitución Nacional[142]. Ello se refuerza –sostiene el constitucionalista– con el derecho de propiedad de quien adquiere el disco: "siempre y cuando sea para uso privado y no involucre la difusión pública o semipública, la venta o incluso la distribución gratuita está amparada por el derecho de propiedad, por ejemplo la copia de un casete o compact para oír luego en el automóvil. Pretender que una copia privada es ilegal sería un ejercicio abusivo del derecho de propiedad intelectual". Esta propuesta interpretativa tiende a suplir la ausencia en nuestra legislación autoral de un equivalente del *fair use* norteamericano.

Aunque en la práctica es muy difícil que se plantee un caso como éstos, pues no es rentable ni popular perseguir judicialmente a los usuarios, debe señalarse como crítica a la Ley 11.723 la inexistencia de excepciones tales como el *fair use* norteamericano que permite un uso más flexible del derecho de autor frente a las nuevas tecnologías de la información.

7. Privacidad en Internet

7.1. Marco legal en la Argentina

El derecho a la privacidad se enmarca dentro de los llamados derechos de la personalidad. El primer sustento de estos derechos lo encontramos en la Constitución Nacional; especialmente el derecho a la vida privada que se encuentra

[139] Lorenzetti, *ob. cit.*, p. 252.

[140] *Idem.*

[141] Cfr. Opinión de Roberto Piay, transcripta en *La Nación*, 29 de abril de 2002, Suplemento Informático.

[142] Cfr. Opinión de Gregorio Badeni, transcripta en *La Nación*, 29 de abril de 2002, "Qué dice la ley sobre el copiado de discos", Suplemento Informático.

claramente tutelado por el art. 19[143]. Además este derecho se halla especificado en relación con alguno de sus aspectos en los arts. 18, 43 y 75, inc. 22 (los dos últimos según la reforma de 1994) de la Constitución[144].

La legislación argentina actual sobre la materia se presenta en el derecho infraconstitucional, pues más allá de los preceptos constitucionales ya mencionados que importan una tutela en algunos casos puramente genérica, se encuentran protegidos el derecho a la imagen en la Ley 11.723 (arts. 31 a 35), el derecho a la intimidad en el art. 1071 bis del Cód. Civil[145], el derecho al honor en los arts. 1089 y 1090 del Cód. Civil; el derecho al nombre en la Ley 18.248; ciertos delitos penales también tienen a estos derechos como bienes jurídicamente protegidos (arts. 108 y 109 del Cód. Penal).

Veamos cada una de estas normas:

a) El art. 1071 bis del Código Civil sanciona al que en forma arbitraria se entrometiere en la vida ajena, publicando retratos, difundiendo correspondencia, mortificando a otro en sus costumbres o sentimientos, o perturbando de cualquier modo su intimidad. La norma establece que el juez puede ordenar el cese de la conducta y el pago de una indemnización que fijará equitativamente, de acuerdo con las circunstancias, pudiendo además, a pedido del agraviado, ordenar la publicación de la sentencia en un diario o periódico del lugar, si esta medida fuera procedente para una adecuada reparación (artículo agregado por la Ley 21.173)[146].

b) El Código Penal contiene varias normas penalizando la calumnia, la injuria, el apoderamiento de correspondencia, la violación de secretos, el acceso ilegítimo a bases de datos o la inserción de datos falsos en bancos de datos (arts. 109, 110, 117 bis, 153, 155, 157 bis del Código Penal).

c) La Ley argentina de Derecho de Autor establece que una fotografía no puede ser puesta en el comercio sin la autorización de esa persona (art. 31 Ley

[143] Julio César Rivera, "Hacia un régimen integral y sistemático de los derechos personalísimos", en *LL* 1983-D-846 y también en *Derecho Civil. Parte general*, p. 113, Abeledo Perrot, 1987. Ver también Miguel Padilla, "La revolución digital y la privacidad de las bases de datos electrónicos", en *LL* 5/7/2002.

[144] En una de sus últimas decisiones, la Corte Suprema lo ha definido como aquel que protege jurídicamente un ámbito de autonomía individual constituido por los sentimientos, hábitos y costumbres, las relaciones familiares, la situación económica, las creencias religiosas, la salud mental y física y, en suma, las acciones, hechos o datos que, teniendo en cuenta las formas de vida aceptadas por la comunidad, están reservadas al propio individuo y cuyo conocimiento y divulgación por los extraños significa un peligro real o potencial para la intimidad (Corte Suprema, 13/2/96, "Dir. Gral. Impositiva c. Colegio Público de Abogados de la Capital Federal").

[145] Julio César Rivera, "Hacia un régimen integral y sistemático de los derechos personalísimos", en *LL* 1983-D-846 y también en *Derecho Civil. Parte general*, p. 114, Abeledo Perrot, 1987.

[146] Ver María Delia Pereiro, "El derecho a la intimidad en el Código Civil y su raíz en el artículo 19 de la Constitución Nacional", *LL* 1990-A-174.

11.723). En caso de fallecimiento de la persona retratada el derecho exige el consentimiento de su esposo o hijos o descendientes directos, y en su ausencia de sus parientes. El consentimiento puede ser revocado y no se requiere el consentimiento para imágenes públicas.

d) La Ley de Nombre (Ley 18.248) prohíbe el uso del nombre de un individuo sin su consentimiento, incluido el uso malicioso para designar un personaje de fantasía (art. 21, Ley 18.248).

e) La Ley 25.326 de protección de datos personales establece los derechos y obligaciones que pesan sobre quienes tratan datos personales de individuos y personas jurídicas. La Ley es tecnológicamente neutra, por lo que se aplica tanto al procesamiento manual de datos como al electrónico, incluyendo todas las recopilaciones de datos personales en Internet. La Ley contempla principios generales que se deben respetar en el tratamiento de datos personales, el consentimiento del registrado, los recaudos para tratar y ceder datos, y los derechos de acceso y corrección. Regula la acción de protección de datos personales que reglamenta el hábeas data de la Constitución Nacional y establece una agencia del gobierno que tendrá a su cargo la aplicación de la Ley con sanciones de hasta 100.000 pesos en casos de infracción.

Asimismo prohíbe la transferencia de datos personales al exterior, para el caso de que el país receptor carezca de una legislación adecuada a la Ley argentina, lo que en Internet es muy importante, pues casi todas la acciones que se realicen con datos personales pueden implicar una transferencia de datos hacia servidores en terceros países[147].

f) Ley 25.065 de tarjetas de crédito (información sobre estado financiero del usuario). El art. 53 de la Ley 25.065 prohíbe a las entidades emisoras de tarjetas de crédito, bancarias o crediticias, informar a las "bases de antecedentes financieros personales" sobre los titulares y beneficiarios de extensiones de tarjetas de crédito, cuando el titular no haya cancelado sus obligaciones, se encuentre en mora o en etapa de refinanciación, sin perjuicio de la obligación de informar lo que correspondiere al Banco Central de la República Argentina. Esta norma no sólo otorga protección civil frente a su eventual incumplimiento mediante la vía de una acción de hábeas data (arts. 43 CN y 33, Ley 25.326), sino también penal, razón por la cual estos datos son secretos y su revelación o divulgación se encuentra penalizada por el art. 157 bis, inc. 2, CP –incorporado por el art. 32 de la Ley 25.326 de hábeas data y protección de datos personales–[148].

[147] Sobre este tema ver Pablo Palazzi, *La transmisión internacional de datos personales y la protección de la privacidad*, Ad-Hoc, Buenos Aires, 2002, pp. 20-25 y 268-340 y Christopher Kuner, "Beyond Safe Harbor: European Data Protection Law and Electronic Commerce", en *The International Lawyer*, Spring 2001, Vol. 35, No. 1, p. 79 y ss.

[148] C. N. Crim. y Correc. Sala I., 15/10/01, "Recuperación de créditos Amex", Bol. Int. de Jurisp., Nº 4/01, p. 317.

7.2. El derecho a la privacidad en Internet

Todo este complejo de normas tiene múltiples efectos en la red. El uso del nombre o imagen de una persona sin su consentimiento está severamente restringido. Este derecho a consentir el uso se ve disminuido cuando la persona es una figura o personaje público y ese nombre o imagen se utiliza con fines informativos[149]. Incluso estos usos pueden ser limitados si el nombre y la imagen de la persona pública son usados en forma maliciosa o de una forma que no está relacionada con la actividad pública de la persona[150].

La legalidad del control del correo electrónico del trabajador o de otros contenidos que el empleado revise en un ordenador de la empresa es una cuestión debatible[151]. Las actividades de ciertos empleados –como en el caso de los bancos y entidades financieras– pueden estar sujetas a ciertas actividades de vigilancia por el empleador, basadas en razones de seguridad; sin embargo, la correspondencia privada está generalmente más allá del alcance del empleador y esta regla general resulta aplicable en ausencia de circunstancias especiales como las indicadas arriba. Si se desea implementar una política de privacidad que permita revisar datos personales del ordenador, será necesario contar con el consentimiento previo del trabajador (arts. 5° y 6°, Ley 25.326) a los fines de no violentar la dignidad de éste.

También a estas situaciones de vigilancia, con especial relación a los sitios que recorren los empleados o correos que reciben, resultan aplicables las normas de la Ley de Protección de Datos Personales argentina, que vedan la recolección de datos personales sin el consentimiento del registrado. Resulta interesante señalar, por la similitud con su modelo que es la Ley española, que en esa jurisdicción se considera por parte de la agencia de protección de datos que si se ha informado al empleado de la existencia del monitoreo y éste presta su consentimiento, no existirá violación a las normas de protección de datos personales[152].

Las obligaciones de mantener confidencialidad y la responsabilidad que ello genera, que resultan aplicables a la correspondencia epistolar, han sido aplicadas al correo electrónico en asuntos comerciales[153] y penales[154]. En este último caso,

149 Arg. art. 31, Ley 11.723.

150 Ver el leading case "Ponzetti de Balbín", CSJN, *LL* 1985-B-114, y también *Fallos* 324:2895 (2001).

151 Ver Fernández Delpech, *Internet, cit.*, p. 231

152 Ver Rosa Barceló, "Monitoring employees' e-mail in Spain", en *Privacy Laws & Business International Newsletter*, Enero 2002, p. 4 y ss.

153 Ver el caso G, D.E. c. C. S.A., en *LL* 19/2/2002 con nota de Federico Pablo Vibes, "Valor probatorio y nuevas tecnologías".

154 Ver el fallo de la C. Nac. Crim. y Corr., sala 6ª, 4/3/1999, "Lanata, Jorge", *LL*, 1999-E, 70, con nota de Marcelo Alfredo Riquert; DJ, 1999-2-569; JA 1999-III-237; ED, 182-478 y

la Cámara del Crimen sostuvo en relación al e-mail que "La correspondencia y todo lo que por su conducto pueda ser transmitido o receptado, goza de la misma protección que quiso darle el legislador al incluir los arts. 153 al 155 CP, cuando no existían avances tecnológicos como el del correo electrónico".

La intercepción del correo electrónico es un delito[155], y sólo puede hacérsela con orden de juez competente y a los fines de una investigación penal[156].

En cuanto a las lamentables prácticas conocidas como "spamming" o "spam"[157], el Derecho argentino no contiene una norma expresa, como sucede en otros países. Pero la Ley de Protección de Datos Personales, en uno de sus artículos, regula el marketing directo (art. 27) y establece que si una persona (o empresa) está registrada en un banco de datos, tiene el derecho a que sus datos sean eliminados de esa base de datos. Es más, de acuerdo con una interpretación del debate legislativo, podría concluirse que estas bases de datos sólo pueden formarse con el consentimiento de los registrados, recaudo que es necesario también para ceder datos a esta clase de bancos[158].

En cuanto a las *cookies*, se las ha considerado como ilegales[159], si el uso no fue autorizado por el usuario de Internet, de conformidad con el art. 27, párrafo primero de la Ley 25.326. Creemos que es suficiente con incluir dicho consentimiento en la política de privacidad que debe estar en un lugar visible y accesible al usuario, y comunicada de modo que éste preste su consentimiento a su contenido previamente a la recolección de datos personales. De esa forma, se cumple con los arts. 5° y 6° de la Ley 25.326. Es del caso notar que en Estados Unidos la jurisprudencia ha considerado que el uso de *cookies* con fines de publicidad no viola la privacidad ni las normas sobre comunicaciones electrónicas (ECPA)[160], pese a que la doctrina de ese país considera lo contrario.

RDNT 3-241, y Fernández Delpech, *Internet, cit.*, pp. 232, 233 (el apoderamiento indebido de correspondencia enviada a través del correo electrónico puede encuadrarse, *prima facie*, en los arts. 153 y 155 CP).

155 Ver el caso "Lanata" citado en la nota anterior.

156 C. N. Crim. y Correc., Sala VI, 1/03/01, "Rocca Clement, Marcelo", en *Bol. Int. de Jurisp.* N 1/2001, p. 26, donde se sostuvo que "La apertura de correos electrónicos privados no conculca garantías constitucionales como lo es la intrusión en papeles privados o correspondencia si esto tuvo lugar en el marco de una investigación en la que se producía un intercambio de material y resultaba necesaria para la pesquisa".

157 Con el nombre inglés de *spam* se busca designar a las comunicaciones u ofertas electrónicas no solicitadas, en general de carácter comercial.

158 Ver opinión de la dip. Carrió en el debate sobre la Ley 25.326 donde propuso incorporar en la Ley 25.326 una excepción al art. 27 de la Ley 25.326 para la cesión del art. 11, moción que fue rechazada.

159 Cfr. Waldo, Sobrino, "La ilegalidad de las 'cookies' y el 'spam' en el derecho argentino y la violación de la privacidad y la intimidad a través de Internet", *JA* 2001-III-1194 y Fernández Delpech, *Internet, cit.*, p. 238 y ss.

160 *In re* Doubleclick Inc. Privacy Litigation, 2001 U.S. Dist. Lexis 3498 (2001).

Lo cierto es que en nuestro medio, como en otros países, existe conciencia acerca de la vulnerabilidad que presenta Internet para la información personal. Prueba de ello es que se ha cuestionado –sin éxito– el régimen de presentación de la declaración jurada patrimonial vía Internet para funcionarios públicos, habiéndose aceptado una medida cautelar en primera instancia. Luego la Cámara sostuvo: "Debe revocarse la medida cautelar genérica autónoma incoada que decidió suspender los efectos de la resolución MJDH 1000/2000, normas posteriores concordantes, y de la DPPT 266/01, en tanto exigen que la actora transmita su declaración patrimonial vía Internet ya que la obligación no aparece, *prima facie*, como excesiva, frente a lo prescripto por la Ley 25.188 ni violenta la privacidad"[161].

8. Delitos informáticos e Internet

8.1. Las falencias del Código Penal en materia de tecnologías de la información

El Código Penal (CP) argentino en su versión vigente fue elaborado en el año 1906, y aprobado en 1921. Mediante la Ley 26.388 ha sido actualizado por una reforma que otorga una solución dirigida al problema de los delitos informáticos[162].

Era un lugar común señalar la falta de legislación en la materia. Sin embargo, un simple repaso de las normas aprobadas en los últimos años nos permite concluir que en la Argentina se ha legislado en cinco oportunidades sobre la materia incluyendo ciertos delitos relacionados con la informática, ya sea en el Código Penal o en sus leyes complementarias, ello antes de la ley 26.388. Falta, sin embargo, un tratamiento general del problema.

Así cabe señalar en primer lugar la reforma en 1996 de la Ley Penal Tributaria que penaliza la sustracción, adulteración o falsificación de soportes informáticos de la administración penal tributaria con la finalidad de disimular la real situación del contribuyente (art. 12, Ley 24.769).

En 1997 la Ley de Confidencialidad especificó que los secretos estaban protegidos al estar contenidos, entre otros medios posibles, en soportes informáticos (arts. 1° y 2°, ley 24.766). Luego vino en el año 1998 la reforma de la

[161] C. N. Cont. Adm., Sala I, 12/7/2001, "Sirito María Isabel Josefina -Incidente Med. c/M. de Justicia y ddhh. y otro s/Medida cautelar (autónoma)" (discutiendo la validez de las normas reglamentarias que obligaban a presentar la declaración jurada por Internet), publicada en DJ 2001-3-1090.

[162] Pablo, Palazzi, *Los delitos informáticos en el Código Penal*, Abeledo Perrot, Buenos Aires, 2009. Respecto de la situación anterior a la ley cit., cfr. del mismo autor *Delitos informáticos*, Ad, Hoc, Buenos Aires, 2000.

Ley de Propiedad Intelectual, que penalizó la copia ilícita de obras de software y bases de datos (Ley 25.036, reformando el art. 1° de la Ley 11.723)[163].

Posteriormente, encontramos la Ley de Firma Digital que incluyó a fines del 2001 una definición de documento electrónico en el art. 78 bis del Código Penal (Ley 25.506) y la Ley de Protección de Datos Personales que creó dos nuevos delitos relativos a las bases de datos (Ley 25.326, incorporando los arts. 117 bis y 157 bis al Código Penal).

Todas estas reformas tienen sus limitaciones. En general, ninguna contempló los delitos cometidos por Internet. En particular, todas tienen falencias específicas. La Ley Penal Tributaria sólo protege la adulteración o supresión de los registros informáticos fiscales que tengan como finalidad establecer la situación patrimonial de un contribuyente. La Ley de Firma Digital penaliza las falsedades de "documentos, instrumentos privados y certificados", pero no de instrumentos públicos digitales[164]. Como es dable apreciar, esta insuficiencia deja un sinnúmero de documentos sin protección penal en el mundo virtual y crea una desigualdad con las falsedades del mundo real. La Ley de Protección de Datos sólo se preocupó del acceso ilegítimo a bancos de datos, pero no contempla el acceso a un sistema informático en general donde no exista un banco de datos con información personal, por lo que tal conducta es atípica. También penalizó la simple inserción de datos falsos en un banco de datos, aunque no exista perjuicio, lo que ha dejado perplejo a más de un comentarista, pues importa una alteración del bien jurídico protegido por nuestro Código Penal[165]. Por último, la Ley 25.036 penalizó la copia de programas de ordenador pero no estableció excepciones para la copia privada o usos privados.

Pero a estas limitaciones, que desaconsejan la procedencia de reformas parciales y destacan la importancia de una reforma general del Código Penal en la materia, se suman las características de los delitos informáticos, que justifican un tratamiento especializado. Entre otras características cabe resaltar la magnitud de los daños; la internacionalización de esta clase de delitos[166];

[163] Recién a partir de la modificación manifestada por el legislador en la Ley 25.036, que permite la incorporación de los programas de computación, fuente y objeto a los ejemplos enunciados en el art. 1, Ley 11723, se inicia el marco de intervención del Derecho Penal a través de las conductas descriptas en los arts. 71 y 72 de la Ley de Propiedad Intelectual para este tipo de creaciones. Ver C. Nac. Casación Penal, sala 4ª, 3/10/2000, - Roitman, Adrián R. *JA* 2001-III-351.

[164] Ver Lynch, *ob. cit.*, p. 1562 quien critica el art. 51 de la Ley 25.506 pues omite mencionar al instrumento público cuando de la Ley surge que la firma digital se aplica a instrumentos públicos.

[165] Cfr. Eduardo Andrés Bertoni, "El bien jurídico tutelado en los delitos contra el honor: ¿sigue siendo el mismo aún después de la sanción de la ley de 'hábeas data'?", en *LL*, Supl. Penal, 23/3/2001.

[166] Señalamos entre otros casos con incidencia en conflictos internacionales la decisión de un Tribunal alemán que condenó a la sucursal Compuserve de Estados Unidos por no bloquear el acceso a los newsgroups americanos con material pornográfico; la condena francesa a Yahoo!

la facilidad para cometerlos[167]; y las dificultades para la investigación, que incluye la cooperación entre fuerzas de seguridad y la necesidad de preservar datos en el tráfico de IPS, servidores y empresas de *hosting*.

En general se ha considerado que una gran cantidad de artículos del Código Penal resultan aplicables a las actividades desarrolladas en Internet[168]. Entre otras, se mencionan las normas sobre calumnias e injurias (arts. 109 y 110, CP), secretos (art 153-156, CP), publicaciones obscenas y corrupción de menores (arts. 125 a 128, CP), estafas (arts. 172, CP) e instigaciones basadas en odio racial[169].

También se han aplicado a sitios de Internet las normas sobre juegos de azar de la Ciudad de Buenos Aires. Así en un caso donde se juzgaba la promoción y oferta de juegos on-line contraviniendo las normas que reglamentan la explotación de juegos de azar en el ámbito de la Ciudad de Buenos Aires (Leyes 255 y 538 de la Ciudad de Buenos Aires) se sostuvo la obligación del proveedor de advertir en el sitio web sobre las consecuencias de la "ludopatía"[170].

En un caso relativo a una bolsa de trabajo que funcionaba a través de Internet, la Cámara del Crimen sostuvo la falta de configuración de delito alguno. Señaló el tribunal que comprobado que la conducta de los imputados podría infringir las prescripciones de la Ley 13.591 (Dirección Nacional del Servicio de Empleo), la circunstancia de ingresar los datos personales en

por albergar en sus servidores americanos y sitios de remates material prohibido por el Código Penal francés relacionado con el nazismo y el negacionismo; el caso del virus Love, originado en Filipinas y que infectó ordenadores en todo el mundo o el caso del hacker argentino Julio Ardita, que intentó ingresar en ordenadores del gobierno americano, y terminó sometido a *probatio* en Argentina y Estados Unidos.

167 Basta con visitar la revista trimestral de hackers en www.2600.com para comprobar la amplia variedad de material existente y de programas que ayudan a delinquir.

168 Ver Alejandro, Freeland, "Internet y derecho penal", *JA* 2000-II-769; Fernández Delpech, *ob. cit.*, pp. 167-168; Antonio Coghlan y Alejandro Anderlic, "When Web Content is Illegal", en *International Internet Law Review*, Feb. 2001, p. 48.

169 Cfr. Antonio Coghlan y Alejandro Anderlic, *ob. cit.*

170 Ver Juzgado en lo Contravencional de la Ciudad de Buenos Aires N 3 - 06/11/2001, c.14726-JC/2001 - "Leopoldo, Inés María s/ infracción a los arts. 3 y 4 de la ley 255 de la Ciudad de Buenos aires" (apelada). "La responsabilidad primaria en el acatamiento de las leyes vigentes en materia de promoción y oferta de juego recae en cabeza de la encausada, en su carácter de representante legal de la persona jurídica que lleva adelante la explotación comercial y facilita a usuarios el acceso y la utilización de diversos servicios y contenidos que pone a disposición de éstos, o lo hacen terceros, en su portal de Internet. Más allá de las notas particulares del medio de comunicación involucrado en autos (Internet), no se advierten razones fundadas para dispensar un tratamiento diferenciado en igualdad de circunstancias a los restantes medios de comunicación, sobre los cuales rigen indiscutida y pacíficamente las reglas aplicables al caso. Ello en la medida que se verifica la comisión de una conducta idónea para afectar el bien jurídico protegido; entendido como el monopolio que detenta el Estado para regular, administrar y explotar los juegos de azar, restringiendo el que se desarrolle fuera del marco reglamentario y destinando los fondos que produzca el juego ilegal a las necesidades y exigencia de la beneficencia pública."

una computadora con el propósito de conseguir trabajo mediante ese medio, abonando una suma de dinero a la empresa que ofrecía el servicio, no importa comportamiento engañoso idóneo y con ello conducta típica alguna, toda vez que se daba a conocer el tipo de prestación que se ofrecía y con ella la opción de aceptar o no[171].

También se sostuvo que carece de protección penal la creación de una página Web en Internet con los datos filiatorios y domicilio con dos fotos de una persona desnuda con el rostro de la hija del denunciante, por parte de un desconocido, a pesar de haber sido aquél quien tomó la fotografía original y a quien se le habría plagiado ésta, ya que no encuadra dentro de las previsiones de la Ley 11.723, pues no se dan los requisitos de originalidad y creatividad que aquélla reclama para otorgar protección legal a la simple fotografía con la cual se habría confeccionado el documento mencionado y además por no encontrarse registrada ante el organismo respectivo con el fin de resguardar la propiedad intelectual[172].

En otros ámbitos, la jurisprudencia se mostró más ambivalente; tal el caso de la estafa informática. La interpretación tradicional sostenía que el Código Penal no permitía calificar como estafa la obtención mediante ardid de bienes o servicios por medio de computadoras (*hardware* o *software*), lo que determinaba que las acciones delictivas sobre programas de ordenador (con proyección también al *software* utilizado vía Internet para venta de bienes) quedaran calificadas como hurto[173]. Estos criterios tenían lugar en parte porque los ordenadores, y en especial Internet, no formaban parte de las actividades de uso diario de las personas. Su incorporación a las actividades diarias como el uso del correo electrónico o leer noticias por la red –incluso para los propios magistrados–, produjo un cierto cambio de mentalidad en los jueces penales (limitados siempre por la prohibición de analogía en esta rama del Derecho), quienes al usar estas herramientas casi a diario no podrían desentenderse de su equivalencia funcional con otros elementos como el correo tradicional o las publicaciones impresas.

La realidad hizo entonces que se comenzaran a aplicar las normas penales preexistentes en diversos ámbitos de las nuevas tecnologías. Así se dijo que "queda configurado el delito de estafa, con la conducta del sujeto que realiza

171 C. N. Crim. y Correc., Sala V, Work's House. 16/02/01, Bol. Int. de Jurisp. Nº 1/2001, p. 5.

172 C. N. Crim. y Correc. Sala I, Fappiano, Guillermo, 11/02/00.

173 Configura el delito de hurto y no el de estafa el apoderamiento de dinero efectuado por un empleado bancario, quien mediante el uso del sistema de computación del banco transfiere a su cuenta personal diversas sumas provenientes de otras cuentas. Cámara Nacional de Apelaciones en lo Criminal y Correccional, sala I, 4/6/92, Iglesias, Carlos M., *LL*, 1994-B, 441 y Pablo A. Palazzi "¿Hurto simple o estafa por medio de computadoras?", *LL* 1994-B-441 y en "Derecho de la Alta Tecnología" (DAT) N 51-18.

una astuta maniobra ardidosa con el objetivo de perseguir la adquisición de distintos artículos vía Internet, a través del uso de diversas tarjetas de crédito ajenas, que conducen a error al damnificado"[174]. Es del caso notar que no existe persona alguna controlando esa tarjeta de crédito falsa, sino que el proceso se realiza en forma automática, por lo que no existía persona alguna engañada.

Un criterio similar se sostuvo –como vimos– en relación con la revelación de correos electrónicos privados[175], pese a que la norma penal aplicada data de principios del siglo XX y en el momento de su sanción no existía el correo por medio de Internet.

Pero pese a estos desarrollos aún quedaban sin sanción penal: el daño informático (en todas sus variantes)[176], la difusión de virus en ordenadores[177], el acceso ilegítimo a sistemas informáticos[178], la interrupción de comunicaciones[179], el robo de bases de datos[180] y la consecuente venta de datos personales[181].

[174] C. N. Crim. y Correc., 19/09/01, Sala VII, Ricciardi, Ezequiel, Bol. Int. de Jurisp. N 3/01, p. 185. En igual sentido lo resolvió la Cámara Federal en el caso "Glauberman", comentado en Pablo, Palazzi, *Delitos informáticos, cit.* p. 123.

[175] Ver C. Nac. Crim. y Corr., sala 6ª, 4/3/1999, "Lanata, Jorge", *LL*, 1999-E, 70, con nota de Marcelo Alfredo Riquert; DJ, 1999-2-569; JA 1999-III-237; ED, 182-478 y rdnt 3-241 (el apoderamiento indebido de correspondencia enviada a través del correo electrónico puede encuadrarse, prima facie, en los arts. 153 y 155 CP).

[176] C. N. Crim. y Correc., Sala VI, c. 25.221, "Pinamonti, Orlando M.", 30/04/93, pub. en Bol. Int. de Jurisp. N.2/93, p. 34 y más recientemente, reiterando el mismo criterio en C. N. Crim. y Correc. Sala VI, 30/08/01, Bol. Int. de Jurisp. N 3/01, p. 197.

[177] Pablo Palazzi, "Virus informáticos y responsabilidad penal" en *LL*, 1992-E-1122.

[178] Ver Juzg. Fed. Río Cuarto, 26/4/1999, "Universidad Nacional de Río Cuarto s/denuncia", *JA* 1999-III-320, con nota de Pablo A. Palazzi. Allí se sostuvo: "La conducta consistente en intentar ingresar a un servidor no disponible al público sino a través del conocimiento de una clave, mediante la utilización de la red de datos denominada 'Internet', no constituye delito". Y más recientemente Jdo. Fed. 1ª Instancia firme, *LL* 11/4/2002 (donde se consideró que el acceso y cambio de la portada del sitio de Internet del Poder Judicial por parte de un grupo de hackers no constituía delito alguno).

[179] Ver los fallos citados por Facundo Marin Fraga en su nota "Interrupción de las comunicaciones que se realizan a través de Internet", en *LL* 14/12/2001, quien sostiene que Internet no es un servicio público de comunicaciones y, por lo tanto, las interrupciones del servicio son conductas atípicas. Nosotros pensamos que Internet parece ser mucho más que un solo medio: tiene el potencial para reemplazar al correo, a la radio, a la televisión y a los sistemas de videoconferencias en un solo medio. Desde este punto de vista se trata de un multimedio pero su novedad es justamente lo más negativo para que el Derecho Penal pueda ampararlo. Ello sin perjuicio de la categorización que para el Derecho Administrativo argentino quepa otorgarle.

[180] Así en un caso reciente se sostuvo: "La sustracción de datos informáticos contenidos en una base de datos, no se encuentra protegida legalmente y no encuadra en las previsiones del art. 157 bis CP. La ley 25.326 se refiere al acceso desautorizado o a la revelación de los informes obrantes en un 'banco de datos', por lo que lo denunciado no podría ubicarse en esta categoría". C. N. Crim. y Correc. Sala VI, 30/08/01, Bol. Int. de Jurisp. Nº 3/01, p. 197.

[181] Por Internet circulan diariamente correos electrónicos ofreciendo y vendiendo información en diversos soportes, desde el padrón electoral, las afiliaciones a partidos políticos (datos

Indudablemente nuestro país carecía de una legislación general en la materia que permita cubrir todas las modalidades existentes en materia de delincuencia informática, muchas de las cuales revisten la suficiente seriedad y trascendencia para merecer un reproche penal.

Existe también una serie de problemas procesales que complican o hacen difícil la investigación penal.

Uno es el relativo a la competencia cuando el delito se comete en Internet: tradicionalmente doctrina y jurisprudencia sostienen que en los delitos denominados a distancia el hecho punible se estima cometido en todas las jurisdicciones en las cuales se ha desarrollado la acción, lo que permite la elección de una de dichas jurisdicciones atendiendo a diversas razones[182]. Así, ante la multiplicidad de lugares de perpetración delictiva, se impone que conozca en las actuaciones el juzgado que resulte más conveniente para la eficacia de la pesquisa, mayor economía procesal y mejor defensa de los procesados, criterio que se ha aplicado en casos de estafas cometidas por Internet[183].

El otro es el relativo a los recaudos constitucionales para la obtención de las pruebas en el mundo virtual. Las comunicaciones electrónicas, los mensajes digitales y las nuevas formas de comunicación a través de Internet deben gozar de las mismas garantías de inviolabilidad de las que goza la correspondencia tradicional (art. 18 CN)[184]. El problema es que no todas las comunicaciones realizadas en Internet poseen esta característica. A veces una comunicación en un *chat* o un mensaje incluido en un foro público de Internet, por su naturaleza, no requerirán una orden judicial para su secuestro. Por ahora, los tribunales

---

eminentemente sensibles), la base de datos del registro de las personas, de la propiedad, cruzadas con la de la ANSES, bases de datos de marketing, etc. El problema es que la Ley 25.326 prohíbe el acceso ilegítimo a un banco de datos personales pero nada dice acerca de la comercialización o venta de esos datos.

[182] C.S.J.N., C 167 XXIV, "Nieto, Carlos", 7/4/92 y C 90 XXIII, "Esquivel, Domingo", 4/9/90, entre otros. Ver también Sergio Amadeo y Pablo Palazzi, *Código Procesal Penal de la Nación*, anotado con jurisprudencia, Depalma, 1999, pp. 104-105 y fallos allí citados.

[183] C. N. Crim. y Correc. Sala IV, 23/03/01, "Nibetto, Mariano M.", Bol. Int. de Jurisp. N 1/2001, p. 22, con cita del fallo de la C.S.J.N., C 167 XXIV, "Nieto, Carlos", 7/4/92 y C 90 XXIII, "Esquivel, Domingo", 4/9/90.

[184] Así un tribunal comercial de primera instancia sostuvo que no se advierten motivos para que –aun sin existencia de legislación específica– el denominado "correo electrónico" escape de la protección constitucional a la "correspondencia epistolar", habiendo sido ratificada esa protección con toda amplitud por la Corte Suprema en el caso "Dessy, Gustavo Gastón s/ habeas corpus" (Fallos 308:1392, pp. 1428 y 1475). Asimismo: Declaración Universal de Derechos Humanos, art. 12; Pacto Internacional de Derechos Civiles y Políticos, art. 17; Declaración Americana de los Derechos del Hombre, art. x; Convención Americana sobre Derechos Humanos", art. 11.2) y admitida también jurisprudencialmente en el ámbito del Derecho Penal, donde la analogía está prohibida (CN Criminal y Correcc., Sala VI, marzo 4 de 1999, "Lanata, Jorge", *LL* 1999-C-458, con nota de Marcelo Riquert). Juzgado Nac. Comercial 18, 23/10/01, G., D. E. c/ C. S.A. s/ diligencia preliminar.

han convalidado la intercepción de correos electrónicos privados –realizada en España como consecuencia de una pesquisa que llevó a la detención de ciertas personas en aquel país con motivo del intercambio de material pornográfico infantil–, sosteniendo que la información brindada por INTERPOL España a su par Argentina constituyó una mera *notitia criminis* a partir de la cual se comenzó a investigar en la Justicia argentina[185].

8.2. Proyectos de reforma

Lo expuesto llevó a intentar legislar este fenómeno. A fines del año 2001, la Secretaría de Comunicaciones preparó un anteproyecto, que fue publicado en el Boletín Oficial y abierto a discusión y sugerencias mediante un procedimiento de consulta y audiencia pública[186]. Este anteproyecto de ley contenía cinco artículos que en forma autónoma –sin incorporarlos al Código Penal– proponían penalizar el acceso ilegítimo, el daño informático y el fraude informático.

Posteriormente, el Ministerio de Justicia y la Procuración General de la Nación elaboraron un proyecto que fue elevado para su presentación al Congreso, en mayo del año 2002. Este último proyecto tuvo su origen en la conmoción que causó la sentencia de un juez federal que declaró atípica la conducta consistente en reemplazar la página de Internet del Poder Judicial con un archivo conteniendo una proclama recordando un año del asesinato del fotógrafo José Luis Cabezas[187]. El juez concluyó que la conducta investigada era atípica, y a raíz de ello, el Alto Tribunal solicitó al Ministerio de Justicia que elaborara un proyecto de ley para suplir el vacío existente[188].

El Ministerio de Justicia, juntamente con el Ministerio Público, elaboró un proyecto de ley, elevado al Presidente de la Nación el 27 de mayo de 2002 y presentado en el Congreso con la conformidad de miembros de la Comisión de Legislación Penal. Este proyecto, contiene una amplia reforma del Código Penal en materia de delitos informáticos.

En este proyecto se propone incorporar como art. 153 bis del Código Penal el acceso ilegítimo a sistemas informáticos, superando las limitaciones del acceso ilegítimo tipificado en la Ley 25.326 (que como vimos se aplica sólo a bancos de datos). También incorpora como una nueva figura, en el art. 153 ter, el delito consistente en la violación de la privacidad a través de escuchas, interceptación, grabaciones o difusión de palabras, conversaciones, imágenes,

185 C. N. Crim, Sala VI, 1/3/2001.

186 Ver Res. 476/2001 de la Secretaría de Comunicaciones (B.O. 26/11/2001). También se presentó un proyecto de ley de protección del correo electrónico. (http://infoleg.mecon.gov.ar/normas/68794.htm).

187 Juzg. Fed. 1era Instancia firme, "Gornstein, Marcelo y otros s/delito de acción pública", *LL* 11/4/2002.

188 CSJN, Resolución 30/02.

correo electrónico o documentos digitales o electrónicos. Esta norma es importante para llenar el vacío que existe legislativamente en nuestro Derecho Penal en relación con ese bien jurídico, sobre todo por la facilidad con que es posible recoger datos personales a través de Internet y de otros medios y dispositivos tecnológicos.

Asimismo, se propone incorporar la estafa informática (art. 173 bis) y el daño informático en una figura simple (art. 183), una versión agravada (art. 184), otra relativa a los daños producidos en relación con estragos (art. 186 CP) y finalmente aquellos producidos durante la transmisión de datos (art. 197 CP). Esta inclusión es importante pues, como ha demostrado la doctrina, es muy difícil incluir dentro de nuestra legislación penal vigente las conductas relacionadas con cualquier clase de interrupción o alteración de las comunicaciones a través de Internet[189].

También se propone reformar el art. 255 del CP para sancionar la destrucción e inutilización de pruebas informáticas y se prevé la falsedad informática en el art. 292 del CP. Esta última inclusión evita toda duda respecto de la falsedad de instrumentos públicos informáticos que dejaba abierta el art. 78 bis del CPincorporado por la Ley de Firma Digital.

Lo interesante del proyecto es que respeta la estructura actual del Código Penal tanto en sus bienes jurídicos como en la configuración de sus figuras básicas, haciéndolo más entendible y fácil de aplicar por parte de jueces y fiscales. Creemos que, de aprobarse esta norma, se habrán llenado la casi totalidad de los vacíos existentes en materia de delitos informáticos a través de Internet.

El único aspecto pendiente es el de la pornografía infantil y pedofilia, donde la reforma no contempla nuevas figuras. Pese a que recientemente el Congreso legisló en estas materias, no se incluyó en forma específica el delito de distribución de pornografía infantil.

8.3 Los delitos informáticos en la Ley 26.388

El 4 de junio de 2008 se sancionó la Ley 26.388, que incluye múltiples reformas al Código Penal en materia de delitos informáticos[190]. Muchas de estas reformas inciden sobre el ámbito de Internet, y serán por consiguiente analizadas seguidamente.

La Ley 26.388 modifica el artículo 77 CP, en cuanto a distintas definiciones allí incluidas, permitiendo así extender la aplicación de los conceptos así definidos al campo informático. Así, el término "documento" se define ahora como "toda representación de actos o hechos, con independencia del soporte utilizado para su fijación, almacenamiento, archivo o transmisión"; los términos "firma"

[189] Cfr. el excelente artículo de Facundo Marín Fraga, "Interrupción de las comunicaciones que se realizan a través de Internet", *LL* 14/12/2001.

[190] Cfr. al respecto Pablo Palazzi, *Los delitos informáticos en el Código Penal*, cit.

y "suscripción" comprenden la firma digital, la creación de una firma digital o firmar digitalmente; y los términos "instrumento privado" y "certificado" comprenden "el documento digital firmado digitalmente".

El artículo 128 ha sido modificado, penalizando distintos aspectos de la difusión de la pornografía infantil -grave problema en el ámbito de Internet- "por cualquier medio", lo cual supera los obstáculos a la tipificación de estas conductas en el mencionado ámbito. El artículo 153 CP queda ahora redactado de modo de incluir a las comunicaciones electrónicas. Reprime al "que abriere o accediere indebidamente a una comunicación electrónica, una carta, un pliego cerrado, un despacho telegráfico, telefónico o de otra naturaleza, que no le esté dirigido; o se apodere indebidamente de una comunicación electrónica, una carta, un pliego, un despacho u otro papel privado, aunque no esté cerrado; o indebidamente suprimiere o desviare de su destino una correspondencia o una comunicación electrónica que no le esté dirigida. En la misma pena incurrirá el que indebidamente interceptare o captare comunicaciones electrónicas o telecomunicaciones provenientes de cualquier sistema de carácter privado o de acceso restringido." Se impone una pena agravada "si el autor además comunicare a otro o publicare el contenido de la carta, escrito, despacho o comunicación electrónica. Si el hecho lo cometiere un funcionario público que abusare de sus funciones, sufrirá además, inhabilitación especial por el doble del tiempo de la condena."

Se ha incluido un nuevo artículo 153 bis, específicamente dirigido al acceso indebido a sistemas informáticos: "Será reprimido con prisión de quince días a seis meses, si no resultare un delito más severamente penado, el que a sabiendas accediere por cualquier medio, sin la debida autorización o excediendo la que posea, a un sistema o dato informático de acceso restringido. La pena será de un mes a un año de prisión cuando el acceso fuese en perjuicio de un sistema o dato informático de un organismo público estatal o de un proveedor de servicios públicos o de servicios financieros".

En materia de publicaciones indebidas, se extiende al ámbito electrónico su penalización, sancionando con multa el artículo 155 CP así modificado al que "hallándose en posesión de una correspondencia, una comunicación electrónica, un pliego cerrado, un despacho telegráfico, telefónico o de otra naturaleza, no destinados a la publicidad, los hiciere publicar indebidamente, si el hecho causare o pudiere causar perjuicios a terceros. Esta exento de responsabilidad penal el que hubiere obrado con el propósito inequívoco de proteger un interés público."

Se penaliza la revelación de datos que deben ser secretos, por parte de un funcionario público (art. 157 CP) y se incluye un nuevo articulo 157 bis relativo a maniobras ilícitas respecto de bancos y archivos de datos.

Se incluye un inciso 16 al artículo 173 CP, respecto de la estafa informática, penando al que "defraudare a otro mediante cualquier técnica de manipulación informática que altere el normal funcionamiento de un sistema informático o la transmisión de datos." Se agrega un párrafo al artículo 183 CP, dirigido al daño informático: "En la misma pena incurrirá el que alterare, destruyere o inutilizare datos, documentos, programas o sistemas informáticos; o vendiere, distribuyere, hiciere circular o introdujere en un sistema informático, cualquier programa destinado a causar daños."

El artículo 184 CP incluye ahora, como agravante del delito de daños, el obrar "en datos, documentos, programas o sistemas informáticos públicos", y el ejecutar la acción en "sistemas informáticos destinados a la prestación de servicios de salud, de comunicaciones, de provisión o transporte de energía, de medios de transporte u otro servicio público."

El artículo 197 CP ha sido modificado para extender la responsabilidad penal por interrupción de comunicaciones al ámbito electrónico.

Finalmente, el artículo 225 CP, extiende la figura de alteración de pruebas al ámbito electrónico.

9. Conclusiones

Como el lector habrá podido apreciar, el Derecho de Internet en la Argentina está constituido por un complejo de normas provenientes de distintas ramas del Derecho, que se encuentra en formación, sin que por ahora se pueda elaborar sobre la existencia de una rama independiente.

En este trabajo no hemos abordado toda una serie de problemáticas que se presentan en otros sectores del Derecho, como son los problemas de jurisdicción, o el pago de tributos en Internet, o las nuevas modalidades contractuales que este sector de la economía ha desarrollado. Simplemente quisimos mostrar al lector un panorama del Derecho vigente y de algunas propuestas serias de reforma que conforman el Derecho de Internet en la Argentina.

INTERNET Y LOS PROBLEMAS DEL CONCEPTO DE DERECHO

*Manuel Jesús Rodríguez Puerto**

1. La discusión inicial: Internet como espacio independiente

Los debates sobre la regulación de Internet nacieron a principios de los años 90 del pasado siglo, cuando la Red fue privatizada. El aumento espectacular en el uso de esta tecnología motivó, entre otras cosas, la atención de los juristas hacia ella; no sólo se preocuparon por los problemas jurídicos concretos que generaba el empleo de Internet, sino también por la naturaleza de las normas encargadas de dirimir esas cuestiones. En el seno del nuevo debate surgió una línea de argumentación destinada a defender la especialidad de Internet y, como consecuencia de ese hecho, a propugnar la creación de un derecho propio para ella. Los fundamentos de esta pretensión son varios, pero los más relevantes estaban estrechamente unidos a las circunstancias en las que se diseñó Internet.

Éstas son suficientemente conocidas. El interés del Departamento de Defensa de los EE.UU. por sistemas de comunicación que no colapsaran en el caso de un ataque militar llevó a impulsar proyectos científicos destinados a soslayar ese riesgo; entre ellos, el diseño de una forma de comunicación reticular que no se rompiera aunque se destruyera uno de sus segmentos. A pesar del impulso inicial, la creación de esta tecnología no estuvo movida de manera directa por la consideración militar, sino por el espíritu típicamente universitario y científico: las primeras manifestaciones de lo que luego se llamará Internet estaban pensadas para difundir la información de la manera más fácil posible, ya que ésta se repartía en un entramado suficientemente complejo para obstaculizar su bloqueo; si éste se producía en un parte del circuito, la información tomaba otro camino. Probablemente, la intención principal de los programadores iniciales era defender la exigencia típicamente académica de transmisión del

*Profesor Titular de Filosofía del Derecho, Universidad de Cádiz.

conocimiento con total libertad; también influyó en su trabajo cierta mentalidad libertaria popular entre intelectuales y universitarios norteamericanos de la época, recelosa ante los poderes públicos[1]. No es extraño, por tanto, que los *libertarians* de ese país dedicaran su atención muy pronto a Internet; ésta parecía inmune a la intervención estatal y ofrecía posibilidades aparentemente infinitas para formar grupos y comunidades ajenas a las estructuras políticas. Entre los primeros que advirtieron esa supuesta capacidad estaba John Perry Barlow. Creó (junto con otros correligionarios como Mitchel Kapor) la Fundación para la Frontera Electrónica y en 1996 redactó la Declaración de Independencia del Ciberespacio. Precisamente fue Barlow quien escogió la palabra ciberespacio para nombrar la nueva tecnología comunicativa; el vocablo había sido ideado por el escritor de ciencia ficción William Gibson para designar una realidad accesible únicamente desde terminales electrónicos. La naciente Internet no era tan fabulosa, pero Barlow escogió esa denominación, porque consideraba el ciberespacio una realidad independiente del mundo físico en la que los individuos podían relacionarse entre sí con total libertad y olvido completo de peculiaridades políticas, sociales, religiosas, raciales, etc. Barlow añadía, además, que este ciberespacio era ajeno a los Estados existentes en el "mundo de carne" y estaba dotado de su propio derecho, surgido del consenso de sus habitantes digitales. Imbuido de afanes libertarios, Barlow rechazaba la aplicación de las leyes estatales en el ciberespacio, formado sólo por información digitalizada e inmune a la fuerza física monopolizada por los Estados. En ciertos momentos, incluso ha negado todo papel del Derecho en Internet: bastarían reglas éticas establecidas por los mismos internautas[2].

Dejando de lado el tono a veces propio de la ciencia ficción que impregna algunos escritos de Barlow, sus afirmaciones resultaban bastante retadoras para la ciencia del Derecho. La naturaleza revolucionaria de la Red reclamaba un cambio igualmente revolucionario en las concepciones jurídicas: Internet debía vivir al margen de las regulaciones vigentes y elaborar un Derecho exclusivo. El empeño de diseñar ese Derecho ha sido emprendido por algunos juristas, entre los que se destacan David G. Post y David R. Johnson. Sus planteamientos son más completos y matizados que los de Barlow, pero

[1] Sobre ese proceso vid. CASTELLS, M., *La Galaxia Internet*. Madrid, Areté, 2001, cap. I *per totum*.

[2] Vid. Barlow, J.P., / Kapor, M., "Across the Electronic Frontier", 1990, http://www.eff.org/Misc/Publications/John_Perry_Barlow/HTLM/eff.html (Consultada 29-09-09). Barlow, J.P., "A Declaration of Independence of Cyberspace", 1996, http://www.eff.org/~barlow/Declaration-Final.htm; BARLOW, J. P., "Is There a There in Cyberspace?", http://www.eff.org/Misc/Publications/John_Perry_Barlow/HTLM/utne_community-html (consultadas 10-09-09); "The Economy of Ideas", *Wired*, 1994, disponible en http://www.wired.com/wired/archive/2.03/economy.ideas_pr.html (consultada 8-10-09). Una postura muy parecida es la expresada en *Cyberspace and the American Dream: A Magna Carta for the Knowledge Age*, http://www.pff.org.

siguen la tendencia iniciada por los defensores de la "frontera electrónica". Post y Johnson también consideran Internet un lugar diferente al espacio físico y necesitado, por tanto, de un Derecho nuevo y propio. El Derecho existente hasta ahora ha sido creado por Estados basados en el control de fronteras territoriales a las que Internet es refractaria, de ahí que no pueda ser gobernada por normas estatales. Ante esa inoperancia, serán los habitantes del nuevo espacio los encargados de elaborar su Derecho; estos cibernautas se mueven por la Red y coordinan sus actuaciones con entera libertad; crean las reglas de los entornos informáticos y las abandonan por otras diferentes cuando dejan de agradarles; seleccionan las regulaciones que estiman mejores, y la suma de las múltiples elecciones individuales acaba consolidando diversos conjuntos normativos[3]. Esta labor autorreguladora desemboca en la aparición de lo que estos autores denominan "federalismo electrónico". Post y Johnson defienden una teoría liberal de la soberanía, en la que el pueblo tiene poder para crear formas de organización muy variadas, no sólo gobiernos; por eso, cuando en el ciberespacio hay relaciones que no están basadas en la proximidad geográfica, los individuos elaboran ordenaciones muy diferentes a las típicas del Estado[4]. A juicio de estos juristas, Internet puede ser un campo de aplicación excelente para las teorías federalistas, inspiradas por Thomas Jefferson, que rechazan la existencia del centralismo estalista. Internet también es adecuada para recibir las teorías sobre la generación espontánea del orden social defendidas por autores como Friedrich von Hayek. La justificación última de tales teorías está en la imposibilidad de controlar el flujo de información por la Red desde un único órgano planificador. Nace así el verdadero paraíso del individualismo liberal, desprendido al fin de las servidumbres del Estado intervencionista.

Esta conexión teórica descubre el antecedente último de las posturas ciberlibertarias en una aparente ironía: una tecnología vanguardista se apoya en una filosofía bastante antigua (aunque revolucionaria en su época). Vincent Mosco ha indicado al respecto que la idea de Internet como libertadora de todo tipo

[3] Un desarrollo extenso de esta propuesta se encuentra en los siguientes artículos: Johnson, D.R. / Post, D.G., "Law and Borders –The Rise of Law in Cyberspace", *Stanford Law Review*, 48, 1996. Disponible en http://www.cli.org. Johnson, D. R., "The Life of Law Online", http//www.firstmonday.org/issues/issue11_2/johnson/index.html (consultada el 11-09-09), *per totum*. Post, D.G., "The Unsettled Paradox: The Internet, the State and the Consent of the Governed", *Indiana Journal of Global Legal Studies*, 5, 1998, p. 2, disponible en http://www.temple.edu/lawschool/dpost/Sov.html (consultada el 2-10-09). Post, D.G., "Governing Cyberspace", *Wayne Law Review*, 43, 1997, p. 3, disponible en http://www.temple.edu/lawschool/dpost (consultada 20-10-09). Johnson, D.G. / Crawford, S-P. / Palfrey, J.G., "The Accountable Internet: Peer Production of Internet Governance", *Virginia Journal of Law & Technology*, 9, 2004, pp. 1-33.

[4] Cfr. "The Unsettled Paradox…", cit., pp. 1-9. Es justo reconocer que estos autores también reconocen a veces que las actividades digitalizadas generan efectos fuera del ciberespacio y que, por tanto, han de ser objeto (excepcionalmente) de regulación estatal. En todo caso, su tono es más moderado que el de los libertarios tipo Barlow.

de fronteras y panacea para un mundo de despliegue individual sin trabas es un mito; por tal Mosco entiende una noción que recoge anhelos, aspiraciones e ideales para explicar mentalidades y actitudes sociales. El ciberspacio es un mito porque expresa un conjunto de aspiraciones sobre el progreso y la capacidad racional de los individuos para autoorganizarse enraizadas en la Ilustración del siglo XVIII y muy difundidas desde entonces[5]. Esta referencia a la Ilustración es interesante, porque las similitudes del ciberespacio con el "estado de naturaleza" expuesto por la teoría jurídica dominante de la época ilustrada son llamativas. Efectivamente, la denominada Escuela de Derecho Natural Moderno, que reinó en el pensamiento iusfilosófico europeo durante los siglos XVII y XVIII, fundaba sus explicaciones en la existencia de una realidad primigenia caracterizada por la igual libertad de todos los individuos. Este concepto aparece en las fuentes del Derecho Romano, pero ni los romanos ni los juristas medievales formados en ese Derecho durante la Edad Media pensaban que esa libertad primigenia debiera fundar todo el orden social y político; según esos juristas, la evolución de la vida llevaba a la sustitución de parcelas importantes de esa libertad por regulaciones justificadas en otro tipo de criterios. En cambio, los pensadores modernos establecieron el estado de naturaleza como el punto de partida de la teoría jurídico-política. Al ser la libertad irrestricta la realidad natural del hombre, el Derecho deberá basarse en esa característica natural y, por tanto, sólo podrá surgir lícitamente mediante un pacto o contrato entre todos los individuos. Ese acuerdo y la consecuente construcción de un poder político están dirigidos a evitar los conflictos suscitados en el estado de naturaleza entre individuos que compiten por bienes, que en principio no pertenecen a nadie; en esa situación no hay propiedad privada, ni leyes, ni jueces que diriman las disputas, y los individuos se ven abocados a la lucha permanente; para restaurar la paz es preciso erigir un poder político que proporcione los medios de solución, pero dado que por naturaleza ningún individuo tiene poder sobre otro, un gobernante sólo puede estar legitimado mediante la aceptación voluntaria de los individuos[6].

No es muy difícil ver que el ciberespacio es una manifestación actual del viejo estado de naturaleza. Sin embargo, parece haber una diferencia de peso entre ambos: los habitantes del ciberespacio no han de abandonarlo para pasar

[5] Cfr. MOSCO, V., *The Digital Sublime. Myth, Power and Cyberspace*. Cambr. Mass., MIT Press, 2005, pp. 4 y ss, 24 y ss., 91, 108, 111, 113,

[6] La importancia del estado de naturaleza y su individualismo en la Escuela de Derecho Natural Moderno ha sido estudiada con precisión por Francisco Carpintero. Vid. entre otros estudios, "Sobre la génesis del Derecho natural racionalista en los juristas de los siglos XIV-XVII", *Anuario de Filosofía del Derecho*, XVIII, 1975; "La independencia y autonomía del individuo: los orígenes de la persona jurídica", *Anuario de Filosofía del Derecho*, 7, 1987; *La Cabeza de Jano*. Servicio de Publicaciones de la Universidad de Cádiz, 1988; *Historia breve del derecho natural*. Madrid, Colex, 2000, pp. 120 y ss.

a la sociedad política como sí tuvieron que hacer los individuos en el estado de naturaleza. La explicación de esa diferencia estaría en la supuesta carencia de fisicidad del ciberespacio. En efecto, los modernos de los siglos XVII y XVIII pensaban que los individuos disputaban por la apropiación de bienes terrenos, inevitablemente finitos; en cambio, el ciberespacio, desprendido de lastres físicos, ofrece posibilidades de expansión en principio ilimitadas; gracias a eso, los cibernautas pueden moverse a discreción, eligiendo entornos, grupos y comunidades. La tecnología –mediante encriptaciones, filtros, etc.– permite la defensa de las intromisiones adecuadas y hace prescindible al Estado centralizado proyectado por los modernos. El ciberespacio sería el estado de naturaleza perfecto[7].

Quizá las llamadas a la independencia del ciberespacio parezcan un tanto fantasiosas. Por ese motivo, otros partidarios de la autorregulación de Internet han acudido a expedientes parcialmente alternativos. Es el camino escogido por ciertos grupos y asociaciones de ingenieros dedicados a la elaboración de programas informáticos. Aunque no planteen la existencia de un ciberespacio como el proclamado por Barlow, sí piensan que la normativa aplicable a Internet debe proceder de los propios usuarios. La Internet Society (ISOC) ha adoptado esa actitud, sobre todo con la configuración en su seno de la Internet Engineering Task Force (IETF). Su tarea es la elaboración de estándares técnicos mediante la discusión abierta entre expertos que presentan, discuten y aceptan propuestas. Las decisiones no son impuestas desde arriba, sino que emergen de un consenso entre los participantes en las asambleas que ni siquiera requiere votaciones. Surgiría así una nueva forma de gobernanza basada en la igual participación de todos los navegantes de la Red[8].

[7] David Post ha relacionado expresamente el ciberespacio con el estado de naturaleza descrito por "Hobbes, Locke y otros filósofos ilustrados", porque en ambos ámbitos es el contrato social la instancia creadora de derecho. Cfr. POST, D. G., "The State of Nature and the First Internet War: Scientology, its Critics, Anarchy and Law in Cyberspace" (1996), pp. 1-2, 5, http://www.cli.org/DPost/X0003_ARTICLE4.html (consultada 25-09-09). Sobre las relaciones entre el ciberlibertarismo y el estado de naturaleza moderno, cfr. NETANEL, N. W., "Cyberspace Self-Governance: A Skeptical View from Liberal Democratic Theory", *California Law Review*, 88, 1999, p. 5. LLEWELLYN J. GIBBONS también resalta esas similitudes, y añade la influencia del concepto de Frontera (*el Far West*) en la mentalidad de los libertarios norteamericanos. "No Regulation, Government Regulation, or Self-Regulation: Social Enforcement or Social Contracting for Governance in Cyberspace", *Cornell Journal of Law and Public Policy*, 1997, pp. 1-2, 33. El ideal de los pioneros del Oeste, autosuficientes en una tierra sin Estado, está presente en los escritos y declaraciones de BARLOW, por ejemplo: recordemos que él se considera un defensor de la "Frontera electrónica".

[8] Una descripción (crítica) de esta mentalidad puede encontrarse en GOLDSMITH, J. / WU, T.; *Who Controls the Internet? Illusions of a Borderless World*. New York, Oxford University Press, 2006, pp. 23 y ss. En esas páginas señalan que estos informáticos introdujeron el libertarismo norteamericano en el lenguaje de Internet.

Reparemos en que la noción de normativa propia de Internet que tienen en mente los miembros de la ISOC y en buena medida también los ciberlibertarios como Post y Johnson es bastante peculiar. La identifican con los programas informáticos que permiten (o impiden) comportamientos en la Red. No están pensando en las leyes y principios que han ocupado tradicionalmente a la ciencia jurídica, sino en especificaciones técnicas. Entienden que lo verdaderamente efectivo para dirigir comportamientos en el ámbito digital es la programación informática, no una ley elaborada por un parlamento con buenas intenciones pero impotente si ignora el código informático. Ethan Katsh (otro partidario de la vida en el ciberespacio) ha defendido ese supuesto papel regulador de la tecnología[9]. Pero posiblemente sea Joel Reidenberg quien más hincapié haya hecho en esta nueva normatividad digitalizada. Incluso ha llegado a introducir la expresión *lex informatica* para nombrar el conjunto de reglas técnicas que conforman los programas de Internet; los políticos deben tener en cuenta esa estructura a la hora de intervenir en los asuntos digitales si quieren ser eficaces[10].

Probablemente sea éste el reto mayor planteado a la teoría jurídica por Internet. Aparentemente, el Derecho podrá ser sustituido por el llamado código informático. Pero cabe preguntar hasta qué punto esa pretensión se basa en presupuestos realistas.

Acerca del procedimiento de la IETF, vid., FROOMKIN, A. M.; Vid. "Haberm@sDiscourse.net: Toward a Critical Theory of Cyberspace", *Harvard Law Review*, 116, 2003, pp. 751-872. En esas páginas sostiene que tales prácticas constituyen una plasmación efectiva de la Teoría de la Acción Comunicativa de Jürgen Habermas. Según Froomkin, en ambos casos la solución al problema sólo es lícita tras la participación en pie de igualdad de todos los interesados en la cuestión. No obstante, Dan L. Burk ha matizado que Internet no surgió espontáneamente desde abajo, sino que fue elaborado por las elites tecnológicas. Cfr. "Cyberlaw and the Norms of Science" *B.C. Intellectual Property & Technology F.F.*, 1999, p. 8.

[9] Cfr. KATSH, E., "Software Worlds and the First Amendment: Virtual Doorkeepers in Cyberspace", *University of Chicago Legal Forum*, 1996, *passim*. Un cofundador de la *Fundación para la Frontera Electrónica*, John GILMORE, defendía el uso de programas de encriptación para conseguir privacidad absoluta al margen del Estado: es la tecnología y no la legislación la que consigue esa protección completa. Cfr. GILMORE, J., "Privacy, Technology, and the Open Society", comunicación a la *First Conference on Computers, Freedom and Privacy* 1991, pp. 2-3. Disponible en http://www.toad.com/gnu/cfp.talk.txt (Consultada el 2-10-09).

[10] Cfr. REIDENBERG, J., "Governing Networks and Rule-Making in Cyberspace", *Emory Law Journal*, 45, 1996. Disponible en http://www.law.emory.edu/ELJ/volume (consultada 05-09-09), p. 4. Del mismo autor, "Lex Informatica: The Formulation of Information Policy Rules Through Technology", *Texas Law Review*, 76, 1998, *per totum*. A diferencia de la mayoría de los ciberlibertarios, Reidenberg sí reconoce la utilidad de normas jurídicas *tradicionales* para Internet, aunque siempre en colaboración con las tecnológicas (pp. 576 y ss. del artículo citado en último lugar).

2. Con los pies en la tierra: la inexistencia del ciberespacio

Como acabo de indicar en los párrafos anteriores, buena parte de las teorías que propugnan un Derecho exclusivo para Internet parten del reconocimiento de una realidad diferente a la física y necesitada, por tanto, de un orden jurídico adecuado a sus peculiaridades. Sin embargo, este planteamiento adolece de un defecto básico: carece de fundamento sólido. Como ha señalado –entre otros– Andrew L. Shapiro, las ideas de Barlow y otros defensores de la Frontera Electrónica constituyen un cierto "ciberromanticismo" alejado de la realidad, porque no hay ningún ciberespacio entendido como lugar aparte[11]. Cualquiera puede observar que las tecnologías informáticas sólo producen efectos en la única realidad existente. Los fraudes informáticos, el comercio electrónico o la publicación de noticias en la Red afectan para bien y para mal a las personas reales. Evidentemente, si no existe el ciberespacio, tampoco es necesario crear un Derecho específico para Internet. En realidad, antes que los juristas especializados en esta materia se hubieran dedicado a criticar a los ciberlibertarios, Frank Easterbrook llamaba la atención sobre lo inadecuado de la expresión "Derecho del ciberespacio"; tendría tan poco sentido como hablar de "Derecho del caballo" para englobar los diferentes problemas jurídicos que afectan a ese animal, en vez de reconocer que dichos problemas pertenecen a sectores bien definidos como el derecho de propiedad, el derecho contractual, etc. Por tanto, no habría un Derecho especial para el ciberespacio, sino cuestiones jurídicas específicas que deberían ser solucionadas desde la perspectiva de los principios generales de la materia en cuestión (propiedad intelectual, contratos, etcétera)[12].

En esa estela, Jack L. Goldsmith, uno de los principales contendientes de los ciberlibertarios, ha señalado que Post y Johnson exageran las diferencias entre las transacciones realizadas en el supuesto ciberespacio y las reguladas por el derecho internacional: todas implican personas reales situadas en jurisdicciones diferentes. Según Goldsmith, Internet no es un lugar, sino un medio para actuar en jurisdicciones diversas; de ahí que el Derecho destinado a ese tipo

[11] Vid. Shapiro, A. L., "The Disappearance of Cyberespace and the Rise of Code", *Seton Hall Constitutional Law* 1998. Disponible en http://cyber.law.harvard.edu/is99/Shapiro.htm, pp. 3 y ss. Shapiro forma parte del movimiento "Tecnorrealista". Sus integrantes entienden que el ciberespacio no es un lugar ni una jurisdicción ajena a la intervención de los gobiernos. Al contrario, éstos deben garantizar los valores democráticos en el uso de Internet. Vid. estas ideas en http://www.technorealism.org.

[12] Easterbrook, F. H., "Cyberspace and the Law of the Horse", *University of Chicago Legal Forum*, 207, 1996, *per totum*. Vid. también J. H. Sommer, "Against Cyberlaw", en *Berkeley Technology Law Journal*, 15, 2000. Disponible en http://www.law.berkeley.edu/journals/ (consultada 5-09-09), *passim*.

de interacciones deba ser aplicable también a Internet. Por esa misma causa, no comparte la opinión acerca de la inoperancia del Estado en este ámbito. En realidad, puede intervenir en él de la misma forma que participa en el Derecho internacional. Es más, esa intervención estatal resulta imprescindible, porque la autorregulación, eficaz para bastantes problemas, no puede conformar un ordenamiento jurídico: siempre estarán presentes normas de Derecho imperativo custodiadas por los Estados[13].

Las apreciaciones de Goldsmith muestran que, a pesar de algunas pretensiones, negar la influencia de los Estados en Internet es un tanto ingenuo, entre otros motivos porque esa actitud libertaria olvida la financiación del gobierno estadounidense a las investigaciones que coadyuvó al origen de la Red; olvida también las influencias y presiones diversas de los diferentes poderes políticos en el diseño y elección de los protocolos informáticos; y desde luego no parece caer en la cuenta de que Internet se sustenta gracias a complicadas infraestructuras físicas que requieren la existencia de un orden público que hoy día sólo puede ser garantizado por los Estados[14].

Es llamativo que los defensores de la independencia del ciberespacio acaben llamando al "derecho de la vida real" para resolver sus problemas. James Grimmelman ha comprobado que los creadores digitales se sienten amenazados por las prácticas comerciales que usan y abusan de sus diseños y, como defensa, piden la colaboración de un Derecho del que, en otras ocasiones, dicen sentirse ajenos[15]. Incluso en los juegos *on line*, que supuestamente han constituido una realidad virtual paralela, se suscitan problemas jurídicos sobre la propiedad intelectual de esas creaciones o sobre la libertad de participar en el juego, que requieren el uso de las normas jurídicas "territoriales" que regulan tales asuntos; según James Balkin, en general esas libertades son las ya recogidas en los textos constitucionales[16]. Es llamativo que Mike Godwin, abogado vinculado a la Fundación para la Frontera Electrónica reclame que Internet, basado en la libertad individual, esté protegido por la Primera Enmienda de la Constitución de los EE.UU.: la Red se basa en la información y ésta ha de

[13] Cfr. GOLDSMITH, J. L., "Against Cyberanarchy", University of Chicago Law Review, 1998, *passim*.

[14] Sobre la irrealidad de la doctrinas ciberlibertarias y la efectividad de las regulaciones legales en Internet vid. Cfr. J. GOLDSMITH / T. WU, *Who Controls the Internet?* cit., *passim*. Reconocen que esa efectividad no puede ser completa, al igual que no lo es en otros sectores de la vida social: ésa no es ninguna particularidad de Internet.

[15] Cfr. GRIMMELMAN, J., "Virtual Borders: The Interdependence of Real and Virtual Worlds", pp. 8 y ss., en http://www.firstmonday.org/issues/issue11_2/grimmelmann/index.html (consultada 2-10-09).

[16] Cfr. BALKIN, J. M., "Virtual Liberty: Freedom to Design and Freedom to Play in Virtual Worlds", *Virginia Law Review*, 90, 2004, *per totum*.

sufrir la menos limitación posible[17]. Puede ser irónico que los libertarios como Godwin pidan la colaboración del Estado, pero esto muestra que Internet no requiere un Derecho propio.

Lawrence Lessig ha dedicado sus esfuerzos a estudiar esa participación del Estado, sobre todo en la evolución de la tecnología. Lessig explica que hay diversas formas de regular el comportamiento humano junto con las normas jurídicas; entre esas instancias está la arquitectura, es decir el conjunto de técnicas y artificios que influyen en nuestra actividad, desde las carreteras hasta el urbanismo. Internet es, según Lessig, pura arquitectura, porque sus programas son los verdaderamente decisivos para determinar las conductas de los usuarios. Los programas (el denominado código) determinan en buena medida las actividades factibles gracias a Internet, pero esa dependencia no obstaculiza la regulación estatal. Efectivamente, los diseños informáticos que forman Internet surgieron con la intención de difundir información de la manera más libre posible, pero esa capacidad de la Red no es inmutable; como toda tecnología, es susceptible de cambios y direcciones variadas y puede orientarse tanto hacia el control como hacia la libertad; la evolución dependerá de las decisiones tomadas sobre la conformación de tales programas, y en ese proceso los Estados deben desempeñar un papel destacado[18]. Para evitar que esa arquitectura evolucione hacia una limitación de las libertades individuales es necesario que el Estado intervenga moderadamente y evite que Internet sea dominada por los intereses económicos del mercado. Finalmente, el debate entre Lessig y los ciberlibertarios es una faceta más de las tensiones entre el Estado y el mercado a la hora de repartirse las tareas reguladoras[19], aunque ése

[17] Cfr. GODWIN, M., *Cyber Rights. Defending Free Speech in the Digital Age*. Cambridge, Mass., MIT Press, 2003, pp. 360 y ss. Hay que reconocer que GODWIN no parte de la idea de ciberspacio independiente. En un plano más general parece que la protección de los derechos humanos en Internet tampoco parece requerir novedades espectaculares, sólo avanzar con los medios ya existentes. Vid. DRAKE, W.J. / JORGENSEN, R. K. (eds.), *Introducción, Human Rights in the Global Information Society*. Cambr. Mass., MIT Press, 2006, *per totum*.

[18] Vid. LESSIG, L., *El Código y otras leyes del ciberespacio*. Trad. de E. Alberola. Madrid, Taurus, 2001, *passim*. (Ha aparecido una edición posterior, Code. Versión 2.0. Nueva York, Basic Books, 2006). Un resumen de su propuesta en LESSIG, L., *The Laws of Cyberspace* (presentado a *Taiwan Net'98 Conference*, marzo 1998. Vid. también del mismo autor, "The New Chicago School", *The Journal of Legal Studies*, 27, 1998). "Reading the Constitution in Cyberspace", *Emory Law Journal*, 45, 1996, *passim*.

[19] Así lo expone David Post. Vid., POST, D. G., "What Larry Doesn't Get: Code, Law and Liberty in Cyberspace", *Stanford Law Review*, 52, 2000, pp. 1439-1459. Las relaciones entre el liberalismo basado en el mercado y el ciberlibertarismo, vid. NETANEL, N. W., "Cyberspace Self-Governance: A Skeptical View from Liberal Democratic Theory", *California Law Review*, 88, 1999, pp. 3 y ss. Una postura parecida a la de Lessig sobre el papel controlador del Estado aparece en Sunstein, C.R., *República.com. Internet, democracia y libertad*. Trad. de P. García. Barcelona, Paidós, 2003, *passim*.

no sea el único fundamento de las doctrinas de autores como Post y Johnson; volveré a esta cuestión más adelante.

Por lo demás, el reconocimiento de la influencia real ejercida por los legisladores y gobernantes estatales no aclara del todo los problemas jurídicos en Internet. Al acercarse a este asunto conviene tener presente que Internet no es una "cosa", ni siquiera un conjunto de "cosas" homogéneas, sino una amalgama de programas informáticos tan numerosos como variados; las actividades factibles gracias a esas tecnologías son igualmente diversas y, como nos recuerda Timothy Wu, su regulación ha de contar con esa multiplicidad de aplicaciones[20]. Dicho de otra forma, el tipo y procedencia de las normas ha de responder al problema que exige solución. El comercio electrónico, por ejemplo, exige soluciones diferentes de la protección de la libertad de expresión ejercida por medios telemáticos.

La reflexión de Wu nos acerca a un panorama un tanto complejo. Es cierto que la inexistencia del ciberespacio evita los esfuerzos de crear un Derecho completamente nuevo y de elucubrar teorías revolucionarias para aclarar los entresijos de una nueva juridicidad informacional, pero las demandas de Internet a la ciencia del Derecho tampoco tienen solución simple; atenderlas exige replantear algunas ideas muy extendidas sobre el concepto de Derecho.

El guante lanzado por las nuevas tecnologías de la información es muestra del creciente aumento de la complejidad en las relaciones jurídicas. Aunque los Estados sigan siendo actores muy destacados, han de admitir la presencia de otras instancias reguladoras: la dinámica actual del tráfico social salta en abundantes ocasiones por encima de las fronteras estatales; no se trata de la construcción de nuevos mundos como el fantasioso ciberespacio, sino de la ineficacia relativa de los límites políticos tradicionales: los rivales de los gobiernos surgen por todas partes, no sólo en el ámbito digital[21]. Esa rivalidad se manifiesta en la producción de Derecho.

Los sectores del derecho mercantil que se ocupan de relaciones transnacionales (comercio, Derecho de la navegación, etc.), por ejemplo, se desenvuelven con autonomía considerable frente a las legislaciones estatales o internacionales mediante el empleo de formularios, condiciones generales de contratación y tribunales de arbitraje[22]. Consciente de esta situación, Santiago Muñoz Ma-

[20] Vid. WU, T., "Application-centered Internet Analysis", *Virginia Law Review*, 85, 1999, pp. 1163-1164.

[21] Sobre esta situación vid. CASTELLS, M., Vid. M. CASTELLS, *La era de la información. Vol. 2: El poder de la identidad*. Madrid, Alianza, 2003, pp. 390 y ss. CASTELLS indica que la globalización y en particular las tecnologías de la información han debilitado los Estados, arrebatándoles el monopolio del poder, pero no han acabado con ellos. Siguen siendo actores fundamentales del proceso político.

[22] Vid, por ejemplo, MERTENS, H. J., "Lex Mercatoria: A Self-applying System Beyond National Law?", en TEUBNER, G., (ed.), *Global Law Without a State*. Aldershot, Darthmouth, 1992, pp. 32 y

chado ha señalado que los problemas de regulación planteados por Internet no son diferentes de los que genera la globalización en general. No es necesario introducir regulaciones nuevas, ni regular en exceso, porque la mayor parte de las veces bastará con adaptar normas ya existentes. Pero Muñoz Machado advierte que ya no es posible seguir los esquemas jerárquicos basados en la unidad del Estado; la estructura de la Red impide la introducción de ese orden jerarquizado y en su lugar el Derecho ha de adoptar una forma policéntrica en la que intervienen instancias muy diversas: internacionales, nacionales, supraestatales de ámbito regional, nacionales, locales, corporaciones, organizaciones privadas no económicas, etc.; estos organismos están obligados a convivir y complementarse[23]. En la misma línea, Stuart Biegel apunta la complejidad como característica distintiva de la regulación de la Red y previene contra las simplificaciones: no se trata de regular o no (como planteaban los libertarios), sino de diferenciar los participantes en esa regulación, a partir de los variados problemas suscitados[24].

Al reflexionar, sobre los nuevos actores en el panorama regulatorio, José Esteve ha reconocido que el Estado se halla actualmente desbordado por el desarrollo tecnológico del que Internet es un ejemplo; ante esa situación, la autorregulación resulta imprescindible, aunque no entendida ya como una actividad meramente privada. Esteve mantiene que la noción de lo público no

---

ss. Este asunto es considerablemente complicado. No todas las prácticas y ordenaciones internas del ámbito empresarial multinacional pueden ser consideradas jurídicas, aunque está claro que buena parte de ellas sí tiene ese carácter. Vid. MUCHLINSKI, P. T., "Global Bukowina Examined: Viewing the Multinational Enterprise as a Transnational Law-making Community", en *Global Law...*, cit., *per totum*.

Es frecuente la presencia en el discurso jurídico actual de la expresión derecho transnacional. Aunque su origen parece estar en la obra de Philip Jessup, en los años cincuenta del pasado siglo, su difusión es cada vez mayor, aunque los contornos de ese derecho no estén del todo claros. Abarcaría contenidos tan diversos como la *lex mercatoria* o el derecho de los derechos humanos, y la característica común que permitiría unificarlos conceptualmente es la presencia de normativa jurídica ajena a la legislación estatal. Vid. ZUMBANSEN, P., "Transnational Law", SMITS, J. (ed.), *Encyclopedia of Comparative Law*. Edward Elgar Publishing, 2006, *per totum*.

[23] Cfr. MUÑOZ MACHADO, S., *La regulación de la red. Poder y derecho en Internet*. Madrid, Taurus, 2000, pp. 34-35, 42, 49, 60, 109.

[24] Cfr. BIEGEL, S., *Beyond Our Control? Confronting the Limits of Our Legal System in the Age of Cyberspace*. Cambr. Mass., MIT Press, 2003, p. 211, entre otras. No parece que la solución para este problema, tanto para el derecho de Internet como para el de otras actividades, pueda consistir por ahora en la creación de un Estado mundial o al menos en un derecho unitario internacional. Los internacionalistas disputan sobre la conveniencia de mantener la diversidad y fragmentación en aras de la pluralidad o de llegar a una unidad universal; una discusión ya antigua, no motivada en absoluto por la actual globalización, sino dependiente de afirmación de una racionalidad universal o comunitarista y de las concepciones vigentes sobre los fines de la Modernidad. Sobre los términos de esta discusión vid. MARTINEAU, A. Ch., "The Rhetoric of Fragmentation: Fear and Faith in International Law", *Leiden Journal of International Law*, 22, 2009, *per totum*.

puede ser adscrita hoy exclusivamente a determinados sujetos, sino a estructuras organizativas y procedimientos que garanticen los intereses públicos en juego; si en la autorregulación realizada por entes privados se protegen intereses públicos y se actúa según la objetividad y racionalidad propias de lo público, en realidad no estamos ante un comportamiento meramente privado[25]. La idea es importante y conviene subrayarla: lo público no se vincula actualmente tanto al estatus del sujeto que decide, como a los caracteres del problema que reclama la decisión[26]. Podemos entender esa mención de lo público como una alusión a un Derecho situado por encima de la mera autonomía de la voluntad de orden privado.

Parece, por tanto, que la noción transmitida de ordenamiento jurídico unitario se resquebraja ante el surgimiento de realidades no imaginadas por los teóricos del Estado moderno. En efecto, la participación de instancias aparentemente privadas rompe, como nos recuerda Muñoz Machado, con la característica básica del Derecho público occidental[27]. Es preciso evitar simplificaciones: está claro que no hay ciberespacio independiente, y el Estado puede regular algunas actividades desenvueltas mediante Internet; ni siquiera hará falta recurrir al Derecho internacional privado, como plantea Goldsmith, porque esas actividades se realizan a veces en el ámbito de una sola jurisdicción (pensemos en la administración electrónica, regulada por el Derecho administrativo de un solo Estado). Pero tampoco podemos pensar que todo vendrá regulado por los legisladores. Igualmente, es preciso reconocer la relevancia del código informático a la hora de dirigir comportamientos, pero también es un exceso entenderlo el nuevo Derecho de Internet; sería algo así como sustituir el Derecho de la circulación por la mecánica de los motores; sobre esta cuestión, Tim Wu ha señalado que el código no es un nuevo tipo de normatividad, sino

[25] Cfr. ESTEVE, J., *Autorregulación. Génesis y efectos*. Cizur Menor, Thomson-Aranzadi, 2002, pp. 162 y ss. No obstante, Esteve aclara que es necesario regular la autorregulación mediante el control ejercido en última instancia por los poderes políticos.

[26] Sobre esta cuestión vid. ARIÑO, G./ DE LA CUÉTARA, J. Mª / MARTÍNEZ LÓPEZ-MUÑIZ, J. L., *El nuevo servicio público*. Madrid, Marcial Pons, 1997, *per totum*.

[27] Cfr. op. cit., p. 105. Sobre la crisis actual del modelo regulativo del Estado social y del concepto unitario de ordenamiento jurídico, vid. también DE JULIOS CAMPUZANO, A., "La crisis del ordenamiento. Reflexiones sobre racionalidad jurídica y Globalización", en DE JULIOS, A. (ed.), *Ciudadanía y derecho en la era de la Globalización*. Madrid, Dykinson, 2007, pp. 93 y ss. El autor reconoce la imposibilidad actual de concebir el ordenamiento de un modo jerárquico, debido a la plural producción normativa. Recordemos, no obstante, que esta crisis de los Estados reguladores no se ha iniciado con la denominada globalización. Vid. ZUMBANSEN, P. "Law after the Welfare State: Formalism, Functionalism and the Ironic Turn of Reflexive Law", *Research Paper – Comparative Research in Law & Political Economy*, 4, 2008, *passim*.

un instrumento que puede ser empleado para sortear la normatividad: hay que tenerlo en cuenta, pero desde un punto de vista diferente[28].

Si parece difícil negar esa pluralidad, admitirla genera algunos problemas para la teoría del Derecho. Hace algunos años, James Boyle pronosticó que Internet haría al Estado lo mismo que el choque del asteroide ocasionó a los dinosaurios. La justificación para esta predicción apocalíptica procedía de las características particulares de la Red: global y descentralizada, era refractaria a las regulaciones procedentes del Leviatán; como consecuencia de esos cambios, Boyle pensaba que la distinción presente en la política americana entre lo privado y lo público saltaría por los aires, ya que el control de los recursos básicos que forman Internet están en manos de entidades consideradas privadas[29]. Como ya he señalado, estas profecías sobre la desaparición del Estado, tan caras a los ciberlibertarios, no han resultado acertadas, y el mismo James Boyle, a pesar de su escepticismo ante la capacidad estatal, admitía que los Estados podrán seguir interviniendo en la Red, aunque de forma más bien indirecta, regulando y orientando los diseños informáticos o supervisando la arquitectura elaborada por "organizaciones cuasiprivadas"[30]. Esta preocupación por la presencia de entidades privadas requiere cierta atención. Boyle menciona las entidades cuasiprivadas para referirse a las actividades reguladoras desarrolladas al margen del Estado. La autorregulación elaborada por empresas proveedoras de servicios en Internet, por ejemplo, sería meramente privada y sólo la normativa elaborada por el Estado obtendría la calificación de pública y por tanto el marchamo de la juridicidad auténtica. El problema aumenta cuando advertimos que esas regulaciones privadas afectan parcialmente a materias consideradas hasta ahora competencia exclusiva del Estado. En efecto, la capacidad de ejercer la libertad de expresión mediante la Red puede depender a veces de las reglas y controles sobre contenidos elaborados por los proveedores de servicios o de la evolución de programas propiedad de empresas informáticas.

Una muestra de estas complejidades es el papel, discutido, desempeñado por la Corporación de Internet para la Asignación de Nombres y Números, ICANN. Su tarea fundamental es asignar los nombres de dominio de primer nivel; éstos funcionan a modo de direcciones básicas para enviar y recibir la información entre ordenadores y están almacenados en un archivo básico llamado "raíz" (*root*), aunque existan algunos sistemas independientes de importancia menor.

[28] Vid. WU, T., "When Code isn't Law, *Virginia Law Review*, 89, 2003, *per totum*. WU se acerca a la cuestión analizando el problema de las descargas de canciones y el modo en que afecta a la propiedad intelectual.

[29] Cfr. BOYLE, J., "A Non-Delegation Doctrine for the Digital Age?" *Duke Law Journal*, 50, 2000, p. 2.

[30] Cfr. BOYLE, J., op. cit., p. 3.

Su historia, tal y como ha sido relatada por Milton Mueller, nos puede dar algunas pistas de las complejidades presentes en la gobernanza de la Red[31]:

Durante los primeros años no existía una organización formal con autoridad clara sobre las "direcciones" de Internet. Los ingenieros que la habían creado, bajo contrato del gobierno de los EE.UU., ejercían un control técnico informal aceptado por todos. Por entonces, los usuarios de lo que luego se denominaría Internet eran escasos, pero formaban una comunidad relativamente homogénea de tecnólogos dedicados al desarrollo de programas informáticos. Los integrantes de esa comunidad se veían como miembros de un grupo que se gobernaba a sí mismo y, dado que se identificaban con la Red misma, se consideraban depositarios legítimos del derecho a dirigir Internet. No querían tener en cuenta que era el gobierno norteamericano el que financiaba sus investigaciones y el que tenía la pretensión del control último. En esa situación, la autoridad sobre el archivo básico de dominios fue compartida entre la comunidad técnica de Internet (mayoritariamente norteamericana), un grupo de agencias federales del gobierno y el Departamento de Defensa.

Esa convivencia fue pacífica hasta la decisión de abrir la Red al comercio. A partir de ese momento, comenzaron a surgir polémicas, sobre todo debido a la aparición del valor económico para los nombres de dominio. Efectivamente, algún usuario podía registrar como nombre de dominio una expresión similar a una marca comercial ya existente, lo que generaba un conflicto inmediato de derechos; de ahí que la determinación de una instancia encargada de asignar esos nombres y solucionar los posibles conflictos resultara urgente. El ejercicio de esas funciones suponía un poder considerable, y a mediados de los años noventa del siglo pasado se abrió un período de disputa entre diferentes actores para controlarlas; entre ellos estaban el gobierno norteamericano, los servidores de raíz alternativos, o la Internet Society. Los integrantes de la ISOG se consideraban la autoridad *natural* de Internet.

Las negociaciones entre los diferentes interesados no llegaban a buen fin, y finalmente el gobierno norteamericano decidió tomar el timón del proceso. Sus ideas estaban claras: a causa del inicial control financiero, se consideraba poseedor de la autoridad sobre la "raíz", pero al mismo tiempo reconocía la importancia de la autorregulación privada y manifestaba su deseo de ceder el control a los emprendedores de Internet. A partir de esas premisas nació ICANN. A pesar de su condición aparentemente privada, su estatus jurídico resultaba un tanto ambiguo, entre otros motivos porque el Departamento de Comercio de los Estados Unidos seguía ejerciendo cierto control. Tengamos en cuenta que el gobierno estadounidense sigue viendo este proceso como el resultado

31 Para los párrafos siguientes, vid. MUELLER, M., *Ruling the Root. Internet Governance and the Taming of Cyberspace*. Cambr. Mass., MIT Press, 2002, *per totum*.

de una privatización, desde el momento en que la prestación del servicio ha sido transferida desde el gobierno a una compañía privada. Pero la cuestión es algo más complicada, porque ICANN no sólo se encarga de problemas técnicos, sino también del desarrollo de políticas y reglas vinculantes para la industria del registro de dominios. Desde el punto de vista del constitucionalismo norteamericano, esa actividad puede resultar problemática, en la medida en que suponga una asunción inconstitucional por parte de la corporación de poderes exclusivamente gubernamentales[32]. Por otra parte, la reserva del Departamento de Comercio sobre la política última sobre tales cuestiones sigue generando desconfianzas entre usuarios y gobiernos de otros países.

Mueller es consciente de las dificultades para clasificar ICANN y explica que se trata de un "régimen internacional", producto de la participación de los gobiernos nacionales y el sector privado, que goza en este régimen de márgenes de actuación muy extensos. Sería algo similar a un tratado internacional, pero sin tratado, quizá más parecido a un *agreement* suscrito fuera de los foros habituales de tales acuerdos, y sin olvidar la relación contractual que mantiene con el gobierno estadounidense. Esta ausencia de rasgos nítidos concuerda con el tipo de problemas jurídicos que puede originar Internet. Mueller opina que ésta es una realidad global y por ello los primeros interesados en su institucionalización no son los Estados, sino el sector privado que se ve afectado por esta tecnología. Aunque ese proceso no pueda obviar la existencia de las políticas nacionales e internacionales tradicionales, requiere nuevos ámbitos de acción colectiva[33]. Esta necesidad enlaza con la existencia (mencionada más arriba al citar a Boyle) de organizaciones cuasiprivadas que desempeñan funciones públicas. Mueller afirma que la naturaleza jurídica de las reglas y decisiones emanadas del ICANN están a medio camino entre la regulación formal de un Estado y los acuerdos celebrados entre actores privados. Por un lado, esos instrumentos y decisiones tienen un estatus jurídico en la medida en que pueden ser impuestos con una cierta coactividad gracias al control sobre la Red del que goza ICANN; sin embargo, ese carácter jurídico es borroso (*fuzzy*), porque no son normas

[32] A. Michael Froomkin ha sido particularmente crítico con ICANN. Desde su perspectiva, éste puede haber incurrido en prácticas prohibidas por la ley anti-trust, si entendemos que sus actividades son meramente comerciales. Pero si dichas actividades tienen relevancia política, ICANN es claramente inconstitucional, porque las decisiones políticas sólo pueden ser tomadas por órganos estatales. Vid. FROOMKIN, A. M., "Wrong Turn in Cyberspace: Using ICANN to Route Around the APA and the Constitution", *Duke Law Journal*, 50, 2000. FROOMKIN, A. M. / LEMLEY, M. A., "ICANN and Antitrust", *University of Illinois Law Review*, 2003, ambos *per totum*. Este último aspecto es interesante, porque nos pone directamente ante la aparición de nuevos sujetos públicos no estatales en el ámbito de las nuevas tecnologías de la información.

[33] Cfr. MUELLER, M., *Ruling the Root*, cit., pp. 66-67.

procedentes del Estado[34]. Reparemos en que Mueller identifica el Derecho con la posibilidad de ejercer la coacción estatal, tal y como ha defendido cierta mentalidad positivista. Para los juristas que aceptan esta identificación entre Derecho y fuerza del Estado resulta difícil explicar la presencia del pluralismo jurídico, y la existencia de entidades no estatales que producen reglas jurídicas a todos los efectos plantea un dilema de solución difícil: o negamos carácter jurídico a esas nuevas normatividades, o reformamos el concepto de Derecho; lo primero parece poco factible si queremos permanecer fieles a la realidad y lo segundo no es posible dentro de las teorías jurídicas estaistas.

Recientemente ha alcanzado cierta difusión la expresión *soft law* para denominar el Derecho de líneas difusas al que hacía referencia Mueller. Baldassare Pastore nos indica al respecto que el considerado *hard law* es el conjunto de mandatos procedentes del Estado y dotados de coactividad efectiva; en cambio, el Derecho blando no está formado por leyes procedentes del poder político, sino por prácticas erigidas alrededor de un sentido y aplicadas y reinterpretadas al hilo mismo de la evolución de los problemas y situaciones sociales[35]. La forma en que Pastore plantea las diferencias puede servir de pórtico para investigar con algo más de detenimiento los problemas teóricos suscitados por la variada procedencia de las normas de Internet.

James Boyle señala al respecto que los ciberlibertarios tenían recelos ante el Derecho porque lo veían al modo de John Austin: un conjunto de mandatos imperativos emanados del poder soberano; ellos entendían que ese tipo de imperativos era ineficaz en Internet y, consecuentemente, pedían un nuevo modelo de Derecho adecuado al ciberespacio[36]. En el curso de esa búsqueda

[34] Cfr. Mueller, M., op. cit., pp. 217 y ss. Mueller señala que la práctica del ICANN muestra la ingenuidad de ciberlibertarios como Post y Johnson. La corporación no funciona a partir de consensos obtenidos desde la base (*bottom up*), sino según los moldes de la política tradicional: establecimiento de regulación uniforme, juego de intereses entre empresas, gobiernos, etc. (op. cit., pp. 213 y ss.).

[35] Pastore, B., "Soft Law, gradi de normatività, teoria delle fonti", *Lavoro e diritto*, XVII, 2003, *per totum*. La calificación de "blando" parece indicar la carencia de alguna característica importante para ser verdadero derecho, a pesar de su eficacia resolutoria. Resabio de la mentalidad estatalista, que Pastore no comparte.

[36] Cfr. Boyle, J., "Foucault in Cyberspace: Surveillance, Sovereignty, and Hard-Wired Censors", 1997, en http://www.law.duke.edu/boylesite/foucault.htm (consultada 9-10-09), pp. 4 y ss. Es innegable que John Austin identificaba el derecho con un mandato (*command*) procedente del soberano, con independencia del contenido de tales imperativos. Sin embargo, Austin era un positivista extraño, porque prestaba una importancia desusada (en un positivista) al derecho natural y a los criterios extralegales, como la utilidad, empleados en el Derecho judicial. Por eso, su clasificación habitual como positivista imperativista es discutible. Sobre el papel creador de los jueces y su empleo de consideraciones acerca de la utilidad, cfr. Austin, J., *Lectures on Jurisprudence.* (5ª ed. en dos vols.) Londres, John Murray, 1911, lect. XXXVIII, p. 642 del vol. II. Sobre el derecho natural, cfr. lect. XXXII, pp. 565 y ss. del vol II de sus *Lectures*.

Post y Johnson rechazaban el positivismo jurídico, porque para éste el Derecho es un conjunto unitario de normas derivado de un centro de autoridad supremo[37]. Post y Johnson pertenecen a una mentalidad muy difundida al concebir el positivismo como la filosofía jurídica basada en la identificación entre Derecho y poder soberano. Según esta interpretación, el positivismo jurídico sería una teoría completamente ineficaz para explicar las nuevas realidades normativas generadas por la globalizacion en general y por Internet en particular. Sin embargo, esta apreciación es susceptible de matizaciones, debido sobre todo a la dificultad actual de elaborar un concepto nítido de positivismo jurídico[38]. Dejando de lado este debate, que hoy ha alcanzado una complejidad

[37] Cfr. JOHNSON, D. R. / POST, D. G., "And How Shall the Net Be Governed?", cit., p. 10.

[38] De modo quizá un tanto simplificador, es plausible decir que caben dos visiones sobre la cuestión. La primera considera positivista la filosofía jurídica que renuncia al empleo de elementos valorativos para identificar qué es Derecho. Este punto de vista es adoptado, por ejemplo, por Felipe González Vicén. Él incluye en el positivismo desde las corrientes que estatalizan al derecho hasta los sociologismos y psicologismos que ven derecho en comportamientos sociales ajenos a la voluntad estatal; la clave positivista es que el Derecho se vincule sólo a comprobaciones fácticas, no axiológicas. "El Positivismo en la Filosofía del Derecho contemporáneo", en *Estudios de Filosofía del Derecho*. Facultad de Derecho. Universidad de La Laguna, 1979, *per totum*. Norberto Bobbio aporta tres acepciones positivismo jurídico (como forma de acercarse al estudio del Derecho, como teoría del Derecho y como ideología). Cfr. su *Giusnaturalismo e positivismo giuridico*. Milán, Edizioni di Comunità, 1977, pp. 103 y ss. Bobbio defiende un positivismo normativista que prescinda de elementos de valor para conceptuar el derecho. H. L. A. Hart también reconocía la pluralidad de sentidos que abarca la expresión positivismo, pero rechazaba incluir entre ellos los sociologismos que sí serían positivistas según otros autores, como GONZÁLEZ VICÉN. Cfr. "Positivism and the Separation of Law and Morals", *Harvard Law Review*, 71, 1958, pp. 601-602, nota 25. El asunto es complicado. Pero si nos remitimos a los orígenes de esta filosofía jurídica, para encontrar el positivismo genuino tal y como los entendieron sus iniciadores, aparece como la filosofía jurídica que reduce el derecho a la fuerza organizada del Estado: éste es, según Francisco Carpintero, el "positivismo jurídico estricto". Vid. *Los inicios del positivismo jurídico en Centroeuropa*. Madrid, Actas, 1994, pp. 125 y ss. Franz WIEACKER, en cambio, diferencia entre el positivismo de leyes y el positivismo jurídico-científico elaborado por la Jurisprudencia de Conceptos, que construye un sistema cerrado y deductivo. Fuera del ámbito del Derecho está el positivismo de Auguste Comte. Como todos rechazan la fundamentación "metafísica" del Derecho, todos son positivistas. Cfr. Wieacker, F., *Privatrechtsgeschichte der Neuzeit*. Tubinga, Vandenhoek & Ruprecht, 1967, pp. 431-432. Pero es cuestionable que los Pandectistas, que tanta importancia daban a la labor de la ciencia del derecho, fueran positivistas en un sentido estricto. Desde luego, ante la confusión que provoca esta cuestión, puede ser sensato acogerse al pensamiento matriz del positivismo y entenderlo como la unión excluyente del derecho con la legislación estatal. Como ha señalado Pedro Serna, todo el itinerario posterior de matizaciones mediante las que el positivismo ha intentado superar las críticas, renunciando por ejemplo al estricto normativismo estatalista, ha despojado de tal manera a esta filosofía de sus caracteres esenciales que deja de ser positivista. Vid. P. Serna, "Sobre las respuestas al Positivismo jurídico", *Persona y Derecho*, 37, 1997, *per totum*. Serna entiende que las corrientes sociologistas no formarían parte de esta corriente. Especialmente simbólico al respecto es el llamado "positivismo jurídico incluyente" discutido ahora en el ámbito intelectual anglosajón; sus integrantes sostienen que el concepto positivista de Derecho puede incluir criterios morales

muy considerable, es evidente que la línea principal del positivismo decimonónico luchó por la identificación sin fisuras entre el Derecho y la legislación estatal y que a lo largo del siglo XX el positivismo ha seguido siendo, en buena medida, la filosofía jurídica del Estado[39]. Interesa recordar, sin embargo, que esa afirmación del positivismo decimonónico no fue sino la conclusión de un desarrollo filosófico muy anterior. Dicho de otra forma, la pretensión de establecer un centro único al que imputar toda la producción normativa en un territorio no es creación exclusiva del positivismo, sino que constituye una de las claves evolutivas del pensamiento jurídico occidental. Aludir ahora a ese origen puede parecer un tanto alejado de los problemas de Internet, pero quizá resulte útil para comprender las insuficiencias del modelo teórico ejemplificado en el imperativismo jurídico.

Una de las ideas subyacentes al positivismo de Estado, la reducción de la normatividad a una manifestación unitaria de voluntad, se remite a cierta discusión teológica bajomedieval. En efecto, a partir del siglo XIV, una corriente numerosa de teólogos, afines a la orden franciscana y seguidores más o menos fieles de Duns Scoto, entendieron que la obligatoriedad moral exigía necesariamente una voluntad superior previa que impusiera reglas a otras voluntades de rango inferior. Estas ideas nacieron en debate abierto con la que podríamos denominar mentalidad romanista; ésta la integraban los juristas universitarios ocupados con la interpretación del *Corpus Iuris* justinianeo que, a partir de las nociones romanas acerca del Derecho, pensaban que la *iurisprudentia* era una actividad razonable dirigida a conocer el *ius*; el Derecho era una solución razonable extraída desde la ley para un caso, mientras que la *lex* era manifestación (también razonable) del poder. Santo Tomás de Aquino supo dar una expresión teóricamente más precisa del modo romanista de entender

para la determinación del Derecho. Se trata de un positivismo tan alejado de sus orígenes que difícilmente puede ser considerado tal. Vid. SERNA, P. "Sobre el Inclusive Legal Positivism. Una respuesta al Prof. Vittorio Villa", *Persona y Derecho*, 42, 2000, *passim*.

[39] Tanto Hans KELSEN como H. L. A. HART elaboraron sus respectivas filosofías con la intención –entre otras– de rebatir la descripción del Derecho como un conjunto de órdenes coactivas procedentes del soberano, aunque finalmente sustenten la existencia del Derecho en un centro unitario al que imputar la pluralidad de normas. Tras sus explicaciones late la defensa del Estado como sujeto único creador del Derecho. Norberto BOBBIO ha defendido una teoría normativa del Derecho al entenderlo como conjunto de proposiciones presciptivas y ha aclarado que ese concepto no se identifica necesariamente con la estatalización del Derecho; en consecuencia, señala que la teoría normativa puede ser compatible con el pluralismo jurídico, ya que no hay motivos para restringir la palabra norma sólo a las normas emanadas del Estado (el soberano en el sentido de Austin). Cfr. BOBBIO, N., *Teoria della norma giuridica*. Turín, Giappichelli, 1958, pp. 19-20, 125, 174. Claro que en BOBBIO también aparece la idea de que el Derecho es un ordenamiento unitario (sea estatal o no) referido a un origen supremo en el que el poder ha de estar presente. La presencia del poder es inevitable si la existencia del Derecho ha de estar desvinculada a cualquier consideración sobre sus contenidos.

lo normativo, al afirmar que la obligatoriedad procedía de la existencia de un bien auténticamente humano y no tanto del mandato de una voluntad superior; desde este punto de vista, la clave de la ley está en su finalidad y no en el poder que la ha creado[40]. Frente a esta concepción teleológica del Derecho, los escolásticos de estirpe franciscana adoptaron una actitud favorable al imperativismo moral. Su pretensión no era preparar el camino al Estado moderno, sino exaltar el poder omnímodo de Dios que, a su juicio, quedaba reflejado con cierta palidez en las doctrinas aristotélicas de Tomás de Aquino. Para los escotistas la moral era algo demasiado elevado para abandonarlo a la cotidianidad y debía ser fundado exclusivamente en la inescrutable decisión de Dios. Pero, prescindiendo de la intención originaria de estos teólogos, históricamente esta corriente de pensamiento acabó configurando la moral y el Derecho como catálogos de órdenes procedentes de las voluntades superiores, tanto divinas como humanas, encarnadas éstas en los poderes políticos. Finalmente, para la mentalidad derivada de esta teología, el origen último del Derecho debía residir en un punto de imputación inicial situado en el poder político supremo de una "comunidad política perfecta"; así se expresaba, a principios del siglo XVII, Francisco Suárez[41]. El discurso moderno sobre el Derecho seguirá estos carriles. La Escuela de Derecho Natural Moderno de los siglos XVII y XVIII también adoptó ese imperativismo, aunque, como ya mencioné antes, el fundamento es ahora la voluntad de los individuos. Efectivamente, estos iusnaturalistas escogieron como punto de partida inexcusable de toda reflexión la libertad natural del

[40] Sobre las ideas tomistas sobre la ley y el Derecho ajenas al imperativismo vid. CARPINTERO, F., *Justicia y ley natural: Tomás de Aquino y los otros Escolásticos* Madrid, Servicio de Publicaciones de la Facultad de Derecho de la Universidad Complutense, 2004, pp. 50-51 y 90, entre otras. Hay que tener presente que Tomás no negaba la presencia ineludible del poder político en la legislación: preceptos razonables elaborados por un ciudadano particular no eran leyes. Pero Tomás sí insiste en que las leyes son preceptos basados en la razón, no meras afirmaciones de voluntad. Tomás también aceptaba la diferencia entre Derecho y ley que estaba en la base de la práctica romanista. Escribió que la ley era "cierta razón del Derecho", porque el Derecho sólo existía de una manera concreta; los asuntos humanos son complejos y circunstanciales de forma que el comportamiento justo sólo es determinable a la luz del caso; es preciso contar con las finalidades tipificadas en la ley para evitar la arbitrariedad judicial, pero la ley general no es el Derecho: necesita la concreción, un proceso que abre lo jurídico a elementos extralegales.

[41] Sobre las explicaciones de estos escolásticos vid. CARPINTERO, F., "Voluntad, ausencias y normas: el sustrato histórico del Positivismo en el Derecho", *Dikaiosyne*, 15, 2005, pp. 29-57. Por supuesto Suárez y sus compañeros de escuela no eran positivistas en el sentido en el que hoy empleamos la palabra. Afirmaban la existencia de un Derecho natural, expresión de una justicia inmutable, y reconocían la juridicidad de las normas canónicas, ajenas al poder político laico. Pero Suárez también afirmaba que la causa eficiente de la ley, es decir la que de verdad le da juridicidad, es la procedencia de una voluntad ordenadora: el poder legislativo supremo; la ley también ha de ser justa, pero esta justicia es sólo su causa material. Tras esta terminología escolástica, Suárez nos dice que la normatividad en sentido estricto la da la voluntad creadora, no la materia del precepto.

individuo, que pacta para construir la sociedad; el pacto era la transferencia de libertades (entendidas a modo de poderes o voluntades) para construir un Estado receptor de todos los poderes particulares y, por tanto, única instancia legitimada para elaborar normas que vinculen a todos los individuos. Para esta corriente iusfilosófica, la manifestación básica del Derecho es el poder individual y por derivación el poder estatal necesariamente unitario. A principios del XIX el positivismo jurídico llevó a su máxima expresión esa mentalidad, aunque eliminando toda referencia a supuestos individuos situados en el estado de naturaleza[42]. La conclusión de este proceso es la reducción de la juridicidad a la emanación desde un poder político centralizado. A lo largo del siglo XIX y buena parte del XX, esta explicación ha gozado de enorme predicamento y es la que parece sustentar la distinción entre *hard* y *soft law*. En efecto, la remisión a un centro bien delimitado, que monopoliza la coacción, permite identificar con claridad las normas jurídicas y ordenarlas de manera jerárquica; la unidad del ordenamiento quedaba garantizada[43].

[42] Vid. CARPINTERO, F.; *Una Introducción a la ciencia jurídica*. Madrid, Civitas, 1988, pp. 51 y ss., 115 y ss.

[43] Claro que la fascinación por la unidad que ha experimentado la ciencia jurídica occidental tiene también otras causas. A partir del siglo XVI, los saberes del Humanismo renacentista comienzan a ejercer un influjo enorme entre muchos romanistas; una de las exigencias de la nueva forma de entender la *iurisprudentia* (al menos su enseñanza) era la ordenación del Derecho desde conceptos generales. Sobre este asunto en el Humanismo jurídico vid. mi estudio *La modernidad discutida. Iurisprudentia frente a iusnaturalismo en el siglo XVI*. Cádiz, Servicio de Publicaciones de la Universidad de Cádiz, 1999, cap. IV. Sobre el sistematismo de la ciencia jurídica desde el siglo XVII hasta los comienzos del siglo XIX, vid. SCHRÖDER, J., *Recht als Wissenschaft. Geschichte der juristischen Methode von Humanismus zur historischen Schule (1500-1850)*. Munich, C. H. BECK, 2001. Del mismo autor, *Wissenschaftstheorie und Lehre der "praktischen Jurisprudenz" auf deutschen Universitäten an der Wende zum 19. Jahrhundert*. Frankfurt a. M., Vittorio Klostermann, 1979. Ambos *per totum*. Manfred Baldus ha analizado la enorme difusión de la exigencia de unidad en el derecho a lo largo de la ciencia jurídica alemana desde principios del XIX hasta bien entrado el XX. La unidad es buscada por los defensores de un código estatal (positivistas estrictos) pero también por los integrantes de la Escuela Histórica; por iusprivatistas y publicistas; por neokantianos, jurisprudencia de intereses y por Kelsen. Cada uno a su modo (a veces de manera contrapuesta) lucha por la unidad del ordenamiento. Vid. BALDUS, M., *Die Einheit der Rechtsordnung*. Berlín, Duncker & Humblot, 1995, *per totum*.

La alianza de la metodología sistemático-unitaria con la querencia imperativista ha ejercido una influencia profunda en la ciencia y la política jurídicas desde la Modernidad. Éste era el discurso prestigioso en el plano académico y en el político, ya que se trataba de afianzar el Estado. Asunto diferente es que incluso en la época del floreciente primer positivismo los juristas fueran conscientes de la imposibilidad de regular por completo los casos concretos desde la generalidad de los textos legales y, por tanto, admitieran cierta apertura de la estructura jurídica soberana hacia argumentos de varia procedencia. Vid. sobre estas actitudes de los juristas en la Alemania del siglo XIX OGOREK, R., *Richterkönig oder Subsuntiomsautomat? Zur Justizlehre im 19. Jahrhundert*. Frankfurt a.M., Vittorio Klostermann, 1986, *per totum*.

Con independencia de la calificación de positivista, parece claro que la teoría estatista-normativista parece plantear algunos problemas a la hora de identificar la juridicidad de muchas reglas de la Red, que quedan relegadas al ámbito vago del *soft law*.

3. Voluntades, bienes y complejidad

Santiago Muñoz Machado rechazaba la necesidad de crear un Derecho expreso para Internet, pero advertía también que debemos atender a nuevas visiones del Derecho inspiradas por las teorías del caos y las relaciones reticulares[44]. Aunque las referencias al caos se han convertido en un tema en la época actual, Muñoz Machado apunta a una característica de importancia creciente: el Derecho actual, y por tanto el que se ocupa de las nuevas tecnologías informativas, no está generado por instancias jerarquizadas sino por decisiones descentralizadas y aparentemente irreductibles a un proceso centralizado y predecible.

Las propuestas de Post y Johnson no sólo se asientan en el presupuesto de una Red más o menos independiente, sino que también beben de otras teorías que van por la vía señalada por Muñoz Machado. Como ya indiqué, ellos defienden la idea del orden social espontáneo planteada por los pensadores libertarios, afirman que el Derecho forma parte de ese orden y sostienen, consecuentemente, que no puede ser producto de un diseño social racional y mecánico. El Derecho se legitima y se desarrolla mediante reglas, argumentos y roles generados por el sistema mismo. Aunque haya influencias externas, lo normal es que se desenvuelva como un organismo que no es construido por impulsos externos. Para explicar esa característica del Derecho, Johnson niega que organizaciones sociales como las corporaciones, escuelas, etc. deban su existencia al Estado, como si fueran artefactos sociales diseñados por los políticos; en realidad son organismos que evolucionan y cambian desde sí mismos. Trasladando estas consideraciones al ámbito de Internet, Johnson explica que los individuos se conectan de manera arbitraria y global, interaccionan y desarrollan "organismos jurídicos *on line*" regulados por sus propios usuarios y refractarios a la pretendida planificación exterior desde los Estados[45]. Ya he indicado que esa imagen de Internet como realidad aparte generada por interacciones de cibernautas individuales resulta un tanto aventurada; pero la reflexión sobre la existencia de instituciones jurídicas nacidas desde la propia vida social y al margen de la voluntad del Estado requiere mayor atención, porque ese problema no se ve afectado por la inexistencia del ciberespacio, sino

[44] Cfr. Muñoz Machado, S., op. cit., pp. 34-35, 42.

[45] Cfr. Johnson, D. R., "The Life of Law Online", cit., pp. 2-8 y 12.

por la necesidad de tomar decisiones en entornos complejos. Post y Johnson han estudiado los comportamientos de sistemas adaptados a ese tipo de situaciones, en los que cada pequeña parte del sistema afecta a las demás partes; un cambio aparentemente sin importancia puede tener una influencia poderosa. La cantidad de cambios que suponen esas interacciones hace imposible la previsión completa del comportamiento futuro del sistema. La solución podría consistir, según Post y Johnson, en la formación de subgrupos decisorios independientes que establezcan su propia regulación. En esos niveles los individuos poseen más información sobre su bienestar y sobre los efectos para terceros de sus decisiones; la eficiencia general es mayor que la conseguida por decisiones desde los niveles superiores de una jerarquía organizada; estas teorías generales serían aplicables a Internet[46]. Lo cierto es que las referencias a algoritmos que aportan estos autores no resultan demasiado útiles para la toma de decisiones concretas, pero la necesidad de regular jurídicamente ese tipo de actividades es probablemente una de las mayores para el Derecho de la naciente sociedad red, por utilizar la expresión de Manuel Castells.

Entre los autores que influyen más directamente en estos planteamientos ciberlibertarios cité antes a los defensores liberales del llamado "orden espontáneo", sobre todo Friedrich von Hayek. Recordemos que Hayek considera la vida social un cúmulo de hechos complejos, es decir irreductibles al control y manipulación desde una instancia central; de ahí que la realidad humana sea un orden espontáneo, no una organización nacida de la decisión explícita de un sujeto planificador. Hayek rechaza precisamente que el Derecho pueda ser elaborado por un legislador estatal y vincula esa mentalidad con el positivismo jurídico. Al ser la sociedad un orden espontáneo, sus reglas no pueden ser diseñadas por un gobernante omnisciente, sino que brotarán de la interacción de los incontrolables hechos complejos: la existencia de los Estados y las leyes sólo está justificada para garantizar y proteger de abusos esa normatividad

[46] Cfr. Post D. G. / Johnson, D. R., "Chaos Prevailing on Every Continent: Towards a New Theory of Decentralized Decision-Making in Complex Systems", *Chicago-Kent Law Review*, 73, 1998, *per totum*. Avanzando en esa línea de preocupación por la complejidad, David Post y Michael B. Eisen han reparado en la posible naturaleza "fractal" del Derecho. Los fractales son figuras geométricas que tienen la misma estructura a cualquier escala; a medida que nos acercamos se reproduce su rugosidad o complejidad. El Derecho se asemejaría a ellos, porque un problema jurídico regulado desde la ley general va ofreciendo una complejidad creciente a medida que nos acercamos a la casuística. Vid. Post, D. G. / Eisen, M. B., "How Long is the Coastline of the Law? Thoughts on the Fractal Nature of Legal Systems", *The Journal of Legal Studies*, 29, 2000, *per totum*. Esta similitud requiere mayor profundización, pero resulta sugerente. Por otra parte, remite a la intuición de Aristóteles y de los juristas romanos sobre la circunstancialidad de los asuntos humanos y la imposibilidad de regular mediante una ley general todas las particularidades que puede plantear un problema.

emanada del orden social, identificable con el mercado[47]. Recordemos que los ciberliberarios adaptan la concepción del orden espontáneo a la comunicación digital, pero rechazan la necesidad de la intervención del Estado y su legislación a causa de las peculiaridades de la nueva comunidad electrónica. Al fin y al cabo eliminan algo que para Hayek y los liberales más radicales no es sino un mal menor[48].

[47] Sobre la noción de orden espontáneo y su relación con el derecho en la teoría de Hayek, vid VELARDE, C., *Hayek. Una teoría de la justicia, la moral y el derecho*. Madrid, Civitas, 1994, esp. pp. 126 y ss. y 231 y ss. Como recuerda la autora, Hayek mantiene que la única manera de proteger la libertad es el imperio de la ley frente al arbitrio del poder (p. 251). En consecuencia, su postura difiere de los ciberlibertarios, porque él sí admite la existencia de un Estado mínimo. La idea de orden espontáneo no es una invención de Hayek, sino una doctrina bastante extendida en una de las tradiciones del liberalismo. Vid. al respecto, BARRY, N. P., "The Tradition of Spontaneous Order", *Literature of Liberty*, 5, 1982, *per totum*. En su recorrido histórico Barry incluye las doctrinas contractualistas de la Escuela de Derecho Natural Moderno entre las teorías constructivistas y ajenas al orden espontáneo. Esa interpretación me parece discutible, porque los presupuestos individualistas de los iusnaturalistas modernos y los liberales como Hayek son similares: en todos ellos el Estado obedece a la necesidad de proteger el libre arbitrio de los individuos y no a la necesidad de imponer fines materiales desde un gobierno; desde luego ésa fue la posición que adoptaron los kantianos, los últimos representantes de la Escuela; para ellos el contrato social no era sino un expediente teórico justificador del papel mera y exclusivamente protector de las libertades que cabía al Estado; una tarea bastante parecida a la que le confiere Hayek. Vid sobre los iusnaturalistas kantianos y su teoría sobre el Estado, CARPINTERO, F., *La cabeza de Jano*. Cádiz, Servicio de Publicaciones de la Universidad de Cádiz, 1988, pp. 154 y ss. Recordemos además la relación del ciberlibertarismo con el concepto de estado de naturaleza

[48] Esta discusión no es propia sólo de la época globalizada. La existencia de derechos ajenos a la legislación estatal fue lo habitual en épocas premodernas de Europa. Durante la Edad Media, Europa estaba entreverada por Derechos de origen muy diverso (Derecho canónico, *ius commune*, costumbres, estatutos municipales, Derechos feudales, etc.) irreductibles a una fuente política unitaria; en aquella época el poder político no se veía a sí mismo como órgano creador de Derecho, que quedaba en manos de instancias sociales muy diversas. Sobre estas características vid. Grossi, P. *L'ordine giuridico medievale*. Roma, Laterza, 1996, *per totum*. Precisamente contra esa fragmentación, surgió el Estado monopolizador del Derecho, monopolio que nuevamente parece un entredicho. Tengamos en cuenta que el uso de la palabra pluralismo referida a la producción del Derecho no implica en sí mismo un juicio de valor positivo, tan sólo la existencia de fuentes múltiples e independientes de producción normativa. En ciertas circunstancias históricas ese pluralismo ha sido causa de ineficacias e injusticias: la unificación estatalizadora del siglo XIX fue consecuencia de las luchas contra el Antiguo Régimen, su fragmentación antiigualitaria de derechos, y el caos en el que había derivado su fragmentación jurídica (a veces era imposible saber qué norma regía el caso en cuestión). Cuestión diferente es que ante nuevas circunstancias esa unificación requiera a su vez nuevas orientaciones. Está claro, por lo demás, que las actuales reflexiones sobre la diversidad de órdenes jurídicos que convergen en Internet no pretenden nada parecido a la situación social premoderna. No olvidemos tampoco que los paralelismos históricos deben establecerse con muchas precauciones. Las referencias a los mercaderes medievales como antecedente de la actual *lex mercatoria* autorregulada pueden ser engañosas. Ese Derecho medieval que se ocupaba del comercio no era un cuerpo único de normas nacidas de la practica comercial, sino un conjunto heterogéneo de costumbres, normas legales, municipales, usos comerciales, etc. Sí recuerda al carácter fragmentario que tiene hoy la regulación del comercio internacional,

Estas referencias a la complejidad de Internet y del resto de la sociedad (prescindamos ahora de la metáfora del ciberespacio) enlazan con otros expositores de la complejidad social que también han atendido a las llamadas de Internet. En este ámbito se destaca la obra de Karl-Heinz Ladeur, que precisamente ha prestado una atención minuciosa a la idea de red en general para explicar la sociedad y el Derecho actuales. No es sorprendente que también se haya acercado a los problemas generados por una red comunicativa tan extendida como Internet. Para entender este planteamiento es preciso introducir algunas aclaraciones previas sobre sus presupuestos epistemológicos, no precisamente sencillos.

Su teoría está construida a partir de una combinación de elementos procedentes de la filosofía denominada postmoderna (cita a Richard Rorty, por ejemplo), de Niklas Luhmann y su concepto de sistema autopoiético y de la idea del orden espontáneo ejemplificada en Hayek, entre otros ingredientes. A partir de esta mixtura, Ladeur afirma que el sujeto individual moderno (entendido al modo de esfera autónoma de libertad) se descentraliza en una pluralidad de juegos de lenguaje que derivan hacia una heterogeneidad no jerárquica de relaciones. No hay realidad supuestamente objetiva, ni naturaleza de la cosa, ni reglas universales fuera de los interminables procesos interpretativos que abre el lenguaje[49]. Esos juegos lingüísticos conforman sistemas comunicativos diversos de carácter autopoiético; esto implica que cada sistema crea desde sí mismo, gracias a la dinámica de su funcionamiento, su propia estructura y sus reglas; su evolución permanente obedece sólo a los cambios que el mismo sistema produce a partir de incitaciones externas; a pesar de la presencia de dichas incitaciones, es el sistema mismo el que se autotransforma de acuerdo con sus propias características (a esto se denomina proceso de autoobservación y autoconocimiento)[50]. La sociedad está conformada por las interrelaciones de

---

pero no era un conjunto homogéneo y autorregulado aplicable a todo el comercio, tal y como hoy algunos quieren ver la actual *lex mercatoria*. Vid. Foster, N. H. D., "Foundation Myth as legal formant: The medieval Law Merchant and the new lex mercatoria", *Forum Historiae et Iuris*, 18, 2005, *per totum*.

[49] Cfr. Ladeur, K. H., *Postmoderne Rechtstheorie*. Berlín, Duncker & Humblot, 1995, pp. 34 y ss.

[50] El concepto de autopoiesis procede de los biólogos Humberto Maturana y Francisco Varela. La teoría autopoiética concibe la vida como un sistema en el cual el producto de sus operaciones es el sistema mismo; el organismo vivo es una máquina organizada al modo de una red de procesos productores de componentes que, a su vez, interaccionan y se transforman continuamente. Este sistema es autónomo, porque el exterior no determina los cambios, sino que la evolución es controlada por la autoorganización; las transformaciones se subordinan al mantenimiento de la individualidad del sistema mismo: es el cierre operacional del sistema. La evolución no es adaptación al ambiente, sino diversificación de la complejidad. Cfr. esta descripción en Ost, F., "Between Order and Disorder: The Game of Law", en Teubner, G. (ed.), *Autopoietic Law: A New Approach to Law and Society*. Berlin / New York, De Gruyter, 1988, pp. 72-73. Es discutible hasta qué punto estas propuestas procedentes de la biología son aplicables a la sociedad humana,

esos sistemas (o subsistemas, si consideramos que el sistema es la sociedad). Los sistemas no están cerrados en sí mismos, a pesar de caracterizarse por la "clausura recursiva" de la que ha hablado Luhmann: esto supone que el sistema se construye de acuerdo con sus propias distinciones, es decir, de manera autónoma; cada sistema parte de una serie de concepciones e ideas y sólo evoluciona de manera coherente con ellas; pero también poseen "racionalidad relacional" y gracias a ella pueden acceder a los productos de los otros sistemas (lo que Ladeur llama las observaciones policontextuales generadas por los diferentes sistemas sociales) [51]. Todas esas incitaciones múltiples conforman una amalgama de interrelaciones que adoptan la forma de red, concepto clave de esta teoría. Las redes no tienen inicio ni fin, porque su sentido se origina mediante los elementos de la misma red (la autopoiesis) y está en cambio constante; Ladeur observa en ese proceso de transformación permanente una mezcla de orden y caos, en el que el "ruido" y el desequilibrio abren nuevas posibilidades de actuación en la red. De tal forma que el orden no puede surgir mediante una organización planificada y jerarquizada, sino gracias al orden espontáneo[52].

El carácter fragmentario y heterárquico de la sociedad tiene su reflejo en el Derecho. En efecto, éste no puede surgir de una instancia centralizada, sino desde la misma pluralidad y fragmentariedad social; a Ladeur le parece claro que en esta situación resulta ineficaz un Derecho exclusivamente centrado en el Estado: éste no puede funcionar ya como sujeto colectivo y unidad de

pero de hecho han sido empleadas con ese fin. Niklas Luhmann ha hecho del sistema autopoiético la base de sus teorías. Los sistemas sirven para domar la complejidad y para ello cada uno de ellos establece los criterios para su propio autodesarrollo. Por supuesto, esta frase es una grosera simplificación del complicado pensamiento de Luhmann.

Observemos que ahora el ideal de cientificidad son los conceptos de red y organismo autopoiético. Está claro que estos organismos no tienen nada que ver con el organicismo político de otros tiempos. Igualmente plantean una alternativa al ideal de la modernidad hasta el XIX, basado en la idea de máquina movida por impulsos físicos: por eso muchos modernos pensaban que el Derecho era producto de un juego de voluntades similares a fuerzas físicas que chocan entre sí o se suman para formar el Estado. Esta metáfora, sin embargo, no procedía sólo de la física triunfante, sino también de la idea de Derecho como facultad personal elaborada por la Escolástica bajomedieval y moderna. Vid. mi artículo, "El inicio de los sistemas jurídicos. Entre el método y el individualismo", *Anuario de Filosofía del Derecho*, 21, 2004, esp. pp. 400 y ss.

51 Cfr. LADEUR, K. H., *Postmoderne Rechtstheorie*, cit., pp. 80 y ss. Un resumen de estas explicaciones lo proporciona en un estudio mucho más breve, "The Theory of Autopoiesis as an Approach to a Better Understanding of Postmodern Law", *EUI Working Paper*, 99/3, 1999, pp. 9-16.

52 Cfr. LADEUR, K. H., *Postmoderne Rechtstheorie*, cit., pp. 34 y ss., 93 y ss. No queda del todo claro si los subsistemas autopoiéticos son redes o si las redes establecen puentes de relación entre los diferentes subsistemas. Parece ser que desempeñan ambas funciones. Cfr. KJAER, P. F., "Embeddedness through Networks: A Critical Appraisal of the Networks Concept in the Oeuvre of Karl-Heinz Ladeur", *German Law Journal*, 10, 2009, pp. 490 y ss.

imputación de un conjunto de normas impuestas coactivamente al individuo[53]. Además de compartir las teorías sobre la autopoiesis, él se apoya en una concepción de la democracia afín a las teorías de Alexis de Tocqueville o James Madison, abierta a la interrelación de racionalidades y ajena al establecimiento de un centro unitario de emanación de lo público[54].

A partir de estos presupuestos, el Derecho se configura también como sistema autopoiético no cerrado; al contrario, está influido por elementos de otros sistemas, aunque procese esa información a su modo. En todo caso, ha de abrirse al pluralismo si pretende regular redes de relaciones diversas e irreductibles a un principio único, ya sea material u organizativo. Esas redes son a veces transnacionales, y por eso el Estado moderno de base territorial no puede ser el encargado de regularlas[55]. En buena parte el Derecho procederá de la autorregulación de subsistemas y redes, y el Estado ejercerá un papel supervisor y garante de transparencia en las relaciones entre esas instancias. Ladeur está bastante interesado en mostrar que, en el momento actual, la regulación brota de la praxis descentralizada y de la coordinación de actividades y acciones que conforman las redes; el legislador debe vincularse a esas prácticas. La razón de esa remisión es clara: el saber social está difuso entre redes y subsistemas y es imposible aprehenderlo desde un centro de observación privilegiado; en consecuencia, la ordenación de la vida social no puede hacerse desde un poder único supuestamente omnímodo, sino que debe dejarse, en buena medida, a la capacidad creadora y autoorganizativa de los propios integrantes de las redes[56].

Como no existe una realidad objetiva fuera de los sistemas, la única realidad está configurada por los procesos comunicativos de dichos sistemas. Dada su importancia, Ladeur considera que la sociedad actual es una sociedad de la información. Se reproduce a sí misma mediante la transmisión de información y no por el intercambio de bienes materiales. Esa información discurre a través de conexiones múltiples, que, como ya hemos visto, implican la desaparición del centro unificador y su sustitución por racionalidades transversales, puntos de observación variables y campos de acción diversos. La sociedad de la información resulta ser una retícula comunicativa[57]. Movido por estas preocupaciones, Ladeur también se interesa por Internet y su regulación. Como toda

[53] Cfr. LADEUR, K. H., *Postmoderne Rechtstheorie*, cit., pp. 161, 171. Del mismo autor, *Der Staat gegen die Gesellschaft*. Tubinga, Mohr-Siebeck, 2006, p. 61. A pesar del título, Ladeur no desestima el papel de los Estados para supervisar las redes.

[54] Cfr. LADEUR, K. H., "Globalisation and the Conversion…" cit., pp. 8 y ss.

[55] Cfr. LADEUR, K. H., *Postmoderne Rechstheorie*, cit., pp. 155 y ss. "The Theory of Autopoiesis…", cit., pp. 16-26. Cfr. también su estudio "Globalisation and the Conversion of Democracy to Polycentric Networks: Can Democracy Survive the End of the Nation State?", EUI *Working Paper Law*, 4, 2003, pp. 18 y ss.

[56] Cfr. LADEUR, K. L., *Der Staat gegen die Gesellschaft*, cit., pp. 61, 69.

[57] Cfr. LADEUR, K. L., *Postmoderne Rechtstheorie*, cit., pp. 47, 81, 100.

red, ésta requiere un régimen de autodesarrollo y autotransformación situado entre la interacción meramente individual y la intervención estatal. Sería preciso crear una estructura de Derecho público o privado encargada de la autoobservación (es decir, de la autorreferencialidad sistémica) y de la interrelación de los modelos comunicativos de Internet; también deberá procurar la apertura hacia la innovación y la recepción de incitaciones procedentes del Estado. Esa organización de Internet creará reglas, coordinará la autoorganización de usuarios individuales y empresas y se preocupará por la infraestructura comunicativa en red. Aunque hable de organización, Ladeur aclara que no es una organización centralizada con la misión de controlar Internet, sino una forma de "autoobservación" constituida por un conjunto complejo de reglas en variación permanente[58]. A pesar de su llamada a favor de la autoorganización Ladeur alerta de la insuficiencia de una regulación de Internet basada sólo en la autocoordinación espontánea entre individuos aislados; por supuesto, tampoco puede ser normada desde el Estado, porque la complejidad tecnológica de Internet conforma una ordenación global que escapa a los alcances estatales. Ladeur no deja pasar inadvertida la importancia de la técnica. Opina que la identificación efectuada por Lawrence Lessig entre código y Derecho de Internet es un tanto simplificadora, pero alaba la llamada de atención del constitucionalista estadounidense hacia la importancia de los programas de Internet; abren posibilidades comunicativas muy amplias y poseen tal complejidad que no dependen de decisiones gubernamentales ni de la actividad individual de los usuarios; Ladeur afirma que la arquitectura de Internet es un tipo de ordenación diferente tanto al mero código técnico como a las reglas en sentido habitual. Por estos motivos Internet posee, a su juicio, una dinámica organizativa colectiva particular que exige tratamiento propio[59].

Si la organización que reclama Ladeur no puede consistir en ningún tipo de estructura centralizada, tampoco queda muy claro cuál será su estatus, intermedio entre el individuo y el Estado. Él mismo declara que no hay solución fácil y reclama transformaciones de las instituciones jurídicas y de las construcciones dogmáticas para adaptarlas a las peculiaridades tecnológicas; en todo caso será preciso experimentar con formas de cooperación adaptadas a la lógica de las vinculaciones múltiples e híbridas típica de las redes en general y de Internet en particular[60]. Este autor entiende que las normas –no sólo las destinadas a

58 Cfr. LADEUR, K. H., "Offentheitspflege im Internet –eine neue Funktion für die objektivrechtliche Dimension der Medienfreiheit", en LADEUR, K. L. (ed.), *Innovationsoffene Regulierung des Internet*. Baden-Baden, Nomos, 2003, pp 127-128.

59 Cfr. LADEUR, K. H., "Offentheitspflege im Internet...", cit., pp. 111 y ss.

60 LADEUR, K. H. "Die Dynamik des Internet als Herausforderung der Stabilität des Rechts - Virtuelles Eigentum, Copyright, Lauterkeitsrecht und Grundrechtsbindung im Internet als Exempel", http://www2.jura-hamburg.de/ceri/publ/start.htm, (consultada, 20-09-09), pp 19-21.

Internet– han de tener en cuenta la pluralidad de sistemas y racionalidades que forma el complejo social de redes. El respeto –inevitable, por lo demás- hacia esa pluralidad impide al Estado establecer regulaciones materiales directas que impongan metas determinadas a una sociedad. Esto no implica que el Estado deba permanecer ajeno al tráfago social. Su tarea es evitar que la organización se ponga en peligro a sí misma y garantizar la continuidad de la complejidad[61]. Ladeur precisa que en Internet aparece con bastante claridad la necesidad de colaboración entre organismos estatales y autoorganización[62].

Esta teoría presenta algunos parecidos con el modelo ciberlibertario. Como ya he indicado, la base liberal y las referencias a los órdenes espontáneos están en ambas. Ladeur cita a Hayek y mantiene que la sociedad liberal no es la supuesta guerra de todos contra todos descrita por algunos de sus críticos, sino un intercambio entre sujetos privados que crean mediante esas interrelaciones su propia realidad social[63]. Sin embargo, también hay algunas diferencias con el modelo ciberlibertario. Recordemos que éste partía de una consideración individualista al estilo moderno que Ladeur no comparte; en efecto, él considera superada la idea de sujeto como centro emanador de libertad que se expande y domina la realidad externa; ahora, el sujeto encuentra su conformación en el espectro de racionalidades en el que se inserta. Este presupuesto epistemológico lo lleva precisamente a matizar el papel de la autoorganización en Internet; no puede consistir en un simple agregado de decisiones individuales, porque tales decisiones constituyen redes de relaciones, modelos de ordenación que, a su vez, abren para otros sujetos diferentes nuevas opciones de actuación y nuevas vinculaciones; las decisiones en este campo generan efectos que trascienden a los sujetos decidores, y esa emergencia impide acoger las actividades realizadas gracias a medios digitales bajo el paraguas de un concepto moderno de libertad diseñado sólo para proteger la esfera del individuo; claro que tampoco es aceptable remitir en exclusiva al Estado la determinación de las metas propias de cada Derecho[64]. Esta prevención ante ciertas interpretaciones de la noción de libertad negativa no es un rechazo. Ladeur no entiende la libertad como

[61] Cfr. Ladeur, K. H., *Der Staat gegen die Gesellschaft*, cit., pp. 47-48, 90, 210. Ladeur suele mostrar desconfianza ante las pretensiones reguladoras del Estado; entiende, por ejemplo, que la Unión Europea no ha de construirse al modo de un Estado centralizado, sino mediante la estructura de una red de redes en la que se respete la complejidad. Vid. Ladeur, K. H., "European Law as a Transnational Law – Europe has to Be Conceived as an Heterarchical Network and Not as a Superstate!" *German Law Journal*, 10, 2009, *per totum*.

[62] Ladeur, K. H. "Die Dynamik des Internet…", cit., p. 23.

[63] Cfr. Ladeur, K. H., *Der Staat gegen die Gesellschaft*, cit., pp. 20 y ss. Ladeur adopta el método de *trial and error* popperiano para explicar el cuestionamiento constante de resultados provisionales en la autoorganización social; ese juego inacabable de ensayos es, a su juicio, clave para la democracia. Cfr. "The Theory of Autopoiesis…", cit., p. 26.

[64] Cfr. Ladeur, K. H., "Offentheitspflege im Internet…", cit., pp. 130 y ss.

esfera protectora de intereses egoístas que coexisten bajo la protección de esas fronteras, sino como amparo de posibilidades de actuación que no pueden ser intervenidas por el Estado so pena de trabar la interrelación productiva entre racionalidades y redes diversas[65]. La defensa de esas libertades está en la base de la autorregulación y del Derecho que emana de ella.

En resumen, Ladeur sostiene que las relaciones en red (incluyendo las de Internet) exigen regímenes que acojan tanto la autoorganización y la autotransformación del sistema o la red de que se trate, como la supervisión estatal. Como señala W. Hoffmann-Riem, la solución parece provenir de una "autorregulación regulada"[66].

Una postura relativamente parecida en lo que respecta a la atención prestada a la complejidad adopta Günther Teubner. También parte de la noción de sistema autopoiético y de la multiplicación de racionalidades fragmentadas; la regulación de Internet es, precisamente, un ejemplo de esa complejidad. Teubner observa que ésa es la característica de la denominada globalización jurídica; ésta no conduce a la unificación mundial bajo el capitalismo, sino a lo contrario: al nacimiento de una pluralidad de órdenes jurídicos irreductible a la unidad; tal pluralidad no obedece a la tradicional división del mundo en Estados, sino a la división en racionalidades diferentes y contradictorias, institucionalizadas independientemente a partir de los discursos comunicativos propios de la ciencia, la educación, la salud, la economía, etc.; esta variedad conforma la que Teubner denomina globalización policéntrica[67]. El Derecho ha de adaptarse a esta situación. No es casual que Günther Teubner haya titulado "Bukowina global" uno de sus artículos dedicados a desentrañar el nuevo Derecho de la globalización. La cita de Eugen Ehrlich es buen indicio del camino que toma Teubner. Ehrlich comprobó que el Derecho efectivamente regulador de las relaciones familiares en la Bukowina perteneciente al Imperio Austrohúngaro no era el Código Civil austríaco, sino las costumbres de esa

65 Sobre la noción de derechos y libertades para Ladeur, vid. su *Negative Freiheitsrechte und gesellschaftliche Selbstorganisation*. Tubinga, Mohr Siebeck, 2000, *per totum*. Recordemos que Isaiah Berlin había defendido la preferencia de las libertades negativas (respeto al arbitrio personal) frente a las libertades positivas (ordenaciones gubernamentales sobre el uso de la libertad personal).

66 Cfr. Hoffmann-Riem, W., "Gesetzliche Gewährleistung der Freiheit der Kommunikations im Internet?" en Ladeur, K. H., *Innovationsoffene Regulierung des Internet*, cit., pp. 77-78.

67 Cfr. Fischer-Lescano, A. / Teubner, G., "Fragmentierung des Weltrechts. Vernetzung globaler Regimes statt etatistischer Rechtseinheit", en Albert, M. / Stichweh, E. (eds), *Weltstaat – Weltstaatlichkeit: Politische Strukturbildung nach der Globalisierung*. Wiesbaden, VS, 2006, pp. 3 y ss. Cfr. también Teubner, G., "Globale Zivilverfassungen. Alternativen zur staatszentrierten Verfassungstheorie", *Zeitschrift für auslandisches öffentliches Recht und Völkerrecht*, 63, 2003, p. 8. Teubner, G., "Vertragswelten. Das Recht in der Fragmentierung von Private Governance Regimes", *Rechtshistorische Journal*, 17, 1998, pp. 10 y ss. (Los artículos de Teubner están disponibles en http://www.jura.uni-frankfurt.de/ifawz1/teubner/Person/Publiste.html).

región; para Ehrlich era un ejemplo claro de juridicidad ajena al Estado, pero sin duda real. Teubner trae a colación este ejemplo para analizar el surgimiento de órdenes normativos diferentes a los estatales[68].

Él explica que el positivismo jurídico, consistente en la absorción estatal del Derecho mediante normas previstas de sanción, ya no sirve para la sociedad globalizada. Dicho de otra forma, la unidad que implica el positivismo (basada en la *Grundnorm* kelseniana o en la regla de reconocimiento de Hart) se disuelve ante la multiplicidad de órdenes jurídicos que ya no están limitados por fronteras estatales, sino que las sobrepasan agrupándose según racionalidades diferentes; a pesar de que sean independientes de la voluntad legisladora estatal, constituyen verdadero Derecho junto a los Derechos nacionales, que seguirán existiendo[69].

Teubner afirma que el Derecho de Internet (al que llama a veces *lex digitalis*) constituye uno de esos órdenes jurídicos surgidos de la fragmentación funcional. Él piensa, siguiendo un camino muy transitado, que los Derechos de origen estatal (incluyendo el internacional) son insuficientes para regular Internet. Su Derecho ha de incluir otros tipos de normatividad como la autorregulación, aunque no consiga formar un orden jurídico autónomo e independiente de la

[68] Desde finales del siglo XIX, diversas corrientes teóricas (desde la Escuela de Derecho Libre a la *Sociological Jurisprudence*) se habían empeñado en mostrar la existencia de un Derecho no estatal. Dentro del Derecho Libre, Eugen Ehrlich sostenía que en las tierras de recepción del Derecho romano se consideraba que toda norma jurídica debía remitirse al Estado; éste suponía la unidad y la existencia ideal de un creador originario de todo el Derecho. Pero Ehrlich aclaraba que esta concepción no es propia de todo Derecho ni de toda época (digamos entre paréntesis que no existía en la época romana, por ejemplo). Él desde luego no la aceptaba al exponer que las principales instituciones jurídicas, como el matrimonio, la familia, el contrato o la herencia no han sido creadas por el Estado, sino que se han desarrollado desde el movimiento interior de la sociedad y son "esencialmente" independientes del poder estatal. El Derecho no consiste, a su juicio, en un conjunto unitario de normas estatales, sino en el orden cambiante de relaciones jurídicas presente en una sociedad. Ehrlich lamenta que la "concepción jurídica estatalista" no vea en ese Derecho nacido de fuentes sociales más que meros hechos. Cfr. estas ideas en Ehrlich, E., *Die juristische Logik*. Tubinga, J.C.B. Mohr, 1925 (reprint, Aalen, Scientia, 1966), pp. 3-4, 12 y ss., 41 y ss, 81, 128, 146, 184, 192-193. Para algunos integrantes radicales del Derecho Libre, esas reglas ajenas a la política, no sólo eran Derecho, sino que serían *el* verdadero Derecho frente a las leyes demasiado abstractas y por tanto ineficaces del legislador soberano. Sobre el Movimiento de Derecho Libre y la apertura de las fuentes jurídicas, vid. Lombardi, L., *Saggio sull diritto girurisprudenziale*. Milán, Giuffrè, 1975, pp. 367 y ss. En realidad, la preocupación de estas corrientes sociológicas sólo puede ser considerada un precedente relativo de la actual tendencia sobre la fragmentación; a veces su interés por descubrir fuentes ajenas a la ley estaba motivado por los problemas de interpretación de las mismas leyes. En todo caso, este tipo de reflexiones muestra que el cuestionamiento a la monopolización estatal del Derecho no ha surgido con la globalización y transnacionalización actual.

[69] Cfr. TEUBNER, G., "Global Bukowina: Legal Pluralism in the World Society", en Teubner, G., (ed.), *Global Law Without a State*, cit., pp. 6 y ss., 12.

política estatal; es un sistema híbrido compuesto por normas estatales, internacionales y autorreguladas[70].

Conviene recordar que Teubner observa en la realidad actual la existencia de los que denomina *private regimes* transnacionales de carácter jurídico no estatal (y por tanto discutido); estos regímenes establecen sus fuentes de Derecho obedientes a procesos institucionalizados propios de producción y aplicación del Derecho. Teubner cita como ejemplos la regulación del mercado mediante empresas multinacionales, la regulación interna de esas mismas organizaciones o la contratación entre actores globales. Más específicamente, Teubner explica que los códigos de comportamiento de las corporaciones son un fenómeno jurídico emergente que plantea el mismo problema que la *lex mercatoria* o el Derecho de Internet y otros regímenes globales en los que actores privados crean reglas cuya obligatoriedad no está garantizada por el poder estatal; él reconoce que no toda práctica empresarial interna de este tipo es *ipso facto* jurídica, sino que requiere una cierta institucionalización en la que esté determinada la creación de reglas y los procesos de aplicación y modificación de dichas normas (el juego de normas primarias y secundarias en la terminología de Hart); además, esa autorregulación debe también ser vigilada para evitar lesiones a las garantías y protecciones ya establecidas en otro tipo de normas[71]. Para aclarar el desarrollo de estos regímenes jurídicos Teubner llega a teorizar sobre la necesidad de elaborar constituciones sociales independientes de la política y que contengan los fundamentos de los regímenes privados. El ámbito digital también necesitaría una constitución de este tipo. Su Derecho, como ya he señalado, es producto de un sistema híbrido en el que interaccionan un ámbito regulatorio organizado formalmente y otro espontáneo. La postura de Teubner no deja de ser ambigua, porque en ocasiones sí afirma la existencia de una clara *lex digitalis* (un Derecho propio de Internet) con sus medios autónomos de creación jurídica: está dotada de su código binario de distinción entre lo jurídico y lo antijurídico y de reglas secundarias que identifican el Derecho vigente en el ámbito digital y los actores encargados de crearlo[72]. Reparemos en que Teubner parece apostar aquí por la tesis de las fuentes sociales desarrollada actualmente por positivistas como Joseph Raz; si

[70] Cfr. TEUBNER, G. / KARAVAS, V., "http://www.CompanyNameSucks.com: Drittwirkung der Grundrechte gegenüber Privaten im autonomen Recht des Internet?", en LADEUR, K. H., *Innovationsoffene Regulierung des Internet*, cit., pp. 265-266. Cfr. También TEUBNER, G., "Globale Zivilverfassungen…", cit., p. 12.

[71] Cfr. TEUBNER, "The Corporate Codes of Multinationals: Company Constitutions beyond Corporate Governance and Co-Determination", en NICKED, R. (ed.), *Conflict of Laws and Laws of Conflict in Europe and beyond: Patterns of Supranational and Transnational Juridification*. Oxford, Hart, 2009, *passim*.

[72] Cfr. TEUBNER, G., "Globale Zivilverfassungen…", cit., pp. 12-14. "Fragmentierung des Weltrechts", cit., p. 15.

la *lex digitalis* posee una institucionalización propia, forma un auténtico sistema jurídico[73]. No obstante, Teubner es consciente de las dificultades que supone esa labor institucionalizadora, porque los componentes de este Derecho son muy diversos y los criterios típicos de una constitución política no sirven para su identificación[74]. Entre esos componentes se encuentran estándares contenidos en condiciones de contratación internacionales, códigos de conducta de asociaciones profesionales, o incluso el mismo código informático. Teubner cita en esta ocasión a Lawrence Lessig para indicar que los programas que conforman Internet crean una normatividad especial en la medida en que determinan comportamientos en la Red. Es llamativo que Teubner conceda esta relevancia al código informático, y que incluso considere que las tareas típicas del jurista al interpretar reglas y ponderar soluciones pueden ser sustituidas por la aplicación puramente mecánica de las opciones disponibles en los programas informáticos; es el código el que permite acceso o no a cierta información, sin que sea posible la flexibilidad propia del saber jurídico tradicional[75]. Llega a plantearse la posibilidad de conferir a las "máquinas" informáticas algún tipo de personalidad jurídica, en la medida en que la contratación electrónica puede estar automatizada mediantes programas; reconoce que los ordenadores no son parte en los contratos, sino medios para contratar, pero quiere inquirir si al menos pueden ser considerados agentes de los intervinientes y gozar de algún tipo de estatus jurídico. Esta actitud un tanto curiosa es explicable si tenemos en cuenta que Teubner se mueve en la estela de Luhmann y considera la vida social como un conjunto de procesos comunicativos; si los ordenadores son elementos capaces de comunicarse gracias a su programación deberán ser tenidos en cuenta como actores sociales[76]. Precisamente la relevancia tec-

[73] En una línea parecida, Henry H. Perrit ha señalado que el *cyberlaw* generado por comunidades electrónicas autorreguladas es un sistema jurídico propio dotado de los caracteres requeridos por Raz: existencia de reglas normativas, procesos institucionalizados para la creación y aplicación de normas y sanciones para su incumplimiento. Desde el punto de vista de Hart, también posee las llamadas reglas secundarias. Cfr. PERRIT, H. H., "Cyberspace Self-Government. Town Hall Democracy or Rediscovered Royalism", 1999, en http://www.law.berkeley.edu (consultada, 5-10-09), p. 10. Sobre las tesis del positivismo de Raz, basado en la idea de fuentes sociales, vid. SEOANE, J.A. / RIVAS, P. *El último eslabón del positivismo jurídico. Dos estudios sobre Joseph Raz*. Granada, Comares, 2005, *per totum*.

[74] Además, reconoce la idea misma de red tal y como la plantea Ladeur; está aún ayuna de regulaciones jurídicas efectivas. Además, las estructuras en red pueden a veces fallar, al igual que la excesiva centralización. Vid. TEUBNER, G., "And if I by Beelzebub cast out Devils,... An Essay on the Diabolics of Networks Failure", *German Law Journal*, 10, 2009, *per totum*.

[75] Cfr. TEUBNER, "Globale Zivilverfassungen...", cit., pp. 15-16. Vaios KARAVAS, colaborador de Teubner en el análisis de Internet, también expresa una opinión similar. Cfr. KARAVAS, V., "Laws under Informational-Technological Conditions", *German Law Journal*, 2009, 10, pp. 475 y ss.

[76] Cfr. TEUBNER, G., "Rights of Non-humans? Electronic Agents and Animals as New Actors in Politics and Law", *Journal of Law and Society*, 33, 2006, p. 9, 15 y ss.

nológica obliga al establecimiento de la Constitución para el ámbito digital; establecería controles públicos (compartidos entre el Estado y la autorregulación) a los desarrollos técnicos[77]. En todo caso, exagera un tanto, porque no todas las relaciones jurídicas constituidas mediante Internet son resueltas de esa manera tan mecánica. En realidad, el mismo Teubner expone otras formas normativas presentes en la *lex digitalis* que sí permiten razonamientos más abiertos. Un ejemplo está representado por las reglas de ICANN sobre la creación de nombres de dominio y la resolución de disputas sobre su asignación: poseen efectividad jurídica, aunque no sean estatales[78]. Acerca de esta cuestión, Teubner nos recuerda que los problemas suscitados por los nombres de dominio no pueden ser resueltos por las normas sobre disputas entre ordenamientos jurídicos nacionales, porque ahora se trata de un conflicto entre el Derecho autónomo de Internet (las reglas de ICANN, por ejemplo) y Derechos nacionales que habrá de ser solventado mediante la lógica de la diferenciación funcional y no la propia del Derecho internacional (privado y público); esa referencia a la diferenciación indica que, según Teubner, no estamos ante una rivalidad entre Derechos estatales, sino entre diferentes racionalidades que requieren soluciones nuevas, basadas en un sistema social transnacional, no unitario en sentido jerárquico; parece que el criterio estaría en la primacía de la conexión funcional de los problemas con el Derecho transnacional en cuestión, y no en la ubicación territorial del hecho[79].

Esta remisión a un sistema que trate de armonizar jurídicamente otros subsistemas plantea ciertos problemas. En primer lugar, no sabemos si la *lex digitalis* de la que habla Teubner comprende sólo reglas seudoprivadas como las de ICANN o también las normas estatales que regulan problemas de Internet, o incluye igualmente las normas sobre conflicto de leyes aplicables desde el punto de vista funcional. Esta ambigüedad brota de la propia teoría de Teubner sobre el Derecho.

Él ha explicado que el Derecho, entendido como sistema autopoiético, de-sempeña un papel reflexivo al coordinar las diferentes racionalidades sociales mediante la vigilancia de la autorregulación que emana de éstas[80]. Sin

[77] Cfr. "Globale Zivilverfassungen…", cit., p. 17.

[78] Cfr. TEUBNER, G. / KORTH, P., "Two Kinds of Legal Pluralism: Collision of Laws in the Double Fragmentation of World Society", en YOUNG, M. (ed.), *Regime Interaction in International Law*. 2009. pp. 4 y ss. TEUBNER, G / KARAVAS, V., "http://www.CompanyName...", cit., pp. 267-269. TEUBNER y KARAVAS reconocen, sin embargo, que ICANN sí posee cierta legitimidad política gracias a su acuerdo con el Departamento de Comercio de los EE.UU.

[79] Cfr. TEUBNER, G. / KORTH, P., "Two Kinds of Legal Pluralism…", cit., pp. 10 y ss.

[80] Vid. TEUBNER, G., *Il diritto come sistema autopoiético*. Ed. de A. Febrajjo y C. Pennisi. Milán, Giuffrè, 1996, *per totum*. Sobre esta función cfr. GARCÍA AMADO, J. A., "Sobre los modos de conocer el derecho. O de cómo construir el objeto jurídico", *Droit et Société*, 20/21, 1992, pp. 65 y ss.

embargo, Teubner también entiende el Derecho como parte constituyente de cada racionalidad de tal forma que no podría desempeñar ese papel vigilante de la autorregulación; expresado de manera más acorde con el vocabulario de Teubner, el Derecho no sería un sistema autopoiético independiente, sino una sección de los diferentes subsistemas autopoiéticos que componen la sociedad globalizada. Tengamos en cuenta que los Derechos estatales junto con los surgidos desde los regímenes privados se relacionan de manera heterárquica y recíprocamente influyente, pero sin la posibilidad de subsunción bajo una norma jurídica última y suprema; las racionalidades fragmentadas que originan los diferentes órdenes jurídicos no pueden ser fusionadas en ningún metadiscurso superador de la diversidad; resulta difícil entonces crear un Derecho que pueda solucionar los conflictos ente los derechos propios de cada subsistema comunicativo, aunque Teubner en ocasiones apueste por esa posibilidad[81].

Tras la exposición tan sugerente como difícil de estos autores queda cierta insatisfacción con estos planteamientos. Cabe preguntarse qué entienden en realidad por Derecho. Teubner explica que no es un sistema de normas, ni un conjunto de comportamientos (como quieren los sociologistas), sino comunicación englobada en un sistema autopoiético que procesa autónomamente información y la interrelaciona mediante una red de comunicaciones; los presupuestos desde los que se deslindan lo jurídico y lo no-jurídico, vienen establecidos por el sistema mismo, aunque reciban incitaciones desde el ambiente[82]. No es difícil observar similitudes entre estas explicaciones (derivadas de Luhmann) y la Teoría Pura de Kelsen; en ambos, el Derecho es fundado desde el mismo sistema mediante el rechazo de la juridicidad de cualquier elemento extrasistémico (moral, sociología, economía, etc.); la *Grundnorm* kelseniana actúa de manera similar a la clausura del sistema en Luhmann[83]. A partir de aquí, ¿cuál es el fundamento del Derecho, según Teubner? La regula-

[81] Sobre la imposibilidad de un Derecho unificador de las racionalidades fragmentadas, cfr. TEUBNER, G., "Der Königs viele Leiber. Die Selbsdekonstruktion der Hierarchie des Rechts", *Soziale Systeme*, 2, 1996, pp. 20-24, en las que explica que el Derecho es policontextual y no jerárquico. Cfr. la misma idea en TEUBNER, G., "Das Recht hybrider Netzwerke", *Zeitschrift für das gesamte Handelsrecht und Wirtschaftsrecht*, 165, 2001, pp. 567-568. "Global Bukowina", cit., p 7 donde escribe que el Derecho es la autorregulación de los discursos de las diferentes redes. Pero TEUBNER también apunta la posibilidad de que el Derecho pueda desarrollar una metadogmática que contenga reglas de colisión para los conflictos entre el Derecho y otros sistemas como la ciencia. Sería un sistema autopoiético que, además, se colocaría en una "tercera posición" para regular sus relaciones con los demás. Cfr. TEUBNER, G., "El derecho como sujeto epistémico: hacia una epistemología constructivista del derecho", *Doxa*, 25, 2002, p. 570.

[82] Cfr. TEUBNER, G., "El derecho como sujeto epistémico...", cit., pp. 551-552. Según TEUBNER (que sigue a Luhmann) todo en la sociedad es comunicación y, en consecuencia, también el Derecho. Cfr. *Il diritto come sistema autopoietico*, cit., p. 101.

[83] Cfr. OST, F., "Between Order and Disorder", cit, pp. 77 y ss. (aunque OST aclara que también hay diferencias: Kelsen no defiende la autocreación circular del Derecho). Las semejanzas son

ción jurídica emanada de cada subsistema posee sus mecanismos propios para autojustificarse. Dado que los subsistemas diferentes a la política generan su normatividad, la de los demás sistemas no puede surgir de un proceso político, sino desde necesidades regulatorias enraizadas en la expectativa de seguridad y de solución de conflictos potenciales del subsistema[84]. Esta apreciación puede resultar sorprendente, porque aparentemente implica que existen necesidades, intereses o exigencias sociales que lanzan demandas al Derecho, aunque sean tan diversos como corresponde al mosaico de racionalidades que conforma la globalización policontextual. Sin embargo, esta interpretación de las opiniones de Teubner no es coherente con el resto de su pensamiento. Cada subsistema tiene un carácter autopoiético, es decir, instaura su propia racionalidad y se reproduce desde esos presupuestos; buscar un fundamento más allá de esa autorreproducción carece de sentido. No obstante, Teubner sí reconoce la necesidad de recurrir a recursos simbólico-legitimadores para los múltiples órdenes jurídicos de la sociedad fragmentada. Los mitos políticos tradicionales –como la existencia del legislador estatal centralizado– no sirven para la policontextualidad, y es preciso buscar otros[85]. Según Teubner, en la *lex mercatoria* ese mito es la convicción de que las prácticas contractuales son vinculantes o que las decisiones arbitrales son equitativas. En Internet, dado su carácter semiautónomo, los medios de fundamentación dependen de esa división; el sector político tiene su propia legitimación y el ámbito autónomo tiene que buscar los suyos; cuando estas instancias no estatales resuelven cuestiones referidas a derechos fundamentales, por ejemplo, se apoyan en dos elementos: el recurso a la idea de un supuesto núcleo común de principios de las naciones civilizadas y a la positivación llevada a cabo por la consolidación de precedentes arbitrales según los modelos estatales de derechos fundamentales. Teubner aclara que se trata de una pura ficción, puesto que esos derechos no pueden basarse en ninguna realidad moral objetiva como el Derecho natural, aunque funcionen y acaben consolidando una auténtica *lex digitalis*[86]. En efecto, para él todos estos mitos y convicciones carecen de una base objetiva, sobre todo porque no tiene sentido hablar de verdad objetiva externa a las diversas racionalidades comunicativas que están en la base de los subsistemas. Finalmente, el Derecho, incluido el de Internet, sólo puede fundarse en el empleo de ficciones compartidas.

Tanto Ladeur como Teubner parecen entender que el Derecho carece, en última instancia, de cualquier justificación. Sus constantes llamadas a la inexistencia de una verdad práctica objetiva son la prueba de que se mueven en la corriente

observadas también por Juan Antonio García Amado, *Hans Kelsen y la norma fundamental*. Valencia, Marcial Pons, 1996, pp. 168, 184.

84 Cfr. Teubner, G., "Privatregimes: Neo-Spontanes Recht…", cit., p. 3.

85 Cfr. Teubner, G., "Des Königs viele Leiber", cit., pp. 21-22 entre otras.

86 Cfr. Teubner, G., / Karavas, V., "http://www.CompanyName...", cit., pp. 271-272.

principal de la filosofía postmoderna, que niega precisamente cualquier posibilidad de conocimiento firme más allá del punto de vista interpretativo adoptado[87]. Tampoco defienden el subjetivismo epistemológico, ya que es el sistema el que ofrece la única instancia cognoscitiva posible. Desde este planteamiento, el Derecho de Internet sería un agregado de reglas comunicativas nacido desde un caos de interacciones sin más sentido que el hecho (si se puede hablar de tal cosa en estas teorías) de su existencia. Ladeur rechaza tanto la existencia de ideas objetivas de justicia, como la posibilidad de una racionalidad jurídica común independiente del punto de vista adoptado por el observador. Aunque niegue que la realidad sea una mera ficción, afirma que ésta sólo es accesible desde la posición particular generada por un sistema social concreto[88].

Sin embargo, es dudoso que el jurista pueda mostrarse tranquilo con esta respuesta. Si prescindimos momentáneamente de las sutilezas exquisitas de la filosofía postmoderna, advertimos que mediante la comunicación digitalizada se desarrolla el comercio electrónico, se facilita la libertad de expresión, se favorece la educación, pero también existen riesgos de fraude electrónico, de daños a la privacidad o de deterioro causado por virus. La persona que se ve afectada por situaciones de este tipo no piensa que esas ventajas y perjuicios sean mitos, sino bienes humanos muy reales más allá de la pertenencia a una racionalidad sistémica. Y percibe que tales bienes lanzan exigencias de protección al Derecho.

Esta apreciación quizá permita esbozar otra visión del Derecho situada más allá del insuficiente imperativismo estatal, pero sin caer en el desfondamiento desesperanzado de lo autopoiético. Para desbrozar la vía es útil recordar que la diversidad de relaciones constituyente de la realidad actual obedece en el fondo a la existencia de necesidades múltiples. En efecto, el comercio transnacional, la protección de los derechos humanos, la contaminación o las telecomunicaciones plantean demandas que deben ser resueltas por normas y sujetos normadores muy distintos; es la relación entre la necesidad y su regulación la que orienta los caminos del Derecho; si la necesidad no se solventa mediante una planificación centralizada, es preciso acudir a otros procedimientos de ordenación; en la medida en que Internet pone en juego bienes humanos tan variopintos requiere una normatividad que también lo sea.

[87] Sobre esta actitud en TEUBNER, vid. CEPPA, L., "I fondamenti del diritto. Günther versus Teubner", *Rivista Critica del Diritto Privato*, 23, 2005, pp. 700 y ss.

[88] Cfr. LADEUR, K. H., *Postmoderne Rechtstheorie*, cit., pp. 91 y ss., 104-105. Esta idea se asemeja a la de comunidad interpretativa expuesta por autores como Stanley Fish. Existe objetividad, pero sólo en la medida en que un grupo coincida contingentemente en unos principios comunes; no hay razones ni fundamentos más allá del acontecimiento que crea la comunidad. Vid. los ensayos contenidos en FISH, S., *Práctica sin teoría: retórica y cambio en la vida institucional*. Trad. J. L. Fernández. Barcelona, Destino, 1992.

Esta reflexión que presuponen la persona y sus necesidades está proscrita para buena parte de la filosofía jurídica actual. Pero conviene reparar en que autores como Teubner y Ladeur, si quieren ser coherentes con su desfondamiento de toda base última, quedan inermes a la hora de defender la existencia misma del Derecho. En efecto, si no hay razones fuertes, no hay motivo para preferir la vida jurídica al combate permanente. Ocurre que, de manera implícita, piensan en la existencia de personas y bienes humanos menesterosos de protección, sin reconocerlo explícitamente a causa del anatema lanzado por la epistemología moderna contra ese tipo de consideraciones; sin embargo, sólo a partir de ellas tiene sentido hablar de Derecho[89]. Claro que podemos sumarnos al cortejo de quienes piensan que Internet tiene la capacidad de transformar la propia personalidad y abrir las puertas a una nueva especie transhumana[90]. Sin embargo, no parece que Internet haya conseguido hasta ahora tales transformaciones; como señalaba más arriba, los intereses que discurren por la Red son los típicamente humanos: no hay ningún ciberespacio que ofrezca vidas alternativas.

[89] Las filosofías postmodernas que rechazan cimientos firmes para la realidad práctica suelen partir de cierta interpretación de la obra de Friedrich NIETZSCHE supuestamente negadora de la idea de verdad, ya que sólo existiría una sucesión inacabable de interpretaciones carentes de objeto exterior a la interpretación misma. Gianni VATTIMO opta por esa vía para fundar una ética irenista basada en el diálogo entre puntos de vista. Vid., por ejemplo, VATTIMO, G., *Más allá del sujeto. Nietzsche, Heidegger y la Hermenéutica*. Trad. de J. C. GENTILE. Barcelona, Paidós, 1992. *Más allá de la interpretación*. Trad. de P. Aragón. Barcelona, ICE / UAB, 1995. "Fare giustizia del diritto", en DERRIDA J. / VATTIMO, G. (eds.), *Diritto, giustizia e interpretazione*. Roma / Bari, Laterza, 1998. Sin embargo, es una visión discutible del pensamiento nietzscheano. Jesús Ballesteros ha mostrado que el pensamiento de Nietzsche conduce al desprecio del Derecho como instancia procuradora de reglas intersubjetivas. Vid. "Apéndice I. Nietzsche: la ética del desarraigo y del juego", en *Sobre el sentido del derecho*. Madrid, Tecnos, 1984, *per totum*. Richard Wolin nos indica que la imagen del Nietzsche relativista y perspectivista tan caro a los postmodernos no responde a la realidad. Nietzsche rechazó el discurso racional moderno o la moral tradicional, pero para implantar un nuevo ethos anticristiano y homérico. Cfr. WOLIN, R., *The Seduction of Unreason. The Intellectual Romance with Fascism from Nietzsche to Postmodernism*. Princeton University Press, 2006, 40, 46-47. Esta consideración podría ser aplicable también a las teorías autopoiéticas, aunque TEUBNER niega que sus teorías destruyan al individuo. Al contrario, la autopoiesis de la conciencia introduce al sujeto en la sociedad como un sistema autónomo. Cfr. TEUBNER, G , *Il diritto come sistema autopoietico*, cit., p. 66, por ejemplo. No queda claro desde luego cuál es el estatus de esos sistemas de conciencia y su entidad como sujetos de Derecho, ya que TEUBNER afirma que la persona no es más que un constructo social.

[90] Una descripción del transhumanismo en MOLINUEVO, J. L. *Humanismo y nuevas tecnologías*. Madrid, Alianza, 2004, pp. 100 y ss. Este transhumanismo funda sus cábalas en desarrollos tecnológicos diversos, no sólo en la comunicación digital. Su carácter un tanto fantasioso encubre un trasfondo más peligroso; su desprecio de características típicamente humanas puede conducir a la exclusión de quienes carezcan de las supuestas dotes transhumanas. Vid. al respecto, BALLESTEROS, J., "Biotecnología, Biopolítica y Posthumanismo", en BALLESTEROS, J. / FERNÁNDEZ, E., (eds.), *Biotecnología y Posthumanismo*. Cizur Menor, Thomson-Aranzadi, 2007, *per totum*.

El cambio de orientación motivado por la nueva conformación del Derecho transnacional invita a mover la clave del Derecho desde la voluntad estatal hacia la persona. Al respecto, Rafael Domingo escribe que el Derecho global ha de basarse en las diferentes relaciones jurídicas que afectan a la humanidad en su conjunto; ése sería el nexo de conexión para la heterogeneidad normativa de la globalización[91]. Ante este tipo de cuestiones, Francisco Carpintero opta por una consideración de la persona y sus bienes y necesidades, diversos e incluso a veces contradictorios; la existencia de esta multiplicidad motiva la proliferación de instancias normativas diferentes y hace inviable la satisfacción de todas las necesidades por parte de una sola; la multiplicidad de las necesidades implica el diseño de un ámbito público más amplio que el dirigido por el Estado, aunque éste deba seguir formando parte de él. Carpintero señala que buena parte de las necesidades de los ciudadanos tienen directamente una naturaleza pública; aunque se trate de dimensiones de lo humano que pertenecen a cada persona, afectan a todos y se expresan mediante cauces sociales, de forma que nadie puede pretender monopolizar esa regulación[92]. Desde este punto de vista, la preocupación por la intervención de entidades aparentemente privadas en Internet puede ser analizada desde otro punto de vista: no son realmente privadas si afectan a necesidades propiamente humanas y por tanto menesterosas de un reconocimiento público. Lo relevante no es tanto el estatus estatal o no del sujeto regulador, sino la acción humana regulada. Cuando Teubner y Ladeur escriben sobre racionalidades fragmentadas que elaboran sus propios discursos jurídicos legitimadores quizá en el fondo estén pensando que tales discursos obedecen a necesidades profundamente humanas[93].

[91] Cfr. Domingo, R. *¿Qué es el derecho global?* Cizur Menor. Thomson-Aranzadi, 2008, pp. 24, 157 y ss.

Acerca de los derechos humanos en la actualidad, Ángela Aparisi señala que la concepción dominante de esos derechos ha estado vinculada a la idea del individualidad y propiedad protegidas por las fronteras estatales, pero ahora es preciso adoptar una concepción más universal; los derechos humanos exceden el ámbito de la soberanía nacional, porque son problemas universales, no sólo de relaciones entre Estados. Cfr. Aparisi, A., *Derecho a la paz y derecho a la guerra en Francisco de Vitoria*. Granada, Comares, 2007, pp. 46 y ss.

[92] Vid. Carpintero, F., "La dimensión pública de las personas", en Aparisi, A., (ed.*), Ciudadanía y persona en la era de la globalización*. Granada, Comares, 2007, *per totum*.

[93] François Ost nos recuerda que ya Goedel probó que ningún lenguaje matemático puede girar completamente sobre sí mismo, sino que implica siempre una insuficiencia esencial al tener que referirse a algo exterior a sí mismo. En consecuencia, la autonomía absoluta es una imposibilidad lógica: un programa que se autoprograma a sí mismo es una contradicción. Cfr. "Between Order and Disorder", cit., p. 80. Parece, entonces, que los sistemas autopoiéticos tienen que fundarse en algo exterior a ellos mismos: por ejemplo, en bienes y necesidades humanas que dan sentido a las diversas racionalidades.

La diversidad de bienes en juego observable en las comunicaciones digitales sería la causa de la juridicidad múltiple que recorre este sector del tráfico social. Parece claro que la idea de un orden sistemático de prescripciones no describe adecuadamente la nueva situación. La actual hermenéutica jurídica también puede arrojar algo de luz gracias a su concepto de Derecho basado en la idea de práctica interpretativa. Francesco Viola y Giuseppe Zaccaria indican que la práctica y su regulación se desarrollan a partir de un bien que no depende de la voluntad arbitraria de los participantes, sino que está objetivada en función de los fines y sentido de la práctica; la clave de la juridicidad no estaría en la existencia de mandatos políticos, sino en la reelaboración constante de la regulación de esos bienes a la luz de diferentes contextos[94]. Por supuesto, son necesarias las leyes políticas para clarificar la normativa, porque la positividad es un elemento irrenunciable de la seguridad jurídica, pero la mera afirmación de voluntad de una entidad política no crea el Derecho desde la nada jurídica.

Al fin, la comprensión del Derecho, o los derechos, que se ocupan de Internet obliga a reconsiderar la ontología jurídica. Sergio Cotta ha insistido en describir el Derecho como una forma de coexistencia humana ineludible. Las interrelaciones de carácter jurídico son tan diversas y al tiempo tan fuertes que no siempre pueden quedar limitadas al interior de una frontera política; este carácter integrador de lo jurídico desborda los recintos políticos, sobre todo cuando entran en juego instituciones básicas que incluso podrían formar un cierto Derecho de gentes[95]. Si aceptamos la descripción de Cotta

[94] Cfr. VIOLA, F. / ZACCARIA, G.; *Diritto e interpretazione. Lineamenti di teoria ermeneutica del diritto*. Roma / Bari, Laterza, 2001, pp. 116-117, 125-127. Cfr. igualmente, VIOLA, F.; *Il Diritto come pratica sociale*. Milán, Jaca, 1990, pp. 165-166. ZACCARIA, G.; "Dimensiones de la Hermenéutica e interpretación jurídica", en ZACCARIA, G.; *Razón jurídica e interpretación*. Trad. de A. MESSUTI y G. ROBLES. Madrid, Thomson-Civitas / Universidad de Padua, 2004, pp. 79 y ss. OLLERO, A., *¿Tiene razón el derecho?* Madrid, Congreso de los Diputados, 1996, p. 459 entre otras. Estos autores siguen la línea iniciada por las críticas de Josef Esser y Arthur Kaufmann al positivismo de leyes. Buena parte de los positivistas también admiten hoy esta apertura de la juridicidad a elementos extralegales. Letizia Giaformaggio rechaza el positivismo imperativista y estatalista que considera al Derecho un acto de imperio soberano; frente a él, Giaformmaggio defiende una positividad gradual en la que el reconocimiento del Derecho es un proceso complejo no reducible al simple hecho de la voluntad del Estado. Cfr. Cfr. "Il filosofo del diritto e il diritto positivo", en ZACCARIA, G.(ed.); *Diritto positivo e positività del diritto*. Turín, Giappichelli, 1991, p. 9. El denominado positivismo jurídico neoinstitucionalista defendido por Neil McCormick y Ota Weinberger también rechaza el concepto imperativista de Derecho. Es preciso incluir consideraciones institucionales ausentes de los textos normativos escritos, porque no todo el Derecho válido ha de ser establecido mediante actos explícitos de promulgación. Cfr. ANSUÁTEGUI ROIG, F.J., *El positivismo jurídico neoinstitucionalista (una aproximación)*. Madrid, Universidad Carlos III / Dykinson, 1996, pp. 57 y ss., 69, 81, 83.

[95] Cfr. COTTA, S., *El derecho en la existencia humana*. Trad. I. PEIDRÓ. Pamplona, EUNSA, 1987, pp. 111, 117. Cfr. también COTTA, S., "La coesistenza come fondamento ontologico del diritto". *Rivista Internazionale di Filosofia del Diritto*, 63, 1981, pp. 256-267. Sobre la

sobre la irrenunciable coexistencialidad de lo humano, el Derecho resulta ser primariamente forma coexistencial y no sistema de imperativos; éstos resultan necesarios en ciertos momentos del Derecho, pero no conforman su ontología última.

Al adoptar esta teoría es más fácil justificar la juridicidad de normas ajenas a los mandatos del poder político. Efectivamente, las prácticas contractuales mercantiles atinentes al comercio electrónico, la existencia de ICANN como régimen internacional, las autorregulaciones de usuarios, etc. son Derecho porque conforman una racionalidad práctica amoldada a las peculiares necesidades, intereses, bienes y obligaciones que generan las relaciones humanas constituidas mediante Internet. Lo primario es el conjunto de exigencias que comprende una actividad humana (pensemos en el comercio electrónico, por ejemplo) y que deberán ser afrontadas con normas de tipo y origen diferentes; su existencia y juridicidad no se deben originariamente tan sólo a su conexión con una decisión política, sino que brotan también de la textura del problema que demanda solución.

La noción de práctica interpretativa puede recordar a las racionalidades y juegos de lenguaje sobre los que escriben Ladeur y Teubner. Sin embargo, la práctica hermenéutica parece implicar un cierto grado de objetividad al que renuncian los sistémicos. Por supuesto, se trata de una cuestión excesivamente compleja para ser analizada ahora, pero quizá quepa advertir que la fragmentariedad e incompatibilidad de racionalidades típicamente postmoderna es un tanto exagerada: la vida cotidiana suele ofrecer más asideros para una regulación razonable de lo que algunas filosofías quieren reconocer. Francisco Carpintero ha proporcionado algunas pistas al señalar que las relaciones humanas están en numerosas ocasiones mediadas y medidas por cosas, comprendidas bajo esa palabra las situaciones vitales que proporcionan los fines y bienes generadores de una comunicación específicamente humana; no proporcionan objetividades absolutas, pero sí razones para actuar que permiten superar el decisionismo arbitrario[96]. En ese espectro de necesidades aparecen desde la

---

virtualidad actual del concepto de derecho de gentes, entendido desde la idea de práctica interpretativa que mencionaba en el texto principal vid. Viola, F., "Derecho de gentes antiguo y contemporáneo", *Persona y Derecho*, 51, 2004**, pp. 167-189. PARIOTTI, E., "Interpretazione, comunità giuridica e integrazione sovranazionale", *Persona y Derecho*, 51, 2004, pp. 343-344, 356. VIOLA y PARIOTTI sostienen que esta nueva consideración del Derecho de gentes es particularmente adecuada para explicar algunos aspectos de la globalización jurídica en la medida en que permite a grupos de procedencia plural llegar a acuerdos sobre determinados principios y regulaciones básicas. Aunque ellos no se refieran expresamente a Internet, pienso que sus reflexiones son aplicables a este campo.

[96] Cfr. CARPINTERO, F., *Derecho y ontología jurídica*. Madrid, Actas, 1994, pp. 193 y ss., 206 y ss. Del mismo autor, "Persona y officium: derechos y competencias". *Rivista Internazionale di Filosofia del Diritto*, LXXIII, 1996, *per totum*.

libertad individual (pensemos en la importancia de la libertad de expresión en el desenvolvimiento de Internet) hasta el respeto a las obligaciones contraídas en un contrato electrónico: cada situación problemática demanda su solución. El reconocimiento de las cosas que entrelazan a las personas no puede implicar la asfixia de la libertad en el entramado de relaciones. La Modernidad lanzó la idea de los derechos precisamente con esa finalidad. Pensemos que el iusnaturalismo moderno surge con la intención de destruir la sociedad anquilosada del Antiguo Régimen y sirvió eficazmente para destruir los obstáculos que trababan la vida de muchos sujetos. Esa conquista ha de parecer hoy irrenunciable, porque caben pocas dudas de que el respeto al recinto íntimo de la personalidad es un bien moral y jurídico. El peligro que las nuevas tecnologías informáticas puede representar precisamente para esa intimidad debe alertarnos, al igual que las ventajas para el despliegue de la personalidad libre inherentes a un uso adecuado de Internet. De ahí que las posturas ciberlibertarias tengan parte de razón[97]. Ocurre, sin embargo, que éstos no son los únicos bienes demandantes de protección; como recuerda Carpintero, a veces son las personas como tales y otras las personas relacionadas mediante cosas las que marcan la vía para la actuación del Derecho. De esa pluralidad de bienes, como ya he indicado, deriva la multiplicidad regulatoria irreductible a centro unificador, sea el Estado o cualquiera otra que podamos imaginar.

4. Advertencia final

A pesar de lo dicho hasta hora, no debemos pecar de ingenuos: el Derecho necesita del poder para ser impuesto, asunto éste que las reflexiones sobre el Derecho global o transnacional no resuelven. Al fondo está siempre el problema de la soberanía. Conviene recordar el papel positivo desempeñado por los Estados cuando son implantados en el siglo XIX con la finalidad (entre otras) de racionalizar la organización social. Frente a la sociedad estamental, el Estado unificó la administración, las fuentes del Derecho, el ejército, la policía, etc. Basta recordar la caótica situación de los tribunales en la España de fines del Antiguo Régimen para comprender la pertinencia de las reformas. Precisamente la complejidad de las situaciones humanas obligará a veces a

[97] Y eso explica también su difusión, a pesar de la extravagante idea del ciberespacio. Al fin y al cabo, el estado de naturaleza también fue considerado una ficción o una hipótesis racional útil para fundamentar sus teorías rigurosamente individualistas. Ésa es la causa de su pervivencia en el imaginario jurídico-político occidental hasta el día de hoy. Las complicadas teorías de John Rawls y de Jürgen Habermas, por citar ejemplos particularmente prestigiosos, parten de la igualdad simétrica de individuos que participan en un diálogo; es un epítome sutil del antiguo mito mediterráneo sobre el estado de naturaleza.

unificar las competencias políticas y otras a reconocer el ejercicio disperso de éstas. En todo caso, lo político es una parte destacada de lo humano y negar su existencia es una utopía engañosa. Lo político debe seguir estando presente, a veces regulando directamente, otras incitando o supervisando las regulaciones procedentes de la iniciativa pública estatal o no. Además, el poder concentrado en el Estado es un garante sumamente eficaz de la ejecución de la justicia: ésta es una competencia que no debe ser desestimada. Pero cosa diferente es afirmar que todo el Derecho se deriva directamente de la decisión política. Internet es una muestra de estas tensiones.

INTERNET, ¿UNA AMENAZA PARA LA SOBERANÍA?

Reflexiones sobre el papel de Internet en el fortalecimiento del gobierno a escala nacional y global

Henry H. Perritt (h.)[1]

1. Introducción

El potencial que tiene Internet para convertirse en el medio propicio para el desarrollo de un mercado global y en un foro de actividades políticas tradicionales y novedosas se está haciendo realidad a pasos agigantados. El creciente uso de Internet es uno de los avances tecnológicos y políticos más interesantes de los últimos años del siglo veinte. Por supuesto, este tremendo fenómeno no ha pasado inadvertido para los dirigentes y analistas políticos que examinan los nuevos avances intentando determinar sus influencias positivas y negativas. Si bien las generalizaciones siempre son peligrosas, es posible afirmar con bastante certeza que el grueso de la literatura que se ha ocupado del tema de la exploración del ciberespacio asegura que Internet constituye una amenaza para las instituciones políticas tradicionales e incluso, tal vez, para el concepto mismo de soberanía. En un trabajo reciente sobre la revolución de la Era de la Información, Walter Wriston sostiene que "[l]a soberanía, el poder

[1] Decano del Illinois Institute of Technology Chicago-Kent College of Law; miembro de la asociación de abogados de Virginia, Pennsilvania, Distrito de Columbia, Maryland y la Corte Suprema de los Estados Unidos. Quiero agradecer los comentarios que realizaron Stuart P. Ingis y John Scheib sobre las primeras versiones de este artículo. También quisiera agradecer a John F. Murphy, Joseph W. Dellapenna, John Hyson, Michael Mulroney y Doris del T. Brogan por sus aportes durante una conferencia académica llevada a cabo en Vilanova Law School el 5 de febrero de 1997. Brian Elias y Michael G. Barton, miembros de la promoción 1998 de la Vilanova Law School, también corrigieron borradores y sus análisis fueron de gran ayuda. Asimismo me gustaría agradecer al decano Alfred C. Aman (h.) de la Indiana University School of Law, de Bloomington, por invitarme a participar en este simposio por escrito sobre Internet y el Estado Soberano: el papel y el impacto del ciberespacio sobre el gobierno a escala nacional y global. El presente trabajo se publica con autorización del *Indiana Journal of Global Legal Studies*. Fue publicado en dicha revista con el título "The Internet as a threat to sovereignty? Thoughts on the Internet's role in strengthening national and global government", en 1998, vol. 5, p. 423.

de una nación para impedir que otros interfieran en sus asuntos internos, se está erosionando con gran rapidez"[2]. Existen en la actualidad numerosas fuerzas –como el comercio, los flujos de capitales a escala global y la degradación ambiental– que se consideran perjudiciales para la soberanía[3]. La idea cada vez más generalizada al respecto parece ser que Internet viene a sumarse al ataque contra la soberanía y –quizás en mayor medida que cualquiera de las otras fuerzas globalizadoras– contribuirá a relegar la soberanía, con todos sus atributos tradicionales, al cúmulo de cenizas de la historia[4].

En este breve trabajo, quisiera cuestionar esta posición cada vez más extendida y sostener que Internet tiene la capacidad para fortalecer el ejercicio de gobierno a escala nacional y global, consolidando así la soberanía en lugar de destruirla. Desde el punto de vista del gobierno nacional, se puede utilizar Internet para promover el Estado de Derecho, un factor crucial para el buen ejercicio de gobierno en las sociedades de todo el mundo. En el plano global, Internet puede contribuir a la cooperación internacional: (1) consolidando el Derecho Internacional; (2) reforzando la interdependencia económica; (3) acrecentando el poder de las organizaciones no gubernamentales y su capacidad para contribuir en forma productiva al desarrollo de regímenes internacionales concebidos para ocuparse de problemas globales; y (4) respaldando los mecanismos internacionales de seguridad.

La teoría liberal de las relaciones internacionales sustenta mi argumento en cuanto a que Internet puede afianzar el gobierno a escala nacional y global[5].

[2] Walter B. Wriston, *"Bits, Bytes, and Diplomacy" Foreign Affairs*, sept.-oct. de 1997, pp. 172-174.

[3] Para ver una colección de artículos sobre el debilitamiento de las nociones tradicionales de soberanía, consultar el simposio "The Decline of the Nation State and Its Effects on Constitutional and International Economic Law", Cardozo L. Review, N. 18, p. 903 (1996).

[4] Wriston, *supra* nota 1, pp. 172-175 describe cómo "[l]a tecnología de la información ha destruido el tiempo y la distancia... Del mismo modo, la revolución informática representa una profunda amenaza para las estructuras de poder del mundo...".

[5] La catedrática más destacada a escala mundial en materia de teoría liberal de las relaciones internacionales es Anne-Marie Burley del Harvard Law School. Ver, de esta autora, los siguientes artículos: "Law Among Liberal States: Liberal Internationalism and the Act of State Doctrine", *Colum.* L. Review, N. 92, p. 1907 (1992); "Toward an Age of Liberal Nations", *Harvard International L. Journal*, N. 33, p. 393 (1992); "International Law in a World of Liberal States", *Eur. Journal International L.*, N. 6 (1995); "The Liberal Agenda for Peace: International Relations Theory and the Future of the United Nations", *Transnat'l. L. & Contemp. Probs.*, N. 4, p. 377 (1994); y "Liberal International Relations Theory and International Economic Law", *Am. U. Journal International L. & Pol'y*, N. 10, p. 717 (1995).

Otro especialista en Derecho Internacional que ha realizado grandes aportes a la literatura sobre la teoría liberal y el Derecho y las relaciones internacionales es David P. Fidler, de la *Indiana University School of Law*, sita en Bloomington. Ver, de David P. Fidler: "Caught Between Traditions: The Security Council in Philosophical Conundrum" *Mich. Journal International L.*, N. 17, p. 411 (1996); "Challenging the Classical Concept of Custom: Perspectives on the Future

La tradición liberal hace hincapié en el Estado de Derecho a escala nacional e internacional, en la necesidad de la resolución pacífica de los conflictos, en el papel desempeñado por los actores no estatales en las relaciones internacionales, y en la importancia de la seguridad colectiva y otras medidas multilaterales de seguridad[6]. Ya sea intencionalmente o no, la tesis de "Internet como una amenaza para la soberanía" parece estar sustentada por el realismo, teoría predominante en el campo de las relaciones internacionales desde hace mucho tiempo[7]. El realismo destaca la naturaleza anárquica de las relaciones entre Estados concebidos como unidades abstractas; este enfoque pone de relieve los conceptos de poder y soberanía nacionales[8]. Desde una perspectiva realista, es fácil ver en Internet un adelanto tecnológico amenazante; sin embargo, el problema no radica en Internet sino en la perspectiva realista. En este artículo sostengo que Internet puede representar una amenaza para ciertas concepciones de soberanía que el liberalismo ya tiene como objetivo transformar. La tradición liberal de la teoría de las relaciones internacionales brinda una perspectiva más útil para examinar Internet y su impacto en el gobierno a escala nacional y global. El liberalismo explora por debajo de los estratos del Estado y afirma que las relaciones internacionales se ven influidas tanto por fenómenos políticos nacionales como por la interacción de actores no estatales a escala internacional. El argumento de "Internet como una amenaza para la soberanía" –interpretado por la tradición liberal– no debería provocar angustia o aflicción, sino que debería ser motivo de celebración para los Estados liberales y las organizaciones internacionales que ellos respaldan.

---

of Customary International Law", *German Y. B. International Law*, N. 39 (1996); "LIBERTAD v. Liberalism: An Analysis of the Helms-Burton Act from Within Liberal International Relations Theory", *Ind. Journal Global Legal Stud.*, N. 4, p. 297 (1997); y "War, Law and Liberal Thought: The Use of Force in the Reagan Years", *Ariz. Journal of International & Comp. L.*, N. 11, p. 45 (1994).

[6] Mis referencias a la tradición liberal son muy generales y no intentan desarrollar los múltiples aspectos de la tradición ya tratados en la creciente literatura sobre este tema. Por ejemplo, Fidler sostiene que la tradición liberal contiene en su seno tres perspectivas que compiten entre sí y que él denomina "realismo liberal", "internacionalismo liberal" y "globalismo liberal". Ver Fidler, "Caught Between Traditions" (pp. 430-46) *supra* nota 4. Asimismo, "Libertad v. Liberalism" del mismo autor (pp. 339-51) *supra* nota 5, que incluye una aplicación del realismo liberal y el internacionalismo liberal a la Helms-Burton Act.

[7] Slaughter, en "Liberal International Relations Theory and International Economic Law" (pp. 721-22) *supra* nota 5, describe el realismo como la teoría dominante en las relaciones internacionales durante dos milenios.

[8] *Idem* nota anterior (p. 723), Slaughter señala que los realistas creen "que los actores primarios son los Estados, y definen a los Estados como unidades monolíticas que sólo se pueden identificar por medio de las características funcionales que los definen como Estados".

2. Internet como una amenaza para la soberanía

A. El argumento de que Internet socava la soberanía

La noción de que la tecnología de la información socava el poder de los soberanos se remonta, por lo menos, a la época de Jacobo I de Inglaterra, cuando la difusión de la imprenta alarmó tanto a la Iglesia como a la Corona[9]. Los primeros atisbos de la democracia parlamentaria británica encontraron vías de expresión en los medios gráficos, lo cual permitió que nuevas ideas y fuerzas desafiaran el antiguo orden político. Más tarde, nuevos adelantos tecnológicos como la radio, el telégrafo, el teléfono y luego la televisión también enfrentaron a quienes gozaban del poder y el privilegio con nuevas amenazas para su estatus tradicional. Internet se suma así a una larga tradición de nuevas tecnologías de la información que amenazan con alterar las circunstancias imperantes en la política de las naciones Estado.

Lo que con frecuencia se olvida es que la mayoría de las nuevas tecnologías de la información también ofrecieron a los soberanos un gran potencial para conservar o incluso incrementar el poder que ejercían sobre los súbditos. Es ampliamente conocida la explotación del cine, la radio y la televisión llevada a cabo por los regímenes fascistas y totalitarios del siglo veinte. Con menos malevolencia, los gobiernos también se han valido de las nuevas tecnologías de la información para moldear la opinión pública o regular la economía en forma más efectiva, fortaleciéndose en lugar de ver desvirtuadas sus funciones o su legitimidad. Aunque el telégrafo, el teléfono, la radio y la televisión tenían un potencial revolucionario ya que permitían que los diálogos políticos, económicos y culturales trascendieran las fronteras, hasta hace muy poco (en términos históricos) su utilización seguía confinada a las naciones Estado. Si bien es cierto que en la actualidad estas tecnologías tienen alcance global –como lo demuestra el famoso "efecto CNN" sobre las decisiones políticas en los Estados Unidos y en otros países–, el alcance global no necesariamente significa que la soberanía se vea menoscabada. Dicho "efecto CNN" se puede observar en reacciones soberanas frente a ciertos tipos de información muy específicos y de gran carga emotiva. En tales casos la soberanía no se debilitó sino que se reorientó para responder a la información que la televisión puso al alcance de quienes toman las decisiones. Dos ejemplos sirven para ilustrar este punto: hasta donde puede determinarse, las noticias transmitidas por la CNN sobre los hechos de violencia de la Plaza de Tiananmen no socavaron

[9] Ver en general Edward W. Desmond, "Ichiio Ozawa: Reformer at Bay" Foreign Aff., sept-oct de 1995, p. 115, donde Desmond sostiene que aún no se ha explorado sistemáticamente el impacto de la información en la soberanía del Estado.

la soberanía china, y lo demuestran ampliamente tanto la masacre como la posterior actitud de esa nación. Si bien es cierto que, sin el acceso de la televisión a los horrores de la guerra en Bosnia, la comunidad internacional no se habría involucrado en el tema, las imágenes transmitidas por televisión no destruyeron la soberanía yugoslava ni la de ninguna de las naciones envueltas en esa tragedia.

Sin embargo, es posible que Internet sea un tipo distinto de tecnología de la información, cuyas características la vuelvan más peligrosa para la soberanía que las anteriores revoluciones en los medios gráficos y electrónicos de comunicación. Quizás el rasgo más distintivo por el cual Internet resulta más amenazante para la soberanía consista en que no es posible someterla a los mismos controles físicos y reguladores que se aplican al telégrafo, el teléfono, la radio y la televisión. A lo largo de su historia, la tecnología telefónica se ha basado en circuitos físicos que se controlan fácilmente en las fronteras nacionales. La televisión, el último de los saltos radicales en la tecnología de la información previo a la aparición de Internet, utiliza frecuencias de radio de alcance relativamente corto. La televisión abierta aún conserva su orientación predominantemente nacional y la televisión por cable también se basa en una infraestructura física que se puede controlar fácilmente en las fronteras internacionales. De los distintos tipos de tecnologías aplicadas a la televisión, sólo la satelital tiene el potencial para superar completamente las limitaciones geográficas que han existido en toda la historia de este medio de comunicación[10].

Internet –una red internacional de computadoras y redes de computadoras conectadas entre sí, que comparten un nombre y una dirección– difiere de los adelantos de la tecnología de la información previos en que combina el alcance global con límites de acceso extremadamente bajos. A los gobiernos les resulta mucho más difícil imponer controles fronterizos a Internet porque se basa en el "intercambio de paquetes" (*packet switching*) y no en el "intercambio de circuitos" (*circuit switching*)[11]. La dificultad para imponer controles fronterizos a las comunicaciones realizadas por medio de Internet se agrava por los escasos límites de acceso: cualquier persona que tenga una computadora portátil, acceso a un servidor de Internet y el *software* adecuado puede leer y

[10] Ver por ejemplo la página "MED-TV: Kurdish Satellite Television" http://www. med-tv.be/medd (visitada el 13 de febrero de 1998), donde se describe un canal satelital que transmite a las comunidades kurdas de toda Europa, el Norte de África y el Medio Oriente; o bien "The Chinese Channel Limited" http://www.chinese-channel.co.uk/faq-e.htm (visitada el 13 de feb. de 1998), que describe un canal de transmisión satelital e incluye las instrucciones para su recepción.

[11] No es imposible aplicar controles fronterizos a Internet, como lo demuestra el caso de China y Singapur. Ver en general Henry H. Perritt (h.), Packet Borders, (página visitada el 13 febrero de 1998) http://www.law.vill.edu/vls/student_home/courses/computer-law/BORDERS2.HTM, donde se debate la aplicación de fronteras a través de "ruteadores de protocolo" de Internet.

publicar en el ciberespacio. Internet utiliza infraestructuras físicas de comunicación ya existentes, por lo que no es necesario desembolsar grandes sumas de dinero para comunicarse a escala mundial. La facilidad con que el público puede participar en las actividades del ciberespacio ha permitido a Internet crecer en forma exponencial, prácticamente sin ningún control gubernamental. Este crecimiento ha dado lugar a una "cibercultura" que celebra la libertad y desconfía de los esfuerzos de las instituciones políticas tradicionales por asimilar las implicancias de esta profunda revolución electrónica en la tecnología de la información. No se desarrolló ninguna cultura transnacional de estas características en los primeros días del telégrafo, la radio o la televisión. Los cibernautas se asemejan en gran medida a los mercaderes medievales que creaban normas y prácticas sustanciales para regular el comercio transnacional –la *lex mercatoria*– fuera de las instituciones políticas tradicionales.

Los analistas han visto en Internet una amenaza para la soberanía porque desafía las tres funciones históricas del Estado: garantizar la seguridad nacional, regular las actividades económicas y proteger y promover los valores cívicos y morales[12]. En síntesis, Internet amenaza la capacidad del gobierno para controlar el poder, la riqueza y la moral dentro de su territorio. Los grupos terroristas, las facciones políticas extremistas, las sectas religiosas, los guerrilleros y los defensores de los derechos humanos, así como otros tipos de grupos hostiles a las funciones y políticas gubernamentales tradicionales, utilizan Internet para fortalecer sus respectivas causas y agravar la amenaza para la seguridad de la nación. Internet podría concebirse como un paraíso de la subversión, el ambiente ideal para que florezcan la polarización y el extremismo en la política. Un grupo terrorista ya no necesita secuestrar un avión para llamar la atención de la televisión y difundir así su causa. Ahora, con sólo conectarse a la red, puede propagar su mensaje en el ciberespacio.

El creciente uso del ciberespacio para llevar adelante actividades comerciales de índole nacional y global también puede verse como una amenaza para el control que el Estado soberano ha ejercido sobre la actividad económica a lo largo de la historia[13]. Dada la naturaleza misma de Internet, a algunos países, como los Estados Unidos, les resulta difícil aplicar antiguos

[12] Ver en general *United States v. Curtiss-Wright Export Corp., 299 U.S. 304*, pp. 315-18 (1936), donde se explica que la prerrogativa de los Estados Unidos para actuar como nación soberana está definida "no en las disposiciones constitucionales sino en el derecho internacional". Del poder del soberano para protegerse deriva el poder para rechazar las influencias perjudiciales, incluidos los extranjeros indeseables, del territorio del soberano. Ver *id.*, p. 318; *United States v. Montoya de Hernández, 473 U.S. 531, 544* (1985). También incluye el poder para prohibir la exportación de su moneda y sus tesoros nacionales, entre otros bienes. Ver *United States v. Oriakhi, 57 F.3 1290*, pp. 1296-97 (4th. Cir.1995), donde se defiende un operativo fronterizo mediante el cual se descubrió heroína dentro de un contenedor que iba a ser exportado.

[13] Ver por ejemplo Wriston, *supra* nota 2, pp. 176-77.

modelos de regulación económica al comercio electrónico. Las controversias actuales acerca de Estados individuales que reclaman jurisdicción para cobrar impuestos o demandar a comerciantes de Internet con domicilio en otros Estados ilustran el problema que plantea Internet en cuanto a la regulación de la economía[14]. Cuestiones tales como la recaudación de impuestos, la protección de los consumidores contra el fraude[15], y sencillamente el conocimiento de la dimensión y la naturaleza del cibercomercio son problemas que plantea Internet al gobierno nacional. Además, la naturaleza del poder económico atraviesa una transformación en la que los recursos de información están desplazando a los bienes tangibles. Wriston sostiene que "[e]n una economía que en gran medida consiste en productos de información, el poder del gobierno para recaudar impuestos y regular actividades se debilita rápidamente. Nuestras leyes y nuestros sistemas de medida se están convirtiendo en instrumentos de otra era"[16].

Como demuestran las conocidas controversias relacionadas con la ciberpornografía[17], Internet también desafía el papel tradicional del Estado como protector de los valores morales y cívicos de la sociedad. La *Communications Decency Act* (Ley de Decencia en las Comunicaciones) de los Estados Unidos es uno de los ejemplos de un gobierno al que le preocupa el abuso de Internet por parte de quienes publican material pornográfico y la amenaza que esto implica para la fibra moral de la nación[18]. Las medidas tomadas por el gobierno alemán para poner fin a la propaganda neonazi transmitida por Internet en Alemania son una prueba de los esfuerzos de otro gobierno por proteger preciados valores nacionales[19]. El miedo a perder la identidad nacional y demás valores culturales dan fuerza a la oposición de Francia a la creciente popularidad de Internet[20]. En otros contextos, los gobiernos –de China o Singapur,

[14] Ver por ejemplo "Interactive Services Association Task Force Calls for 'Fair, Uniform and Simple' State Taxes on Internet and Online Services" en *Business Wire*, 7 de nov. de 1996, disponible en LEXIS, *Nexis Library,* TXTLNE *File*.

[15] Recientemente han provocado gran preocupación los fraudes cometidos a través del sistema de *telemarketing*. Ver, por ejemplo, Barry Meier, "Telemarketing Fraud Case is Tentatively Settled" en el *N. Y. Times* del 1 de 1991 en D7. Sin embargo, la protección del consumidor contra el fraude cometido vía Internet se enfrenta a la singular naturaleza de Internet, que a menudo pone a los estafadores fuera del alcance de los demandantes.

[16] Wriston, *supra* nota 2, p. 177.

[17] Ver en general Fred H. Cate, "Cybersex: Regulating Sexually Explicit Expression on the Internet" *Behav. Sci. & L.*, N. 14, p. 145 (1996).

[18] *Communications Decency Act of 1996, Pub. L. No. 104-104, 110 Stat.* 133-145, codificado con enmiendas en 47 U.S.C. 223 (1934).

[19] "America Online Added to German Investigation" *Richmond Times Dispatch*, 4 de febrero de 1996 en A4.

[20] Roger Cohen "For France, Sagging Self-Image and Esprit", *N. Y. Times*, 11 de febrero de 1997 en A1.

por ejemplo– ven la amenaza a los valores como una forma de imperialismo cultural o de hostilidad ideológica, lo cual justifica sus intentos de regular Internet dentro de su territorio por razones culturales o ideológicas[21].

B. El argumento de que Internet debilita la cooperación internacional

Las singulares características de Internet también pueden tornarla una amenaza para los esfuerzos de cooperación internacional. La regulación de Internet es un problema global –como el deterioro del medio ambiente en el contexto de la destrucción de la capa de ozono o el calentamiento global– debido a que ningún país puede ocuparse del problema en forma adecuada por su propia cuenta. Por lo tanto, es necesaria la cooperación internacional. Sin embargo, los dilemas jurisdiccionales que crea Internet en un sistema federal como el de los Estados Unidos aparecen también a escala internacional. Las normas jurídicas tradicionales de orden internacional acerca de la jurisdicción no son del todo aplicables en el contexto de Internet[22]. Cuando un Estado percibe que una actividad relacionada con Internet amenaza su seguridad, su economía o sus valores, puede intentar dictar leyes que prohíban la actividad amenazadora en cuestión. La legislación alemana prohíbe la apología del odio y la define en términos muy amplios[23]. Aplicar esa prohibición a las comunicaciones transmitidas por Internet y originadas en los Estados Unidos daría lugar a un conflicto con el Derecho Constitucional de ese país, que protege formas de expresión vedadas por las leyes alemanas[24].

Las leyes internacionales concernientes a la jurisdicción para legislar no son de gran utilidad en lo que se refiere a brindar una manera de resolver este posible choque de sistemas legales. Si bien Alemania podría invocar la "doctrina de los efectos" [25] para justificar la aplicación de su ley contra la apología

[21] Ver en general Chris O'Malley, "Reining in the Net" en *Popular Science*, agosto de 1996, p. 22, disponible en *LEXIS, Nexis Library, ARCNWS File;* "Singapore Sets Limits on Providers of Access" *The Record* (Nueva Jersey), 6 de marzo de 1996, en A12, disponible en *LEXIS, Nexis Library, ARCNWS File.*

[22] El Derecho Internacional reconoce tres tipos de jurisdicción en lo civil y en lo penal: jurisdicción para legislar, jurisdicción para dictar sentencia y jurisdicción para hacer cumplir las leyes. *Restatement (Third) of Foreign Relations Law of the United States 401(a)-(c)* (1986).

[23] *Grundgesetz (Constitución) [GG]* Cap. I, Art. 5, reimpreso en *Constitutions of the Countries of the World*, Vol. VII. A.P. Blaustein & G.H. Flanz Eds. (1971).

[24] Ver, en general, *National Socialist Party of Am. v. Village of Skokie*, 432 U.S. 43 (1977) (*per curiam*); Ronald Dworkin, "The Dragon as Despot. China's Placeman in Hong Kong Isn't Keen on Free Speech: It Is a Western Value Contrary to the Public Good; Ronald Dworkin Deconstructs Beijing's Bluster" en *The Guardian*, Londres, 22 de mayo de 1997, p. 19; Samuel Walker, "Our System Better Than Germany's" en *Omaha World Herald*, 1 de septiembre de 1996, en 9B.

[25] Ver *Restatement (Third) of Foreign Relations Law of the United States, supra* nota 21, 402(1)(c) donde se describe que un Estado tiene jurisdicción para legislar con respecto a "actos

del odio a las comunicaciones originadas en los Estados Unidos y transmitidas por Internet, el ejercicio de la jurisdicción también debe ser razonable desde el punto de vista del Derecho Internacional[26]. Frente a esta disyuntiva, el Derecho Internacional actual no nos ofrece forma alguna de decidir cuál de las dos posiciones –la estadounidense o la alemana– merece deferencia. Por ello, en materia de jurisdicción el Derecho Internacional tradicional no facilita la cooperación de las naciones del mundo para desarrollar una regulación internacional. La única manera de superar estos posibles *impasses* es lograr que los Estados armonicen sus leyes reguladoras de Internet a fin de evitar conflictos, o bien que elaboren un tratado donde se establezca qué jurisdicción prevalecerá en los conflictos. Dada la gama de intereses y valores fundamentales que afecta Internet, es poco probable que se pueda concretar esta política de armonización o de elección de ley universal. Así, el "gobierno internacional" de las cuestiones concernientes a Internet parece ser una quimera. A causa de todas las amenazas de orden político, económico y cultural que plantea Internet, los obstáculos que impiden la creación de un "gobierno internacional" que regule los asuntos relacionados con Internet parecen alimentar controversias y tensiones más agudas entre los Estados, contribuyendo así a empeorar el clima de las relaciones internacionales.

C. *Un examen más profundo de la soberanía, el gobierno nacional e Internet*

El argumento de que Internet debilita la soberanía suena plausible. Sin embargo, es necesario tomar distancia y analizar sus elementos con más detalle. Algunas veces, la retórica sobre Internet pierde conexión con el contexto histórico. Internet puede ser un fenómeno revolucionario, pero esto no torna irrelevante todo el conocimiento que tiene la humanidad acerca de la política. Los seres humanos construyen instituciones políticas, refinan los enfoques filosóficos de la política, y se esfuerzan por moderar la competencia entre las aspiraciones de los seres humanos y las nuevas tecnologías desde hace miles de años. La teoría política continúa siendo pertinente a la hora de interpretar los cambios drásticos que ocurren en el mundo.

En primer lugar, el argumento de la "amenaza para la soberanía" utiliza una noción abstracta de soberanía: un concepto de soberanía que aparentemente se aplica en todos los países del sistema internacional y que el realismo emplea para explicar las relaciones internacionales. Como queda claramente

realizados fuera de su territorio que tengan efecto o que estén concebidos para tener efecto sustancial dentro de su territorio".

[26] *Id.* 403(1). "[Un] Estado no podrá ejercer la jurisdicción para legislar con respecto a una persona o actividad que tenga conexiones con otro Estado cuando el ejercicio de tal jurisdicción no sea razonable."

demostrado por la historia de la tecnología de la información, los soberanos que se han visto amenazados por nuevas formas de comunicación han sido aquellos con poder absoluto o autocrático. En el siglo XX, los gobiernos fascistas y totalitarios intentaron determinar qué información llegaba a los ciudadanos, mediante el control de los medios gráficos, la radio y la televisión. La soberanía de las democracias liberales, por otra parte, se consolidó a través de la libertad de expresión y la libertad de prensa en todos los medios de comunicación. A partir de esta observación histórica fundamental, ¿es acaso razonable sostener que Internet representa una amenaza para la soberanía de los Estados liberales y de los Estados no liberales por igual? Esta pregunta evita inmediatamente el paradigma realista de las relaciones internacionales porque invita a ver más allá de los conceptos formales y abstractos del Estado y la soberanía. Las nuevas tecnologías de la información constituyen una amenaza para los soberanos que dependen del máximo control interno sobre su pueblo en términos políticos, económicos y culturales. En las sociedades en las que el poder ya se encuentra distribuido entre el gobierno y los ciudadanos, las nuevas tecnologías de la información no plantean una amenaza similar para la soberanía, ni pueden hacerlo. Desde el punto de vista de los gobiernos no liberales, sí es probable que Internet ponga en grave peligro la capacidad del Estado para controlar la política, la economía y la cultura dentro de su territorio. Los regímenes totalitarios ya no pueden garantizarse un ambiente seguro a través del control de los medios gráficos y de las estaciones de radio y televisión porque la *World Wide Web* sigue fuera de su control y manipulación. Como plantea Wriston, "[e]n lugar de validar la visión de Orwell en la que *Big Brother*(a) mira al ciudadano, la tercera revolución [en la historia] permite al ciudadano mirar Big Brother"[27].

Los hechos ocurridos en Serbia sirven de sustento para estas observaciones. La lucha actual en Serbia refleja la amenaza que puede plantear Internet al eludir la supresión de la libertad de prensa que impuso el gobierno serbio. Ese gobierno clausuró la estación de Radio B92 –la radio de la oposición

(a) Personaje ficticio, dictador del imperio totalitario de Oceanía en la novela *1984* de George Orwell. El término Big Brother ("Gran Hermano") se ha extendido hasta significar un régimen totalitario que mantiene a los ciudadanos bajo estricta vigilancia. En la actualidad, *Big Brother* es el nombre de un controvertido programa de televisión que se transmite también por Internet: se trata de una competencia en la que se filma continuamente a los participantes, que conviven en una casa aislados del mundo exterior, mientras éstos realizan sus actividades cotidianas. Periódicamente, la audiencia opina acerca del comportamiento de los concursantes y vota para expulsar a uno de ellos del programa. (*N. del T.*)

[27] Wriston, *supra* nota 1, p. 172.

popular serbia– e interfirió otros medios de comunicación opositores[28]. Las fuerzas de oposición serbias continuaron transmitiendo libremente noticias e información al mundo a través de Internet, no sólo en formato de texto como el correo electrónico y la www, sino también en forma de audio[29]. Esta comunicación por medio de Internet mantuvo vivo el mensaje de la oposición dentro de Serbia y ante el resto de la comunidad internacional. Como lo demuestra la experiencia serbia, Internet facilita el florecimiento de movimientos y agrupaciones políticos opositores dentro de Estados represivos gracias a la naturaleza descentralizada de Internet misma, la cual dificulta el control y la censura gubernamental sobre el pensamiento, la expresión y la acción políticos.

A fin de evaluar la naturaleza de la amenaza que Internet plantea a la soberanía, es necesario situar la soberanía en sus contextos políticos adecuados y no concebirla como una noción monolítica válida en toda circunstancia. Internet puede ciertamente constituir una amenaza directa para ciertos tipos de conceptos de soberanía: los que se basan en el control absoluto y centralizado de la vida de un pueblo. Para otras concepciones de soberanía, como la inspirada por la filosofía política del liberalismo, Internet puede complicar la tarea del gobierno nacional, como sugieren los conflictos de los EE.UU. en lo referido a la regulación nacional de Internet. Sin embargo, dificultar la tarea del gobierno nacional no es lo mismo que socavar la soberanía. Las cuestiones concernientes a la regulación de Internet a escala nacional en los EE.UU. no alteran de manera fundamental la naturaleza del gobierno de ese país ni las características del poder que ejerce en el sistema internacional. Al igual que con otros avances de la tecnología de la información, los gobiernos liberales pueden utilizar Internet para fortalecer el sistema de gobierno liberal. En los EE.UU., el crecimiento explosivo de los servidores de Internet que difunden información del Estado –en 1992 eran sólo un puñado y en 1996 ya había 875 sólo a escala federal– demuestra el potencial que tiene Internet para servir de mecanismo del "gobierno abierto"[30].

[28] Ver Wendy Grossman, "Digital Diplomacy a Two-Edged Sword: The Speed of Technology can Work to the Detriment of International Relations, but the Internet Could Have a Part to Play in Resolving Human Conflict" en el *Daily Telegraph, Londres, 22 de abril de 1997*, p. 8, donde se tratan los desafíos que plantea la tecnología a las relaciones diplomáticas y la importancia de aprovechar esta tecnología con fines humanitarios. Ver también Bob Schmitt, "An Internet Answer to Repression" en el *Washington Post* del 31 de Marzo de 1997, en A21.

[29] Schmitt (*supra* nota 28) describe cómo las estaciones de radio intentan eludir la censura gubernamental transmitiendo sus programas a través de Internet para que luego los retransmitan otras estaciones de radio extranjeras.

[30] El autor fue responsable del desarrollo del sitio *Center of Information Law and Policy's Federal Web Locator* http://www.cilp.org (visitado April 1, 1998), donde en 1991 se creó un

D. *Un examen más profundo de Internet y el gobierno a escala internacional*

Con respecto a la supuesta amenaza que Internet representa para la cooperación internacional, es necesario tener presente que las controversias relacionadas con las normas jurídicas internacionales sobre la jurisdicción para legislar son mucho más antiguas que Internet. Desde hace décadas existen polémicas sobre la legitimidad de las leyes nacionales en lo que se refiere a regular la conducta económica en otros países a causa de un "efecto" percibido en el Estado que intenta aplicar dichas leyes, y así lo demuestran los problemas surgidos de los intentos de los EE.UU. de aplicar sus leyes antimonopolio fuera de su territorio[31]. Por otra parte, hoy en día se sostienen airados debates acerca de la validez de las leyes nacionales y el Derecho Internacional en relación con la jurisdicción para legislar sin hacer referencia alguna a Internet, como la controversia generada por la Ley Helms-Burton[32]. Por lo tanto, Internet pertenece a un gran conjunto de cuestiones que han originado problemas en el ámbito de las relaciones internacionales, relacionados con la jurisdicción para legislar.

Lo que es más importante, la cooperación internacional con respecto a la regulación de Internet no es necesariamente imposible. Para regular tecnologías más antiguas se han instituido tratados internacionales, con buenos resultados. Uno de los primeros tratados multilaterales fue la Unión Postal Universal, que continúa desempeñándose con eficacia al asegurar la libre circulación de la correspondencia a través de las fronteras internacionales. La ICAO (Organización Internacional de la Aviación Civil) administra una gama de tratados internacionales que garantiza el libre acceso por aire a la mayoría de los países[33]. Por último, la UIT (Unión Internacional de Telecomunicaciones) continúa funcionando eficazmente como un marco de referencia para los tratados de regulación de las telecomunicaciones convencionales y otras tecnologías más recientes, tales como las transmisiones directas vía satélite[34]. Aunque ciertos conflictos no podrían resolverse por medio de tratados (por

---

índice de servidores de Internet de organismos federales. Actualmente, el número de servidores supera los 875.

[31] Courtney G. Lytle, "A Hegemonic Interpretation of Extraterritorial Jurisdiction in Antitrust: From American Banana To Hartford Fire" en *Syracuse Journal Int'l L. & Comm.*, N. 24, p. 41 (1997).

[32] Ver por ejemplo Raj Bhala, "Fighting Bad Guys with International Trade Law" en *U.C. Davis L. Review* N. 31-I pp. 37-85 (1997); Fidler, "Libertad v. Liberalism", *supra* nota 5, pp. 317-20, 329-31.

[33] Ver, en general, la página *ICAO's Aims* de la Organización Internacional de Aviación Civil http://www.cam.org./~icao/aimstext.htm (visitada el 1 de abril de 1998).

[34] Ver *What is ITU?* de la Unión Internacional Telecomunicaciones http:// www.itu. int/aboutitu/whatitu.htm (visitada el 1 de abril de 1998).

ejemplo, los principios constitucionales estadounidenses y las leyes alemanas contra la apología del odio), hay muchos temas sobre los que sí se podría llegar a un acuerdo, especialmente en lo que respecta a la creación de normas internacionales que protejan al consumidor contra el fraude, y a la determinación de cuáles países tendrán jurisdicción para entablar demandas y dictar sentencia en casos de fraude al consumidor a través de Internet.

Tampoco debemos olvidar las posibilidades de la autorregulación privada dentro de la comunidad ciberespacial. Como ya mencionamos, los mercaderes medievales desarrollaron la *lex mercatoria* en gran medida como un conjunto de normas privadas para realizar transacciones a través de las fronteras. Las normas de la *lex mercatoria* eran autoimpuestas: poder realizar actividades comerciales significaba tener que obedecer las reglas. La autonomía de gobierno del ciberespacio podría centrarse en el sistema de nombres de dominio, y la sanción por violar las normas podría consistir en la eliminación del nombre de dominio del infractor. También existe la posibilidad de combinar la normativa basada en tratados con formas de normativa privada de Internet. Los exitosos regímenes de la ICAO y la ITU se basan en obligaciones contractuales surgidas de acuerdos pero dependen en gran medida del aporte de la industria para desarrollar y aplicar las normas.

En la actualidad ya se realizan esfuerzos de cooperación internacional a fin de crear un sistema normativo para regular Internet. La OMPI (Organización Mundial de la Propiedad Intelectual) aprobó un tratado que extiende la protección del *copyright* a nuevas formas de transmisión facilitadas por Internet[35]. Actualmente, la OMPI evalúa otros proyectos para crear un nuevo tratado que extienda un tipo de protección similar al *copyright* a las bases de datos computarizadas[36]. La OECD (Organización para el Desarrollo y la Cooperación Económicos) está estudiando una serie de propuestas para mejorar el comercio digital[37]. El Grupo de los Siete también convocó a asambleas en 1996 para

35 Tratado sobre *Copyright* de la OMPI, http://www.wipo.org/eng/diplconf/distrib/94dc.htm, 20 de diciembre de 1996.

36 *Report: Information Meeting on Intellectual Property in Databases* de la OMPI, 17-19 de Sept. de 1997, http://www.wipo.org/eng/meetings/infdat97/db_im_6.htm (visitada el 2 de abril de 1998).

37 Visitar las siguientes páginas de la OECD (Organización para el Desarrollo y la Cooperación Económica): *Electronic Commerce: Opportunities and Challenges for Government (The "Sacher Report")* http://www.oecd.org/dsti/sti/it/ec/act/sacher.htm (visitada el 4 de dic. de 1997) y Measuring Electronic Commerce, OECD/GD(97)185 http://www.oecd.org/ dsti/sti/it/ec/prod/e_97-185.htm (visitada el 4 de dic. de 1997). Ver también OECD, *Dismantling the Barriers to Global Electronic Commerce* http://www.oecd.org/dsti/sti/ it/ec/ prod/dismantl.htm (visitada el 4 de dic. de 1997), donde se describen los temas principales, las soluciones potenciales y las organizaciones que pueden contribuir a poner en práctica las soluciones.

debatir acerca de los principios de la regulación internacional de Internet[38]. La Comisión Europea ha emitido "White Papers" (declaraciones oficiales de política o Libros Blancos) e informes sobre los debates referidos a la regulación de Internet en la Unión Europea[39], al control de la obscenidad y la pornografía infantil en los nuevos medios[40], así como a las disputas sobre derechos de autor relacionadas con Internet[41]. Durante el otoño de 1997, el Consejo de Europa realizó una conferencia ministerial sobre los derechos humanos y las nuevas tecnologías que hizo eje en la privacidad, las actividades que atentan contra la dignidad humana (como la apología del odio) y el uso de Internet para promover el gobierno abierto y la libertad de información[42]. Toda esta "ciberdiplomacia" debilita el argumento de que Internet presenta graves amenazas para las formas tradicionales de cooperación internacional.

Quizás aún más importante sea la capacidad que tiene Internet para contribuir al desarrollo de nuevas formas de cooperación internacional. Anne-Marie Slaughter sostuvo recientemente que lo que está ocurriendo en el sistema internacional actual no es la muerte del Estado, sino su disgregación en partes funcionales que trabajan en red a escala global para tratar asuntos de gobierno[43]. Slaughter sostiene que estas "partes [funcionales] –tribunales, organismos reguladores, ejecutivos, e incluso legislaturas– actúan interconectados con sus pares en el exterior, creando una densa red de relaciones que constituye un nuevo orden transgubernamental"[44]. Si bien no es la única fuente del transgubernamentalismo, Internet se ajusta perfectamente en esta concepción de lo que sucede con las relaciones internacionales y da sustento a la idea de

[38] Ver las páginas del *G7 Electronic Commerce Workshop* (Taller sobre Comercio Electrónico del Grupo de los Siete): *G7 Project "A Global Marketplace For SME's" Electronic Commerce Workshop*, 13 y 14 Marzo de 1997, Bruselas, Bélgica, *Final Report* http://www.ispo.cec.be/ecommerce/workshop.html; (visitada el 1 de abril 1998); *Electronic Commerce Workshop Report*, 22 y 23 de abril de 1996, Bruselas, Bélgica, http://www.ispo.cec.be/g7/projects/FINALREO.html (visitada el 1 de abril de 1998) y *European Electronic Commerce Initiatives* http://www.ispo/ cec/be/ecommerce/ invencom.htm (visitada el 1 de abril de 1998).

[39] Ver, en general, *Europe's Way to the Information Society, An Action Plan, Communication from the Commission to the Council and the European Parliament and to the Economic and Social Committee and the Committee of Regions*, COM(94)347 final.

[40] Ver, en general, *Green Paper on the Protection of Minors and Human Dignity*, COM(96)483 final.

[41] Ver, en general, *Commission Green Paper on Copyright and Related Rights in the Information Society*, COM(95)382 final.

[42] Ver Consejo de Europa: *Summit Meeting for Setting a New Agenda*, Eur. Rep., 2 de agosto de 1997, disponible en WESTLAW, 1997 WL 13046240. Ver también la página *Second Summit of the Council of Europe* 10 y 11 de octubre de 1997, Estrasburgo http://www.coe.fr/ summit/ edeclplan.htm (visitada el 1 de abril de 1998).

[43] Anne-Marie Slaughter, "The Real New World Order" en *Foreign Affairs* de sept.-oct. de 1997, pp. 183 y 184.

[44] *Id.*, p. 184.

que Internet no es un enemigo sino un aliado de las formas tradicionales y novedosas de la cooperación internacional.

3. La capacidad de Internet para consolidar las concepciones liberales de gobierno a escala nacional y global

Internet no constituye una grave amenaza para la soberanía y la cooperación internacional, sino que de hecho es un potente instrumento de consolidación de los sistemas de gobierno nacionales y globales desde el punto de vista de la teoría liberal.

A. *El gobierno a escala nacional: fomentar el Estado de Derecho a través de Internet*

Como ya se sugirió, los gobiernos liberales pueden utilizar Internet como un potente motor de gobierno abierto al brindar más información al ciudadano acerca del funcionamiento del gobierno y la efectividad de las leyes. En esos países, el Estado de Derecho ya existe, pero se puede respaldar y consolidar mediante el uso liberal de Internet para difundir información de índole pública. Internet puede desempeñar un papel aún más interesante al promover el Estado de Derecho en países que atraviesan la transición del comunismo de tipo soviético o de una economía estatizada a sistemas democráticos, de libre mercado. Para esos países, Internet puede constituir una gigantesca reserva de modelos y prácticas jurídicos, decisiones judiciales y asesoramiento en materia de reforma jurídica. Así, puede desempeñar la función de una biblioteca virtual del Estado de Derecho para los países que se encuentran en la transición hacia el sistema de gobierno liberal. Mucho antes de la aparición de Internet, John Dawson afirmó que la amplia disponibilidad de textos y materiales jurídicos fomentaba la unificación de los sistemas de Derecho[45]. Internet representa un eficaz instrumento de unificación al permitir un gran acceso a leyes y materiales jurídicos de toda clase, ya sea para su consulta, su adopción o adaptación. Quizá la importancia de esta biblioteca virtual del Estado de Derecho sea mayor en lo que respecta al incipiente Derecho Constitucional de los países en transición, donde el acervo de conocimientos y razonamientos jurídicos de las democracias constitucionales existentes puede inspirar la evolución de nuevos órdenes constitucionales[46].

[45] Ver John P. Dawson, *The Oracles of the Law* (1968).

[46] Ver, en general, *The Venice Commission* http://manhattanpublishing. com/primary/venice. html (visited Feb. 5, 1998), donde se debaten las actividades de la *European Commission for Democracy through Law*, organismo del Consejo de Europa que promueve el desarrollo de una infraestructura de información para los tribunales constitucionales mediante la publicación de opi-

Internet tiene muchas posibilidades de ayudar a los países en transición no sólo a instaurar la democracia y el Estado de Derecho, sino también a preservarlos. La libertad de información es una cualidad esencial de todo gobierno sensible y activo. En el pasado, la libertad de información consistía en el derecho de la prensa y los ciudadanos a obtener la información que solicitaran al gobierno[47]. En la era de Internet, la libertad de información significa mucho más que eso: implica la posibilidad de acceder virtualmente a todo el conjunto de información pública generada por los gobiernos, con sólo presionar un botón del *mouse*[48]. Tal acceso es significativo no sólo para conveniencia de los ciudadanos y sus representantes electos, que pueden obtener información más rápidamente, sino también para los gobiernos, que pueden difundir información a menor costo. Incluso los países pequeños como Croacia y Eslovenia pueden transmitir ampliamente su información gubernamental aunque no podrían asumir el costo de una difusión similar a través de documentos impresos.

Así, Internet tiene un inmenso potencial para fortalecer la concepción de soberanía favorecida en la tradición política liberal. En la medida en que Internet ayuda a las fuerzas de oposición democrática a debilitar la soberanía de los gobiernos represivos, tales "amenazas para la soberanía" no deben ser motivo de temor sino de regocijo.

B. El potencial de Internet para fomentar gobierno a escala global

Así como Internet puede desempeñar un papel importante en el fortalecimiento del gobierno a escala nacional de acuerdo con la concepción liberal, también puede fomentar la cooperación internacional como la entiende la teoría liberal de las relaciones internacionales. En primer lugar, Internet puede brindar el mismo apoyo al desarrollo del Estado de Derecho Internacional que al Estado de Derecho Nacional. En segundo lugar, puede contribuir al desarrollo de una interdependencia económica entre Estados y pueblos. En tercer lugar, los actores no estatales, en forma de organizaciones no gubernamentales internacionales, pueden incrementar su participación en las relaciones internacionales mediante el uso de Internet. Finalmente, las operaciones de paz y de seguridad colectiva pueden reforzarse utilizando los mecanismos de comunicación que brinda Internet.

---

niones y la creación de un índice o topología conceptual que permita organizar las opiniones por temas. *ECEULnet* ayuda a la Comisión de Venecia a publicar su trabajo en la *World Wide Web*.

[47] Ver, por ejemplo, *Freedom of Information Act*, 5 U.S.C. 552 (1996).

[48] Ver Henry H. Perritt (h.), "Sources of Rights and Access to Public Information" *Wm. & Mary Bill Rts. J.*, N. 4, p. 179 (1995).

1. Consolidar el Derecho Internacional

Un principio fundamental de la teoría de las relaciones internacionales es la necesidad de que el Derecho Internacional gobierne las relaciones entre Estados independientes. Como en el caso del Derecho Nacional, Internet se presenta como una reserva fácilmente accesible de textos jurídicos internacionales que los gobiernos y las ONGs pueden utilizar en sus respectivas actividades. Esta posibilidad es quizá de particular relevancia en el área de los derechos humanos internacionales, ya que también es posible incorporar las leyes internacionales de derechos humanos en las interpretaciones constitucionales y legislativas a escala nacional, logrando así una unidad entre el Derecho Nacional y el Internacional. La mayor disponibilidad de textos jurídicos internacionales –tratados y decisiones judiciales– ampliará las posibilidades de lograr un mejor conocimiento de las normas internacionales y su importancia en el ámbito de las relaciones internacionales. Tal accesibilidad es necesaria, e Internet ya está avanzando hacia la solución de esta deficiencia. Numerosos sitios de Internet brindan acceso a cientos de tratados internacionales acerca de todos los temas del Derecho Internacional[49]. Muchas de las nuevas organizaciones internacionales también encabezan la difusión de materiales jurídicos internacionales a través del ciberespacio. La Organización Mundial del Comercio, por ejemplo, toma decisiones a partir de paneles creados en el marco de su *Dispute Settlement Understanding* (Procedimiento de Resolución de Disputas) disponible en la página principal de su sitio Web, lo cual garantiza la difusión de un creciente cuerpo jurisprudencial sobre el principal sistema normativo del comercio en el plano internacional[50].

Asimismo, Internet puede aportar mayor eficiencia al proceso de elaboración de tratados al mejorar tanto el manejo de la documentación como la comunicación entre las distintas delegaciones. A medida que los regímenes internacionales se vuelvan más complejos en sus esfuerzos interestatales por resolver complicados problemas de orden mundial, los negociadores podrán llevar a cabo su tarea con mayor eficiencia gracias a técnicas cada vez más sofisticadas de manejo de datos a través de Internet. De este modo, Internet puede reforzar las formas tradicionales de cooperación internacional mediante la "diplomacia virtual": una nueva especie de institución interactiva global dedicada a las relaciones internacionales que tiene extraordinarias implicancias en el ámbito del Derecho Internacional.

[49] Ver, por ejemplo, la página *The United Nations Multilateral Treaties Deposited with the Secretary General* http://www.un.org/Depts/Treaty (visitada el 1 de abril de 1998).

[50] Ver la página *WTO Dispute Settlement* http://www.org./wto/dispute/dispute.htm (visitada el 3 de feb. de 1998).

2. Fortalecer la interdependencia económica

Otro objetivo primordial del liberalismo en materia de relaciones internacionales es crear una interdependencia económica entre distintos Estados y pueblos. Internet contribuye a este proyecto liberal intensificando el desarrollo de mercados globales de productos, servicios, capitales e información. Cuando los Estados y sus ciudadanos se involucran en el dinámico funcionamiento de los mercados globales, existen mayores posibilidades de que los conflictos se resuelvan en forma pacífica porque ninguna de las partes puede asumir el elevado costo económico de un enfrentamiento político. Así, la interdependencia económica estimula el desarrollo del Derecho Internacional y la resolución internacional de las disputas porque los mercados exigen conductas acordes con el Estado de Derecho y la eficiencia que éste aporta a la resolución de conflictos. Esta dinámica también alienta a los Estados a integrar instituciones internacionales que apoyan el comercio y las inversiones a escala global, como el Banco Mundial y la Organización Mundial del Comercio. Además de ayudar a estabilizar las relaciones internacionales, tal participación en instituciones internacionales promueve la cooperación y el discurso políticos, así como la sujeción a las normas.

El temor de que Internet socave los poderes gubernamentales sobre la economía refleja una vez más una concepción abstracta de soberanía. Disminuir el poder del gobierno sobre la economía y depositar ese poder en manos de ciudadanos particulares –que comercian e invierten a escala internacional, creando así una interdependencia económica que sirve de cimiento para la paz mundial– constituye un verdadero avance desde el punto de vista de la tradición liberal. En mayor medida que cualquier revolución previa en la tecnología de la información, Internet se encuadra firmemente en el proyecto de interdependencia económica de la tradición liberal.

3. Acrecentar el poder de los actores no estatales

Por otra parte, se produce una sinergia entre Internet y la tradición liberal al incrementar el poder de los actores no estatales en el contexto de los mercados y de las ONGS. Las organizaciones no gubernamentales desempeñan un papel cada vez más importante en la formulación de normas de Derecho Internacional –un ejemplo es la participación de distintas ONGS en la legislación internacional sobre el medio ambiente–, así como en la aplicación de dichas normas, como lo demuestra la experiencia de Amnistía Internacional en el contexto de los derechos humanos. Internet promete afianzar ambos papeles de las ONGS en el ámbito del Derecho Internacional porque facilita su participación en la elaboración de tratados y aumenta su capacidad tanto para controlar la sujeción de los Estados a las normas de Derecho Internacional como para denunciar públicamente a los infractores.

La creciente importancia de las ONGS en la dinámica jurídica internacional comprende dos aspectos interesantes, y ambos se nutren en Internet. En primer lugar, la revolución más reciente en la "tecnología [de la información] acabó con el monopolio gubernamental de la recopilación y el manejo de grandes cantidades de información, privando así a los gobiernos de la deferencia de que gozaban gracias a ese monopolio"[51]. En segundo lugar, los actores no estatales –empuñando el poder de las ideas y la información– pueden llegar a ser instituciones por derecho propio en el contexto de las relaciones internacionales. Es asombroso el papel que desempeñan hoy en día las ONGS en las relaciones internacionales[52]. Si bien Internet no es responsable de todo el crecimiento de las ONGS en términos de influencia y prestigio, sí forma parte de esta historia y promete ocupar un lugar aún más decisivo en el futuro[53].

4. Afianzar los mecanismos de seguridad internacional

La tradición liberal apoya desde hace mucho tiempo la política de las respuestas multilaterales a las amenazas para la paz y la seguridad internacionales. En este sentido, Internet demostrará ser de gran utilidad. En primer lugar, ayuda a los Estados y las organizaciones internacionales a observar más detalladamente la situación que atraviesan los países o regiones en conflicto, puesto que la información circula libremente en el ciberespacio. Además, a través de Internet los Estados y las organizaciones internacionales pueden ampliar sus posibilidades de acción multilateral recabando apoyo para aplicar sanciones económicas o iniciar intervenciones militares contra las amenazas para la seguridad. Internet también hace posible que los actores no estatales contribuyan a generar respaldo para tomar medidas contra Estados peligrosos. Actores no estatales –en este caso grupos estudiantiles– lanzaron una campaña en Internet para castigar a la dictadura birmana, mediante boicots económicos a las empresas que realizan actividades comerciales en Birmania, por sus abusos contra los derechos humanos[54].

Internet también puede contribuir a facilitar las operaciones militares multilaterales llevadas adelante por organizaciones internacionales. La compa-

[51] Jessica T. Matthews, "Power Shift" en *Foreign Affairs*, enero-febrero de 1997, pp. 50 y 51.

[52] Ver *idem*, p. 53, donde se señala que las "ONGS contribuyen en mayor medida al desarrollo oficial que todo el sistema de las Naciones Unidas (con excepción del Banco Mundial y el Fondo Monetario Internacional). En numerosos países brindan servicios... que los gobiernos debilitados ya no pueden manejar".

[53] Ver *idem*, p. 51, en la que declara que "[el] más potente generador de cambios en la relativa caída de los estados y el ascenso de los actores no estatales es la revolución en las telecomunicaciones y la computación... "

[54] Ver en general William Glaberson, "A Guerilla War on the Internet" en *N.Y. Times*, 8 de abril de 1997, en B1. Ver, además, la página *Free Burma Coalition* http //danenet.wicip. org/fbc/ update_071497.html (visitada el 3 de feb. de 1998).

tibilidad e interoperabilidad de los sistemas de comunicación e información son factores decisivos para el éxito de las operaciones; Internet ofrece numerosas aplicaciones que podrían satisfacer estas necesidades militares internacionales. La mayoría de las más recientes operaciones militares multilaterales incluyeron misiones encargadas de mantener o restablecer la paz, lo cual demuestra la importancia de la integración de las ONGS y otros actores no estatales en dichas misiones. Internet puede facilitar tal participación. Por último, Internet también puede servir para recopilar y difundir información de inteligencia, entre otros datos determinantes para concretar una operación militar multilateral. Así como los productos de información están desplazando a los bienes materiales en el ámbito económico, de manera muy similar la capacidad para obtener, analizar y comunicar vastas cantidades de información en forma veloz y efectiva es cada vez más preponderante en el contexto del poder militar[55]. Es necesario no sólo reconocer este hecho con respecto a la seguridad colectiva y otras formas de operaciones multilaterales de seguridad, sino también aplicar el potencial de Internet a dichas áreas militares.

Internet también resultará de gran relevancia en la construcción de nuevas estructuras de seguridad internacional. La expansión de Organización del Tratado del Atlántico Norte (OTAN) implicará la integración tanto política como económica de los nuevos países miembro dentro de las estructuras políticas y de seguridad de la OTAN. Internet puede constituir un valioso recurso en estas complejas campañas integradoras facilitando la comunicación y el intercambio de información, y poniendo a disposición del público en general la información concerniente al avance de la expansión de la OTAN. También es posible, a través de Internet, aliviar el temor que existe en Rusia con relación a la expansión de la OTAN, mediante la difusión general de información y la comunicación directa y regular con los ciudadanos rusos al respecto.

4. El liberalismo, Internet y el futuro de las relaciones internacionales

Mi argumento de que Internet ofrece una gran promesa a los sistemas de gobierno nacionales e internacionales se fundamenta expresamente en la aceptación de la visión liberal de la política nacional e internacional. Esta concepción no goza de aceptación universal, ni siquiera después de la desaparición del comunismo[56]. Es posible que, más que un debate sobre el fenómeno de Internet, la polémica acerca del ciberespacio y el gobierno nacional y global

[55] Wriston, *supra* nota 2, p. 178.

[56] Ver, por ejemplo, Samuel Huntington, *The Clash of Civilizations and the Remaking of World Order*, p. 59 (1996).

sea la manifestación más reciente de un problema más profundo que suscita grandes discrepancias en el sistema internacional acerca de la verdadera naturaleza del Estado y las relaciones entre los Estados. En gran medida porque se inspira en la teoría realista de las relaciones internacionales, el argumento de Internet como una "amenaza para la soberanía", que hoy en día goza de popularidad, no puede explicar mínimamente las diferencias filosóficas fundamentales que aún influyen en el sistema internacional y determinan las posturas con respecto al papel de Internet a escala nacional y mundial. El ciberespacio no escapa al torbellino de la política en el plano nacional o global.

5. Conclusión

En resumen, reflexionar acerca del papel que desempeña el ciberespacio en el gobierno a escala nacional y global nos lleva a examinar nuevamente las premisas de las que partimos al considerar la naturaleza del Estado y las relaciones internacionales, así como al construir imágenes del mundo deseado. El liberalismo brinda una visión propicia del ciberespacio no sólo porque Internet abre espacios globales a la libertad de expresión individual, sino también porque la tradición liberal atribuye al ciberespacio un sentido y un propósito acordes con lo mejor de la naturaleza humana.

SOBERANÍAS MÚLTIPLES Y SUPERPUESTAS:
liberalismo, doctrina libertaria, soberanía nacional, propiedad intelectual "global" e Internet

Keith Aoki[1]

1. Introducción

Internet no constituye una amenaza para la soberanía, así como la soberanía no constituye una amenaza para Internet. Al rechazar la pregunta "¿Es Internet una amenaza para la soberanía?", no pretendo sugerir que nuestras nociones de soberanía no estén sufriendo profundas transformaciones (de hecho es cierto) ni que Internet no haya desempeñado ningún papel en estas transformaciones (de hecho sí lo hizo). Por el contrario, mi intención es señalar de qué manera ciertas suposiciones liberales acerca de Internet formuladas bajo el Estado de Derecho se pueden "instalar" en nuestro discurso legal y en nuestras políticas acerca de la información. En consecuencia, existe una marcada tendencia a favorecer ideas como la "armonización vertical" y otras medidas que apuntan a universalizar, y una concomitante desestimación o eliminación de lo "local", lo cual incide negativamente en la economía política de la información que fluye a través de redes globales como Internet[2].

[1] Profesor Adjunto de Derecho, University of Oregon School of Law. Maestría en Derecho, 1992, University of Wisconsin Law School; Doctorado en Derecho, cum laude, 1990, Harvard Law School; Maestría en Humanidades, 1986, Hunter College; Licenciatura en Arte, Wayne State University. Quisiera agradecer a James Boyle, Margaret Chon, Rosemary Coombe, Ruth Gana e Ileana Porras, cuyas obras continúan instruyéndome. También agradezco a mi colega, Ibrahim Gassama, por sus comentarios, y al profesor David Fidler por invitarme a participar en este simposio.

El presente trabajo se publica con autorización del *Indiana Journal of Global Legal Studies*. Fue publicado en dicha revista con el título de "Considering Multiple and Overlapping Sovereignties: Liberalism, Libertarianism, National Sovereignty, `Globe' Intellectual Property and the Internet", en 1998, vol. 5, p. 443.

[2] Ver Keith Aoki, "(Intellectual) Property and Sovereignty: Notes Toward a Cultural Geography of Authorship", *Stan. L. Rev.*, Nº 48, p. 1293 (1996).

No existe un único concepto monolítico de soberanía que pueda ser amenazado: ya vivimos en un mundo de soberanías múltiples, superpuestas, contradictorias y, a menudo, intensamente cuestionadas[3]. El profesor Ethan Katsh escribe:

> Vivimos en una serie de espacios interconectados y superpuestos y no en un mundo donde el territorio delimita definitivamente cada uno de los Estados soberanos... [Si bien] la capacidad de transmitir información a través de las fronteras a velocidad electrónica no reemplazará a las entidades políticas ni a los productores de bienes duraderos,... sí modifica nuestra experiencia con las entidades políticas y económicas, nuestra relación con ellas y la relación entre ellas.
>
> La cuestión de las fronteras –y el impacto que los nuevos medios ejercen sobre cualquier tipo de fronteras– es uno de los temas centrales del ciberespacio. Las fronteras físicas se vuelven borrosas debido a que la comunicación ya no depende del transporte. Aquellos que tienen el control de las fronteras físicas –las naciones Estado– pierden en cierta medida la capacidad de controlar la comunicación que, en el sentido literal de la palabra, podría haber sido detenida en la frontera... [L]os límites del poder se ven afectados de muchas otras maneras, cada una de las cuales ejerce presión sobre los modelos existentes de regulación... [A] medida que se crucen las fronteras, se establezcan jurisdicciones superpuestas y se comparta información, la aplicación de conceptos como "soberanía" y el empleo de distinciones como público/privado, propiedad/acceso, extranjero/nacional, externo/interno y económico/político plantearán aún más interrogantes que en el pasado... [S]e están creando nuevos espacios y, con mucha imaginación, se trazarán nuevos mapas que representarán las nuevas esferas de autoridad y los nuevos modelos de relaciones entre lo público y lo privado[4].

[3] Benedict Anderson, *Imagined Communities: Reflections on the Origin and Spread of Nationalism*, p. 4 (1991).

[L]a nacionalidad, o como uno prefiera llamarla dados los múltiples significados de la palabra, la falta de nación, así como el nacionalismo, son aspectos culturales de un tipo especial... (N)ecesitamos pensar con cuidado cómo surgieron, de qué maneras sus significados cambiaron con el paso del tiempo y por qué, en la actualidad, infunden una legitimidad emocional tan profunda. Trataré de explicar que la creación de estos aspectos hacia fines del siglo xviii se debió a la decantación espontánea de un complejo "cruce" de fuerzas históricas separadas; pero que, una vez creados, se volvieron "modulares", capaces de ser trasplantados, con diversos grados de conciencia de la propia identidad, a una gran variedad de terrenos sociales para mezclarse y ser mezclados con una variedad, igualmente amplia, de factores políticos e ideológicos.

Idem.

[4] M. Ethan Katsh, "Rights, Camera, Action: Cyberspatial Settings and the First Amendment", *Yale L.J.* Nº 104, pp. 1681, 1713, 1715 y 1717 (1995).

Es cierto, la visión liberal de soberanía y la idea de la nación Estado tradicional avalan el argumento que muy bien expuso el profesor Perritt, según el cual Internet no presagia la muerte de la nación Estado, ni mucho menos, sino que, en realidad, puede contribuir a reforzar conceptos tradicionales de soberanía. Sin embargo, esta visión puede no rendir cabal cuenta de la cantidad de tendencias convergentes que se están desplazando del ámbito liberal tradicional a las esferas pública (el Estado) y privada (el mercado, la familia, el individuo)[5]. En lugar de rechazar los convincentes argumentos del profesor Perritt, tal vez podríamos enriquecerlos si reconocemos humildemente todas las facetas complejas en que se ha fracturado la soberanía y, también, que está sufriendo mutaciones importantes en las postrimerías del siglo XX.

A continuación, haré un breve resumen de los argumentos del profesor Perritt y luego debatiré tres tendencias: (1) la reconfiguración de la distinción público/privado; (2) la pérdida de fe y desilusión respecto de las instituciones e ideales políticos y (3) la multiplicación de los diferentes tipos de espacios. Estas tendencias, en ciertos niveles, subrayan la opinión del profesor Perritt en cuanto a que los flujos de información que se globalizan a un ritmo vertiginoso pueden consolidar la importancia y soberanía de las fronteras nacionales, aunque de manera problemática. Más adelante expondré que los poderosos discursos de la globalización y "diferencia" plantean un problema al utilizar los términos "información" y "flujos de información" que atraviesan las fronteras como una categoría heurística estrechamente relacionada con la noción de "propiedad", de manera que favorecen en forma sistemática ciertos tipos de soberanía en detrimento de otros. Los patrones distributivos que surgen de la intersección de una clase particular de la nación Estado soberana (y su correspondiente ley de la propiedad intelectual, entre otras) e Internet pueden tender a favorecer las soberanías "públicas" de países desarrollados, como los Estados Unidos. Estos patrones también pueden favorecer la soberanía "privada" de empresas que, si bien son transnacionales, se encuentran vinculadas económi-

[5] Duncan Kennedy describe la visión "liberal" del "Estado de Derecho":

En el modelo liberal, el Derecho desempeña un papel importante en la forma del "estado de derecho", un elemento determinante de la concepción liberal de lo que es una buena sociedad. Pero el contenido del trasfondo de las reglas legales parece fluir por lógica de los primeros principios que definen un régimen (derechos a la seguridad personal, a la propiedad privada, a la libertad de asociación), o de la voluntad del pueblo o de alguna compleja combinación de ambos. La cuestión distributiva está presente, pero se la considera un asunto de intervención legislativa (por ejemplo, los impuestos progresivos, la legislación laboral) para alcanzar los objetivos distributivos por medio de la superposición en un trasfondo de Derecho privado, esencialmente apolítico.

Duncan Kennedy, *Sexy Dressing Etc.: Essays On the Power and Politics of Cultural Identity*, p. 90 (1994).

camente con los países del mundo desarrollado. Este favoritismo ocurre a costa de los países, grupos e individuos más pobres de las regiones del mundo en vías de desarrollo y en sectores marginales dentro del mundo desarrollado. En la conclusión de este artículo sostengo que, si deseamos desarrollar una economía de la información que sea equitativamente global –o, mejor dicho, planetaria–, debemos hallar un marco de representación (político o de otro tipo) que logre describir estas soberanías múltiples, que hasta el momento se han mantenido en gran medida invisibles.

2. El profesor Perritt rechaza la postura que afirma que Internet constituye una amenaza para la soberanía

El profesor Perritt rechaza la opinión de Walter Wriston (y otros)[6] de que la soberanía se encuentra gravemente socavada por el surgimiento de redes mundiales como Internet. Estos críticos, a los que el profesor Perritt denomina "realistas" (en oposición a "liberales", entre los que él mismo se incluye), presentan cuatro argumentos interrelacionados para respaldar su tesis de que Internet es un factor de riesgo para la soberanía: (1) la propagación de tecnologías de la información y de la comunicación propias de Internet socava el poder soberano a favor de la actividad económica[7]; (2) la cooperación internacional está debilitada debido, en gran medida, a los dilemas jurisdiccionales en el plano formal y a las diferencias importantes entre los distintos países en lo que atañe a la cultura, leyes y valores[8]; (3) Internet constituye una seria amenaza a la capacidad del Estado soberano de controlar los acontecimientos políticos o sociales que tienen lugar dentro de sus fronteras[9]; y (4) las tediosas disputas sobre jurisdicción extraterritorial y sobre los efectos de los regímenes legales propios de cada país ponen trabas insuperables a la cooperación internacional[10].

[6] Ver, por ejemplo, Walter Wriston, *The Twilight of Sovereignty: How the Information Revolution is Transforming Our World* (1992); David R. Johnson & David Post, "Law and Borders-The Rise of Law in Cyberspace", *Stan. L. Rev.*, N° 48, p. 1367 (1996); Anne Wells Branscomb, "Jurisdictional Quandries for Global Networks", en *Global Networks: Computers and the International Communication* (Linda M. Harasim ed., 1993). Ver también Carl S. Kaplan, "Finding Government's Role in a Global Network", *Cyber L. J.* (10 de julio, 1997).
<http://www.nytimes.com/library/cyber/law/071097law.html>

[7] Henry H. Perritt, hijo, "The Internet as a Threat to Sovereignty? Thoughts on the Internet's Role in Strengthening National and Global Governance", *Ind. J. Global Legal Stud.*, N° 5, pp. 423, 428 (1998). La traducción de este artículo constituye el capítulo precedente de esta obra.

[8] *Idem*, pp. 429-430.

[9] *Idem*, p. 428.

[10] *Idem*, p. 429.

En cambio, el profesor Perritt sostiene que Internet fortalece los gobiernos nacionales e internacionales al reforzar el Estado de Derecho de las siguientes maneras: (1) fortaleciendo el Derecho Internacional por medio de tratados y otros documentos que se encuentran ampliamente disponibles, lo cual sienta las bases para establecer una diplomacia "virtual"[11]; (2) promoviendo una creciente interdependencia económica entre los países y creando y apoyando instituciones como el Banco Mundial y la Organización Mundial de Comercio[12]; (3) confiriéndoles poder a las organizaciones no gubernamentales (ONGS) dentro del contexto del mercado[13], y (4) apoyando los mecanismos internacionales de seguridad[14].

El argumento principal de este artículo es que Internet no constituye una amenaza para la soberanía y que, si se la comprende correctamente, Internet es parte de una conjunción de factores que están multiplicando y transformando nuestras nociones tradicionales en cuanto a que la soberanía de la nación Estado está basada en el territorio. Además, esas transformaciones pueden acarrear extraordinarios efectos distributivos y políticos, entre ellos el de reforzar y fortalecer aspectos de la soberanía nacional y del gobierno supranacional.

También resulta esencial comprender los aspectos paradójicos de una transformación de la soberanía como ésta: el mundo es cada más homogéneo, pero también está cada vez más lleno de diferencias. En cierto sentido, esto se asemeja al interrogante que se plantearon los físicos a comienzos del siglo XX cuando estudiaban el fenómeno cuántico: ¿Es la luz una "onda" o una "partícula"? La respuesta fue "ambas" o, mejor dicho, "depende". Análogamente, al reflexionar sobre la soberanía en este fin de siglo, debemos comprender que se encuentra amenazada y firme a la vez (si bien a diferentes niveles).

El profesor Perritt reconoce que sus argumentos están "basados expresamente en la aceptación de la visión liberal de las políticas nacionales e internacionales... [y que] [e]sta visión no goza de una aceptación general"[15]. No obstante, considero que además de la dicotomía que el profesor Perritt percibe entre el liberalismo y el realismo en lo referido a las teorías sobre las relaciones internacionales, existen muchas otras posturas en juego. Como señala el profesor Perritt: "[e]l ciberespacio no se ha escapado del torbellino de la política, ya sea a escala nacional o internacional"[16]. Además, algunas perspectivas fuera del liberalismo o del realismo tienden a criticar los efectos ideológicos

[11] *Idem*, p. 439.
[12] *Idem*.
[13] *Idem*.
[14] *Idem*, p. 440.
[15] *Idem*, p. 441.
[16] *Idem*, p. 442.

y el carácter inconcluso de estos enfoques analíticos. Por ejemplo, tanto la postura realista como la liberal parecen incapaces de explicar satisfactoriamente la tensión que surge cuando el discurso de la globalización se cruza con el discurso de la diferencia. En este artículo se tratarán tres frentes contemporáneos en los que se ha debatido el concepto tradicional de soberanía, frentes que han producido soberanías múltiples, superpuestas y mutantes que desafían tanto la visión liberal como la realista. En primer lugar se encuentra la reconfiguración cada vez más amplia y vigente de las esferas pública y privada. En segundo lugar, la desilusión generalizada y la pérdida de fe en las instituciones e ideales políticos. Por último, la multiplicación de espacios y la pérdida de "lugar", características de este momento.

3. Soberanía: tres frentes cuestionados

A. Reconfiguración de la distinción público/privado

Hace ya un tiempo que se pregona el fin de la distinción entre lo público y lo privado, lo cual trae a la memoria las observaciones que hizo Mark Twain en cuanto a que los informes sobre su muerte eran sumamente exagerados[17]. Al menos desde el análisis de la distinción público/privado que hicieron los partidarios del Realismo Jurídico en las décadas de 1920 y 1930, que avaló el surgimiento del Estado burocrático administrativo estadounidense, la noción de que la distinción público/privado es incoherente, en el mejor de los casos, y perniciosa, en el peor de ellos, ha pasado del iconoclasmo al sentido común y luego al cliché[18]. ¿Qué debemos pensar de la larga vida de la distinción público/privado, a pesar de las afirmaciones que anticipan su fin?

En primer lugar, debemos tener presente la interpenetración entre lo público y lo privado que ha ido teniendo lugar en niveles que abarcan de lo nacional a lo internacional[19]. Esta interpenetración funcional dificulta sobremanera las concepciones tradicionales acerca de las formas de soberanía, ya sea de gobiernos locales o naciones Estado (es decir, instituciones públicas que ejercen poder soberano)[20]. Cada vez más, las diferentes clases de instituciones

[17] Gerald E. Frug, "The City as a Legal Concept", *Harv. L. Rev.*, Nº 93, p. 1057 (1980); Simposio, "The Public/Private Distinction", *U. Pa. L. Rev.*, Nº 130, p. 1289 (1982); Jerry Frug, "Decentering Decentralization", *U. Chi. L. Rev.*, Nº 60, p. 253 (1993).

[18] Ver Laura Kelman, *Legal Realism at Yale 1927-60* (1986); Morton J. Horwitz, *The Transformation of American Law 1870-1960* (1992); *American Legal Realism* (Thomas Reed et al. ed., 1993).

[19] Ver Kaplan, *supra* nota 6.

[20] Kennedy, *supra* nota 5, p. 114.

El pensamiento totalizador de Foucault... no incluye al mercado, sino que lo encierra entre paréntesis. Por un lado, está el Estado, el nexo de la "Ley como Soberana". Por el otro, las instituciones –el Ejército, la cárcel, la Iglesia, la institución psiquiátrica, el hospital, el internado,

y organismos privados han adquirido aspectos de soberanía y han surgido instituciones híbridas que no son completamente públicas ni completamente privadas[21]. En el plano nacional, sólo basta observar los fenómenos como la aparición de cooperativas de capital limitado, las sociedades de desarrollo comunitario, los fideicomisos para la administración de fondos destinados a viviendas y tierras, o incluso los comienzos históricos de Internet y su interrelación con la *National Telecommunications and Information Administration* (Agencia Nacional de Información y Telecomunicaciones) para percibir que la línea que divide las iniciativas de la esfera pública y los mercados privados se ha vuelto cada vez más borrosa[22]. En el ámbito internacional, como señala el profesor Perritt, este desdibujamiento de la línea divisoria se manifiesta en el surgimiento de organizaciones no gubernamentales de todo tipo, así como de consorcios que abarcan la totalidad de la industria (por ejemplo, SIATECH).

Por otro lado, Duncan Kennedy describe una visión –basada en la de los adeptos al realismo jurídico en los Estados Unidos en la década de 1930– en la que la esfera pública no "usurpa" ilegalmente las prerrogativas de los actores de la esfera privada, sino que crea, mantiene y, de hecho, avala su propia existencia. En la siguiente cita, resulta fácil imaginar los derechos de la propiedad intelectual como un producto social producido en forma conjunta que combina la labor creativa de un individuo o grupo con trabajos e ideas preexistentes:

---

la familia– y las profesiones. Foucault critica una visión particular de la relación entre estos dos extremos... compartida por el liberalismo y el marxismo. Según esta visión, o bien los ciudadanos ceden el poder al Estado soberano, que entonces se vale de la ley para mantener el orden en la sociedad, con el fin de prevenir el abuso de autoridad del estado (liberalismo), o bien la clase dirigente expropia el poder del pueblo (marxismo).

El primer problema que presenta este... análisis... es que sobrestima la importancia del orden impartido por el Estado (o por la clase capitalista) y subestima la autonomía de los actores del sector institucional/profesional, quienes imponen buena parte del orden "disciplinario", bajo amplias concesiones de la autoridad legal...

En segundo lugar, la teoría de la "Ley como Soberana" sobrestima la autonomía de los actores privados que delegan poder al Estado, debido a que no tiene en cuenta ni el proceso de control ni el de "creación del sujeto" que recae en las instituciones liminales.

Idem.

[21] Ver Frug, "Decentering Decentralization", *supra* nota 16; Jerry Frug, "The Geography of Community", *Stan. L. Rev.*, Nº 48, p. 1047 (1996).

[22] Ver Laura Padilla, "Reflections on Inclusionary Housing and a Renewed Look at its Viability", *Hofstra L. Rev.*, Nº 23, p. 539 (1995); Duncan Kennedy, "Neither the Market Nor the State: Housing Privatization Issues", en *A Fourth Way? Privatization, Property, and the Emergence of New Market Economies*, p. 253 (Gregory S. Alexander et al. ed., 1994). Ver también Kenneth T. Jackson, *Crabgrass Frontier: The Suburbanization of the United States*, p. 135 (1985).

El Estado recurre a la fuerza para asegurar que se obedezcan las reglas del juego en lo que se refiere a negociar un producto en común. En la medida en que estas reglas afecten el resultado y fuercen a las partes a conformarse con un *x* en lugar de un y por ciento del producto conjunto, el Estado está implicado en el resultado. Es autor de la distribución, si bien esa distribución parece estar determinada exclusivamente por el acuerdo "voluntario" entre las partes[23].

Sin embargo, esta tendencia a reconocer la interpenetración funcional de lo público y lo privado no está exenta de críticas. La *Sagebrush Rebellion(a)* y los movimientos *"Wise Use"(b)*[24] y "*County Rights*" en el oeste de los Estados Unidos insisten en restablecer una demarcación estricta entre las esferas pública y privada sobre la base de un fuerte y antiguo libre albedrío conservador que considera la intervención del Estado como un mal absoluto[25]. También es notable la difusión de ecos libertarios en el ciberespacio[26]. Asimismo, es importante

[23] Kennedy, *supra* nota 4, pp. 85-86. Ver también Duncan Kennedy y Frank Michelman, "Are Property and Contract Efficient?", *Hofstra L. Rev.*, N° 8, p. 711 (1980).

(a) *Sagebrush Rebellion*: término acuñado en la década de 1970 para referirse a los movimientos de resistencia organizada que tuvieron lugar en el oeste de los EE.UU. en contra de las políticas federales concernientes a tierras fiscales. (*N. del T.*)

(b) *Wise Use Movement*: movimiento ecologista de los EE.UU. surgido a mediados de la década de 1960. (*N. del T.*)

[24] Ver *United States v. Nye County, Nevada, F.Supp.*, N° 920, p. 1108 (D. Nev. 1996) (oposición a un decreto estadual que otorgaba jurisdicción local o estadual sobre tierras fiscales). Ver también Erik Larson, "Unrest in the West", *Time*, octubre 23, 1995, p. 52; Nancie G. Marzulla, "The Property Rights Movement: How it Began and Where it is Headed", en *Land Rights 1*, p. 3 (Bruce Yandle ed., 1995) (descripción del origen del movimiento *Wise Use*).

[25] Ver en general, John Perry Barlow, "The Economy of Ideas: A Framework for Rethinking Patents and Copyrights in the Digital Age (Everything You Know About Intellectual Property is Wrong)", *Wired*, marzo 1994, p. 84; John Perry Barlow, "A Cyberspace Declaration of Independence" (9 de febrero, 1996). <http://www.eff.org/pub/publications/John_Perry_Barlow/ barlow/o296. declaration>; Esther Dyson et al., "A Magna Carta for the Knowledge Age", New Perspectives Quarterly, otoño de 1994, p. 26; Eric Huges, "A Cyberpunk's Manifesto" (visitado el 28 de abril, 1998). <http://www.replay.com/cpunk/manifesto.html>.

[26] James Boyle, "Foucault In Cyberspace: Surveillance, Sovereignty, and Hard-Wired Censors", *U. Cinn. L. Rev.* N° 66, p. 177 (1997).

[U]no de los aspectos más sorprendentes de la Red es la inestabilidad de la cartografía política. Dividimos nuestro mundo en territorios continuos y opuestos entre sí –público y privado, propiedad y soberanía, regulación y *laissez-faire*– y "resolvemos" problemas indagando acerca de la ubicación que éstos tienen en este mapa... En la Red... los conceptos y las fuerzas políticas parecen estar libres. Para dar un ejemplo, nada mejor que el debate sobre la propiedad intelectual *on-line*. En el ámbito digital, ¿es la propiedad intelectual sólo propiedad, la condición previa a un mercado no regulado, sólo un ejemplo más de los derechos para cuya protección los libertarios creen que el estado fue específicamente creado? ¿O propiedad intelectual significa en realidad regulación pública, artificial en vez de natural, un monopolio inventado impuesto

distinguir entre las posturas ideológicas del "liberalismo" y las más radicales del "libre albedrío". La visión "liberal" plantea una división un tanto optimista y relativamente estable entre las esferas pública y privada. La visión "libertaria" presenta a las esferas pública y privada enzarzadas en un combate a muerte: la visión "libertaria" está impulsada por la paranoia ante la posibilidad de que el dominio público "usurpe" la esfera pública y la sofoque[27].

La retórica de la "usurpación" –es decir, que el gobierno ha usurpado las prerrogativas del pueblo– es una postura ideológica. Se enmascara la afirmación de que la esfera pública amenaza con derrotar a la privada (la realidad de que pueda estar ocurriendo lo contrario, en lo retórico como en lo real). El Estado absolutista demoníaco del modelo de Austin y Hobbes[28] puede ser sólo una pantalla ideológica que oculta los graves efectos normativos y distributivos que pueden tener estas afirmaciones acerca de la "usurpación"[29]. Para mostrar el poder de esta teoría libertaria, pensemos por un momento en la historia literal de Internet: comenzó como una red llamada ARPA (*Advance Research Project Agency*)[30], que era pagada y subsidiada con fondos del gobierno. El hecho de que sea plausible sostener que Internet es privada y "pre-política" en un sentido libertario pone en evidencia la gran influencia que ejerce esta postura ideológica en particular[31].

Hay algo de cierto en el hecho de que una clara distinción entre las esferas pública y privada refleja diferencias fundamentales en los tipos de ta-

---

por un Estado soberano, una intervención que distorsiona y coarta la libertad en un ámbito que, de lo contrario, sería libre?

Idem, p. 180.

[27] John Austin, *Lectures on Jurisprudence* (Robert Campbell ed., 5ª ed. 1911); John Austin, *The Province of Jurisprudence Determined* (1954); James Boyle, "Thomas Hobbes and the Invented Tradition of Positivism: Reflections on Language, Power, and Essentialism", *U. Pa. L. Rev.*, Nº 135, p. 383 (1987).

[28] Ver en general Boyle, "Foucault in Cyberspace", *supra* nota 26.

[29] Ver en general Bruce Sterling, *The Hacker Crackdown: Law and Disorder on the Electronic Frontier* (1992).

[30] Boyle, "Foucault in Cyberspace", *supra* nota 26, p. 178.

Durante mucho tiempo, los partidarios de Internet creyeron que la Red iba a ser en gran medida inmune a las regulaciones del Estado. No se debía tanto a que las naciones estado no quisieran regularla, sino a que serían incapaces de hacerlo, impedidas por la tecnología del medio, la distribución geográfica de los usuarios y la naturaleza de los contenidos. Esta inmunidad tripartita se convirtió en una especie de Santa Trinidad de Internet, en la cual se debía tener fe para ser aceptado en la comunidad.

Idem.

[31] Gerald Torres, "Taking and Giving: Police Power, Public Value, and Private Right", *Environmental L. Rev.*, Nº 26, p. 1 (1996); Margaret Jane Radin, "Property and Personhood", *Stan. L. Rev.*, Nº 34, p. 957 (1982) (debate sobre la dificultad de distinguir las "reglas de inenajenación" de las "reglas de propiedad").

reas y misiones emprendidas por las instituciones que operan en alguna de estas dos esferas. Sin embargo, la crítica libertaria al gobierno la mayor de las veces sostiene que los organismos públicos deberían estar sujetos a los mismos estándares (como una máxima optimización) que rigen para las empresas privadas: en otras palabras, que el gobierno debería ser dirigido como si fuese una empresa privada[32]. Así, la retórica de la privatización y disciplina de mercado se convierte en una herramienta que elimina la distinción entre lo público y lo privado: los estándares privados de eficiencia deben regir todas nuestras instituciones y aquellas que no se adhieran a esos estándares se considerarán ilegítimas. Desgraciadamente, lo que hace esta valorización de la esfera privada es ocultar el hecho de que las instituciones públicas y privadas realmente tienen funciones distintas que no siempre son contiguas. Estas instituciones son esenciales las unas para las otras de un modo significativo: las instituciones públicas como las legislaturas, los tribunales y los organismos avalan y hacen posible las transacciones de mercado en lo que se conoce como la esfera privada. Además, las instituciones privadas que recurren a criterios de maximización total no siempre producen o evalúan con precisión el valor de cuestiones como la integridad ambiental, la democracia o una forma de gobierno republicana. Así, en lugar de pregonar a los cuatro vientos la decadencia de la distinción público/privado, quizá deberíamos pensar cómo reconstruirla dentro de un contexto ideológico que busca ilegitimar las iniciativas públicas y valorizar un dominio privado en el que abundan las mónadas voraces, que aprovechan al máximo los recursos, que buscan el interés propio (y que fueron digitalizadas recientemente).

B. La pérdida de fe en las instituciones políticas y la desilusión con respecto a los ideales

La pérdida de fe y desilusión actual respecto de las instituciones e ideales políticos está relacionada con la reconfiguración de la distinción público/privado mencionada anteriormente. Para comenzar, se puede citar como ejemplo

[32] Como señala el profesor Boyle, irónicamente aunque los ciberlibertarios intenten ocultar sus identidades financieras tras la codificación y el anonimato, pueden descubrir que "existe una diferencia entre la expresión que está amparada por la Constitución y la que es prácticamente irregulable; de hecho, esta última puede, en algunos casos, socavar la protección de la primera". Boyle, "Foucault in Cyberspace", *supra* nota 25, p. 178. Ver también Bruno Giussani, "Germany, Advancing Communications Law, Seeks to Give Internet Legal Framework", *N.Y. Times* (17 de junio, 1997). <http://www.nytimes.com/library/cyber/week/061797germnay.html> (debate sobre la nueva legislación multimedia de Alemania que consiste en "cuatro puntos principales: proteger a los niños, crear un plan de certificación llamado 'firma digital' para las transacciones electrónicas, hacer más estrictas las reglas para la recopilación de datos personales y establecer la responsabilidad por el contenido ilegal que circula a través de las 'redes' digitales").

el caso de los Estados Unidos, que tiene uno de los menores porcentajes de votantes del mundo. A pesar de las invocaciones de Ross Perot referidas a los "municipios electrónicos", Internet no parece anunciar de manera inminente un resurgimiento de la esfera civil. Alimentados por el enojo y los duros ataques libertarios y paleoconservadores que se proponen "no cargar más con el gobierno, ni sobre nuestras espaldas ni en nuestros bolsillos", no es sorprendente que muchos grupos y personas sean extremadamente cínicos acerca de las instituciones públicas en diversos niveles, desde el *Internal Revenue Service* (Organismo Nacional Recaudador de Impuestos) hasta la Junta Vecinal de Zonificación. De hecho, parte del atractivo que ejercen los sistemas de dinero electrónico, de los remailers anónimos y de la fuerte codificación está teñido de políticas libertarias poco ocultas: si el Estado no te puede identificar, entonces, a efectos prácticos, tampoco te puede cobrar impuestos[33]. John Perry Barlow, ciberguru y cofundador de la *Electronic Frontier Foundation*, en una conferencia llevada a cabo en Oregon a fines de 1995, especuló que el día en que el *e-cash* (dinero electrónico) sea viable, los impuestos se volverán voluntarios (con las previsibles consecuencias para las políticas tributarias y de transferencia del Estado contemporario)[34].

En el plano nacional, esta desilusión se manifiesta en: (1) los nuevos argumentos sobre "racismo inverso", igualdad formalista, "daltonismo racial"[35] y el cínico cambio de foco de la retórica en esta era posterior a los derechos civiles, que persigue fines opuestos a los proclamados en las luchas por los derechos civiles en los EE.UU. en la década de 1960[36]; (2) las iniciativas como las *California's Propositions* N° 187 y 209[37], y (3) las decisiones judiciales como *Hopwood v. University of Texas Law School*[38]. En el plano internacional, se destaca la división del comercio y los derechos humanos que se produjo durante la gestión de Clinton, en particular en lo que atañe a las relaciones entre China y los Estados Unidos. También cabe mencionar que, si bien el fin del apartheid en Sudáfrica fue una gran victoria, este triunfo puede haberse adquirido a expensas de importantes reformas económicas: las mismas compañías multinacionales que eran los principales actores del mercado antes del fin del apartheid son las que ahora controlan la mayor parte de los recursos.

[33] Ver Simposio, "Innovation and the Information Environment", *Or. L. Rev.*, N° 75, (1996). Los comentarios de Barlow fueron tomados del discurso de apertura que dio en la conferencia y que no fue publicado.

[34] Ver *Adarand v. Pena*, 515 U.S. 200 (1995).

[35] Ver Eric K. Yamamoto, "Critical Race Praxis: Race Theory and Political Lawyering Practice in Post-Civil Regime America", *Mich. L. Rev.*, N° 95, p. 821 (1997).

[36] California's Proposition 187 (1994); California's Proposition 209 (1996).

[37] Ver *Hopwood v. University of Texas Law School*, 78 F. 3° 932 (1996), certiorari negado, 116 *S. Ct.* 2581 (1996).

[38] Ver Louis Henkin, *The Age of Rights* (1990).

Como señala el profesor Perritt, el panorama tal vez no sea completamente desolador ya que Internet posibilita que las organizaciones no gubernamentales intervengan con el fin de difundir información y supervisar las tareas para que no se violen los derechos civiles ni se dañe el medio ambiente. Sin embargo, como se explicará más adelante, las iniciativas en estos dos frentes causan ciertos problemas en lo que a sus tendencias "universalizadoras" se refiere. El hecho de mencionar esta desilusión generalizada no significa que la retórica de los derechos civiles nacionales o los derechos humanos internacionales esté agotada[39]. Todo lo contrario. Dentro del contexto de tres generaciones de derechos humanos, los esfuerzos por extender y crear un tercer paradigma son críticos en este momento.

Muchos especialistas en Derecho Internacional hicieron referencia últimamente a la noción de tres generaciones de derechos humanos[40]. La expresión y la comunicación digitales plantean interrogantes de importancia acerca de la repetición de estos derechos. La primera generación consiste en lo que podrían denominarse derechos "negativos", es decir, derechos contra la intervención del Estado en lo que concierne a la libertad de expresión, contra el allanamiento y el embargo de bienes sin una orden judicial, contra el encarcelamiento sin debido proceso[41]. En esencia, éstos son ejemplos de situaciones de "liberación de" las injusticias del ejercicio de poder del Estado contra la propiedad o la persona. En el ámbito digital, ¿qué sucede con la exportación incompleta, y por eso preocupante, de normas estadounidenses? Si bien estamos ansiosos por "internacionalizar" el alcance de nuestras leyes nacionales de la propiedad intelectual por medio de acuerdos como el GATT-TRIPS, el NAFTA, u otros tratados promulgados con los auspicios de organizaciones como la Organización Mundial de la Propiedad Intelectual (OMPI), ¿dónde está el deseo concomitante de exportar la noción de *fair use* ("uso justo")[42] y las normas de libre expresión que figuran en la Primera Enmienda? La segunda generación de derechos humanos tiene que ver con los derechos de discrimi-

[39] Elizabeth M. Iglesias, "International Law, Human Rights, and LatCrit Theory", *U. Miami Inter-Am.* L. Rev., Nº 28, pp. 177, 183 (1996).

La doctrina del *fair use* fue incluida en la Ley de *Copyright* en 1976 (Sección 107) para eliminar la necesidad de obtener permiso o pagar regalías para "fines diversos como: crítica, comentarios, redacción de noticias, enseñanza (incluyendo la distribución de copias para ser utilizadas en clase), trabajos académicos e investigación". (*N. del T.*)

[40] Berta E. Hernández-Truyol, "Civil and Political Rights: An Introduction", *U. Miami Inter-Am. L. Rev.*, Nº 28, pp. 223, 236 (1996).

[41] De hecho, John Perry Barlow ha dicho que "en el ciberespacio, la Primera Enmienda es una ordenanza local". John Perry Barlow, "Leaving the Physical World" (visitado por última vez el 8 de abril, 1998) <http://www.eff.org/pub/Publications/John_Perry_Barlow/HTML/ leaving_the_physical_world.html>

[42] Ver en general Iglesias, *supra* nota 39.

nación positiva: aquellos derechos que puede tener un individuo por medio de los cuales goza de beneficios otorgados por el Estado, como alimento, educación, salud, vestimenta y vivienda[43]. Estos derechos surgen a la par del crecimiento y la expansión del Estado administrativo burocrático de mediados del siglo XX y, a menudo, implican un derecho particular del individuo a tener una audiencia (o algún otro tipo de proceso judicial) previa a la culminación de esos beneficios.

La formulación legal de la tercera generación de derechos humanos ha sido la más controvertida. Esta tercera generación consiste en lo que podría vagamente denominarse derechos de grupo o de solidaridad: aquellos derechos que poseen uno o varios grupos dentro de una sociedad[44]. Algunos de estos derechos desafían las afirmaciones individualistas que subyacen a gran parte del discurso liberal sobre "derechos". Por ejemplo, ¿cómo se presenta una demanda legal para reparar la violación del derecho de gozar de un medio ambiente limpio y saludable? ¿Y en el caso del derecho a la paz? ¿O al desarrollo? Algunas de las demandas acerca del racismo ambiental se pueden concebir como una repetición de ciertas cuestiones de los derechos humanos de tercera generación. ¿Por qué las Naciones Unidas envían observadores a Haití para asegurar "elecciones libres y equitativas" y no a Bossier Parish, Luisiana, o al condado de Cook, Illinois?

Otro aspecto importante de estos nuevos análisis de soberanías múltiples y superpuestas consiste en reconocer la complejidad y contingencia de las fronteras políticas: las mismas unidades políticas que constituyen la representación política. El hecho de indagar en forma crítica en las condiciones previas al proceso y otorgamiento de derechos democráticos es incluso otro vínculo en el espacio que separa lo local y lo global[45].

También, reconocer que existen soberanías múltiples y superpuestas permite a su vez reconocer que la "Democracia" con "D" mayúscula o los "Mercados" con "M" mayúscula pueden no existir, sino que tienen un espectro sumamente amplio y variable de repeticiones y significados. Por ejemplo, podemos mencionar las democracias sociales de Europa Occidental y Canadá, la visión individualista de los Estados Unidos y los mercados autoritarios de Singapur o Hong Kong. Por lo menos, la consigna es la contingencia.

43 Natsu Taylor Saito, "Considering Third Generation International Human Rights Law in the United States", *U. Miami Inter-Am. L. Rev.*, N° 28, pp. 387, 389 (1996); Ileana M. Porras, "Reflections on Environmental Rights as Third Generation Solidarity Rights", *U. Miami Inter-Am. L. Rev.*, N° 28, pp. 413, 415 (1996).

44 Robert S. Chang y Keith Aoki, "Centering the Immigrant in the Inter/National Imagination", *Cal. L. Rev.*, N° 85, p. 1395 (1997).

45 Ver Rosemary J. Coombe, "Left Out of the Information Highway", *Or. L. Rev.*, N° 75, p. 237 (1996).

En medio de este panorama, los términos cruciales como "democracia", "autonomía" y "comunidad" están bajo tela de juicio y están mutando con rapidez. En la medida en que el surgimiento y difusión de redes globales como Internet invitan al debate de estos términos, no somos testigos del fin de la soberanía, sino de su transformación.

C. *Multiplicación de espacio(s) y pérdida de lugar*

Para unir las dos tendencias anteriores, es necesario comprender una paradoja fundamental de la globalización: el mundo es cada vez más homogéneo, pero está cada vez más lleno de diferencias[46]. Una hamburguesa Big Mac de McDonald's es igual en Oshkosh que en Kuala Lumpur, ¿no es cierto? Comprender esta paradoja implica darse cuenta de que vivimos en un mundo formado por una matriz en continua transformación de soberanías superpuestas, múltiples, opuestas y, por momentos, contradictorias. Algunas de estas soberanías son privadas; otras, públicas; algunas son características de cierta nación Estado; otras carecen de una ubicación geográfica determinada. No es sorprendente que se haya producido una multiplicación de espacio(s). El mundo es cada vez más homogéneo; sin embargo, el mundo está cada vez más lleno de diferencias.

Existen cinco tendencias homólogas en lo que se refiere a la multiplicación del espacio y la pérdida de lugar que están en juego. En primer lugar, la conexión entre geografía y soberanía se ha visto interrumpida, aunque todavía no se sabe hasta qué punto. Al menos, el colapso de la ex Unión Soviética y del mapa geopolítico de relaciones de poder entre Oriente y Occidente indica que la interrupción es considerable. Tradicionalmente, la conexión entre geografía y soberanía trataba de sujetos fijos en el espacio; la ubicación ya no es un referente fijo o particularmente estable. Incluso la división Norte-Sur del mapa mundial y los análisis del subdesarrollo y la dependencia dejaron, en gran medida, de girar en torno de las distinciones entre el Primer Mundo (Occidente industrializado), el Segundo (la ex Unión Soviética y sus aliados) y el Tercer Mundo (los demás países).

Paulo Freire señaló la manera en que la periferia se ha incorporado a la metrópolis, los márgenes se han instalado en el centro y viceversa[47]. Desde el punto de vista social, económico e incluso político, los sectores marginales del sector central sur de la ciudad de Los Ángeles pueden tener más en común con las fábricas malayas donde se explota a los trabajadores que con el distrito financiero de Los Ángeles. A fines del siglo XX, el mapa del mun-

[46] Paulo Freire, *Pedagogy of the Oppressed*, p. 55 (Myra Bergman Ramos trad., 2ª ed. 1993).

[47] Aoki, "(Intellectual) Property and Sovereignty", *supra* nota 1, p. 1298.

do no muestra un planeta cubierto de una tranquilizadora red de tecnología de comunicaciones y transporte... "lo mundial" no es "planetario" en ningún sentido de la palabra[48]. Internet, la supuesta red mundial, se extiende sobre continentes enteros o los pasa por alto, como también lo hace con regiones enteras dentro de países y ciudades. Este mapa mundial se distingue por sus grumos, su irregularidad y su extremadamente bifurcada y despareja distribución de recursos dentro de los países y entre ellos, en todo nivel, del local al internacional. Cómo y por qué surgieron estos espacios diferenciados son preguntas apremiantes.

En segundo lugar, la continuación y aceleración del capitalismo mundial transnacional y la correspondiente reestructuración económica desafían las nociones tradicionales de soberanía de la nación Estado[49]. El papel tradicional de las naciones Estado como soberanas se ve amenazado en tratados y acuerdos como el GATT y el NAFTA. Impulsados por la ideología de libre comercio y libre mercado, los productos y el capital circulan cada vez más con relativa libertad a través de las fronteras nacionales; sin embargo, cuando las personas, al menos algunas de ellas, intentan cruzar esas mismas fronteras, éstas se cierran súbitamente[50]. Además, en un mundo que cada vez tiene menos fron-

[48] Algunos de estos macrofenómenos incluyen guerras, disputas comerciales y decisiones de inversión del FMI y del Banco Mundial que afectan el desarrollo. Ver Tariq Banuri, "Development and the Politics of Knowledge: A Critical Interpretation of the Social Role of Modernization Theories in the Development of the Third World", en *Dominating Knowledge*, pp. 29, 63-65 (Frederique A. & Stephen A. Marglin eds., 1990) (trata acerca de cómo la modernización y el desarrollo en el Tercer Mundo han sido en extremo desparejos, produciendo altos niveles de desempleo y pobreza, lo cual acarreó consecuencias que forzaron a la inmigración). Para una descripción de las dinámicas cambiantes de los flujos de capitales transnacionales, ver David Slater, "Contesting Occidental Visions of the Global: The Geopolitics of Theory and North-South Relations", p. 10. *Más Allá Del Derecho –Beyond Law*, p. 97, 108 (1995). "[D]entro de las naciones Estado más pobres del mundo, la hegemonía del FMI y del Banco Mundial, así como la privatización y liberalización que estos organismos legitiman, incorpora mecanismos políticos para representar los intereses del Occidente industrializado y de sus organizaciones transnacionales." *Idem.*

[49] Acerca de flujos de trabajo dentro de las fronteras y a través de ellas, ver Peter Dicken, *Global Shift: The Internationalization of Economic Activity* (2ª ed., 1992) (analiza los múltiples niveles en los que tuvo lugar la globalización en la década de 1980); Roland Robertson, *Globalization: Social Theory and Global Culture* (1992); Robert W. Cox, "Global Restructuring: Making Sense of the Changing International Political Economy", en *Political Economy and the Changing Global Order*, p. 45 (Richard Stubbs & Geoffrey R. D. Underhill eds., 1994) (analiza los efectos de la globalización bajo la lupa de la economía política).

[50] La transición de los antiguos modelos fordistas de producción en masa estandarizada a un nuevo modo postfordista de acumulación flexible transforman de raíz la relación entre la economía de un país y su territorio. En los Estados Unidos, el fordismo fue un período relativamente estable, en el que los trabajadores de las plantas de montaje ganaban un sueldo relativamente alto, lo que les permitía adquirir más productos de consumo. El fordismo describe el breve pe-

teras, ¿qué debemos pensar acerca de las regulaciones ambientales y laborales "que tienen forma de pirámide descendente"[51], donde la presencia de mano de obra más barata o la escasa o inexistente legislación en otros lugares impulsa (o incita) la fuga de capitales?[52]. Esa fuga de capitales también influye en la disminución de salarios en los Estados Unidos y puede convertirse en un obstáculo importante tanto para la legislación ambiental o laboral como para la organización de sindicatos[53].

La tercera tendencia es similar a las otras: el "maremoto" de las comunicaciones de fin de siglo que se expande por todo el planeta. Al menos, la experiencia de vida "conectada" al ciberespacio da origen a un sentido de identidad y afiliación que es cambiante, múltiple, fluido y se superpone con otros.

---

ríodo de equilibrio en el que la creciente capacidad de producción en masa debida a las nuevas tecnologías (mayor suministro) estaba equilibrada por un creciente consumo (creciente demanda del consumidor de productos manufacturados). Los trabajadores de una planta de automóviles Ford podían costear un Ford T de los que producían. A medida que los modos de producción se volvieron más "flexibles" y especializados (como consecuencia de los avances en el transporte y las comunicaciones), la posibilidad de que el capital se "acumulara en forma flexible" incrementó. Los gastos (salarios, costos de energía y regulación estatal) se podían reducir o evitar si se trasladaba la producción a otras regiones o a otros países donde los gastos eran menores. Esto crea una acumulación flexible en forma de pirámide descendiente en cuanto a que el capital multinacional busca áreas donde no existan sindicatos de trabajadores, legislaciones ambientales, normas de seguridad laborales y donde los salarios sean bajos. El término "post-fordismo" abarca esta transición a regímenes de acumulación flexible. Ver Michel Aglietta, *A Theory of Capitalist Regulation: The U.S. Experience*, p. 122-130 (David Fernbach trad., 1976); David Harvey, *The Condition of Postmodernity: An Enquiry into the Origins of Cultural Change* (1984); Charles F. Sabel, "Flexible Specialisation and the Re-emergence of Regional Economies", en *Reversing Industrial Decline? Industrial Structure and Policy in Britain and Her Competitors*, p. 17, 17-19 (Paul Hirst & Jonathan Zeitlin eds., 1989).

51 Ver, por ejemplo, David J. Elkins, *Beyond Sovereignty: Territory and Political Economy in the Twenty-First Century*, p. 27 (1995). Ver también Slater, *supra* nota 47, pp. 101-02.

[La globalización] es un proceso que se refiere a la "multiplicidad de relaciones e interconexiones entre los Estados y las sociedades que conforman el sistema del mundo moderno" que es, en esencia, un fenómeno por medio del cual los acontecimientos, decisiones y actividades de un lugar del mundo pueden influir de manera significativa a los individuos y comunidades de lugares bastante remotos del planeta. En un sentido, eso implica un agrupamiento de procesos por medio de los cuales la política y las actividades sociales se están "extendiendo por todo el mundo" y, en otro sentido, captura una "intensificación en los niveles de la interacción, interconexión o interdependencia entre los Estados y las sociedades que conforman la comunidad mundial." *Idem* (cita de A. McGrew, "Conceptualizing Global Politics", en *Global Politics* (S. Hall et al eds., 1992).

52 Ver Bennett Harrison & Barry Bluestone, *The Great U-Turn: Corporate Restructuring and the Polarizating of America* (1988); Marlene Dixon et al; "Reindustrialization and the Transnational Labor Force in the United States Today", en *The New Nomads: From Immigrant Labor to Transnational Working Class*, p. 101 (Marlene Dixon & Suzanne Jonas eds., 1982).

53 Ver Saskia Sassen, *Losing Control?* Sovereignty in an Age of Globalization, pp. 83-84 (1996).

También somos testigos del surgimiento de una "clase de la información" cosmopolita[54] y transnacional de analistas simbólicos que residen en "metrópolis" o "ciudades globales". Esa clase de la información, a través de su tecnología de comunicaciones rápida como el rayo, dirige y redirecciona los flujos de enormes cantidades de capital y recursos por todo el planeta hacia fines cambiantes y a menudo preocupantes. Los espacios de estas metrópolis de la era de la información son importantes por lo que nos dicen acerca de la distribución de los escasos recursos y el acceso a ellos.

La cuarta tendencia está relacionada con lo que podrían considerarse luchas postcoloniales que incluyen cuestionamientos, directos o de otro tipo, al uso de la fuerza por parte del monopolio estatal. Los grupos como los Zapatistas, liderados por el subcomandante Marcos en la región de Chiapas al sudeste mexicano[55], el movimiento *First Peoples of Canada*[56] o los diversos cambios del Native Hawaiian Sovereignty Movement[57] representan desafiantes reafirmaciones de soberanía, en particular cuando muchos han declarado la muerte de la soberanía o, al menos, su múltiple fragmentación. En cierta forma, esas afirmaciones de soberanía por parte de pueblos indígenas se asemejan a los reclamos de las mujeres y las personas de color que, en sus esfuerzos por ampliar el canon literario occidental, exigían un reconocimiento de sus obras, pero a quienes algunos críticos postestructuralistas dijeron que los "autores"

[54] *La Jornada* (visitada el 10 de mayo, 1998) http://www.cs.oberlin.edu/students/pjaques/ezln/marcos-int-etal.html (entrevista con el Subcomandante Marcos); Two Years After Someone in Mexico Finally Said 'That's Enough' (visitada el 10 de mayo, 1998) http://www.physics.mcgill.ca:80/www/oscarh/RSM/96 twoyearhistory.html; *Two Winds From the Southeast* (visitada el 10 de mayo, 1998) http://www.peak.org/~justin/ezln/SE-in-two-winds.html. Ver en general *Zapatistas in Cyberspace* (visitada el 10 de mayo, 1998).

[55] John Borrows, "Contemporary Traditional Equality: The Effect of the Charter on First Nation Politics", U.N.B. L. J., Nº 43 p. 19, (1994); Patrick Maclem, "Distributing Sovereignty: Indian Nations and the Equality of Peoples", *Stan. L. Rev.*, Nº 45, p. 1311, (1993); William Pentney, "The Rights of Aboriginal Peoples of Canada and the Constitution Act of 1982, Part I: The Interpretive Prism of Section 25", *U.B.C. L. Rev.*, Nº 22, p. 21, (1988); Ellen Turpel, "Aboriginal Peoples and the Canadian Charter: Interpretive Monopolies, Cultural Differences", *Can. Human Rights. Y.B.*, Nº 6, p. 3 (1989-90).

[56] Carey Goldberg, "Native Hawaiians Vote in Ethnic Referendum: Weigh Possibility of New Government", *N. Y. Times*, 23 de julio, 1996, en A6; Mindy Pennybacker, "Should the Aloha State Say Goodbye? Natives Wonder", *The Nation*, 12 de agosto, 1996, p. 21; Bill Weinberg, "The Sovereign Nation of Hawai'i, Come Again?", *High Times* (sept. 1996) http://www.hightimes.com/ht/mag/9609/hawaii.html. Para una comparación del movimiento *First Peoples*, el movimiento Zapatista y el movimiento de *Hawai'ian Sovereignty*, ver Anthony DePalma, "Three Countries Face Their Indians", *N. Y. Times*, 14 de dic., 1996, en D3.

[57] Ver en general *What is an Author?* (Maurice Biriotti & Nicola Miller eds., 1993); Jonathan Culler, *On Deconstruction* (1982).

estaban muertos[58]. La soberanía (y la "autoría") son reclamos importantes y que a menudo otorgan poder, ya que incluyen nociones de propiedad y autonomía. Sin embargo, también debemos reconocer que las nociones de soberanía que heredamos se están fracturando, erosionando, multiplicando y astillando ante nuestros propios ojos.

La idea de nacionalismo está estrechamente relacionada con la reconfiguración de la noción de soberanía[59]. Benedict Anderson escribió acerca de las "comunidades imaginadas" de lo que tradicionalmente entendemos como nación Estado: una nación puede entenderse como un grupo de personas unificadas por un "texto", la nación Estado[60]. En esta época, presenciamos la multiplicación de textos de la nación estado. ¿Cómo debemos entender los reclamos de la *Queer Nation*, la *White Trash Nation*, del movimiento panislámico, el fundamentalismo cristiano, los kurdos, los catalanes, o los *Montana Freemen*? ¿Cuál es la conexión entre soberanía y política de identidad? A pesar de la atenuación de la conexión entre geografía y soberanía, debemos considerar qué significan los reclamos de las personas que no poseen ni ocupan un espacio geográfico legalmente reconocido, en particular cuando la identidad puede repetirse o anunciarse en el no espacio del ciberespacio[61].

La quinta y última inclinación es una concatenación de las tendencias anteriores y consiste en el fantasma de desastres ambientales inminentes y

[58] Ver Arjun Appadurai, *Modernity at Large: Cultural Dimensions of Globalization*, pp. 158-77 (1996) (estudia el surgimiento y la intersección de nuevas formas de nacionalismos con la construcción de identidades relacionadas con la raza y el género); Stuart Hall, "The Global and the Local: Globalization and Ethnicity", en *Culture, Globalization and the World-System: Contemporary Conditions for the Representation of Identity* (Anthony D. King ed., 1991) (describe la problemática relación en lo que respecta a la representación de producción económica cada vez más global y las identidades raciales, étnicas, religiosas y de género localizadas).

[59] Anderson, *supra* nota 3, p.4.

[60] Ver Margaret Chon, "Radical Plural Democracy and the Internet", *Cal.* West. L. Rev., N° 33, pp. 143, 145 (1997).

[61] Acerca de la distribución de los riesgos y cargas ambientales ver Banuri, *Development and the Politics of Knowledge*, *supra* nota 47, pp. 30-31.

[Existe] una creciente asociación entre modernización y desarrollo, y desastres ambientales: la devastación de las selvas tropicales y la divisoria de aguas en las montañas, las consecuencias ecológicas perjudiciales (y no anticipadas) que acarrean los grandes diques y sistemas de irrigación, la desaparición de la tierra para la agricultura de subsistencia ante el avance de la desertificación en África y el anegamiento y la salinidad en Asia, y los altos requisitos de energía y vulnerabilidad de las tecnologías modernas.

Idem. Ver también William A. Plummer, Immigration Project, "The Big Push: Emigration in an Age of Environmental Catastrophe", *Ind. J. Global Legal Stud.*, N° 4, p. 231, (1996) (describe las relaciones que existen entre las políticas de desarrollo que producen cambios ecológicos y sociales que desplazan a la gente, en especial a los pobres, fuera del mundo en vías de desarrollo y los convierten en refugiados ambientales).

crecientes[62]. En el nivel macroscópico, hablamos de temas que traspasan las fronteras como el calentamiento global y la degradación oceánica. En niveles más microscópicos, consideremos el desastre ambiental provocado por la difusión de los patrones de estilo de vida y de consumo estadounidenses en los países en vías de desarrollo. En esos países, por ejemplo, la agricultura de subsistencia y ciertas prácticas agrícolas han ido cayendo en desuso paulatinamente debido a la presión ejercida por la gran agroindustria transnacional. Los que alguna vez fueron agricultores, ahora desposeídos y desplazados, se dirigen a los centros urbanos en busca de trabajo. Estos nuevos itinerantes urbanos hacen cada vez más pesada la carga para los servicios públicos básicos, como el agua, la policía, los bomberos y las necesidades sanitarias y educativas. Sin embargo, muchos gobiernos de países en vías de desarrollo reciben al mismo tiempo graves presiones por parte de instituciones como el Banco Mundial y el Fondo Monetario Internacional (FMI) que han otorgado a esos países préstamos colosales para "privatizar" y recortar servicios sociales "innecesarios"[63]. Esto pone a las instituciones públicas de dichos países entre la espada y la pared. Por un lado, si se recortan o se interrumpen demasiados servicios vitales, existe el riesgo de provocar descontento y malestar social de gran magnitud. Por otro lado, si el gobierno no puede cumplir con las medidas de "austeridad" impuestas por el FMI y el Banco Mundial, se pone en peligro la solvencia de la economía nacional[64].

Al converger, estas tres tendencias –la reconfiguración de la distinción pública/privada, la pérdida de fe en las instituciones políticas y la multiplicación de espacio(s)– han producido soberanías superpuestas y plurales. Si se la entiende de manera apropiada, Internet es un elemento importante de estas tendencias, pero no podemos individualizarla como la única amenaza a la soberanía.

[62] Ver John Williamson, *The Progress of Policy Reform in Latin America* (1990) (trata acerca de las políticas económicas neoliberales promovidas por el FMI y el Banco Mundial, incluyendo la del "discípulo fiscal", que implican la liberalización del comercio y la inversión extranjera, las privatizaciones y la desregulación del mercado interno).

[63] Ver Enrique R. Carrasco, "Opposition, Justice, Structuralism, and Particularity: Intersections Between LatCrit Theory and Law and Development Studies", *U. Miami Inter-Am. L. Rev.*, Nº 20, p. 313 (1997).

[64] Ver, por ejemplo, J. H. Reichman, "The TRIPS Component of GATT's Uruguay Round: Competitive Prospects for Intellectual Property Owners in an Integrated World Market", *Fordham Intell. Prop. Media & Ent. L. J.*, Nº 4, p. 171 (1993) (trata acerca de la integración de cuestiones referidas a la propiedad intelectual al Derecho Económico Internacional). Ver también William P. Alford, "How Theory Does and Does Not Matter: American Approaches to Intellectual Property Law in East Asia", *UCLA Pac. Basin L. J.*, Nº 13, p. 8 (1994); William P. Alford, "Intellectual Property, Trade and Taiwan: A GATT-Fly's View", 1992, *Colum. Bus. L. Rev.*, Nº 97 (estudia la manera en que los cambios en el enfoque de Taiwán hacia la propiedad intelectual se relacionan con la política estadounidense y el GATT).

4. La economía política internacional de la propiedad intelectual y la naturaleza problemática de la "armonización vertical"

Dejando de lado las observaciones generales acerca de los cambios que está sufriendo nuestro concepto de soberanía, el Derecho de la propiedad intelectual resulta un área tan útil como cualquier otra para estudiar algunas de las transformaciones ideológicas y legales provocadas por el discurso de la globalización. Los problemas de la protección internacional de los derechos de propiedad intelectual en Internet plantean el siguiente interrogante: ¿cómo es posible afirmar la estabilidad de las fronteras territoriales frente a avances tecnológicos que las vuelven porosas y problemáticas? Tal vez se pretenda que nuestros conceptos tradicionales de soberanía carguen un peso mayor del que pueden llevar, o que al menos lo carguen sin sufrir transformaciones profundas.[63] Los Estados Unidos suelen privilegiar y ampliar los derechos de sus dueños de la propiedad intelectual ante las afirmaciones de soberanía política de otros países, por ejemplo China[65]. Los acuerdos y tratados mundiales que buscan armonizar las leyes de la propiedad intelectual (por medio de la "armonización vertical" como norma para aumentar la protección) avalan aún más la soberanía de los dueños de la propiedad intelectual estadounidenses[66].

[65] Ver, por ejemplo, Steven Erlanger, "U.S. Set to Impose Limited Trade Sanctions on China", *N. Y. Times*, 21 de feb., 1996, en A9 ("Dado el revuelo que causan los conflictos en los derechos de propiedad intelectual... los funcionarios del Gobierno señalan que no pueden pasar por alto el hecho de que China violó su promesa de cooperar para prevenir la expansión de las armas nucleares..."). Ver también Fareed Zakaria, "China: Appease... Or Contain?: Speak Softly, Carry a Veiled Threat", *Revista N. Y. Times*, 18 de feb., 1996, p. 37 ("Para evitar que surja una crisis tras otra, Washington podría preguntarse cuáles son las medidas chinas que amenazarían sus intereses y valores primordiales.").

[66] *Information Infrastructure Task Force, Intellectual Property and the National Information Infrastructure: The Report of the Working Group on Intellectual Property Rights 2* (1995). Ver también *Agreement on Trade-Related Aspects of Intellectual Property Rights*, 14 de abril, 1994, I.L.M., N° 33, p. 1197, 1201; *North American Free Trade Agreement*, 17 de dic., 1992, I.L.M., N° 32, p. 296, 605; J.H. Reichman & Pamela Samuelson, "Intellectual Property Rights in Data?", *Vand. L. Rev.*, N° 50, p. 51 (1997); J.H. Reichman, "Universal Minimum Standards of Intellectual Property Protection Under the TRIPS Component of the WTO Agreement", *Int'l L.*, N° 29, p. 345 (1995); Pamela Samuelson, "The U.S. Digital Agenda at WIPO", *Va. J. Int'l L.*, N° 37, p. 369 (1997); Seth Schiesel, "Global Agreement Reached to Widen Copyright Law", *N. Y. Times*, 21 de dic., 1996, p. 1, 38 (cita a Bruce Lehman, *U.S. PTO Commissioner*: "Estos tratados sobre los que hemos estado trabajando serán la piedra fundamental del Derecho Económico Internacional para la era de la información y la tecnología del siglo XXI... Y, por primera vez, darán origen al reconocimiento internacional de derechos que ya existen en los códigos de los Estados Unidos..."); *Archive of WIPO Database Protection* (visitado el 15 de abril, 1998) http://www.essential.org/listproc/info-policy-notes (Archivo compilado por James Love del "Con-

A primera vista, una norma internacional uniforme para la protección de la propiedad intelectual parece, en teoría, una idea sumamente razonable (al menos para aquellos que, en los países desarrollados, controlan el creciente número de derechos de propiedad intelectual cada vez más valiosos)[67]. No obstante, a medida que el debate se traslada de lo abstracto a lo específico, surgen problemas respecto de las definiciones de cuestiones aparentemente elementales, como qué es un "trabajo de autoría original fijo" o quién o qué es, en realidad, un autor (desde el punto de vista legal). Incluso en los Estados Unidos, es posible que las respuestas a estas preguntas varíen de manera considerable. Cabe destacar que el concepto mismo de propiedad intelectual, en particular en lo referido al ámbito de la información digital, sufre una amplia variedad de repeticiones y tiene numerosas definiciones posibles que abarcan desde las recomendaciones de fuerte tendencia maximalista del *White Paper* (Documento oficial o Libro Blanco) presentado sin éxito en 1995 por el Departamento de Comercio hasta las opiniones radicalmente no proteccionistas (y un poco ilusorias) de John Perry Barlow[68]. Las variaciones observables entre países como los Estados Unidos y China, claramente distintos en sus concepciones políticas, históricas, legales, culturales y sociales con respecto a los significados de la producción cultural, pueden ser sorprendentes. El discurso de la globalización entra en conflicto con el discurso de la diferencia. Los muy divergentes conceptos de propiedad y posesión, que se originan en

---

sumer Project on Technology"). Para una perspectiva general de la situación previa al TRIP, ver Marshall A. Leaffer, "Protecting United States Intellectual Property Abroad: Toward a New Multilateralism", *Iowa L. Rev.*, N° 76, p. 273 (1991); Ruth L. Gana, "Has Creativity Died in the Third World? Some Implications of the Internationalization of Intellectual Property", *Denv. J. Int'l L. & Pol'y*, N° 24, p. 109 (1995).

67 Ver Curtis A. Bradley, "Territorial Intellectual Property Rights in an Age of Globalism", *Va. J. Int'l L.*, N° 37, pp. 505, 549 (1997); Jane C. Ginsburg, Comentario, "Extraterritoriality and Multiterritoriality in Copyright Infringement", *Va. J. Int'l L.*, N° 37, p. 587 (1997).

68 Barlow escribe:

Como no tenemos una solución para lo que realmente es un nuevo desafío, y no [somos] capaces, en apariencia, de demorar la veloz digitalización de todo lo que no sea obstinadamente físico, navegamos hacia el futuro en un barco que hace agua.

Este barco, el canon de Derecho de autor (*copyright*) y patentes acumulado, fue desarrollado para transmitir formas y métodos de expresión completamente distintos de la carga efímera que ahora debe transportar...

Los esfuerzos legales llevados adelante para mantener a flote el viejo barco son de tres tipos: un frenesí para reorganizar las sillas de cubierta, las severas advertencias a los pasajeros de que, si se hunde, se verán enfrentados a duras sanciones penales, y una negación serena, de mirada vidriosa... Tendremos que desarrollar una serie completamente nueva de métodos que corresponda a esta serie completamente nueva de circunstancias.

John Perry Barlow, "The Economy of Ideas: A Framework for Rethinking Patents and Copyrights in the Digital Age", *Wired, Mar.* 1994, p. 85 (republicado con cambios en http://w.eff.org/pub/Publications/John_Perry_Barlow/HTML/idea_economy_article.html).

circunstancias políticas, económicas y sociales extremadamente diversas, alimentan acaloradas disputas que aparentemente no tienen solución[69].

Debido a que los regímenes legales difieren marcadamente según cada país, resulta problemático tratar de establecer un marco de referencia internacional para la protección de la propiedad intelectual. Entonces, el tema en cuestión consiste en decidir cuál será el marco de referencia y las normas de protección que se convertirán en el modelo único internacional. Aun cuando el acuerdo GATT-TRIP ha establecido ciertos estándares de protección[70], es posible que los lineamientos del Derecho de propiedad intelectual de los Estados Unidos ganen predominio. A su vez, este predominio de las normas de protección de la propiedad intelectual de un país implica la posibilidad de que el TRIP se convierta en un acuerdo que adhiera al poderío de *copyright* internacional de las industrias de propiedad intelectual de los estadounidenses[71].

Últimamente, se ha observado una gran profusión de exhortaciones para lograr que, a nivel mundial[72], se adopten versiones internacionalizadas de las normas de protección de la propiedad intelectual estadounidenses, pero los

[69] Ver William P. Alford, *To Steal a Book is an Elegant Offense: Intellectual Property Law in Chinese Civilization* 3 (1995) ("La política estadounidense con respecto al derecho de la propiedad intelectual ha estado basada en concepciones equívocas fundamentales acerca de la naturaleza del desarrollo legal y, por lo tanto, es necesario reformularla profundamente."); Marcus W. Brauchli, "Chinese Flagrantly Copy Trademarks of Foreigners", *Wall St. J.*, 20 de junio, 1994, en B2 ("La música pirateada representa la mitad de las ventas anuales de discos en China, que ascienden aproximadamente a $700 millones. La industria del *software* calcula que el 94% de los programas que se venden en la China son falsificados, lo cual representa una pérdida que se calcula en $595 millones."); Seth Faison, "Razors, Soap, Cornflakes: Pirating Spreads in China", *N. Y. Times*, 17 de feb., 1995, en D2 (cita a Joseph T. Simone, abogado de Hong Kong: "En la mayoría de los países, si hay diez piratas, se puede perseguir a uno, esperar que siete dejen de falsificar, y después encontrar la manera de agarrar a los otros dos. Pero en China, si se persigue a uno, los otros nueve saben exactamente qué está pasando. No sólo siguen pirateando, sino que se invita a diez más a hacer lo mismo."). El 27 de febrero de 1995, el día en que la República Popular de China y los Estados Unidos firmaron un Acuerdo de Entendimiento según el cual China haría cumplir de manera más estricta su ley de *copyright* que había sido promulgada recientemente, el *New York Times* publicó una nota que describía cómo versiones beta de Windows 95, programa que no se lanzó en los Estado Unidos hasta agosto de 1995, se vendían por cuarenta dólares la copia en Hong Kong. Ver Edward A. Gargan, "Pirate's Bazaar Thrives in Hong Kong", *N. Y. Times*, 27 de feb., 1995, en D1. Ver también Seth Faison, "U.S. and China Sign Accord To End Piracy of Software, Music Recordings and Film: Washington Drops Plan to Impose $1 Billion in Trade Sanctions", *N. Y. Times*, 27 de feb., 1995, en A1.

[70] Rochelle Cooper Dreyfuss, "Two Achievements of the Uruguay Round: Putting TRIPs and Dispute Settlement Together", *Va. J. Int'l L.* N° 37, pp. 275, 276 (1997).

[71] Ver Pamela Samuelson, "The Copyright Grab", *Wired*, enero, 1996, pp. 134, 135-36 (sostiene que las propuestas del Libro Blanco otorgan demasiado control a la industria editorial y del entretenimiento). Ver también Neil W. Netanel, comentario, "The Next Round: The Impact of the WIPO Copyright Treaty on TRIPS Dispute Settlement", *Va. J. Int'l L.*, N° 37, p. 441 (1997).

[72] Ver "World Intellectual Property Organization Meeting", Ginebra, Suiza, dic. 1996.

resultados fueron paradójicos. Las nociones políticas y territoriales tradicionales de soberanía se ven debilitadas por acciones tendientes a otorgar derechos de información *qua* información. A medida que la información que fluye a través de las fronteras por redes mundiales como Internet es reconcebida como propiedad intelectual y está cada vez menos comprendida en objetos físicos, como los libros, el alcance de los derechos de propiedad se expande sin cesar. A instancia de los miembros de la industria de la propiedad intelectual, muchos de los encargados de tomar las decisiones empiezan a optar por las normas y los marcos internacionales de protección de la propiedad intelectual. Esto contribuye a la transformación y reconfiguración de la soberanía nacional y territorial de la que somos testigos en esta época, en particular porque las entidades que poseen los bloques cada vez más grandes de derechos de propiedad intelectual no son países sino corporaciones multinacionales privadas. Sin embargo, en lugar de concebir a Internet como una amenaza para esas soberanías, el surgimiento de Internet, como señala el profesor Perritt, puede representar el afianzamiento de la soberanía nacional, aunque más no sea irónicamente. La ironía reside en que, después, esas entidades deben volver a las afirmaciones de la soberanía de las leyes de propiedad intelectual propias del país para avalar sus reclamos sobre la propiedad[73]. Las entidades transnacionales, cuyas fortunas se basan en la protección de sus propiedades intelectuales, necesitan recurrir a las naciones Estado para asegurar la protección de sus derechos privados.

El patrón que ha surgido respecto de la expansión de la protección de la propiedad intelectual ha sido aumentar "el vaivén" entre las protecciones de cada país y las internacionales. Los Estados Unidos primero adhieren a un tratado multilateral como el GATT, que prevé "normas mínimas" de protección de la propiedad intelectual; a continuación, adoptan medidas con el fin de ampliar en forma parecida sus propios niveles de protección, lo cual, a su vez, ejerce presión sobre otras naciones miembros del tratado para que éstas también aumenten sus niveles de protección[74]. El resultado final es que las normas *mínimas* de protección se ven influidas por los intereses maximalistas *nacionales* de protección de la propiedad intelectual.

[73] Aoki, "(Intellectual) Property and Sovereignty", *supra* nota 2, p. 1293.

[74] Por ejemplo, ver el "No Electronic Theft Act" promulgado, y firmado por el presidente Clinton el martes 16 de diciembre de 1997, "que está dirigido a la piratería de *software* de Internet, para lo cual se clasificó como delito compartir materiales protegidos por el derecho de *copyright*, aun cuando no hubiera lucro de por medio". Jeri Clausing, "Clinton Signs Internet Copyright Act", *N. Y. Times*, *Cyber Times* (17 de dic, 1997) http://www.nytimes.com/library/cyber.

A. La falsa dicotomía entre comerciantes "libres" y comerciantes "leales"

Al ocuparse del tema de la protección de la propiedad intelectual, los tratados como el acuerdo GATT-TRIPS hacen referencia a "la eliminación de las barreras comerciales", que suena más neutral. El mensaje del GATT a los países en vías de desarrollo es: "A cambio de reducir o eliminar las tarifas en artículos como el algodón, para que puedan exportarlos, deben comprometerse a proteger las propiedades intelectuales del mundo desarrollado". Así, el algodón necesario para fabricar una remera de Mickey Mouse se exporta de Malasia a un dólar por libra y vuelve en forma de remera estampada con una marca registrada que se vende a veinticinco dólares.

Este tipo de resultados y arreglos conforman la "ideología de la armonización"[75]. Esta ideología funciona como mediadora de las tensiones que se producen entre comerciantes "libres" y comerciantes "leales" en los debates acerca de las políticas del comercio internacional con respecto a la protección de la propiedad intelectual (o los discursos internacionales sobre el medio ambiente, el trabajo o los derechos humanos). La dicotomía comerciante libre/leal está íntimamente relacionada con una dimensión "no normativa"/"normativa" que se aplica a los reclamos de los respectivos partidarios del libre comercio y la lealtad comercial. Tanto los reclamos de unos como de otros tienen la molesta capacidad de no tener en cuenta y desaprobar los reclamos de los focos notablemente marginales de cada país que deberían, al menos, ser tratados con respeto y no con desdén. ¿Por qué cuando existe un conflicto entre lo mundial y lo nacional, las repeticiones y las diferencias locales suelen pasarse por alto y subordinarse a la noción de la armonización vertical?[76]

Existe una tensión crítica entre la "autonomía" y la armonización vertical con respecto a las normas de protección de la propiedad intelectual incluidas en el acuerdo GATT-TRIP o con respecto a las provisiones de protección ambiental del NAFTA. Los argumentos, supuestamente no normativos, de los partidarios del "libre comercio" a favor de normas convergentes de protección de la propiedad intelectual que son "neutrales" en apariencia (como las formuladas por expertos en instituciones internacionales aparentemente apolíticas como la Organización Mundial de la Propiedad Intelectual) parecen participar íntimamente de la intención de reducir las diferencias internacionales, para asegurar la maximización de la "libre circulación" supues-

[75] Ver Ileana M. Porras, "The Puzzling Relationship Between Trade and Environment: NAFTA, Competitiveness, and the Pursuit of Environmental Welfare Objectives", *Ind. J. Global Legal Stud.* Nº 3, p. 65 (1995). Ver también Porras, "Reflections on Environmental Rights as Third Generation Solidarity Rights", *supra* nota 43, p. 413.

[76] Ileana M. Porras, *Resisting the Irresistible: Difference Under Pressure in the Age of Fair Trade-Finding the Limits of Harmonization* (artículo no publicado, del archivo de la autora).

tamente no normativa del comercio a través de las fronteras. La autonomía y soberanía de los Estados individuales son respetadas en apariencia, pero si analizamos los patrones de los resultados distributivos se pone en evidencia una preocupante tendencia a favorecer los intereses del mundo desarrollado.

Por otro lado, encontramos los argumentos de los partidarios del "comercio leal" que, en una versión perversa del recurso de "elección pública", apoyan la armonización de las reglas para evitar que las leyes de propiedad intelectual adquieran "forma de una pirámide descendente"; también se invoca este argumento en relación con políticas regulatorias ambientales o laborales. Existe el temor por parte de países como los Estados Unidos o países europeos occidentales (un temor justificable tal vez, pero preocupante de todas maneras) de que si los países en vías de desarrollo son capaces de competir con ellos por capital y plantas industriales de fácil traslado, los países en vías de desarrollo podrán hacer ofertas más bajas que los desarrollados debido a los niveles más bajos de protección de la propiedad intelectual que esas empresas tienen en los países desarrollados (en particular, con respecto a la facilidad de copiar que brindan las tecnologías digitales y las redes como Internet). Estos partidarios del "comercio leal" argumentan, entonces, que las protecciones de la propiedad intelectual (o, en muchos casos, las normas laborales o ambientales) deben armonizarse en forma vertical con el fin de que los países desarrollados y los que están en vías de desarrollo se ubiquen en un "campo de juego parejo"[77].

Estas medidas retóricas encierran cierto poder. En los acuerdos comerciales internacionales como el GATT o el NAFTA, los países pobres y en vías de desarrollo, que se sientan a la mesa mundial con una distribución de recursos preexistente despareja (en particular, en lo que respecta a las economías de la información que comprenden una gran cantidad de propiedad intelectual), están estructurados de manera tal que son partícipes de una "ventaja competitiva desleal" porque no adhieren a los niveles más amplios de protección de la propiedad intelectual de los países partidarios de la "lealtad" comercial, ni a otras normas regulatorias (y a los costos concomitantes más altos, que se reflejan en productos más costosos que concuerdan con los precios de los productos de los países desarrollados y que son, en apariencia, más "competitivos")[78]. Cuando los críticos de esa versión internacional de "culpen a la víctima" plantean la cuestión de que estos regímenes "leales" pueden desempeñar un papel considerable en la perpetuación de las desigualdades distributivas que existen

[77] Larry Cata Backer, "Harmonization, Subsidiarity and Cultural Difference: An Essay on the Dynamics of Opposition Within Federative and International Legal Systems", *Tulsa J. Comp. & Int'l L.*, N° 4, p. 185 (1997).

[78] Robert W. Pritchard, "The Future is Now - The Case for Patent Harmonization" *N.C.Int'l L. & Comp. L. J.*, N° 20 pp. 291, 293 (1995).

entre los países del mundo desarrollado y los que están en vías de desarrollo, a menudo se les dice que son obstruccionistas, partidarios de las ineficientes (y perjudiciales) diferencias nacionales/locales. A la luz de este análisis, el libre comercio y la lealtad comercial no son términos polares: la lealtad comercial no es un régimen opuesto al libre comercio, sino una extensión de éste.

Las maneras en que actualmente se estructura la armonización son fomentadas por individuos, empresas, instituciones y ONGS que promueven objetivos de bienestar social a nivel internacional en lo que atañe a los derechos humanos, el trabajo y el medio ambiente[79]. Debido a que estos grupos presentan, en distintos grados, reclamos universalizadores, es posible que un subproducto y una consecuencia de sus exitosos esfuerzos sea la reducción de las diferencias entre lo nacional, lo local y lo internacional. Sin intención de rechazar de plano estas iniciativas, debemos observar la sinergia entre la armonización impulsada por el "bienestar social" (que necesita superar los argumentos acerca de la autonomía y soberanía nacionales) y la armonización impulsada por la "eficiencia comercial". Con respecto a las intenciones de los partidarios del libre comercio y la lealtad comercial, a veces los países permiten la violación de su "soberanía" si se considera conveniente para los intereses económicos del país.

Como señaló la profesora Ileana Porras, la ideología de "la armonización parece ofrecer convergencia y diferencia al mismo tiempo... [Sin embargo] las apariencias engañan y la promesa es vana. La armonización no favorece la diferencia; en cambio, tiene en cuenta que llevará un tiempo eliminarla por completo y está dispuesta a adaptarse a ella temporalmente"[80]. En vez de dejarnos con la cáscara vacía de una armonización desmitificada[81], el presente artículo sugiere que hay mucho por hacer en el importante proyecto de desarrollar un principio limitador contrario a la armonización, como el principio limitador de "subsidiaridad" de la Unión Europea[82].

B. Normas incluidas de protección de la propiedad intelectual mundial

¿Qué debemos pensar de los patrones de distribución producidos por la economía política de la propiedad intelectual, y cómo se relacionan con los regímenes legales que están ligados a la visión liberal de la globalización?

[79] Ver en general Katherine Van Wezel Stone, "Labor and the Global Economy: Four Approaches to Transnational Labor Regulation", *Mich. J. Int'l L.* N° 16, p. 987 (1995).

[80] Porras, *Resisting the Irresistible, supra* nota 75.

[81] Martin Boodman, "The Myth of Harmonization", *Am. J. Comp. L.*, N° 39, p. 699 (1991).

[82] George A. Berman, "Taking Subsidiarity Seriously: Federalism in the European Community and the United States" *Colum. L. Rev.*, N° 94, p. 331 (1994). Ver también Marc Wilke & Helen Wallace, *Subsidiarity: Approaches to Power-Sharing in the European Community* (1990).

En el pensamiento jurídico angloestadounidense, el cruce entre la protección de la propiedad intelectual y el discurso de la globalización privilegia seis normas y presunciones dominantes, aunque algo contradictorias: (1) una distinción supuestamente clara entre lo público y lo privado[83]; (2) una distinción marcada, pero problemática, entre las categorías de propiedad y expresión[84]; (3) una visión de "progreso" "hacia adelante y hacia arriba", lineal y derivada de la Ilustración[85]; (4) un compromiso y una creencia profundamente arraigados en un "mercado de ideas" abierto en el que proliferan una pluralidad de opiniones[86]; (5) una fe (al menos hasta hace bastante poco) en la transparencia

[83] Simposio, "A Symposium on the Public/Private Distinction" *U. Pa. L. Rev.*, Nº 130, p. 1289 (1982); Mark Kelman, *A Guide to Critical Legal Studies*, pp. 102-109 (1987).

[84] Obsérvese que, además de la clara distinción que existe entre las normas de propiedad y las de discurso en el área de la propiedad intelectual, se suelen privilegiar las normas de propiedad sobre las de libre expresión. Ver Wendy J. Gordon, "A Property Right in Self-Expression", *Yale L.J.*, Nº 102, pp. 1533, 1537 (1993) (critica la marcada tendencia de los tribunales de propiedad intelectual de "someter la propiedad intelectual a los mismos principios de libre expresión que limitan otras afirmaciones de poder gubernamental... [M]uy a menudo, los tribunales han hecho oídos sordos a estos argumentos. La palabra mágica 'propiedad' parece suficiente para hacer invisible las cuestiones relacionadas con la libre expresión"). Ver también Keith Aoki. "Authors, Inventors and Trademark Owners: Private Intellectual Property and the Public Domain, PART II", *Colum.-VLA J.L. & Arts*, Nº 18, p. 191 (1994); Rosemary J. Coombe, "Objects of Property, Subjects of Politics: Intellectual Property Law and Democratic Dialogue", *Tex. L. Rev.*, Nº 69, p. 1853 (1991); Rochelle Cooper Dreyfuss, "Expressive Genericity: Trademarks as Language In the Pepsi Generation", *Notre Dame L. Rev.*, Nº 65, p. 397 (1990); Allan C. Hutchinson, "Talking the Good Life: From Free Speech to Democratic Dialogue", *Yale J.L. & Lib.*, Nº 1, p. 17 (1989); Robert C. Denicola, "Trademarks as Speech: Constitutional Implications of the Emerging Rationales for the Protection of Trade Symbols", *Wis. L. Rev.*, N 1982, p. 159. Ver también *Walt Disney Prods. v. Air Pirates*, 581 F. 2d 751 (9th Cir. 1978); *O'Neill v. Walt Disney Prods.*, 439 U.S. 1132 (1979); *San Francisco Arts & Athletics v. United States Olympic Comm.*, 483 U.S. 522 (1987); *White v. Samsung Elec., Inc.*, 971 F. 2 1395 (9th Cir. 1992).

[85] Ver Margaret Chon, "Postmodern 'Progress': Reconsidering the Copyright and Patent Power", *De Paul L. Rev.*, Nº 43, pp. 97, 99-100 (1993) ("Podemos inferir una fe en el conocimiento inspirada en la Ilustración a partir de la frase 'el progreso de la ciencia y las artes útiles', ya sea conocimiento por el conocimiento mismo o con otros fines... La tradición del [Iluminismo]... otorga al término 'progreso' una posición privilegiada... [y] ... pasa por alto 'el lado oscuro de la razón'..."). Ver también Rebecca S. Eisenberg, "Patents and the Progress of Science: Exclusive Rights and Experimental Use", *U. Chi. L. Rev.* Nº 56, p. 1017 (1989). Comparar Thomas S. Kuhn, *The Structure of Scientific Revolutions* (2º Ed. 1970), con Paul Feyerabend, *Against Method* (Ed. rev. 1988).

[86] Ver la disidencia del *Justice Holmes* en *Abrams v. United States*, 250 U.S. 616, 630 (1919) (Holmes, J , disidencia).

"[C]uando los hombres se den cuenta de que el tiempo ha alterado muchas clases de fe de lucha, es posible que empiecen a creer –aún más de lo que creen en las bases de su propia conducta– en que el bien final al que se aspira se alcanza mejor por medio del libre comercio de las ideas; que la mejor prueba de verdad es el poder que tiene el pensamiento para hacer que se lo

del lenguaje[87]; y (6) una creencia fundacional en el carácter conmensurable de todas las cosas, es decir, que todo puede ser reducido a una métrica común que todos entienden, así sean artefactos, dólares o *bytes* de información[88]. En distintos grados, en un nivel muy profundo, nuestras nociones acerca de la globalización incluyen estas suposiciones.

La tensión que existe entre las normas nacionales e internacionales de protección de la propiedad intelectual es circular dado que dependen la una de la otra para ser íntegras. Un sistema de propiedad intelectual basado en el territorio, como el de los Estados Unidos, necesita ser reforzado por el equivalente de reciprocidad en una economía mundial porque, de lo contrario, la soberanía de ese país se ve afectada. Por el contrario, la presión que ejercen los Estados Unidos para lograr conformidad con normas de protección de la propiedad intelectual más abarcativas puede considerarse perjudicial para la soberanía de un régimen legal extranjero en lo que atañe a determinar sus propias normas de protección. Según el Derecho Internacional tradicional, es posible caracterizar el dilema de la protección de la propiedad intelectual in-

---

acepte en la competencia del mercado, y la verdad es el único terreno donde sus deseos pueden hacerse realidad con seguridad."

Idem. Ver también John Stuart Mill, On Liberty (1859); "Letter from James Madison to W.T. Barry, August 4, 1822", en *The Complete Madison* (Saul K. Padover ed., 1953). "Un gobierno popular, sin información popular o los medios para adquirirla, no es sino un Prólogo de una Farsa o una Tragedia; o tal vez ambos. El Conocimiento siempre gobernará sobre la ignorancia; y las personas que tengan la intención de gobernarse a sí mismas, deben armarse con el poder que otorga el conocimiento." *Idem*.

[87] Acerca de la creencia en la trasparencia del lenguaje y un análisis de ésta, que incluye, entre otras cosas, una investigación de la relación entre la idea del lenguaje como agente de construcción social y la visión del individuo/ser humano como polimorfo y descentrado, ver Stanley Fish, *Doing What Comes Naturally: Change, Rhetoric and the Practice of Theory in Literary and Legal Studies* (1989); *Interpreting Law & Literature: A Hermeneutic Reader* (Sanford Levinson & Stephen Mailloux Ed., 1988). Ver también Pierre Schlag, "Cannibal Moves: An Essay on the Metamorphoses of Legal Distinction", *Stan. L. Rev.*, Nº 40, p. 929. (1988); Pierre Schlag, "Le Hors de Texte, C'est Moi: The Politics of Form and the Domestication of Deconstruction", *Cardozo L. Rev.*, Nº 11, p. 1631 (1990); James Boyle, "The Politics of Reason: Critical Legal Studies and Local Social Thought", *U. Pa. L. Rev.*, Nº 133, p. 685 (1985); Jacques Derrida, *Of Grammatology* (Trad. Gayatri Chakravorty Spivak, 1976); Pierre Bourdrieu, *Language and Symbolic Power* (Trad. Gino Raymond Matthew Adamson, 1991); Raymond Williams, *Problems in Materialism and Culture* (1980); Peter L. Berger & Thomas Luckmann, *The Social Construction of Reality* (1966).

[88] Para consultar análisis de la conmesurabilidad de todas las cosas, ver Martha Nussbaum, "Plato on Commensurability and Desire", en *Love's Knowledge*, p. 106 (1990); Margaret Jane Radin, "Compensation and Commensurability", 1993 *Duke L.J.*, p. 56; Margaret Jane Radin, "Market-Inalienability", *Harv. L. Rev.*, Nº 100, pp. 1849, 1877-87 (1987); Margaret Jane Radin, *Contested Commodities* (1996); Cass R. Sunstein, "Incommensurability and Valuation in Law", *Mich. L. Rev.*, Nº 92, p. 779 (1994); Richard Warner, "Incommensurability as a Jurisprudential Puzzle", *Chi-Kent L. Rev.*, Nº 68, p. 147 (1992).

ternacional haciendo referencia a la capacidad de las naciones Estado soberanas –capacidad cada vez más amenazada– para elegir políticas autónomas con respecto a los niveles apropiados de protección de la propiedad intelectual dentro de sus fronteras territoriales[89]. Las medidas adoptadas por los países desarrollados, como los Estados Unidos, respecto del comercio mundial liberalizado (incluyendo una mayor reciprocidad de la protección de la propiedad intelectual) también pueden expresarse en términos de capitulación nacional al inexorable e inevitable avance de la globalización[90].

Los tratados como el GATT hacen que, potencialmente, la responsabilidad de establecer las normas del Derecho de la propiedad intelectual y de crear políticas pase del ámbito nacional o local al menos democrático ámbito internacional[91]. Sin embargo, debemos ser conscientes de que los análisis de ese tipo encierran limitaciones importantes. Establecer una dicotomía entre lo internacional y lo nacional implica una separación ilusoria entre las dos esferas que oscurece el papel constitutivo que las naciones Estado desempeñan en la construcción y la participación en esos ámbitos supranacionales. También es necesario tener cuidado al materializar la idea de los "procesos de globalización", ya que se muestra a la globalización como un fenómeno unitario homogéneo y no problemático que respeta cierto curso predestinado, a pesar de las seis suposiciones acerca de la globalización ya explicadas y de las tres tendencias descriptas en la Sección II. Si la globalización *no* es un proceso unitario transhistórico sino que es, en cambio, un conjunto de tendencias desparejas, incompletas, grumosas y heterogéneas que pasa por alto grandes regiones del mundo, entonces un enfoque relativo a la protección de la propiedad intelectual internacional que sea aplicable a todos puede reproducir, a escala mundial, las desigualdades marcadas y problemáticas que existen en la actualidad con respecto al acceso y a la información. Estas desigualdades cla-

[89] David Held y Anthony McGrew describen las crecientes limitaciones sobre los hacedores de la política nacional como nada más que una "crisis de la nación estado territorial." David Held & Anthony McGrew, "Globalization and the Liberal Democratic State", *Gov't & Opposition*, N° 28, pp. 261, 262 (1993).

[90] Ver William P. Alford, "Perspective on China: Pressuring the Pirate", *L.A. Times*, 12 de enero, 1992, en M5.

[91] Carlos A. Primo Braga, "The Economics of Intellectual Property Rights and the GATT: A View From the South" *Vand. J. Transnat'l L.*, N° 22, p. 243 (1989). Ver también J. H. Reichman, "Intellectual Property in International Trade: Opportunities and Risks of a GATT Connection" *Vand. J. Transnat'l L.*, N° 22, p. 747 (1989); Ricardo Grinspun & Robert Kreklewich, "Consolidating NeoLiberal Reforms: Free Trade as a Conditioning Framework" (27-29 de mayo de 1994) (artículo no publicado, presentado ante la *International Conference on Economic Integration and Public Policy: NAFTA, the European Union and Beyond, York University*, Toronto). "Las nuevas disposiciones comerciales eliminan con eficacia de la consideración democrática muchos objetivos de políticas económicas y sociales." *Idem.*

ramente bifurcadas ya son características de gran parte del desarrollo a escala nacional o regional respecto de la distribución del acceso a la información y los recursos.

Al estar centradas en las soluciones multilaterales internacionales a los dilemas actuales, las cuestiones referidas a los niveles apropiados de protección de la propiedad intelectual que reconocen la existencia de ciertas consideraciones y limitaciones específicas a cada industria dentro de la Infraestructura Global de la Información[92] (como las concernientes a los programas de computación, que son distintas de las transmisiones de televisión vía satélite o de las de música o películas digitalizadas) se arriesgan a que un reflejo prácticamente automático con tendencia a una mayor cantidad y amplitud de normas de protección de la propiedad las saque de circulación o las elimine por completo. Esta tendencia busca "universalizar" la información al mínimo común denominador y, aparentemente, culpa a la tecnología de las comunicaciones que avanza a un ritmo vertiginoso de gran parte de todo lo que, desde el punto de vista de la política, resulta controvertido y contradictorio acerca de la "economía mundial de la información"[93]... ¿Internet es amenaza? Así, las políticas de cambio mundial en lugares determinados nunca se analizan o se confrontan con detenimiento. De hecho, esos lugares son marginados y exceptuados, lo cual resulta irónico dado que es, en primer lugar, la economía política internacional de la propiedad intelectual la que genera esos espacios.

Se considera que la tan alardeada "falta de espacio" y la aparentemente descentralizada naturaleza cultural, política y económica de las diversas redes electrónicas de comunicación fomentan una *ecualización* de las disparidades económicas y sociales, tanto en los Estados Unidos como en el resto del mundo, al menos en un nivel superficial. Esta visión ideológicamente profunda

92 Jane C. Ginsburg, "Global Use/Territorial Rights: Private International Law and Questions of the Global Information Infrastructure" *J. Copyright Soc'y*, Nº 42, pp. 318, 316 (1995) ("Un aspecto clave de la infraestructura de la información mundial es la capacidad de distribuir trabajos de autoría de manera omnipresente y simultánea en todo el mundo. El principio de territorialidad se vuelve problemático si implica que al publicar un trabajo en la mencionada infraestructura se ponen en juego las leyes de cada país en los que los trabajos puedan recibirse cuando... estas leyes difieren de manera sustancial... [y] no existe la territorialidad física para los trabajos publicados en la infraestructura de la información mundial, ni tampoco hay forma de detener los trabajos en la frontera, porque no hay fronteras."). Pero cf. Coombe, "Left Out on the Information Highway" *supra* nota 45, p. 237.

93 Con frecuencia este término se ha empleado tanto en escritos periodísticos como académicos para abarcar algunos de los drásticos cambios económicos que han ocurrido en la mayoría de los países en las últimas décadas. Como en el caso de la globalización, el uso generalizado no nos ha llevado a encontrar una definición más precisa del término. Ver Anne Wells Branscomb, *Who Owns Information?: From Privacy to Public Access* (1994); Cox, "Global Restructuring", *supra* nota 49, pp. 45-59. Ver también John Huey, "Waking Up to the New Economy", *Fortune*, 27 de junio de 1994, p. 36; Jane C. Ginsburg, *supra* nota 92, p. 318.

de una descentralización radical parece basarse en la creencia del carácter determinante de la tecnología: las redes descentralizadas de comunicación producirán, ineludiblemente, formas económicas y políticas descentralizadas mucho antes de lo esperado. De maneras significativas, este modo de ver la situación es demasiado optimista y pasa por alto que calificar el espacio electrónico de "privado" genera condiciones en las que un "sistema electrónico de información construido en forma privada y que es privado... plasm[a] las características esenciales de una economía basada en la libre empresa: la desigualdad de ingresos junto con la producción de bienes y servicios con fines de lucro". Esa desigualdad estructural se ve profundizada y agudizada por las virtudes agregadas de las tecnologías digitales de información (movilidad, flexibilidad, simultaneidad), junto con el hecho de que las fuerzas del mercado tenderán a ofrecer mayores incentivos a las partes que se ocupan de satisfacer las necesidades y gustos de los consumidores que gozan de los ingresos más altos en los sectores más desarrollados de la economía en las naciones y regiones más desarrolladas. Por lo general, lamentablemente, al pensamiento jurídico liberal le cuesta reconocer este problema, qué decir de reaccionar de manera afirmativa.

5. Conclusión

Con respecto al cruce entre el discurso de la globalización y el discurso de la diferencia, Rosemary Coombe escribió que la globalización implica la articulación de fuerzas locales y no locales que tienen voz en el ámbito cultural. El mundo está cada vez más conectado, pero también está cada vez más lleno de diferencias. Necesitamos medios de representación que nos permitan seguir percibiendo la diversidad de significados, aun cuando reconozcamos el poder determinante de los procesos que a primera vista parecen monolíticos, homogeneizantes y englobadores.

La visión liberal de la globalización, como en parte la formuló el profesor Perritt, presupone una representación de nuestro mundo en la que existe una "esfera pública" única y demarcada a la que individuos racionales y autónomos –los "ciudadanos"– pueden acceder y en la que pueden intercambiar ideas e información. Si bien esa presunción puede resultar etnocéntrica y determinada por la cultura, es posible que se arraigue profundamente en nuestro sistema y discurso legales. Sin embargo, esa presunción sobre la existencia de una esfera pública habitada por ciudadanos entra en conflicto con otras presunciones contenidas en la idea de la globalización, como la idea de que ésta implica un diálogo lleno de sentido con "otros" –un "hablar con" en lugar de un "hablar a"–, así como el discurso de la diferencia entre quienes participan de esa globalización. Eso presupone aún más que existe tanto disposición como capacidad de "nuestra" parte para considerar ese diálogo seriamente. No obstante, dado que esa actitud también implica un gran compromiso para analizar y transformar nuestras categorías legales en respuesta a ese diálogo, es posible que esos diálogos comunicativos y significativos con "otros" no ocurran con demasiada frecuencia. Es perturbador que sean tan poco frecuentes, en especial si utilizamos una retórica universalizadora y transhistórica en nuestros debates sobre la globalización. A medida que se ejerce más presión sobre las visiones de soberanía y propiedad intelectual que heredamos, ya sea que surjan de Internet o de algún otro ámbito, las intersecciones e interacciones cada vez más amplias entre lo mundial y lo local necesitan desesperadamente ser reconcebidas como oportunidades y no como obstáculos de un régimen global de la propiedad intelectual más equitativo.

Este artículo ha analizado algunas de las cuestiones planteadas por el profesor Perritt acerca de la noción de que es posible considerar a Internet como una amenaza para la soberanía. A pesar de que este artículo está de acuerdo con el profesor Perritt en rechazar esa idea, así como con su observación de que los argumentos en este área tienen dos caras y son esquivos, este artículo discrepa con el profesor Perritt en varios aspectos. En primer lugar, la reconfiguración de la distinción público/privado, la pérdida de fe en las instituciones e ideales políticos y la multiplicación de espacios en nuestra situación contemporánea encuentran una expresión insuficiente en la ideología legal liberal imperante, y esos espacios pueden llegar a tener considerables consecuencias en lo que a políticas se refiere. En segundo lugar, la visión liberal de lo mundial suele tender marcadamente hacia estrategias "universalizadoras", y también a disfrazar las relativas desigualdades en la distribución (al menos en el área de las protecciones de la propiedad intelectual internacionales). Finalmente, aunque este artículo está de acuerdo con el profesor Perritt en que Internet no representa una amenaza para la soberanía, y que la soberanía no constituye una amenaza para Internet, es importante entender las transformaciones profundas y fundamentales que está sufriendo nuestra noción de soberanía a fines del siglo veinte, independientemente del surgimiento de Internet.

SOBERANÍAS CIBERESPACIALES: FINANZAS *OFFSHORE*, EFECTIVO DIGITAL Y LÍMITES DEL LIBERALISMO

Bill Maurer[1]

soberano (a): que ejerce o posee supremacía, autoridad o rango sobre otros; superior; líder, gobernador, señor, amo, etc. (que ejerce autoridad sobre personas, etc.). Con frecuencia aplicado a la Deidad en relación con las cosas creadas[2].

[a] El autor transcribe varias definiciones de términos relativos al tema de su trabajo, como hilo conductor de éste (*N. del Ed.*)

Henry Perritt, respondiendo a la pregunta que plantea en el título de su artículo "Internet, ¿una amenaza para la soberanía? Reflexiones sobre el papel de Internet en el fortalecimiento del gobierno a escala nacional y global"[3], se basa en la teoría liberal de las relaciones internacionales y las nociones liberales del Estado, el mercado y la moralidad para sostener que Internet no constituye necesariamente una amenaza para la soberanía, sino que de hecho puede reforzarla. Según Perritt, "Internet tiene el potencial de fortalecer los gobiernos nacionales y globales, por lo que reafirma la soberanía en lugar de destruirla"[4].

[1] Profesor Adjunto de Antropología, University of California, Irvine. Quisiera agradecer a Alfred C. Aman, hijo, y a los editores del *Indiana Journal of Global Legal Studies* por haberme ofrecido contribuir con este artículo. También quisiera agradecer a las siguientes personas por sus recomendaciones de fuentes, sus buenas charlas acerca del tema y las lecturas críticas de varios borradores de este artículo: Eve Darian-Smith, Liisa Malkki, Diane Nelson, Richard Perry, Henry Pontell y Wayne Sandholtz. Agradezco especialmente a Susan Bibler Coutin por su cuidadosa lectura de este artículo y sus comentarios sumamente valiosos.

El presente trabajo se publica con autorización del *Indiana Journal of Global Legal Studies*. Fue publicado con el título "Cyberspatial Sovereignties: Offshore Finance, Digital Cash, and the Limits of Liberalism", en el vol. 5 de esa revista, pág. 493, 1998.

[2] *Oxford English Dictionary*, 77 (2a. edición, 1989).

[3] Henry H. Perritt, hijo, "The Internet as a Threat to Sovereignty? Thoughts on the Internet's Role in Strengthening National and Global Governance", *Ind. J. Global Legal Stud.*, N° 5, p. 423 (1998), trabajo incluido en la presente obra.

[4] *Idem*, p. 424.

Desde la perspectiva del gobierno nacional, Perritt afirma que Internet puede ayudar a fortalecer el Estado de Derecho al facilitar el acceso a documentos del gobierno y al promover la toma de decisiones. Desde la perspectiva del gobierno global, Internet puede ayudar a fortalecer el Derecho Internacional al facilitar el acceso a información (que abarca desde tratados internacionales hasta informes *in situ* sobre la violación de los derechos humanos y otros abusos) y al fortalecer los mercados globales y la interdependencia económica.

Mi respuesta a los argumentos de Perritt está motivada por dos cuestiones principales. La primera está relacionada con la oposición entre liberalismo y realismo que aparece en la teoría de las relaciones internacionales (RR.II.), de la cual Perritt se vale para sus argumentos. En lugar de considerar al liberalismo como el antídoto contra una postura realista, que caracteriza las RR.II. en términos de anarquía y relaciones de poder irracional entre los Estados soberanos (que se consideran actores abstractos), propongo que concibamos la teoría liberal de las RR.II. como parte de una ideología que codifica y se esfuerza por reforzar las problemáticas visiones sobre el Estado, la soberanía, el mercado y la moralidad. Otras tendencias teóricas en lo que a la teoría de las RR.II. se refiere podrían ayudarnos a superar el punto muerto entre el liberalismo y el realismo y a cuestionar los juicios morales implícitos sobre el gobierno, la democracia y el orden internacional intrínsecos del liberalismo.

La segunda cuestión está relacionada específicamente con las afirmaciones que hizo Perritt acerca del mercado. Perritt da por sentado que Internet puede contribuir a reducir los costos de transacción, lo que tornaría más "eficiente" al mercado y permitiría que más y más personas y gobiernos se conviertan en actores de mercado. Una mayor participación en el mercado significa, según Perritt y otros neoliberales, una mayor interdependencia, la cual, a su vez, se traduce en relaciones cada vez más pacíficas entre los pueblos y las naciones. Perritt escribe: cuando "los Estados y sus ciudadanos adquieren más poder en la fluida operación de los mercados globales, se incrementan las posibilidades de resolver en forma pacífica los conflictos debido a que los costos económicos de un quiebre político son demasiado altos y ninguna de las partes podría hacerles frente"[5]. Continúa diciendo que "según la tradición liberal, un logro positivo consiste en reducir el poder que el gobierno ejerce sobre la economía y transferir ese poder a los ciudadanos privados, quienes operarán y realizarán inversiones a escala internacional, lo cual dará lugar a una interdependencia económica que sentará las bases para alcanzar la paz mundial"[6].

En las siguientes secciones, examinaré dos instancias específicas recientes donde se ha utilizado Internet como un mercado: los servicios financieros *offshore* o el negocio del "paraíso fiscal" que en la actualidad sustenta las

[5] *Idem*, p. 439.
[6] *Idem*.

economías de varios Estados pequeños del Caribe, y las iniciativas por parte de muchas compañías de informática e instituciones bancarias en lo que respecta al "efectivo digital", que promete "revolucionar" el mercado mismo. Mi objetivo es poner en tela de juicio la afirmación de que una creciente interdependencia económica, promovida por la tecnología de Internet, satisface los intereses de la "soberanía" así como de la "paz mundial". Hacerlo implica negarle "al mercado" la posición de privilegio que ocupa en el artículo de Perritt y en gran parte de la literatura de derecha o de izquierda sobre la globalización, como si fuera una especie de "caja negra" cuyo misterioso funcionamiento resulta inmune al análisis y a la cual, por todos los medios, debemos resistirnos o contribuir a su "crecimiento" y "expansión", no sea que nos convirtamos en sus desafortunadas víctimas.

La directriz de este artículo es la afirmación de que no puede considerarse que la "soberanía", el concepto sobre el que gira el artículo de Perritt así como muchos de los análisis de la tecnología de Internet y de la globalización económica, haya proporcionado significados estables o evidentes. Por diversos factores, las personas y los gobiernos tienen diferentes conceptos de soberanía y los aplican de distintas maneras en las políticas del Estado y del mercado. Las nociones de soberanía también varían con el paso del tiempo. Así, he elegido encabezar cada sección de este artículo con definiciones de soberanía tomadas del *Oxford English Dictionary*[7]. Con esto me propongo desestabilizar los términos del debate a medida que echo luz sobre casos donde los significados de soberanía, Estado, mercado e individuo, así como las implicancias morales que se desprenden de estos significados se están reformulando y volviendo más complejas, más allá de los límites de la teoría liberal.

b. Un marido en relación con su mujer. Obsoleto[8]

Una de las ventajas de la teoría liberal de las RR.II. en comparación con el realismo es que reconoce que la soberanía no es un concepto monolítico, algo que los Estados simplemente "poseen" y que utilizan para fundamentar su poder en un mundo anárquico. Según afirma Perritt, el liberalismo nos obliga a ubicar a la "soberanía" en "sus contextos políticos adecuados..."[9]. Para los liberales, este contexto apropiado debería ser la "democracia" y sostienen que uno de los mayores obstáculos para hacer posible el orden mundial previsto en el liberalismo es la existencia continua de Estados totalitarios y no democráticos. Para los liberales, la soberanía no debe ser exclusiva sólo del Estado soberano, sino que debe considerarse que emana de los sujetos que otorgan

[7] *Oxford English Dictionary*, *supra* nota 2.
[8] *Idem*.
[9] Perritt, *supra* nota 3, p. 432.

poder a su Estado para que actúe en el escenario internacional. Así, la teoría liberal de las RR.II. subraya el objetivo de la "democratización". La visión de Perritt acerca del "buen gobierno" gira en torno de este ideal liberal. Otra clave para el buen gobierno, desde el punto de vista de la teoría liberal, consiste en la mínima intervención del Estado en los asuntos del mercado privado, donde los individuos hacen realidad sus intereses y alcanzan libremente sus objetivos.

La democracia y el libre mercado son equivalentes: ambos dependen de personas capaces de hacer realidad sus intereses sin mediar la intervención de terceros o funcionarios del gobierno. Sólo en un contexto como éste las personas pueden hacer elecciones políticas y de consumo que reflejan sus "verdaderos" intereses. Para Perritt, dado que Internet puede fortalecer la democratización al incrementar el acceso al gobierno y la participación en éste, y dado que puede facilitar las transacciones de mercado, puede, por lo tanto, afianzar la visión liberal de soberanía. Sólo deben temer a Internet los Estados totalitarios cuya soberanía depende del control que ejercen sobre el pueblo[10].

Perritt tiene mucha razón al enfatizar los contextos políticos de la soberanía. No obstante, el liberalismo al mismo tiempo debe rendir cuenta de sus propias suposiciones y afirmaciones morales, algunas de las cuales hacen agua frente al escrutinio crítico. Quizás, entre ellas se destaca la suposición referida a la moralidad implícita del "libre mercado", que se presume sobrepasa y va más allá de la cultura o la política, es verdaderamente universal o, al menos, lo sería, si tan sólo los Estados dejaran de entrometerse en la economía. En el artículo de Perritt, no es sorprendente que Internet se asemeje al libre mercado.

Sin embargo, existen otras tendencias en la teoría de las RR.II. que cuestionan los principios del liberalismo y resaltan las suposiciones que el liberalismo y el realismo tienen en común. Alexander Wendt llama a estas tendencias "teoría crítica de las RR.II.", en la que se incluyen, entre otros[11], el postmodernismo[12], el constructivismo[13], el neomarxismo[14] y el feminismo[15]. No me

[10] *Idem*, p. 431.

[11] Ver Wendt, "Constructing International Politics", nota 13.

[12] Ver R.B.J. Walker, *Inside/Outside: International Relations as Political Theory* (1993); Richard Ashley, "Untying the Sovereign State: A Double Reading of the Anarchy Problematique", *Millennium J. Int'l Stud.* Nº 17, p. 227 (1988).

[13] Ver Friedrich V. Kratochwil, *Rules, Norms, and Decisions: On the Conditions of Practical and Legal Reasoning in International Relations and Domestic Affairs* (1989); Friedrich V. Kratochwil & John Gerald Ruggie, "International Organization: A State of the Art on an Art of the State", *International Org.*, Nº 40, p. 753 (1986); Nicholas Greenwood Onuf, *World of Our Making: Rules and Rule in Social Theory and International Relations* (1989); Alexander Wendt, "Constructing International Politics", *J. Int'l Security*, p. 71 (1992).

[14] Ver Robert W. Cox, *Production, Power, and World Order: Social Forces in the Making of History* (1987); Stephen Gill, *American Hegemony and the Trilateral Commission* (1990).

[15] Anne Sisson Runyan & V. Spike Peterson, "The Radical Future of Realism: Feminist Subversions of IR Theory", *Alternatives*, Nº 16, p. 67 (1991); Christine Sylvester, *Feminist Theory and International Relations in a Postmodern Era* (1994).

detendré a tratar con profundidad estos diversos temas. El que más se adecua a mis intereses es la tendencia teórica denominada constructivismo. El constructivismo hace hincapié en el hecho de que los soberanos, las personas, los intereses y las identidades que las teorías de las RR.II. liberal y realista dan por sentado nunca se dan en forma espontánea, sino que son construidos de manera activa por medio de relaciones sociales entre las personas. Los significados que acarrean estas entidades, los tipos de acciones que son capaces de realizar y las implicancias morales de esas acciones se revelan en contextos específicos de índole histórica, cultural y política[16].

En un articulo de mucha influencia, Wendt sostiene que las discusiones acerca de las RR.II. entre liberales y realistas revelan el "compromiso compartido [de ambas partes] con el 'racionalismo'". Como todas las teorías sociales, la elección basada en la razón nos obliga a hacer ciertas preguntas y no otras, lo cual nos hace concebir las identidades e intereses de las personas como si fueran otorgadas de modo exógeno y a concentrarnos en la manera en que la conducta genera resultados[17]. Wendt continúa diciendo que los realistas y los liberales "toman al Estado que persigue sus propios intereses como punto de partida para la teoría"[18]. En esta ecuación resbaladiza entre el Estado y los seres humanos en forma individual, los realistas y los liberales también toman al individuo que busca el interés propio como punto de partida para la teoría. Siguiendo el análisis de la gubernamentalidad liberal que hizo Foucault[19], sugiero que no podemos separar los tipos de personas individuales construidas en mundos modernos de los tipos de Estados que habitan y construyen y que, a su vez, habitan y construyen su persona. Todo debate constructivista sobre el Estado también debe incluir un debate constructivista acerca del individuo. La antropología se ha ocupado muy bien de este último enfoque; en la próxima sección retomaré el debate antropológico sobre la construcción de las personas.

Timothy Mitchell, también en línea con Foucault, sostiene que se debe considerar al Estado como el efecto de las relaciones de poder que lo originan, como si tuviera fuerza propia. Escribe que "[r]esulta necesario analizar el Estado como... un efecto estructural. Es decir, debe abordarse no como una estructura real, sino como el efecto poderoso y metafísico de prácticas

[16] Alexander Wendt, "Anarchy is What States Make of It: The Social Construction of Power Politics", *International Org.*, Nº 46, p. 391 (1992); Onuf, *supra* nota 13.

[17] Wendt, "Anarchy is What States Make of It", *supra* nota 16, pp. 391-92.

[18] *Idem* p. 392.

[19] Michael Foucault, "Governmentality", en *The Foucault Effect: Studies in Governmentality*, p. 87 (Graham Burchell et al. Ed., 1991); *Foucault and Political Reason: Liberalism, Neo-Liberalism and Rationalities of Government* (Andrew Barry et al., ed., 1996).

que hacen que estas estructuras aparentemente existan"[20]. Según la opinión de Mitchell:

> (el Estado es un efecto de los) detallados procesos de organización del espacio, distribución del tiempo, especificación funcional, y supervisión y vigilancia, lo cual crea la apariencia de un mundo dividido fundamentalmente entre Estado y sociedad... Estos procesos crean el efecto del Estado no sólo como una entidad separada de la sociedad, sino como una dimensión diferenciada en lo que a su estructura, marco, codificación, planificación e intencionalidad se refieren[21].

Así como el Estado es un efecto de circunstancias y relaciones históricas específicas, lo mismo puede decirse de la soberanía. El análisis del Estado que hizo Mitchell puede aplicarse con facilidad al soberano, al mercado y al individuo de las democracias modernas. En el proceso de ese análisis, cada una de estas construcciones debe aislarse por un momento para demostrar la contingencia e historicidad de sus vínculos (como en el caso de la noción histórica relativamente reciente del "Estado soberano", por ejemplo). Según Wendt, "[e]l Estado soberano es un logro vigente de la práctica, no una creación de normas 'para ahora y para siempre' que de alguna manera existen fuera de la práctica"[22]. Esta afirmación obliga a los analistas a traer a la memoria las definiciones originales de soberanía, relacionadas con el poder monárquico otorgado por Dios, así como otras definiciones no obsoletas ni ocultas como "el poder que un marido ejerce sobre su mujer". Por supuesto, los teóricos políticos feministas nos recuerdan que la teoría liberal no desafió en forma considerable esta última definición de soberanía, sino que, de hecho, la reforzó[23].

Por lo tanto, sostengo que necesitamos concebir la *soberanía* como un *efecto* de prácticas y una *justificación* de las prácticas que la convierten en un espacio de poder autónomo. Como demuestro más adelante al ocuparme de las finanzas *offshore* y del efectivo digital, también es necesario que concibamos el *mercado* como el efecto de prácticas que construyen al Estado y a la soberanía y que dan forma una y otra vez a los *individuos* que ejecutan esas prácticas. Si se comprende la coconstrucción del Estado, la soberanía, el mercado y los individuos, se comprenden a su vez las afirmaciones *morales*

[20] Timothy Mitchell, "The Limits of the State: Beyond Statist Approaches and Their Critics", *Am. Pol. Sci. Rev.*, Nº 85, pp. 77, 94 (1991).

[21] *Idem* p. 95.

[22] Wendt, "Anarchy is What States Make of It", *supra* nota 16, p. 413.

[23] Ver Carole Pateman, *The Sexual Contract* (1988). Ver también Iris Marion Young, *Justice and the Politics of Difference* (1990).

que las personas hacen en cualquier configuración efímera de estos efectos de poder. Estas afirmaciones morales tienden a ocultar o naturalizar los términos mismos (soberanía, mercado, Estado de Derecho) de los que toman su fuerza moral.

c. Cosa o persona que supera o se destaca sobre otras de su misma especie. Poco frecuente[24]

¿Qué clase de sujeto presupone la soberanía liberal moderna? Y ¿de qué manera la tecnología de Internet podría alterarlo o, al menos, exponer su fabricación? Autores de diversas ciencias sociales han analizado la construcción del sujeto moderno como un individuo autónomo, que consiste de un ser estable, relativamente firme e invariable, arraigado en un lugar o país, que conoce sus intereses y necesidades y trata de satisfacerlos en forma racional[25]. El sujeto del liberalismo es también soberano en el sentido en que es dueño de sí mismo y tiene el control absoluto sobre sus acciones y pensamientos. Esto es lo que hizo del sujeto del liberalismo un ser tan único y radical en sus comienzos durante la Ilustración. En lugar de ser creado y animado por Dios, quien lo pone en relación con otros sujetos en una gran cadena de vida, el sujeto liberal se crea, se regula y se define a sí mismo[26].

Los pocos estudios etnográficos sobre las interacciones actuales entre hombres y computadoras parecen sugerir que Internet tiene el potencial de volver a dar forma a este sujeto soberano de la modernidad resaltando algunos de los procesos que se ponen en marcha para asegurar su aparente estabilidad. Al hacerlo, se hacen eco –de manera bastante irónica– de los debates antropológicos sobre los conceptos de la condición humana en sociedades radicalmente distintas de las del Occidente moderno. Estos conceptos contribuyen a poner de manifiesto la contingencia y especificidad del tipo de subjetividades modernas que subyacen el mercado, el Estado y la soberanía bajo el liberalismo.

En su etnografía acerca de "la construcción de la identidad en la cultura de la simulación", Sherry Turkle afirma que los mundos virtuales de Inter-

24 *Oxford English Dictionary*, *supra* nota 2.

25 Ver, por ejemplo, Jane Collier et al., "Sanctioned Identities: Legal Constructions of Modern Personhood", en *2 Identities: Global Stud. Culture & Power* 1 (1995); Peter Fitzpatrick, *The Mythology of Modern Law* (1992); Michael Foucault, *Discipline and Punish: The Birth of the Prison* (1977); Anthony Giddens, *Modernity and Self-Identity: Self and Society in the Late Modern Age* (1991); C. B. Macpherson, *The Political Philosophy of Possessive Individualism: Hobbes to Locke* (1962).

26 Ver John L. Comaroff, "Images of Empire, Contests of Conscience: Models of Colonial Domination in South Africa", *American Ethnologist*, N° 16, p. 661 (1989). Ver también Bill Maurer, "Writing Law, Making a 'Nation': History, Modernity, and Paradoxes of Self-Rule in the British Virgin Islands", *L. & Soc'y Rev.*, N° 29, p. 255 (1995).

net tienen el potencial de reformular las nociones de mente, ser, cuerpo y máquina[27]. Turkle comienza su investigación con los *multiple-user domains* (MUDS) (dominios de usuarios múltiples [DUM]): espacios virtuales en los que las personas dan vida a personas alternativas (humanas, no humanas o de otro tipo) e interactúan con personas virtuales creadas por otras personas (y, a menudo, por las computadoras mismas). Turkle sostiene que "los DUM nos abren las puertas a espacios virtuales en los que podemos navegar, conversar y construir"[28]. Para los informantes de Turkle, su sentido del ser a menudo se desprende, en gran medida, de las interacciones con otras personas virtuales en los DUM. Según uno de ellos, "[u]na parte de mí, una parte muy importante de mí, sólo existe dentro del DUM"[29]. Las personas pueden existir simultáneamente en múltiples DUM por medio de una misma persona virtual u otra diferente. Para algunos de los informantes de Turkle, la "VR" o "vida real" es sólo uno de los muchos espacios sociales en los que sus personas actúan en un determinado momento. Uno de ellos le contó a Turkle:

> Divido mi mente. Cada vez lo hago mejor. Puedo verme como si fuera dos o tres o más personas. Y sólo uso una parte de mi mente y luego otra cuando voy de ventana en ventana. En una ventana estoy envuelto en algún tipo de discusión, en otra, trato de conquistar a una chica en un DUM, y en otra ventana puedo tener desplegada una hoja de cálculo o alguna otra cosa técnica para el colegio... Y después recibo un mensaje en tiempo real (que aparece en la pantalla no bien fue enviado por otro usuario del sistema), y supongo que de eso se trata la VR. Es sólo una ventana más. La VR es sólo una ventana más... y no suele ser mi preferida[30].

El estudio de Turkle sugiere que los miembros de las comunidades de Internet están envueltos en la deconstrucción de algunas de las dicotomías que se encuentran en el corazón del sujeto liberal: el yo/el otro, mente/cuerpo, público/privado, masculino/femenino, etc. Al separar estas dicotomías (tener experiencias en Internet como una criatura de un género distinto, o imaginario, crear múltiples vidas "privadas" en los múltiples espacios "públicos" de los DUM, etc.), los miembros de las comunidades de Internet ponen de manifiesto la contingencia, fabricación y mutabilidad del individuo soberano. Según afirma otro de los informantes de Turkle, "¿por qué otorgar una importancia

[27] Sherry Turkle, *Life on the Screen: Identity in the Age of the Internet*, p. 10 (1995).
[28] *Idem*, p. 11.
[29] *Idem*, p. 12.
[30] *Idem*, p. 13.

superior al ser que tiene el cuerpo cuando los seres que no tienen cuerpo son capaces de tener distintas clases de experiencias?"[31].

En su reflexión acerca de la subjetividad en la era de la computación, Allucquére Stone compara las personas virtuales creadas por los usuarios de Internet con casos de *multiple personality disorder* (MPD) (trastornos de personalidad múltiple [TPM]) con el fin de hacer la provocativa sugerencia de que Internet demuestra que el vínculo entre una persona "real" y sus varias extensiones protésicas en el ciberespacio es débil y siempre necesita ser reforzado y recreado[32]. Esta relación entre lo real y lo virtual depende de la afirmación de que lo primero siempre se antepone a lo segundo. Esta afirmación sirve de garantía al individuo liberal de que no hay nada de qué preocuparse o alarmarse acerca de sus personas en Internet. Sin embargo, Stone se pregunta: ¿qué sucede con los casos en los que la articulación entre lo real y lo virtual se rompe o se interrumpe? Stone plantea el caso de un psiquiatra que se "disfrazó" de mujer cuadripléjica en la Red, creando toda una personalidad para ella y brindando, a través de ella, sus servicios psiquiátricos *on line* sin cargo. Cuando se tornó demasiado difícil seguir con este juego, la persona "real" intentó "eliminar" a la "virtual" que había creado[33]. No obstante, para la enorme cantidad de mujeres que se habían beneficiado con su terapia, la persona virtual siempre había sido "real" y, para ellas, aún seguía existiendo a pesar de que el hombre hubiera revelado la verdad. Las personas comentaban que la extrañaban después de que se "fue" y la "echaban de menos". Para Stone, el verdadero engaño consistió en que el psiquiatra asumió al principio que podría tener "control" sobre la persona que había creado debido a que, según él pensaba, era "sólo" una extensión ficticia de su propia personalidad. Sin embargo, él/ella era una persona muy diferente en su vida *on line*. Las mujeres que habían entablado una amistad con la mujer virtual se quejaron, luego de haberse comunicado con el hombre real, de que simplemente no podían conectarse con él, algo faltaba, él no era ella. Al comparar a los usuarios de Internet con las personas con trastornos de personalidad múltiple, se pone de manifiesto el trabajo que requiere forjar el individuo liberal con una única personalidad, una sola mente y sólo un cuerpo. Stone opina que esta tenuidad promete, ya que al romper los vínculos entre lo real y lo virtual, los individuos pueden transformar la relación que tienen con los demás, privilegiar lo virtual sobre lo real, reconocer que lo real es tan virtual como lo virtual, desarticular el individuo liberal y explorar nuevas maneras de existencia en el mundo[34].

[31] *Idem*, p. 14.

[32] Ver Allucquére Rosann Stone, *The War of Desire and Technology at the Close of the Mechanical Age* (1995).

[33] Ver *idem*, pp. 69-76.

[34] Ver *idem*, pp. 76-81.

Para un antropólogo, las descripciones de los tipos de sujetos que las personas pueden ser a través de las tecnologías de Internet no resultan del todo desconocidas. Estas personas ya no son individuos soberanos con identidades firmes y fijas, sino que parecen divisibles, partibles y construidas en forma consciente por medio de las relaciones con otras personas, incluso aunque las relaciones mismas parecen anteceder a la persona construida. La psiquiatra virtual sólo comenzó a existir "de verdad" cuando fue constituida mediante las relaciones que entabló con otras personas a través de Internet. Antes no "había" nada; es por ello que el psiquiatra "real" pensó que no estaba haciendo otra cosa más que desempeñar un papel hasta que se dio cuenta de que ese personaje había cobrado vida propia. Las personas partibles –aquellas que son "dividuos", no "individuos", personas definidas a partir de relaciones y no seres autónomos que primero existen como tales y luego entablan relaciones– también son personajes de la etnografía contemporánea de Melanesia, como lo indican los estudios realizados por expertos como Marilyn Strathern[35] y Debbora Battaglia[36], que transformaron la literatura sobre el tema. Strathern escribe:

> Lejos de ser consideradas entidades únicas, los melanésicos son tan dividuos como individuos. Dentro de ellos llevan una sociabilidad generalizada. De hecho, a menudo las personas son construidas del mismo modo que el entorno plural y compuesto donde se desarrollan las relaciones que los produjeron. Se puede concebir al individuo como un microcosmos social[37].

Strathern retoma trabajos etnográficos previos acerca de la sociedad y las personas melanésicas (una oposición que busca socavar en su libro) y descubre que allí también se observa la primacía de las relaciones sobre el ser. En 1947, Maurice Leenhardt escribió que un ser viviente "se conoce a sí mismo sólo a partir de las relaciones que mantiene con los demás. Existe sólo en la medida en que desempeña su papel en el curso de sus relaciones."[38] Leenhardt describe a la persona de Nueva Caledonia como una serie de líneas (*a*——*b*) que representa las relaciones, las cuales emanan de un espacio central al que caracteriza como "vacío":

[35] Marilyn Strathern, *The Gender of the Gift* (Gilbert H. Herdt et al. Ed., 1988).

[36] *Rhetorics of Self-Making* (Ed. Debbora Battaglia, 1995); Debbora Battaglia, *On the Bones of the Serpent: Person, Memory, and Mortality in Sabarl Island Society* (1990).

[37] Strathern, *supra* nota 35, p. 13.

[38] Maurice Leenhardt, *Do Kamo: Person and Myth in the Melanesian World*, p. 153 (trad. Basia Miller Gulati, 1979).

> Su realidad social no yace en su cuerpo, sino en este espacio vacío en donde ellos tienen sus nombres y que corresponde a una relación... Pero ningún nombre puede abarcar a la persona en su totalidad. El caledonio está obligado a adoptar un nombre distinto para cada uno de los dominios que involucran a su persona en varias relaciones y formas de participación. En todo esto, él no es consciente de sí mismo; él es el espacio vacío rodeado por el círculo de letras "a"[39].

Según Strathern, el único error que cometió Leenhardt fue prestarle demasiada importancia a ese espacio vacío del centro. Escribe:

> [S]u error fue haber siquiera pensado en un centro. El centro es el lugar donde la imaginación occidental del siglo XX ubica al ser, a la personalidad, al ego. Porque, según esta reciente postura occidental, la "persona" es un agente, un sujeto, el autor del pensamiento y de la acción y, por lo tanto, está en "el centro de" las relaciones[40].

Para los melanésicos (¿al igual que para los usuarios de DLM?) simplemente no *existe* un "centro vacío". Por el contrario, existen relaciones que se conciben como anteriores a la persona, las cuales crean y respaldan a la persona, quien es en sí misma un microcosmos de esas relaciones sociales.

d. Un votante o ciudadano libre de los Estados Unidos. EE.UU. *Obsoleto*[41].

Sin embargo, a diferencia de los melanésicos descriptos por Strathern, el ser partible, flexible y dividuo de Internet se cruza con la lógica del mercado neoliberal, donde todo se subordina a la "economía global". El interrogante que la globalización plantea en lo que respecta a la soberanía nunca se limita sólo a la soberanía de los Estados, sino también a la soberanía de personas concebidas como agentes individuales autónomos. Debemos contraponer el severo individualismo de los antiguos mercados a los dividuos protésicos de Internet de los nuevos mercados potenciales, a la vez que cuestionamos los Estados soberanos de la modernidad, antiguos y supuestamente sólidos, y la posibilidad de que estén "perdiendo control" de su soberanía frente a la globalización[42]. La literatura sobre la globalización trata principalmente acerca de esto último (de los Estados y de la posibilidad de que se debiliten o se consoliden) y apenas menciona lo primero. Los casos que presento aquí

[39] Strathern, *supra* nota 35, p. 269 (cita a Leenhardt, *supra* nota 37, pp. 154, 156).
[40] *Idem.*
[41] *Oxford English Dictionary*, *supra* nota 2.
[42] Ver Saskia Sassen, *Losing Control? Sovereignty in an Age of Globalization* (1996).

destacan tanto la reconstrucción potencial del sujeto, la cual es posible en la confluencia de la tecnología de Internet y de los mercados neoliberales, y la desvinculación y reconstrucción potenciales de la relación entre Estado y soberanía. Estos casos apuntan a que la discusión acerca de "¿a dónde se dirige el Estado soberano?", sobre la que se basa el artículo de Perritt, está equivocada precisamente porque presupone un vínculo entre el Estado y la soberanía y las valencias entre estos dos términos son válidas cuando se los considera por separado. De hecho, un Estado "no soberano" no implica que no pueda ser *muy* poderoso; un Estado "soberano" puede ser relativamente débil; además, según los primeros significados de la palabra, un soberano no tiene que estar necesariamente relacionado con un Estado.

En esta sección analizaré unos debates recientes acerca de la subjetividad que subyace a los servicios financieros *offshore* y las clases de personas que se supone habitan en esos mundos *offshore*. Me interesa particularmente la nueva persona que estos debates intentan crear. A primera vista, esta persona parece un individuo fuerte y tosco de la antigua mitología estadounidense. Pero también carece extrañamente de un centro y de raíces, tiene habilidades e intereses variables y parece inestable y flexible[43]. Esta visión de la persona no está limitada a los partidarios de las finanzas *offshore*: también la promueven en otros sectores, desde los tratados sobre la nueva administración hasta la publicación *Wired*.

El discurso basado en Internet acerca de la persona que participa de las finanzas *offshore* tiende a girar alrededor del problema de la ciudadanía. En la literatura publicitaria, los especialistas de los paraísos fiscales proclaman que la ciudadanía es un estado flexible y cambiable que se puede elegir y descartar a voluntad. Muchos de ellos dan consejos acerca de la manera de adquirir múltiples ciudadanías. Adam Starchild, proselitista de las finanzas *offshore* prominente en la *World Wide Web*, alienta a los inversionistas a que dejen de lado lo que él considera son sentimientos y apegos antiguos, irracionales y primigenios para acoger un nomadismo característico del capitalismo tardío, al cual denomina "PT":

La mayoría de los somalíes son nómades que han demostrado ser capaces de resistir el caos de la guerra civil y la hambruna. Mientras la atención occidental ha estado fija en los agricultores y en los abatidos habitantes de las ciudades, los nómades siguen haciendo uso de su movilidad –como lo han hecho durante siglos– para evitar gran parte del sufrimiento.

Las ciudades y la agricultura mecanizada, resultados de la "civilización", son los primeros perjudicados cuando la estructura del orden civil colapsa. La guerra ha destruido las ciudades más grandes; al comienzo de las hostilidades, los agricultores inmediatamente pierden acceso a las provisiones.

[43] Ver Emily Martin, *Flexible Bodies: Tracking The Role of Immunity in American Culture-From the Days of Polio to the Age of Aids* (1994).

Los nómades, con sus camellos, cabras y ovejas, son sumamente móviles y, en general, pueden evitar las áreas de conflicto.

A escala internacional, ésta también puede ser una lección de supervivencia para el mundo civilizado. ¿Deseamos librarnos del control que los gobiernos modernos ejercen sobre nuestras vidas y nuestra propiedad? El concepto de PT se podría haber denominado Soberanía Individual, debido a que los PT son independientes. No queremos ni necesitamos autoridades que dominen cada aspecto de nuestra existencia desde que nacemos hasta que morimos. El concepto de PT es una manera de liberarnos.

En resumen, el PT simplemente arregla sus "asuntos" de manera tal que todos los gobiernos lo consideran un turista, alguien que "está de paso". La ventaja de que los funcionarios del gobierno vean al PT como alguien que está allí "en carácter temporario" es que el PT está exento de pagar impuestos, hacer el servicio militar, ser llevado a juicio o ser objeto de persecuciones por haber participado en placeres o actividades inocentes, pero prohibidas. A diferencia de la mayoría de los ciudadanos o personas, el PT no será perseguido por sus creencias, o por su falta de éstas. La sigla PT tiene varios significados: "previo tributario", "perpetuo turista", "prácticamente transparente", "privacía total" o "permanente trotamundos", si él o ella quiere serlo. La persona que es un PT puede quedarse en un lugar la mayor parte del tiempo. O siempre. "PT" es un concepto, una forma de vida, una manera de percibir el universo y el lugar que uno ocupa en él. Se puede ser un PT de tiempo completo o de medio tiempo. Algunos quizá deseen tomarse su tiempo para considerarlo o simplemente no tienen la menor intención de convertirse en un PT. Sólo quieren ser conscientes de las posibilidades y estar preparados para modificar sus vidas si surgiera una crisis. El conocimiento los convertirá en un tipo de PT: un "pensador de posibilidades" que está "preparado totalmente" para enfrentar el futuro[44].

La retórica de Starchild trata acerca de un tipo de persona, separado del Estado y de la sociedad, prácticamente como el individuo fuerte y tosco de antaño. No obstante, esta persona es diferente. No es una unidad, sino que es múltiple y flexible, capaz de adaptarse a las nuevas circunstancias con rapidez y facilidad. Sólo se tiene a sí mismo, no le debe nada a la sociedad por lo que es y es dueño de sí mismo, como el sujeto moderno concebido por Hobbes y Locke[45]. Sin embargo, el PT es cambiable en formas complejas. Al igual que el somalí nómade imaginario, puede empacar y partir de un momento a otro,

[44] Adam Starchild, "The Offshore Entrepreneur" (visitado por última vez el 27 de abril, 1998) http://www.au.com/ offshore/sample/beaptdontliveany.html. Como me señaló Susan Coutin, es curioso que Starchild elija glorificar la movilidad de los pueblos que crían camellos y no, por ejemplo, la movilidad de los desempleados en las ciudades o los trabajadores itinerantes.

[45] Ver C. B. Macpherson, *The Political Philosophy of Possessive Individualism: Hobbes to Locke* (1962). Ver también Collier, *supra* nota 25.

reorganizar sus asuntos y adaptarse al nuevo medio, cualquiera que éste fuere, en el que se encuentra. Esta noción de la persona resuena con publicaciones comerciales sobre los "nuevos trabajadores" en la "sociedad de alto riesgo". Por ejemplo, consideremos uno de los libros favoritos de Newt Gingrich, *Working Without a Net*[46]:

> La cultura de alto riesgo parece ser un lugar aterrador, pero no debe ser así... Si aprendemos a trabajar sin una red, la falta de confort se vuelve tolerable. El hecho de trabajar sin una red no implica correr enormes riesgos. Significa que nos volvemos menos dependientes de símbolos tradicionales de seguridad, como un trabajo determinado... En efecto, cambiamos nuestras redes externas por redes internas. Las redes internas de seguridad son portátiles. Cuando aceptamos un nuevo puesto o asumimos un nuevo desafío, nuestras fuerzas interiores viajan con nosotros[47].

Consideremos ahora otro libro sobre la misma temática, pero que está dirigido a un lector distinto, *Managing Generation X*:

> Los gerentes que están comenzando a comprender la Generación X ya saben que la intensa ambición de los miembros de esta generación es parte de nuestra búsqueda de seguridad en este mundo inestable. Esta generación es ambiciosa por alcanzar la confirmación regular de nuestro éxito en el trabajo porque nuestros contratos laborales son a corto plazo: nosotros proporcionamos a los gerentes valiosos productos laborales a cambio de su compromiso de convertirnos en *commodities* más valiosas en el lugar de trabajo... nuestros repertorios laborales y nuestras capacidades creativas son las únicas ventajas a largo plazo en las que podemos depender... los miembros de la Generación X nos vemos como los únicos propietarios de nuestra propia destreza creativa: debemos tener iniciativa empresarial en lo que respecta a nuestras habilidades y capacidades con el objetivo de construir dentro de nosotros ventajas portátiles para el futuro. Así, los espíritus empresarios de esta generación estamos creando un nuevo tipo de seguridad profesional que se ajusta a la economía del futuro: un tipo de seguridad profesional que no está ligado a ninguna compañía, gerente o cliente. Estamos construyendo una clase de seguridad profesional que reside dentro de nosotros[48].

[46] Morris R. Shechtman, *Working Without a Net*, p. 6 (1994) (describe una red segura, o políticas de asistencia social). Todos estos textos dan por sentadas las prácticas y las políticas responsables de la "inseguridad" en primer lugar.

[47] *Idem*, p. 6.

[48] Bruce Tulgan, *Managing Generation X: How to Bring Out the Best In Young Talent*, pp. 114-15 (1996).

Convertirse en un PT parece ser la única solución posible ante la inestabilidad e inseguridad del mundo que describen estos autores. Las jurisdicciones que ofrecen servicios de finanzas *offshore* han asumido la tarea de contribuir a hacer realidad la visión de Starchild acerca de los PT. Gran parte de los mismos Estados caribeños que promocionan sus servicios de finanzas *offshore* también comercializan sus ciudadanías. A las finanzas *offshore* se suman las ciudadanías del tipo "pague y lleve": "la mayoría de los estadounidenses invierten en una segunda nacionalidad para reducir o evitar los impuestos de los Estados Unidos"[49]. St. Kitts y Nevis, que está empezando a entrar en el juego de las finanzas *offshore*, ofrece la ciudadanía a la módica suma de US$ 250.000 y una inversión inmobiliaria[50]. Los nuevos ciudadanos de las islas del Caribe "consideran sus ciudadanías como una puerta de entrada al mundo"[51] y como una salvaguarda contra la creciente inseguridad que enfrentan los trabajadores "sin red" que describió Shechtman (quienes, por supuesto, aunque no están conectados a una red de asistencia social, están conectados a Internet), los miembros de la Generación X de Tulgan y los PT de Starchild.

Debería detenerme a esta altura para hacer hincapié en que no me propongo afirmar que nos estamos convirtiendo en PT, o que la tecnología de Internet hará que nos traslademos de un lugar a otro con diecisiete pasaportes, una *laptop*, fax, modems y teléfonos celulares a medida que competimos en un mercado laboral global con otros individuos adornados de la misma manera con nuevas tecnologías y documentos de identidad (otra visión del futuro descripta por Newt Gingrich). Por supuesto, tampoco sostengo que el Estado llegó a su fin, sino que todo converge en el mercado global y será mejor que empecemos a entenderlo así. No afirmo que autores como Starchild, Shechtman y Tulgan describen con precisión un mundo que está cobrando forma. En cambio, afirmo que esos textos a los que hago referencia representan *discursos* cada vez más comunes sobre la economía global y el lugar que en ella ocupan el Estado, la ciudadanía y la identidad. Las personas que establecen las políticas, los académicos, los periodistas y los personajes ficticios de la televisión también se valen de esos discursos.

Mi posición se basa en la creencia de que esos discursos son importantes en sí mismos, ya sea que creamos o no que capturan algunas "verdades" de lo que podría ser un nuevo orden mundial emergente. Son la clase de prácticas que encierran el potencial de volver a dar forma al universo moral en el que muchas personas se mueven, piensan y trabajan en la actualidad. Y es posible que lo estén haciendo en varios rincones del planeta. En este artículo no

[49] Mark Fineman, "Resort Islands Now Offer Cash-and-Carry Citizenship", *L.A. Times*, 28 de nov., 1997, en A5.

[50] *Idem.*

[51] *Idem.*

me propuse evaluar si lo están haciendo, o en qué medida, sino que deseo, simplemente, observar los "lugares" productores de significado dentro de los cuales las nociones de Estado, mercado, soberanía e individuo están siendo reconcebidas, ya que, al hacerlo, se pone en tela de juicio los significados implícitos que motivan el artículo de Perritt. Es mi opinión que los mundos de los servicios de finanzas *offshore* y el efectivo digital son dos de esos "lugares".

2. *espec.* a. Gobernante supremo y reconocido de un pueblo o un país bajo gobierno monárquico; monarca; rey o reina[52].

En el mes de abril de 1997, el primer banco *offshore* de Internet fue declarado en cesación de pagos. El *European Union Bank* (EUB), constituido a mediados de la década de 1980 en la isla caribeña de Antigua, creó un sitio web en 1994 para atraer clientes ricos que buscaran dónde invertir su dinero fuera de la jurisdicción de las autoridades regulatorias e impositivas de sus respectivos países. El EUB prometía altos índices de interés y "confidencialidad financiera absoluta"[53]. Se dijo que todo tipo de personajes turbios –desde el ex presidente del banco, el "adicto a la heroína rehabilitado" Lord Marcroft, hasta los propietarios de origen ruso relacionados con la KGB y "la mafia rusa"– estuvieron implicados en el escándalo que llevó al banco a la ruina[54]. Debido a que el EUB, constituido en Antigua y Barbuda, Estado asociado al Reino Unido, no está amparado por el *Bank of England*, "los inversionistas británicos... no recibirán compensación alguna por sus pérdidas"[55].

Antigua ha estado en el centro de un *boom* de actividad financiera en el ciberespacio, que incluye actividades bancarias, fondos de inversiones *offshore* y juegos y apuestas *offshore*. Se jacta de no gravar las ganancias de capital ni los ingresos y de que es relativamente fácil constituir empresas. Los "casinos virtuales", que son unos doce, pagan al gobierno $ 100.000 anuales por "una licencia para casinos de Internet que promete un... mínimo de regulación, máximo anonimato y ganancias libres de impuestos"[56].

Las recientes informaciones de los medios acerca del sector *offshore* se hacen eco del informe del Departamento de Estado de los Estados Unidos acerca del tráfico de drogas, publicado en marzo de 1997 por el *Bureau for*

[52] *Oxford English Dictionary*, *supra* nota 2.

[53] Richard Miles, "Internet's First Offshore Bank Collapses", *Guardian Weekly*, 17 de agosto, 1997, p. 14.

[54] *Idem*.

[55] *Idem*.

[56] Mark Fineman, "'Virtual Casinos Cash In on Lax Rules in Antigua", *L. A. Times*, 21 de septiembre, 1997, en A16.

International Narcotics and Law Enforcement Affairs[57], y con frecuencia lo citan textualmente. En la sección referida a Antigua, el informe vincula, de manera explícita, los servicios financieros *offshore* con el lavado de dinero proveniente del narcotráfico y elogia los esfuerzos realizados por el gobierno de Antigua para combatir las actividades delictivas con nueva legislación[58]. Mientras tanto, la preocupación del gobierno de Antigua acerca de la mala reputación que el escándalo del EUB podría traer aparejada llevó a que el gobierno publicara nueva legislación *offshore* en su sitio[59].

¿En qué se funda la suposición de que estas actividades financieras *offshore* son siempre sospechosas, y por qué interesan tanto a los periódicos las noticias sobre escándalos bancarios en Antigua? Aunque los informes periodísticos y del gobierno de los EE.UU. hacen hincapié en las relaciones del sector financiero con el crimen organizado y el tráfico de drogas, es muy probable que gran parte de la actividad financiera esté relacionada con los esfuerzos de personas acaudaladas (o, más probablemente, de sus gerentes financieros) para evadir los impuestos de sus países de origen[60]. No es mi intención trivializar los riesgos de fraude inherentes a las actividades bancarias *offshore*. Tampoco pretendo ponerme del lado de la inversión *offshore* o la ambigüedad moral de evadir impuestos en nombre de ganancias pecuniarias. Tampoco quiero que se me considere partidario del gobierno del primer ministro Lester Bird, convulsionado durante décadas por numerosos escándalos y acusaciones de transacciones turbias. Sin embargo, al mismo tiempo, no estoy decidido a apoyar la respuesta dada por el gobierno de los Estados Unidos a la "amenaza" que constituye el lavado de dinero en Antigua y otros paraísos fiscales, que se han constituido como *Mutual Legal Assistance Treaties* que

[57] *Bureau for International Narcotics and Law Enforcement Affairs, U.S. Department of State, International Narcotics Control Strategy Report,* 1996 (1997) [de aquí en adelante State Department 1997], disponible en http://www.state.gov/www/global/narcotics_law/1996 _narc_ report/ carib96.html.

[58] Ver *Idem*, pp. 198-202.

[59] Ver "Offshore Business in Antigua and Barbuda", http://www.antigua-barbuda. com/offshore.html.

[60] Ver Anthony Ginsberg, *Tax Havens* (1991). Ver también Bill Maurer, "Complex Subjects: Offshore Finance, Complexity Theory, and the Dispersion of the Modern", *Socialist Rev.*, Vol. 95 (3 & 4), p. 113; Susan Roberts, "Fictitious Capital, Fictitious Spaces: The Geography of Offshore Financial Flows", en *Money, Space, and Power*, p. 91 (Stuart Corbridge et al. editores, 1994). Quisiera subrayar la normalidad de las inversiones offshore. Según observa Ginsberg, tanto como el 50% del dinero del mundo se encuentra en el extranjero en un momento dado. Ginsberg, *supra* nota 59, p. 7. Si bien las finanzas offshore se deben en gran medida a la evasión impositiva, muchas empresas multinacionales utilizan los centros offshore simplemente para transferir dinero de una parte de la empresa a otra y para que su dinero circule durante las 24 horas de la jornada operativa global, transfiriendo activos de un sitio offshore a otro, a los centros financieros onshore más importantes y de allí al próximo centro offshore, persiguiendo la jornada operativa a medida que el planeta gira sobre su eje.

subordinan las autoridades locales (aunque sean corruptas) a los organismos del gobierno de los Estados Unidos[61].

Aunque el tema que me ocupa en este artículo parezca ser la "soberanía" de los gobiernos independientes frente a lo que podríamos llamar el imperialismo del cumplimiento de las leyes de lucha contra el narcotráfico que imponen los Estados Unidos, de hecho me interesan más las construcciones retóricas de Estado, soberanía, mercado y moralidad que se ponen en juego en la literatura acerca de las finanzas *offshore* que la supuesta autonomía de los gobiernos de los Estados pequeños (y las amenazas que se ciernen sobre ella). Por ejemplo, los informes periodísticos sólo cubren parte de la historia; con frecuencia, no hacen mención de por qué, en primer lugar, Estados pequeños como Antigua forman parte del juego de las finanzas *offshore*, la venta de ciudadanía y los casinos en Internet.

La postura del gobierno de los Estados Unidos respecto de las finanzas *offshore*, plasmada en el informe del Departamento de Estado[62], consiste en que los estados pequeños y débiles, como Antigua, se ven superados por una red global de crimen organizado. Eso, junto con la corrupción del gobierno local, garantiza la "asistencia legal mutua" de los Estados Unidos. Pero, ¿cómo es que los líderes encargados de elaborar la legislación para las finanzas *offshore* crean a las nociones de Estado, soberanía, mercado y moralidad?

Como ya he argumentado[63], los líderes caribeños implicados en promocionar sus territorios como centros de servicios financieros *offshore* inventan y realzan identidades singulares para sus territorios, haciendo hincapié en la estabilidad, reputación, seguridad y reserva. Participan activamente en la tarea de promocionar el nicho que ocupan en el mercado. Para estos líderes, la soberanía en el sentido liberal no es el objetivo, ni siquiera como pantalla. Muchos de ellos, como los líderes de las Islas Vírgenes británicas y de las

[61] Ver Maurer, "Writing Law", *supra* nota 26.

[62] Por supuesto, es difícil tener acceso a una única "postura del gobierno de los EE.UU.", dado que éste está estructurado de manera tal que el poder descansa en distintos organismos federales. Por cuestiones de espacio, no puedo comparar aquí el citado informe del Departamento de Estado con informes del Departamento del Tesoro, la Reserva Federal y la *Financial Action Task* Force. Las diferencias entre esos informes son especialmente significativas en lo que respecta a los debates sobre efectivo digital, que analizo a continuación. Ver *Board of Governors of the Federal Reserve System*, "Report to Congress on the Application of the Electronic Fund Transfer Act to Electronic Stored-Value Products" (visitado el 6 de abril, 1998) http://www.bog.frb.fed.us/boarddocs/RptCongress/ efta_rpt.pdf.; *Financial Action Task Force on Money Laundering*, "FATF-VII Report on Money Laundering Typologies", (agosto, 1996) http://www.treas.gov/fincen/advis4.pdf.

[63] Ver Maurer, "Writing Law", *supra* nota 26; Maurer, "Complex Subjects", *supra* nota 60; Bill Maurer, "Creolization Redux: The Plural Society Thesis and Offshore Financial Services in the British Caribbean", p. 249, *New W. Indian Guide*, N° 71 (1997). Ver también Roberts, "Fictitious Capital", *supra* nota 60.

Islas Caimanes, creen que "soberanía", en el sentido liberal, la cual implicaría independencia política del Reino Unido, tiene la capacidad de destruir el negocio de los servicios financieros. Las relaciones de esas jurisdicciones con Gran Bretaña, dada la autonomía legislativa local, sólo constituyen formalidades a esta altura. Sin embargo, se consideran fundamentales para la "reputación" de sus jurisdicciones en el mercado de los servicios financieros internacionales. Además, en una región donde el "libre comercio" ha diezmado la agricultura de exportación, donde los subsidios del *Foreign and Commonwealth Office* (Ministerio de Relaciones Exteriores) de Gran Bretaña son cada vez menos frecuentes e insuficientes debido al interés británico de deshacerse de las colonias que todavía le pertenecen, y donde el turismo ya no genera los ingresos de hace un tiempo, publicitar una jurisdicción para atraer inversionistas *offshore* parece una manera sensata de alcanzar una economía saludable[64]. Un nuevo "nativo" de St. Kitts-Nevis, analista de finanzas *offshore*, explica que "[n]uestros gobiernos necesitan el ingreso... Ya pasó el tiempo en que podíamos ir a rogar dinero a Inglaterra o los Estados Unidos. Tenemos que procurarnos algún tipo de ingreso para poder vivir"[65].

Las fuerzas sociales y políticas que subyacen las finanzas *offshore* indican que hay al menos dos maneras interrelacionadas en que los líderes caribeños dedicados a este negocio consideran la construcción activa de la soberanía, el mercado, el Estado y la moralidad. Estas maneras difieren sustancialmente de las suposiciones del Departamento de Estado de los EE.UU. acerca del negocio, así como de las expectativas liberales. La primera consiste en una visión de Estados débiles dominados por los procedimientos "normales" en que se desarrolla la economía global, que exigen que esos países se promocionen a sí mismos como lugares de distinción, donde se brindan servicios especializados. La segunda es una visión de Estados gobernados por líderes que tienen plena conciencia de que la relación entre Estado y soberanía distorsiona cada vez más la posición de su Estado en la economía mundial y la identidad de su Estado como tal. Estos líderes reconocen que el Estado debe convertirse en un aparato que facilite la movilidad de capital (como Internet se convierte en un mecanismo que la facilita). Para esos líderes, "soberanía", en su sentido liberal tradicional, es una teoría. Quizás el verdadero "soberano" en esta visión se encuentra fuera del Estado, por encima y más allá de él, trascendental, como los monarcas feudales cuyo poder supuestamente derivaba de Dios y estaba otorgado por Él.

[64] Ver Ronald Sander, "The Growing Vulnerability of Small States: The Caribbean Revisited", p. 361, *The Round Table*, Nº 343 (1997). Este artículo se ha vuelto a publicar –lo cual no es sorprendente– en la página principal de Antigua y Barbuda en http://www.antigua-barbuda.com/common.html.

[65] Fineman, "Resort Islands Now Offer Cash-and-Carry Citizenship", *supra* nota 49.

4.a. Moneda de oro acuñada en Inglaterra desde la época de Enrique VII hasta la de Carlos I, que originalmente valía 22 chelines 6 peniques, pero que posteriormente sólo valía 10 u 11 chelines[66].

Consideremos ahora otro caso en el que los términos "soberanía", "Estado", "mercado" y "moralidad" parecen cobrar distintos significados de maneras que podrían debilitar el liberalismo de Perritt y llevarnos a hacer predicciones más complejas acerca de la influencia de Internet. Este caso no se origina en microestados caribeños, sino en los salones de los principales bancos multinacionales como el Citicorp y los gigantes de *software* de computación como Microsoft e Intuit. En los últimos cinco años, estas corporaciones han lanzado ideas y probado productos diseñados para reemplazar el papel moneda como medio de intercambio usando Internet y otra tecnología informática. Esos esfuerzos para crear "efectivo digital" o "*e-cash*", cuyos prototipos ya existen en la red de redes[67] y pueden usarse para realizar transacciones económicas, han generado polémicas acerca del fin del dinero como lo conocemos. Estos debates han cuestionado la institución de los bancos centrales, el papel futuro de las naciones Estado, y sus capacidades para regular –e incluso respaldar– sus divisas nacionales en nuevas economías del ciberespacio[68].

Nuevamente, el objetivo que me propongo cumplir aquí no es fundamentar estas opiniones acerca del fin del dinero o de la nación Estado, ni afirmar que

[66] *Oxford English Dictionary*, *supra* nota 2.

[67] Ver, por ejemplo, "CyberCash" (visitado el 7 de abril, 1998) http://www.cybercash.com. Ver también Michael Krantz, "Cyber Vending Machine", *Time*, 7 de oct., 1996, p. 78; James Staten, "CyberCash Pays Over Web", *MacWeek*, 6 de feb., 1996, p. 4; James Staten, "CyberCash Ushers in New Era", *MacUser*, mayo de 1996, p. 37.

[68] Ver Robert M. Metcalfe, "Daniel Lynch: Founding Chairman of CyberCash, Inc.", *InfoWorld*, 29 de enero, 1996, p. 74; Michael Schrage, "Carl Pascarella: Branding Digital Cash: Visa Plans the Leap From Value Exchange to Information Exchange", *Mediaweek*, 29 mayo, 1995, en IQ14; Kim Nash, "Cybercash at Risk: Money Laws Lacking", *Computerworld*, 23 de dic., 1996, p. 1; Simon Fluendy, "Virtual Money: Does Cybercash Have a Future in Asia?" *Far E. Econ. Rev.*, 7 de nov., 1996, p. 83; Patiwat Panurach, "Money in Electronic Commerce: Digital Cash, Electronic Fund Transfer, and Ecash", p. 45, *Comm. of the ACM*, Nº 39 (1996); Karrie Jacobs, "Digital Dollars", *Ind. Design Mag.*, mar.-abr. 1996, p. 66; David Peyton, "Here Comes E-cash, But Washington Isn't Ready", *Computerworld*, 3 de julio, 1995, p. 37; Andrew Singleton, "Cash on the Wirehead", *Byte*, junio, 1995, p. 71; Ellis Booker, "Financial Services Spread Across the Web", *Computerworld*, 15 de mayo, 1995, p. 12; Charles Arthur, "How To Cash in on the Net", *New Scientist*, 18 de feb, 1995, p. 19; Gary H. Anthes, "Digital Cash Solution Sought", *Computerworld*, 26 de sept., 1994, p. 24; Eva Freeman, "How to Move E-Cash Around the Internet", *Datamation*, oct. 1996, p. 58; Amy Cortese, "The Future of Money: E-cash Could Transform the World's Financial Life", *Bus. Wk.*, 12 de junio, 1995, p. 66; James Gleick, "Dead as a Dollar", *N. Y. Times Mag.*, 16 de junio, 1996, p. 26. Ver en general Sebastian Rupley, "All the Web's a Wallet—Or Soon Will Be", *PC Mag.*, 28 de mayo, 1996, p. 60 (incluye un resumen de cinco libros sobre el tema).

esas opiniones tienen, de hecho, asidero en la "realidad" tal como ésta se va desarrollando. Soy muy cauteloso con respecto a las afirmaciones proféticas tanto de los partidarios como de los detractores del efectivo digital, los cuales afirman alternativamente que el efectivo digital unificará al mundo en un mercado común glorioso y hará que las naciones Estado pertenezcan al pasado (y, con ellas, las guerras, pobreza y hambrunas), o que el efectivo digital se encuentra sólo a un paso de que todo se unifique completamente: "todos tendremos un tatuaje similar a un código de barras para asegurarnos de que no estamos usando el dinero digital de otra persona", y que "escondido en el código estará el número '666'. Y todos sabemos lo que eso significa."[69] Por el contrario, como en el caso del discurso acerca de los PT y las finanzas *offshore*, me interesan estos discursos en sí mismos por las maneras en que desestabilizan y reescriben las concepciones liberales de soberanía, Estado, individuo y mercado. Si estos discursos se traducen al tipo de prácticas que producen o no nuevos efectos –nuevos Estados, nuevas personas–, es una pregunta que no tiene respuesta. Sin embargo, realmente destacan los límites del liberalismo. Y eso ya es útil.

Gran parte de la literatura reciente sobre el efectivo digital pone el énfasis en su absoluta normalidad. Scott Cook, el CEO de Intuit, empresa líder del mercado en *software* de finanzas personales, ha expresado que "los productos financieros ya son electrónicos. Las riquezas ya no se acumulan en barras de oro, monedas o certificados de acciones. Se acumulan en los discos rígidos de computadoras centrales. Las transacciones que se llevan a cabo entre instituciones financieras ya son digitales."[70] Un escritor que publica en *Fortune* también ha señalado que "todavía se trata solamente de dinero. Para quienes operan con divisas y manejan grandes sumas, y que hace ya bastante tiempo que tienen la capacidad enviar miles de millones de dólares a través del mundo en cuestión de segundos, el dinero en forma de electrones no es nada nuevo. Prácticamente el noventa por ciento del dinero que todos los días cambia de manos en los Estados Unidos lo hace en forma electrónica."[71]

El efectivo digital busca capturar el diez por ciento restante a través de tecnologías innovadoras como "tarjetas inteligentes" que incluyen un *chip* de información que representa el dinero "bajado" de la red, el cual hace las veces de medio de intercambio, o "ciberefectivo" *online* basado en *software* que puede usarse en la red de redes para realizar transacciones que hoy en día se hacen con tarjetas de crédito[72]. El ciberefectivo hace posibles y rentables

[69] Justin Fox, "What's New About Digital Cash?", *Fortune*, 30 de septiembre, 1996, p. 51.

[70] Gene Koprowski, "The Money Changers: Digital Cash Innovators Talk Banks, Bits, Bytes and Bucks", *Forbes*, 26 de agosto, 1996, p. 68.

[71] Fox, *supra* nota 69, p. 50.

[72] Ver Koprowski, *supra* nota 70, p. 70. Ver también Peter C. Newman, "E-Cash: A Looming Financial Revolution", *MacLean's*, 26 de junio, 1995, p. 30.

pequeños planes de pago por uso. Permite a los "empresarios *online*"[73] ganar dinero, por ejemplo, al cobrar a los navegantes un dólar o cincuenta centavos por "bajar" un programa o un juego de la red, o leer un cuento[74]. Es probable que muchas de esas empresas no puedan permitirse el lujo de aceptar Visa o Mastercard, y pocos consumidores *online* estarían dispuestos a ingresar su número de tarjeta de crédito por una transacción tan insignificante.

Los medios periodísticos económicos reflejan dos temores principales acerca del efectivo digital. El primero es que socavará la soberanía de la nación estado al quitarles a los Estados soberanos la capacidad de controlar su reserva de dinero. El segundo consiste en que el dinero digital causará la intervención de los Estados soberanos en el libre mercado del ciberespacio con el pretexto de garantizar la seguridad de las transacciones realizadas en Internet. Por un lado, el Estado se debilitará y se desmoronará; por el otro, arruinará el mercado por ser demasiado poderoso.

El primer temor deriva de la idea de que "la globalización está debilitando los Estados", según la cual las fuerzas del mercado se describen como usurpadoras de la soberanía de la nación Estado. Específicamente, el efectivo digital representa el fin de la capacidad de los bancos centrales para regular la reserva de dinero, que hará que las divisas se vuelvan "inmanejables"[75]. Peter Newman sostiene que "[e]sto significará la división entre los países y sus economías, el equivalente del siglo XXI de la separación ocurrida entre el Estado y la Iglesia en el siglo XIX"[76]. Los críticos de esta postura señalan que ya hace un tiempo que el dinero es "algo imaginario", que "su valor deriva exclusivamente de la confianza" y que "pasar del papel moneda imaginario al dinero digital imaginario no es un problema tan grande"[77].

El segundo temor se origina, curiosamente, en el miedo a la posibilidad de que las transacciones de dinero digital se conviertan en un tipo de finanzas *offshore* o en actividades de lavado de dinero[78]. Tanto los partidarios como los detractores del dinero digital expresan esa preocupación. Como señaló un detractor, "[l]os fondos que flotan en el ciberespacio se convertirán en el paraíso fiscal supremo. Cuanto más dinero se diluya en el éter ingravable, menos impuestos pagarán los sofisticados operadores informáticos, lo cual hará más pesada la carga impositiva de los ciudadanos que no tienen mucho contacto

[73] Michael Krantz, "Cyber Vending Machine", *Time*, 7 de oct., 1996, p. 78.

[74] Ver Staten, "CyberCash Pays Over Web", *supra* nota 67, p. 4. Ver también Staten, "CyberCash Ushers in New Era", *supra* nota 67, p. 37.

[75] Ver Newman, *supra* nota 72, p. 30.

[76] *Idem*.

[77] Fox, *supra* nota 69, p. 54.

[78] Ver Newman, *supra* nota 72, p. 30. Ver también Koprowski, *supra* nota 70, pp. 71, 74.

con computadoras, quienes tendrán menos posibilidades de hacerle frente."[79] "El lavado de dinero se volverá rápido y simple; la existencia de fondos imposibles de rastrear fomentará las actividades delictivas."[80] Sin embargo, los partidarios del dinero digital consideran que el verdadero peligro reside en la respuesta de los Estados a ese potencial. El *U.S. Comptroller* Eugene Ludwig ha expresado su preocupación acerca de "la gravedad potencial que encierra toda actividad delictiva relacionada con el dinero electrónico", y ha exigido mayor legislación gubernamental al respecto[81]. La industria, según los especialistas de ese sector, puede regularse a sí misma y el mercado se encargará de eliminar a quienes no sigan las reglas del juego. Además, según *Forbes*, "si las reglas del gobierno se vuelven muy estrictas, los operadores de dinero electrónico simplemente llevarán sus operaciones a otros países. Un miembro del *Chicago Merc, Rand Financial Services*, se trasladó a Bermuda para liberarse de la onerosa legislación del gobierno federal."[82]

Según los partidarios del dinero digital, el control que ellos mismos ejercen sobre el mercado asegura que éste funcionará de manera tal que los delincuentes quedarán afuera de las economías digitales. En un mundo donde la "confianza" es el respaldo primordial de las monedas, y donde las monedas esencialmente privadas como el efectivo digital desempeñan un papel cada vez más sobresaliente en el intercambio y la acumulación de la riqueza, las empresas de efectivo digital que puedan hacer alarde de su confiabilidad ante la mirada de los consumidores serán los "ganadores" en el largo plazo y aquellas que no puedan serán desterradas del mercado. Como expresó Scott Cook de Intuit: "Las marcas serán cada vez más importantes".

79 Newman, *supra* nota 72, p. 30.

80 *Idem*.

81 Koprowski, *supra* nota 70, p. 73. Por supuesto, hay mucho más para decir sobre los distintos organismos sobre los que reside el poder del Estado y la manera en que se hace referencia a ciertos informes y recomendaciones de organismos legisladores o asesores con todo tipo de propósitos, que sus autores nunca imaginaron. Por ejemplo, uno de mis artículos acerca de finanzas offshore, Bill Maurer, "Law Writing, Inmigration, and Globalization in the British Virgin Islands", *Ind. J. Global Legal Stud.*, Nº 2, p. 413 (1995), que se republicó en la red a través del *Internet Law Library of the House of Representatives* en http://law.house.gov/246.html. En el marco de los debates acerca del efectivo digital, hay una historia (a la que no puedo referirme por razones de espacio) sobre la manera en que el Departamento del Tesoro utilizó el informe sobre e-cash de la Reserva Federal para justificar su negativa de otorgar el pago electrónico de beneficios (EBT, según sus siglas en inglés) a las personas incluidas en los planes de asistencia social del Estado, a pesar de que el informe de la Reserva Federal no tenía incumbencia alguna en los EBT. Además del mencionado informe de la Reserva Federal presentado al Congreso, ver *Federal Reserve System*, 12 CFR Part 205 [Regulation E; Docket No. R-0959] "Electronic Fund Transfers, Final Rule" (visitado el 28 de abril, 1998) http://www.bog.frb.fed.us/boarddocs/press/ BoardActs/1997/19970813/R-0959. pdf.

82 Koprowski, *supra* nota 70, p. 74.

Si usted se dispone a hacer negocios con una institución financiera a la distancia, todo lo que necesita saber es la marca, su trayectoria de servicio y confiabilidad. Puede compararla con el proceso que atravesaron los artículos de almacén el siglo pasado. Cien años atrás, las marcas no eran tan importantes; solíamos confiar en que el almacenero nos dijera si las galletas eran buenas. Pero ahora confiamos en Nabisco o en alguna otra marca. Lo mismo pasará con los bancos[83].

Asimismo, Sholom Rosen, el vicepresidente de tecnologías emergentes del Citibank, expresa: "Es posible que todavía usted no sea fiel a su banco, pero la idea es que lo sea brindándole servicios que hagan su vida mucho más fácil."[84]

Una razón por la que los especialistas de la industria temen la intervención del gobierno es la posibilidad de que las transacciones económicas privadas (algunas) pierdan el anonimato del que gozan ahora. Si los consumidores saben que los funcionarios del gobierno pueden espiar el registro de sus transacciones en dinero digital, estarán menos dispuestos a usar el producto y se mantendrán fieles al papel moneda. Como señaló a *Forbes* David Chaum, CEO de Digicash, "la verdadera victoria será reemplazar el papel moneda. Ésta nunca se alcanzará sin un sistema de pago electrónico que permita a la gente proteger su privacidad, que es lo que ofrece Digicash"[85]. Una suposición preponderante es que, en efecto, los consumidores buscan el anonimato[86]. El mensaje final de la mayoría de las noticias económicas es que el efectivo digital no debe preocuparnos, facilitará la vida de todos y se encargará de sí mismo sólo si el Estado se lo permite.

5. Variedad de pera. *Obsoleto*[87].

Encontramos paralelos obvios entre las opiniones acerca de las finanzas *offshore* y el efectivo digital, en particular entre los temores respecto del lavado de dinero y el énfasis puesto en la creación de reputaciones confiables. Pero estos paralelos son engañosos. En ambos casos, el anonimato y la reserva ocupan el primer plano. Sin embargo, al menos en lo que respecta a la opinión popular, la reserva en el ámbito de las finanzas *offshore* es el vicio que permite negocios turbios, mientras que la reserva en lo que respecta al efectivo digital es la virtud que impulsará la participación en el mercado de los proveedores de efectivo digital.

En el primer caso, un factor central al dilema moral de la reserva es el individuo que se supone está implicado en conductas potencialmente ilegales,

[83] *Idem* p. 68.
[84] *Idem* p. 71. Ver también Schrage, *supra* nota 68, en IQ14, IQ16.
[85] Koprowski, *supra* nota 70, p. 70.
[86] Ver Fox, *supra* nota 69, p. 50. Ver también Krantz, *supra* nota 73, p. 78.
[87] *Oxford English Dictionary*, *supra* nota 2.

el PT desarraigado que no debe lealtad a nadie y a nada, cuya ciudadanía es una *commodity* adquirida como cualquier otra, que no indica ninguna lealtad particular a un Estado o soberano. Sin embargo, la persona interesada en mantener en reserva las transacciones con dinero digital es muy parecida. Busca un mercado global libre a través de Internet que no esté basado en Estado alguno; le interesa proteger su propia autonomía de la mirada inquisidora del Estado o de Visa Internacional, a los que podría interesarles cómo suele gastar su dinero y cuál es su historia adquisitiva. ¿Por qué nada nos advierte sobre la presencia de este tipo de persona? ¿Por qué la literatura acerca del dinero digital a veces parece hacerse eco de la convicción expresada por Perritt acerca de que el mercado realzará la democracia, la paz y la libertad, con lo cual el mundo será un lugar mejor para todos?

Creo que la respuesta se encuentra, una vez más, en los conceptos de Estado, soberanía, mercado y moralidad, que parecen depender del lugar de origen de las transacciones económicas. Las transacciones *offshore* se originan precisamente "*offshore*", es decir, en otro lugar, un espacio concebido para permanecer fuera de los Estados soberanos poderosos. Al mismo tiempo, para los gobiernos que tienen intereses en las finanzas *offshore*, es el mercado el que demanda la existencia de esos servicios y es el mercado el que obliga a Estados pequeños a ofrecerlos para poder sobrevivir en la economía mundial. Por otro lado, las transacciones de dinero digital tienen lugar *dentro* del reino del mercado, dentro de los paraísos a los que Estados pequeños desean acceder con desesperación. Arriba, en el espacio soberano de este mercado ("soberano" en el sentido de conferido, elevado, superior, como la Deidad que existe sobre todas las cosas), los individuos "buenos" realizan transacciones "privadas" sin más cultura, política o intereses que un interés personal, económico y racional. Este mercado celestial se regula a sí mismo; la intervención del gobierno sólo lo llevaría a estrellarse contra el suelo y deshacerse en pedazos.

Aun cuando los Estados caribeños intentan vaciar sus ciudadanías de contenido vendiéndolas en el mercado, ofreciéndolas como compartimentos vacíos en los que los PT pueden residir por un tiempo antes de seguir su camino, esas ciudadanías todavía tienen significado; todavía cargan con la marca que les niega la entrada en el Reino de los Cielos. Antigua se convierte en un "Estado pequeño y corrupto"; las personas que utilizan sus servicios financieros *offshore* son "sospechosas"; las personas que compran ciudadanías u otras categorías legales (o las coleccionan, o les son negadas, como les sucede a muchos trabajadores itinerantes en todo el mundo) cargan con el estigma que hizo necesaria esa compra (o colección) en primer lugar. A diferencia de los participantes "reales" de la "economía global", a estas personas, que nunca están "completamente" desprovistas de cultura, les es imposible escapar del pecado original de haber pertenecido a un lugar, un Estado, un territorio soberano que no se subordinó al "mercado global".

Lo que sugiero es que, cuando se considera que la soberanía reside en una abstracción llamada "el mercado", entonces, los participantes de ese mercado, quienes aceptan esa soberanía, se convierten por definición en "personas sin cultura"[88], personas que supuestamente están más allá y por encima de localismos "insignificantes", personas con identidades "vacías". Así, ese tipo de personas son "sujetos soberanos", en tanto sus identidades están completamente subordinadas a la de su soberanía, el mercado soberano. Pero cuando la soberanía parece residir en un Estado pequeño que utiliza sus poderes para crear nichos donde pueda descansar el capital fugado, o cuando los líderes de los Estados pequeños "retocan" el sistema, como hacen los *hackers*, probando sus límites e intentando reprogramar sus procedimientos operativos en beneficio propio, los participantes de *este* mundo son considerados moralmente sospechosos, corruptos y peligrosos. No son sujetos soberanos, sino sujetos que continuamente necesitan tratar de borrar esa mancha esencial. Esta mancha, por supuesto, es la mancha del origen... en el Tercer Mundo, la ex Unión Soviética, China, Taiwán o Hong Kong. Es también la mancha del Estado: Antigua, a diferencia de Microsoft, es un "Estado", y un "Estado" no tiene por qué retocar el "mercado".

Las distintas valoraciones morales de las finanzas *offshore* y el dinero digital que presento en este artículo, deberían inducirnos a cuestionar las suposiciones que motivan la clase de mundo donde Microsoft tiene poderes que se le sniegan a los Estados, donde el mercado se convierte en ese noble ser superior, donde a algunos de "nosotros" se nos permite ser "personas sin cultura" cuyas subjetividades se vuelven normativas y normalizadas, y se hacen cumplir activamente en el resto del mundo, aun cuando el resto del mundo tenga otras intenciones. Los verdaderos "sospechosos" de todo esto somos nosotros; y me refiero, en gran parte, a los ciudadanos blancos de los países del Primer Mundo que poseen trabajos estables, fondos de pensión y múltiples ataduras e inversiones en la economía global. Analizar el liberalismo significa hacer explícito el privilegio que nos fue otorgado en virtud de nuestros orígenes: nunca tener que comprar ciudadanías ni evadir o cuestionar soberanías. La tarea, entonces, es exponernos a nosotros mismos: abrir la política y la cultura del neoliberalismo, la política y la cultura del "mercado" ya que cada vez más parece un reino soberano, mostrar la manera en que permanentemente se lo cuestiona, se lo negocia y se lo construye por medio de prácticas que no necesariamente elegimos pero que tal vez estén bajo nuestro poder soberano y podamos, así, transformarlas.

[88] Ver Renato Rosaldo, *Culture and Truth: The Remaking of Social Analysis*, pp. 198-204 (1989).

LA PIRATERÍA INFORMÁTICA EN EL CIBERESPACIO:
Recursos jurídicos y tecnológicos para combatirla[(a)]

Kory D. Christensen[1]

Visit the headquarters of the Heavy Metal Pirates
Dark Soul, Kid Jenious, and Prozac
Download Hot WaReZ
Windows 95, MS Office
Over 3 GB of Games Online
Send e-mail to erk1034@bosoleil.ci.umoncton.ca for access [(b)2].

[(a)] Este trabajo fue publicado con el título *Fighting Software Piracy in Cyberspace; Legal and Technological Solutions*, en "Law and Policy in International Business" (1996), t. 28, p. 435, y se publica con permiso de esa revista y de Georgetown University. (c) 1996. (*N. del ed.*)

[(b)] Visita la central de los Piratas del Heavy Metal / Dark Soul ('Alma Oscura'), Kid Jenious ('Chico Jenio'), y Prozac / Baja soft del mejor / Windows 95, MS Office / Más de 3 GB de juegos *online* / Para ingresar, envía un e-mail a erk1034@bosoleil.ci.umoncton.ca. (*N. del T.*)

[1] Doctor en Derecho, Georgetown University Law Center, 1997; Licenciado en Sistemas, University of Utah, 1994. El autor desea agradecer a su esposa, Laurel, sin cuyo amor y apoyo no habría sido posible escribir este artículo. También desea agradecer al profesor David Post por los valiosos comentarios que aportó durante la preparación de este artículo.

[2] La publicidad de sitios piratas es común en grupos de noticias de Usenet tales como alt.binaries.warez, alt.binaries.software, y alt.hackers. Este mensaje se envió a varios grupos de noticias el 16 de enero de 1996.

1. INTRODUCCIÓN

Los avisos como el que aparece arriba constituyen una tendencia que gana terreno en Internet[3] y anuncia una nueva era en la que los *hackers*[(c)] se sienten confiados y seguros en el ciberespacio[4]. Los piratas informáticos publican anuncios de su *software*[5] sin el menor escrúpulo, utilizando una dirección de correo electrónico real e incluso el nombre de dominio[6] de su sitio pirata[7]. ¿A qué se debe esta nueva manifestación de audacia pirata? Dado el crecimiento reciente

(c) En este artículo los términos "hacker" y "cracker" se utilizan indistintamente con el significado de "pirata informático". Cabe aclarar que actualmente, según varios diccionarios de informática consultados, existe una diferencia entre ambos términos. Según dichas fuentes, un *hacker* es un "experto técnico en algún tema relacionado con comunicaciones o seguridad... [que suele] dedicarse a violar claves de acceso por pura diversión, o para demostrar falencias en los sistemas de protección de una red de computadoras, casi como un deporte. Los *hackers* son muy respetados por la comunidad técnica de Internet, a diferencia de los *crackers*." Un *cracker*, en cambio, es considerado un personaje ruin y sin honor, que "se especializa en violar medidas de seguridad de una computadora o red de computadoras, venciendo claves de acceso y defensas, para obtener información que cree valiosa". (*N. del T.*)

[3] Internet se ha descripto como una "red electrónica de banda ancha a través de la cual se transmite información digitalizada de distintos tipos: por ejemplo voz, datos o imágenes de video. Inicialmente concebida como una red de redes, Internet fue creada a fines de la década de 1960 por el Ministerio de Defensa de los EE.UU. para que fuera posible continuar la comunicación por medio de las computadoras en el caso de un ataque contra las bases de datos de ese país". Byron F. Marchant, "On-Line on the Internet: First Amendment and Intellectual Property Uncertainties in the On-Line World", *How. L. J.*, Nº 39, pp. 477, 479 (1996).

[4] En 1984, el escritor de ciencia ficción William Gibson acuñó el término "ciberespacio" en su novela *Neuromancer*. Ver William Gibson, *Neuromancer*, pp. 55-56 (1984).

[5] "Los programas comunes y corrientes protegidos por *copyright* se conocen en este medio como 'warez', los excepcionalmente buenos se llaman 'kewl' y los nuevos que aún no se venden en comercios se denominan 'zero-day software', es decir, 'software del día cero'. En [un] sitio pirata, la semana pasada se ofrecían, entre otros programas, Power Japanese, que se vende en comercios a 395 dólares, así como IBM DOS 6.3 y un juego llamado Alien Legacy, que todavía no salió a la venta". Adam S. Bauman, "Computer at Nuclear Lab Used for Access to Porn", *L.A. Times*, 12 de julio, 1994, en A1.

[6] Las computadoras conectadas con la Red se identifican por medio de "nombres de dominio", los cuales en cierta medida identifican la ubicación geográfica y la naturaleza de las máquinas en cuestión. Por ejemplo, el nombre de dominio "peruvian.cs.utah.edu" es una computadora conectada con Internet a la que tiene acceso el autor. El dominio ".edu" o "educación" comprende principalmente computadoras de universidades, ".gov" representa computadoras de entes gubernamentales y así sucesivamente. Además, la última parte del nombre de dominio algunas veces indica el país de origen. Por ejemplo, ".fi" indica Finlandia, y ".au" significa Australia.

[7] No se sabe con certeza cuántos sitios piratas existen en Internet. Actualmente, un grupo sabueso se encuentra rastreando aproximadamente 1600 sitios piratas. Ver Bauman, *supra* nota 5.

y virtualmente explosivo del acceso a Internet[8], una respuesta posible es que cada vez son más comunes los *hackers* extranjeros y sus sitios piratas en otros países[9]. Por ejemplo, en el aviso trascripto anteriormente, es probable que al menos uno de los *hackers* sea estudiante de una universidad canadiense[10].

Es posible que los *hackers* extranjeros piensen que están fuera del alcance de la aplicación del *copyright* de los EE.UU.[11]. Como se demuestra en este artículo, las empresas estadounidenses tienen que tomar decisiones difíciles en respuesta a la globalización de la piratería en la Red[12]. ¿Qué puede hacer la industria del software para protegerse en el ámbito de una Infraestructura Global de la Información (GII) emergente que se está convirtiendo a pasos agigantados en refugio para una nueva generación de piratas informáticos?[13]

A fin de buscar una respuesta para este interrogante, este artículo propone la siguiente hipótesis: supongamos que Bill Gates, presidente y CEO de Microsoft, acaba de descubrir la creciente amenaza que implica la piratería

[8] Se estima que en la actualidad hay unos 50 millones de usuarios de Internet y que esa cifra ascenderá a cerca de 1500 millones para el año 2010. Ver Jon Moon, "Commerce Moves to the Internet", *Independent*, 11 de feb., 1997, p. 17, disponible en Lexis, Nexis Library, Curnws File; ver en general Larry Irving, "National Information Superhighway: Beyond a 500 Channel World", *Comm. Law.*, edición de primavera, 1994, p. 3, 3 (la tasa de crecimiento de la Red excede la de todos los demás sistemas de comunicación).

[9] Ver "Software Piracy Poses Global Threat: New SPA Study Urges Increased Government Attention to Enforcement in Foreign Markets", *PR Newswire*, 5 de julio, 1994, disponible en Lexis, Nexis Library, Arcnws File [en adelante denominado 'Estudio de la SPA']. Por ejemplo, una muestra de las direcciones de correo electrónico de piratas reales que subieron programas a un grupo de noticias el 16 de abril de 1996, revela una gran diversidad de nacionalidades: ccc10363@vip.cybercity.dk (Dinamarca), huijia@pl.jaring.my (Malasia), an231YF@skynet.uk (Reino Unido), crocan@dds.nl (Países Bajos), oden.eriksson@swipnet.se (Suecia), kwha@taiko.jp (Japón), chillywilly1@usa.pipeline.com (EE.UU.). Algunos *hackers* incluso ocultan su ubicación y su identidad mediante direcciones ficticias: CoRRupT@no.damn.where.on.the.net. [*NTiii*: La frase "no damn where on the net" significa "en ningún maldito lugar de la red".]

[10] En el aviso citado, el nombre de dominio "umoncton.ca" indica que uno de los piratas tiene una cuenta de correo electrónico en la Universidad de Moncton, sita en New Brunswick, Canadá. Sin embargo, los nombres de dominio no siempre revelan la verdadera ubicación geográfica de la máquina. Ver David R. Johnson & David G. Post, "Law and Borders -The Rise of Law in Cyberspace", *Stan. L. Rev.*, N° 48, p. 1367 (1996).

[11] La Red contribuye a facilitar la piratería al eliminar los costos y los riesgos que implica el transporte físico. Ver Dan L. Burk, "Transborder Intellectual Property Issues on the Electronic Frontier", *Stan. L. & Policy Rev.*, N° 6, pp. 9, 10 (1995).

[12] Ver Michael Meyer y Anne Underwood, "Crimes of the 'Net'", *Newsweek*, 14 de nov., 1994, p. 46 y 47 (donde se señala que en 1993 se robaron dos mil millones de dólares en *software* a través de Internet). Debido a la globalización de la Red, gran parte de ese monto se puede atribuir probablemente a piratas extranjeros.

[13] La SPA (*Software Publisher's Association*: Asociación de Empresas de *Software*) ha afirmado que Internet es un "terreno de cultivo para la piratería informática". "SPA Reveals Increase in Cybercrime", *Computer Fraud & Security Bull.*, 1 de feb., 1995, disponible en 1995 WL 8321931.

en Internet. La dimensión internacional de la piratería es para él motivo de particular preocupación ya que –como en el caso de muchas empresas de *software*– las ventas internacionales constituyen casi la mitad de los ingresos totales de Microsoft[14]. El señor Gates pide a los asesores jurídicos de Microsoft que expongan las opciones que tiene la empresa cuando un pirata informático "sube"[15] una copia de Microsoft Windows a un sitio de la Red. En primer lugar, desea saber si Microsoft puede iniciar acciones judiciales y, en ese caso, contra quiénes y en qué tribunales. En segundo lugar, suponiendo que Microsoft tiene elementos que justifican la demanda, el señor Gates quiere saber si el litigio beneficiaría a la empresa. Finalmente, desea saber si Microsoft tiene otras alternativas además de litigar en el caso de que los recursos judiciales no sean viables.

Este artículo es una respuesta a los interrogantes hipotéticos del señor Gates. La Parte I explora las posibilidades de litigio que tiene Microsoft, teniendo en cuenta qué leyes aplicar, a quién demandar y en qué fueros tramitar las causas. Según las leyes aplicables, tanto de los EE.UU. como extranjeras, Microsoft puede interponer recursos judiciales contra tres partes bien diferenciadas: los *uploaders*, los *downloaders* y los intermediarios. La Parte II sopesa las ventajas y las desventajas de iniciar las acciones mencionadas y llega a la conclusión de que probablemente Microsoft debería litigar solamente contra los infractores más acérrimos. Finalmente, la Parte III considera una alternativa tecnológica al litigio: el generalizado uso de sistemas de protección de *software* por medio de la "encriptación" o cifrado. Las soluciones basadas en la encriptación son muy superiores a los sistemas de "protección de copia" abandonados a fines de la década de 1980. La Parte III sostiene que, dada la falta de soluciones globales coherentes, la industria del *software* necesita encontrar recursos tecnológicos en lugar de esperar a que el gobierno intervenga. De todos modos, en última instancia el Derecho puede contribuir con

[14] Ver *Office of Technology Assessment, Finding a Balance: Computer Software, Intellectual Property, and the Challenge of Technological Change*, p. 96 (1992) [en adelante denominado 'Informe de la OTA'].

[15] En este artículo, '*downloading*' ('bajar' o 'descargar') se refiere al acto de acceder a un sitio pirata a través de la Red, y solicitar y recibir copias no autorizadas de programas protegidos por *copyright*. Por lo tanto, un '*downloader*' es cualquier individuo que 'baja' *software* ilegal. '*Uploading*' ('subir' o 'cargar') es el acto de enviar por Internet copias de programas protegidos por *copyright* a un sitio pirata, permitiendo así que otros las bajen. Un '*uploader*' es aquel que 'sube' *software* ilegal. Los intermediarios son personas u organizaciones que proveen los servicios de Internet que conectan a los *uploaders* con los *downloaders*. El grupo de los intermediarios comprende las grandes redes privadas que ofrecen acceso a la Red, tales como CompuServe, Prodigy y America Online, así como los ISP (*Internet Service Providers*: Proveedores de Servicio de Internet) de menor escala tales como Neptune Interactive.

la tecnología, aunque de manera complementaria, si se enmienda la Ley de Copyright (*Copyright Act*)[16] para que incorpore una medida contra la elusión.

2. Litigio

La primera pregunta del señor Gates se refiere a si Microsoft puede interponer acciones judiciales cuando un pirata sube una copia de Windows a un sitio de Internet. La respuesta es un sí rotundo. Microsoft realmente cuenta con este tipo de recursos, pero para llegar a esta conclusión es necesario responder a una serie de preguntas secundarias difíciles. Primero: ¿cuál es el Derecho aplicable a la disputa? Segundo: si hay ilícito, ¿quién violó la ley? Tercero: ¿dónde se puede tramitar la causa? Si bien no es posible responder a ninguna de estas preguntas sin hacer referencia a las otras dos, esta sección intenta analizar en forma individual los aspectos más sobresalientes de las siguientes cuestiones: (1) qué leyes aplicar, (2) a quién demandar y (3) en qué fuero iniciar la demanda.

A. Qué leyes aplicar

Antes de decidir si se ha violado una ley, primero es necesario determinar precisamente cuál es la ley que se aplica. La respuesta puede ser directa en el caso fácil, es decir, cuando todas las partes involucradas viven en el mismo país. Por ejemplo, si un pirata chileno subiera una copia no autorizada de Windows a un sitio de Internet en Santiago y diera acceso a sus compañeros de clase, es evidente que las leyes de los EE.UU. no se aplicarían[17]. Las leyes que regirían la disputa en ese caso serían las de Chile.

Sin embargo, muchos casos de piratería a través de Internet no son tan sencillos. Internet es una interconexión global de redes que ofrece acceso a más de cuarenta millones de usuarios en todo el mundo[18]. Así, la piratería por medio de la Red puede implicar a los ciudadanos y las leyes de muchos países. Un programa pirateado se podría subir en Australia y bajar en Finlandia, Arabia Saudita y los EE.UU. Cuando se produce un acto de piratería multinacional a través del ciberespacio, ¿qué leyes se aplican a las disputas y qué papel desempeñan los tratados internacionales en este sentido?

[16] 17 U.S.C 101 (1994).

[17] Ver *Robert Stigwood Group, Ltd. v. O'Reilly* 530 F.2d 1096, 1101 (2° Cir.), *cert. denied*, 429 U.S. 848 (1976), donde se señala que las infracciones cometidas completamente fuera de los Estados Unidos no son enjuiciables en los tribunales de ese país

[18] Ver Moon, *supra* nota 8

1. Territorialidad

Para empezar, está claro que no se aplica un único régimen legal a cada acto de piratería informática. Uno de los principios fundamentales de las leyes internacionales de propiedad intelectual es el de "territorialidad"[19]. El principio de territorialidad deriva de la noción de que no existe un "*copyright* internacional"[20]. Existe, en cambio, una "multiplicidad de regímenes de *copyright*", cada uno de los cuales tiene sus propias fronteras territoriales[21]. Por lo tanto, no hay un "tribunal mundial de *copyright*" que intervenga en las disputas, ni tampoco una "ley internacional de *copyright*" que se aplique en cada juicio.

Si éste es el caso, ¿cuál es entonces el propósito de los tratados internacionales tales como la Convención de Berna[22], la Convención Universal de *Copyright* (UCC)[23] y el Acuerdo TRIPS del Acuerdo General sobre Aranceles Aduaneros y Comercio (GATT)?[24] La respuesta incluye dos aspectos: las convenciones internacionales continúan siendo importantes porque (1) exigen a los países signatarios estándares mínimos de protección del *copyright* en términos de Derecho positivo y (2) requieren "tratamiento nacional", lo que equivale al compromiso de no discriminar contra los extranjeros[25]. En virtud de las convenciones, cuando un autor obtiene un *copyright* en uno de los Estados parte, se convierte simultáneamente en "titular de un *copyright* francés, un *copyright* estadounidense, un *copyright* mexicano, un *copyright* japonés, y así sucesivamente"[26].

[19] Ver Jane C. Ginsburg, "Global Use/Territorial Rights: Private International Law Questions of the Global Information Infrastructure", *J. Copyright Society USA*, Nº 42, pp. 318, 319 (1995).

[20] Ver *idem*, p. 330.

[21] Ver *idem*.

[22] *Berne Convention for the Protection of Literary and Artistic Works*, 9 de sept., 1886, S. Treaty Doc. Nº 99-27, U.N.T.S. Nº 828, p. 221 (que entró en vigencia en los Estados Unidos el 1º de marzo, 1989) [en adelante denominada 'Convención de Berna']. Desde 1993, la Convención de Berna cuenta con 95 miembros. Ver Robert A. Gorman y Jane C. Ginsburg, *Copyright for the Nineties*, p. 877 (4º edición, 1993).

[23] *Universal Copyright Convention*, firmada el 24 de julio de 1971, 25 U.S.T. 1341, *T.I.A.S.* Nº 7868 (en vigencia en los Estados Unidos desde el 18 de sept. de 1972) [en adelante denominada 'UCC'].

[24] *Agreement on Trade-Related Aspects of Intellectual Property Rights*, enero de 1994, *Marrakesh Agreement Establishing the World Trade Organization*, Anexo 1C en *Results of the Uruguay Round Of Multilateral Trade Negotiations* 365 (*GATT Secretariat* 1994), *I.L.M.*, Nº 33, p. 1169 [en adelante denominado 'TRIPS'].

[25] Ver Convención de Berna *supra* nota 22, *S. Treaty Doc*. Nº 99-27, p. 40, U.N.T.S. Nº 828, pp. 231-33 (requisitos para el tratamiento nacional); ver Gorman & Ginsburg, *supra* nota 22, p. 878.

[26] Ginsburg, *supra* nota 19, p. 330.

Así, cuando se comete un acto de piratería en un país signatario, esto da lugar a una causa judicial en el marco de las leyes de *copyright* locales[27]. Sin embargo, como ya se mencionó, la piratería a través de Internet lógicamente infringe las leyes de muchos países. ¿Significa eso que Microsoft debe entablar una demanda contra un pirata en varios países en la medida en que se violan las leyes de cada uno de esos países?[28] Microsoft podría elegir hacerlo, pero ésta no sería su primera opción. En cambio, preferiría que todas sus demandas se tramitaran en un mismo fuero, en los EE.UU. de ser posible. Por ejemplo, es más probable que un jurado de los EE.UU. se incline por las demandas de una empresa estadounidense que un jurado de Taiwán, por ejemplo. Además, los asesores de Microsoft probablemente son mucho más versados en los procedimientos civiles de los EE.UU. que en los procedimientos civiles de la Federación Rusa, por citar un caso.

Si Microsoft logra que se aplique la jurisdicción de los EE.UU., ¿qué puede impedir que un tribunal de distrito federal estadounidense juzgue todas las controversias de la causa multinacional y quizás incluso aplique las leyes de los EE.UU.?[29] Ésta es una pregunta clave que subyace bajo el ejercicio de la jurisdicción extraterritorial en las demandas multinacionales. Cuando existen múltiples opciones de leyes, hay al menos dos maneras de resolver el conflicto. Una de ellas se basa en el principio de cortesía; la otra, en la aplicación de tratados específicos de elección del Derecho aplicable.

2. Cortesía

Cuando un país intenta ejercer jurisdicción en forma extraterritorial sin tener en cuenta los intereses potenciales de otras naciones, puede transgredir la soberanía de esas naciones[30]. Es por eso que países como los EE.UU. suelen apelar al principio de cortesía (*comity*) para contribuir a reconciliar la disputa[31]. En pos de este ideal, "cada Estado tiene la obligación de evaluar sus propios intereses así como los del otro Estado al ejercer la jurisdicción [y] debería ceder ante el otro Estado si el interés de este último es evidentemente

[27] Ver *idem*.

[28] "El problema de la elección del Derecho aplicable también afecta la selección del tribunal competente: si cada demanda es específica en términos geográficos, también podría serlo cada litigio". Ginsburg, *supra* nota 19, p. 334.

[29] Las leyes de *copyright* en los Estados Unidos son exclusivamente federales. Ver 17 U.S.C. 301 (a) (1994), que anuncia los efectos preventivos de la Ley de Copyright, 1976; ver también 28 U.S.C. 1338 (a) (1994), que asigna a los tribunales federales jurisdicción exclusiva para intervenir en acciones civiles "que surjan en virtud de cualquier Ley del Congreso relacionada con... derechos de propiedad intelectual".

[30] Ver Burk, *supra* nota 11, p. 15.

[31] Ver Johnson & Post, *supra* nota 10, p. 1391.

mayor"[32]. Así, la cortesía actúa a modo de "limitación sobre la aplicación estricta de [la territorialidad]"[33]. El principio de cortesía no necesariamente limita las opciones de Microsoft. Cabe suponer que, siempre que los intereses de un país no sean "evidentemente mayores", las leyes de ambos países constituyen alternativas viables.

El siguiente caso ilustra la aplicación del principio de cortesía en el contexto de la jurisdicción extraterritorial. Supongamos que Microsoft desea entablar un juicio por violación del *copyright* en los Estados Unidos alegando que una copia pirata de Windows fue enviada desde ese país hasta un sitio italiano y luego fue bajada en Portugal y en Uruguay. Microsoft tendría buenas posibilidades de ganar si pudiera persuadir a un tribunal estadounidense de ejercer jurisdicción y aplicar sus leyes en todo el conflicto. No sólo evitaría el elevado costo de entablar varios juicios individuales en el extranjero, sino que tendría la ventaja de contar con un "tribunal local". ¿Accederá acaso un tribunal de distrito de los EE.UU. a las expectativas de Microsoft?

Por lo general, las leyes estadounidenses de *copyright* no son extraterritoriales y, en consecuencia, los tribunales federales de los EE.UU. no pueden juzgar las infracciones cometidas enteramente fuera de ese país[34]. Sin embargo, en casos en que la "primera instancia de reproducción" ocurrió en los EE.UU., algunos tribunales federales ejercieron jurisdicción y aplicaron leyes estadounidenses en la totalidad de la demanda multinacional por violación del *copyright*[35]. En términos del "principio de cortesía", los EE.UU. tienen sin duda un "interés mayor" en tales casos. Sin embargo, otros tribunales tomaron una postura más conservadora con respecto a las demandas que involucran infracciones tanto en los EE.UU. como en otros países, y ejercieron jurisdicción exclusivamente sobre lo que consideraron que era la porción de las demandas que correspondía a los EE.UU.[36].

Volviendo al caso anterior, puesto que el *software* se subió a la Red en los EE.UU., Microsoft podría alegar convincentemente que ésa fue la "primera instancia de reproducción". Por lo tanto, la jurisdicción estadounidense resultaría más adecuada que la de Italia, Portugal o Uruguay. La subida de programas a la Red es indiscutiblemente la "primera instancia" porque todas

[32] *Restatement (Third) of the Foreign Relations Law of the United States* 403 (3) (1987).

[33] Johnson & Post, *supra* nota 10, p. 1392.

[34] Ver *Robert Stigwood Group, Ltd. v. O'Reilly*, 53 F.2d 1096, 1101 (2° Cir.), cert. denied, 429 U.S. 848 (1976).

[35] Ver, por ejemplo, *Update Art, Inc. v. Modiin Publishing*, Ltd., 843 F.2d 67, 72-73 (2° Cir. 1988), donde se señala que las leyes de *copyright* de los Estados Unidos se aplican extraterritorialmente cuando el acto de reproducción ilegal en cuestión se produce en los Estados Unidos.

[36] Ver, por ejemplo, *GB Marketing USA Inc. v. Gerolsteiner Brunnen GmbH & Co.*, 782 F. Supp. 763, 772 (W.D.N.Y. 1991).

las infracciones subsecuentes derivan en forma directa de esa acción[37]. Por esa razón, un tribunal de distrito podría elegir ejercer jurisdicción extraterritorial en toda la controversia. Sin duda, aun en ese caso Microsoft puede tener dificultades para hacer que se cumpla el fallo en otro país, particularmente si intenta ejecutar un fallo extraterritorial en un tribunal local del país de la parte demandada[38].

3. Tratados de elección del Derecho aplicable

A veces los países acuerdan en forma previa qué leyes deben regir una disputa internacional[39]. En el contexto del ciberespacio, resultaría útil contar con esta referencia, pero lamentablemente eso no será posible en el corto plazo. Por ejemplo, la Convención de Berna –la fuente primaria de Derecho Internacional en materia de *copyright*– no ofrece reglas claras en cuanto a la elección del Derecho aplicable[40]. Sin embargo, un tratado multinacional que sí ofrece pautas claras (si bien en un contexto distinto) es la Directiva Satelital Europea (*European Satellite Directive*)[41]. La Directiva Satelital establece que las leyes del país donde se produce el "*uplink*" –es decir, donde se originan las emisiones infractoras– deben regir las disputas[42]. Al menos un analista ha sugerido aplicar el modelo de la Directiva Satelital al problema de la piratería en Internet mediante una norma referida al "país donde se sube el *software* a la Red"[43]. De ese modo, regirían el caso las leyes del país desde donde se transmitió originariamente la copia no autorizada.

Las similitudes existentes entre una emisión satelital ilegal y la piratería informática son sorprendentes. Cuando un pirata sube una obra protegida por *copyright* a un sitio de Internet accesible para todo el mundo, el *software* se difunde efectivamente como una transmisión vía satélite. Posteriormente, los *downloaders* de todo el mundo pueden "recibir" la transmisión con sólo ajus-

37 Las posteriores violaciones a los derechos de reproducción y distribución, cometidas por el *downloader* y el intermediario, no son posibles hasta que el *uploader* transmite la copia no autorizada de Windows al sitio de Internet.

38 Ver en general, Joseph J. Simeone, "The Recognition and Enforceability of Foreign Country Judgments", *St. Louis U.L.J.*, N° 37, p. 341 (1993).

39 Comparar con Norbert Wuhler, "Arbitration Clause in Treaties", *Encyclopedia of Public International Law*, pp. 236, 238 (Rudolf Bernhardt ed., 1992) (las partes resuelven qué leyes se aplicarán en un tribunal arbitral).

40 Ver Ginsburg, *supra* nota 19, pp. 330-331.

41 *Council Directive* 93/83, 1993 *O.J.* (L 248) 15 (en adelante denominada 'Directiva Satelital').

42 Ver *idem*, preámbulo, 14.

43 Ver Ginsburg, *supra* nota 19, pp. 335-336.

tar sus receptores –los navegadores[44]– hacia la dirección[45] adecuada en el ciberespacio. Por lo tanto, el acto de subir un programa infringe potencialmente las leyes de todos los países capaces de recibir las copias no autorizadas[46]. Sin embargo, en lugar de aplicar las leyes de todos los países receptores, la Directiva Satelital exigiría aplicar las leyes del país donde se sube el *software* a la Red. Como se señaló anteriormente, al menos un tribunal de distrito ya ha adoptado una norma similar al tener en cuenta la "primera instancia de reproducción" como fundamento para aplicar jurisdicción extraterritorial[47].

Por lo tanto, existen dos enfoques posibles. Si la infracción supera las fronteras jurisdiccionales, los países probablemente resolverán los conflictos mediante el principio de cortesía o los tratados específicos de elección del Derecho aplicable. La aplicación general de la cortesía ofrece, quizás, el enfoque más amplio porque más de una elección de ley puede resultar viable a menos que el interés de un país sea claramente mayor. Por otra parte, una norma con respecto al "país donde se sube" el material a la Red, inspirada en la Directiva Satelital de la Unión Europea, es sin duda más limitada. Cualquiera que sea el caso, Microsoft tiene posibilidades de decidir qué leyes deben aplicarse, incluyendo la posibilidad de que los EE.UU. ejerzan jurisdicción sobre la totalidad de la demanda multinacional.

B. A quién demandar

El paso siguiente para decidir si Microsoft tiene algún recurso judicial es determinar si alguien ha violado la ley elegida. Esta sección examina tres clases de posibles demandados –(1) los *downloaders*, (2) los *uploaders* y (3) los intermediarios– y llega a la conclusión de que Microsoft puede entablar demandas judiciales contra cada una de las partes mencionadas, independientemente de que se apliquen las leyes de los EE.UU. o tratados internacionales. Sin embargo, dadas ciertas ambigüedades en las leyes estadounidenses de *copyright*, la demanda contra los intermediarios no resulta tan clara, lo cual tal vez la vuelva menos atractiva.

[44] Ver Ed Krol, *The Whole Internet User's Guide and Catalog*, pp. 287-323 (2° edición, 1994), que incluye un profundo debate acerca de la *World Wide Web* (www) y los navegadores (*web browsers*).

[45] Cada dirección en el ciberespacio se identifica por lo general mediante una URL (*Uniform Resource Locator*), que identifica con precisión el nombre de dominio de la computadora huésped así como la ubicación de la información pertinente de esa máquina. Ver Denis Howe, *Free On-Line Dictionary of Computing* (página visitada el 12 de ene., 1997) http://wombat.doc.ic.ac.uk.

[46] Ver Ginsburg, *supra* nota 19, pp. 335-336.

[47] Ver el texto que acompaña a la nota 35.

1. *Downloaders*

Podría ser conveniente empezar considerando a los *downloaders*, ya que son el grupo más numeroso de infractores y son responsables de la mayoría de los actos individuales de reproducción en términos de piratería informática[48]. Si se aplican las leyes de *copyright* estadounidenses, es probable que Microsoft tenga elementos que justifiquen una demanda judicial contra los *downloaders* por violación del *copyright*.

Por ejemplo, Windows es un programa de computación que, a los efectos de la propiedad intelectual, es pasible de ser protegido por la Ley de Copyright como una obra literaria[49]. Por lo tanto, Microsoft tiene todos los derechos reservados que se estipulan en la sección 17 U.S.C. § 106[50]. Si el *downloader* realiza, sin autorización, cualquiera de las actividades especificadas en el artículo 106, se convierte en infractor[51]. El inciso primero de dicho artículo asigna a Microsoft el derecho exclusivo a "reproducir la obra protegida por *copyright*

[48] Los *downloaders* son "responsables de buena parte, si no de la totalidad, de la reproducción ilegal que se produce en el ciberespacio". Ver Teddy C. Kim, "Taming the Electronic Frontier: Software Copyright Protection in the Wake of United States v. LaMacchia", *Minn. L. Rev.*, N° 80, pp. 1255, 1271 (1996). Por cada *uploader* de un archivo, hay múltiples *downloaders*. Ver Loftus E. Becker (h), "The Liability of Computer Bulletin Board Operators for Defamation Posted By Others", *Conn L. Rev.*, N° 22, pp. 203, 213, nota 40 (1989) ("No es inusual que un único archivo sea bajado por varios cientos de personas durante el primer día que aparece en la red").

[49] Sobre la base de la recomendación de la CONTU (*National Commision on New Technological Uses*), el Congreso modificó la Ley de Copyright en 1980 a fin de incluir los programas de computación como obras literarias protegidas por *copyright*. Ver Ley 12 de diciembre de 1980, Pub. L. N° 96517, 1980 U.S.C.C.A.N. (94 *Stat.*) 3015, 3028 (modificatoria de la Ley de Copyright). Los programas de computación se definen como "un conjunto de oraciones o instrucciones aplicables directa o indirectamente en una computadora a fin de producir cierto resultado". 17 U.S.C. § 101 (1994).

[50] Según 17 U.S.C. § 106, "el titular del *copyright*, como tal, se reserva en forma exclusiva el derecho a realizar y a autorizar cualquiera de las siguientes actividades:

(1) reproducir la obra protegida por *copyright* en copias o grabaciones de audio;

(2) preparar obras derivadas basadas en la obra protegida por *copyright*;

(3) distribuir copias o grabaciones de la obra protegida por *copyright* al público por medio de la venta u otra cesión de la propiedad, o mediante alquiler, leasing, o préstamo;

(4) en el caso de obras literarias, musicales, dramáticas y coreográficas, así como de pantomimas, obras cinematográficas y de otros medios audiovisuales, exhibir o representar en público la obra protegida por *copyright*;

(5) en el caso de obras literarias, musicales, dramáticas y coreográficas, de pantomimas, y de obras pictóricas, gráficas, o escultóricas, incluyendo las imágenes individuales de una película u otra obra audiovisual, exhibir en público la obra protegida por *copyright*.

17 U.S.C. § 106 (1994).

[51] 17 U.S.C. 501 (a) establece que "[t]oda persona que viola cualquiera de los derechos exclusivos del titular del *copyright* que estipulan los artículos 106 a 118, o que importa copias o grabaciones de audio a los EE.UU. en violación del artículo 602, es infractor del *copyright*...", 17 U.S.C. § 501 (a) (1994).

en copias o grabaciones de audio". Durante la "bajada" del material de la Red, la primera violación del derecho de reproducción se comete probablemente cuando la memoria RAM (*Random Access Memory*) de la computadora del *downloader* recibe la transmisión de la obra protegida por *copyright*[52]. El Libro Blanco emitido recientemente por la *Information Infrastructure Task Force* establece: "Cada vez que un archivo digitalizado se baja de un [BBS (*Bulletin Board System*: sistema de mensajería)] u otro servidor, se hace una copia"[53]. Esta conclusión ha recibido críticas de algunos académicos[54]. Sin embargo, incluso sus críticos coincidirían probablemente en que una vez que el *downloader* instala[55] la copia no autorizada de Windows o la transfiere a un disco u otro medio de almacenamiento, se viola el derecho de reproducción de Microsoft[56].

Si se aplica un tratado internacional, es probable que Microsoft siga teniendo fundamentos que justifiquen la demanda contra el *downloader*. Tradicionalmente las empresas estadounidenses han confiado a los principales tratados internacionales la salvaguarda de sus derechos de propiedad intelectual en el extranjero[57]. Entre estos tratados figuran la Convención de Berna[58],

[52] Para infringir el derecho de reproducción, la bajada de *software* de la Red debe producir una "copia" "que quede 'fijada' en un medio tangible" o, en otras palabras, cuya duración no sea "sólo transitoria". 17 U.S.C. § 101 (1994). Algunos tribunales han sostenido que el solo acto de copiar un programa en la memoria RAM es suficiente para la fijación. Ver *MAI Sys. Corp. v. Peak Computer, Inc.*, 991 F.2d 511 (9º Cir. 1993); *Advanced Computer Serv. of Michigan, Inc. v. MAI Sys.* Corp., 845 F. Supp. 356, 362-63 (E.D. Va. 1994). Estas decisiones están en consonancia con la siguiente conclusión de una comisión nacional:

> la aplicación de principios ya contenidos en la letra de la ley de *copyright* [actual] alcanza la protección jurídica positiva deseada para las obras protegidas por *copyright* que se pueden leer mediante el uso de una computadora. La introducción de una obra en la memoria de una computadora, de acuerdo con la ley [actual], constituiría una reproducción de la obra, y éste es uno de los derechos exclusivos del titular del *copyright*.

National Commision on New Technological Uses of Copyrighted Works, Final Report 40 (1978) [en adelante denominado 'Informe de la CONTU'].

[53] *Information Infrastructure Task Force, Report of the Working Group on Intellectual Property Rights, Intellectual Property and the National Information Infrastructure* 66 (1995) [en adelante denominado 'Libro Blanco'].

[54] Ver David Post, "New Wine, Old Bottles: The Case of the Evanescent Copy", *Am. Law.*, mayo, 1995, pp. 103, 104; Jessica Litman, "The Exclusive Right to Read", *Cardozo Arts & Ent. L. J.*, Nº 13, pp. 29, 41 (1994).

[55] La "instalación" es el proceso mediante el cual se copia un programa de su medio original –por lo general diskette o CD-ROM– en el disco duro del usuario. Este tipo de reproducción, cuando es realizada por el propietario de la copia de *software*, está autorizada por la Ley de Copyright como "un paso esencial para la utilización del programa". 17 U.S.C. § 117 (1994).

[56] Ver Litman, *supra* nota 54, pp. 39-43.

[57] Ver Marshall A. Leaffer, "Protecting United States Intellectual Property Abroad: Toward a New Multilateralism", *Iowa L. Rev.* Nº 76, pp. 273, 275 (1991).

[58] Convención de Berna, *supra* nota 22.

la Convención Universal de Copyright[59] y el acuerdo TRIPS del GATT[60]. Por ejemplo, el artículo 9 de la Convención de Berna exige a los signatarios una protección de los derechos de reproducción similar a la que se brinda en los EE.UU. a través de la sección 17 U.S.C. § 106 (1)[61]. En consecuencia, es probable que Microsoft pueda entablar una demanda contra el *downloader* en los países signatarios.

Sin embargo, a diferencia de la Ley de Copyright de los EE.UU., la Convención de Berna no protege los programas de computación como una obra literaria. Esto se debe quizás a que la Convención de Berna se enmendó por última vez en 1979, mucho antes de la proliferación del *software* comercial[62]. Aun así, el reciente acuerdo TRIPS llena parcialmente este importante vacío al exigir que las naciones signatarias[63] ofrezcan el mismo nivel de protección de *software* que la Convención de Berna ofrece para otras obras pasibles de ser amparadas por *copyright*[64]. Además, la Comunidad Europea (CE) protege los programas de computación como obras literarias de acuerdo con las disposiciones de la Convención de Berna[65]. Por ejemplo, en Europa no se cuestiona si el acto de bajar un programa a la memoria RAM constituye un ilícito: la Directiva del Consejo de la CE sobre la protección jurídica de programas de computación otorga al titular del *copyright* derechos exclusivos de reproducción, sea ésta temporaria o permanente[66].

Así, el *downloader* de una copia de Microsoft Windows puede estar sujeto a responsabilidad civil tanto si se aplican leyes de los EE.UU. como si se aplica un tratado internacional, de acuerdo con las normas de elección de Derecho aplicable. El *downloader* sería responsable según el artículo 106 en los EE.UU. y según el artículo 9 en otros países firmantes de la Convención de Berna.

2. *Uploaders*

Aunque no son tan numerosos como los *downloaders*, también es necesario tener en cuenta a los *uploaders*, puesto que no sólo realizan actos de reproducción, sino que distribuyen copias sin autorización y permiten así que otros las reproduzcan a su vez. Si en una causa se aplica el Derecho de los Es-

[59] UCC, *supra* nota 23.

[60] TRIPS, *supra* nota 24.

[61] Ver Convención de Berna, *supra* nota 22, *S Treaty Doc.* Nº 99-27, p. 43, *U.N.T.S.* Nº 828, p. 239.

[62] El *software* masivo no ganó popularidad sino hasta después de la introducción de la PC IBM en 1980.

[63] En John H. Jackson & William J. Davey, *Legal Problems of International Economic Relations*, p. 312 (2º ed. 1996), aparece una nómina de países miembro del GATT.

[64] Ver TRIPS, *supra* nota 24, art. 9, p. 370, *I.L.M.* Nº 33, p. 1201.

[65] Ver *Council Directive* 91/250, art. 1, 1991 *O.J.* (L 122), pp. 42, 44.

[66] Ver *idem* art. 4, 1991 *O.J.* (L 122), p. 44.

tados Unidos, es probable que Microsoft pueda entablar una demanda contra el *uploader* de una copia de Windows por violación del *copyright*.

En primer lugar, el *uploader* probablemente viola el derecho de reproducción de Windows previsto en el artículo 106 (1). Según el Libro Blanco, esta infracción ocurre porque "cada vez que se 'sube' un archivo digitalizado desde la computadora de un usuario hasta un sistema de mensajería (BBS) u otro servidor, se hace una copia"[67]. Esta conclusión es válida porque el acto de subir *software* a la Red para su posterior distribución requiere, la mayoría de las veces, que una copia del programa permanezca o quede "fijada" en el medio de almacenamiento del sitio de Internet[68]. Por lo tanto, está fuera de debate si el material "subido" queda "fijado en un medio tangible", como lo requiere la ley.

En segundo lugar, el *uploader* probablemente viola el derecho de distribución de Microsoft. El artículo 106 (3) establece que Microsoft se reserva en forma exclusiva el derecho a "distribuir copias... de la obra protegida por *copyright* al público por medio de la venta u otra cesión de la propiedad, o mediante alquiler, *leasing* o préstamo"[69]. A primera vista, la acción del *uploader* podría considerarse una forma de distribución.

Existe, sin embargo, cierta ambigüedad en cuanto a si las leyes de propiedad intelectual de los EE.UU. reconocen la transmisión de *software* a través de la Red como una forma de distribución al público[70]. Por ejemplo, según el artículo 106 (3), para que haya distribución es requisito que se efectúe una "venta u otra cesión de la propiedad". Dado que el *uploader* conserva su copia de Windows después de subir el programa a la Red, no queda claro si la venta se efectúa. Además, la distribución debe realizarse por medio de "copias", que son por definición "objetos materiales"[71]. Durante la subida del *software* a la Red, la transmisión de datos podría realizarse a través de diferentes medios,

[67] Libro Blanco, *supra* nota 53, p. 66.

[68] La memoria RAM (generalmente de 4 a 32 megabytes) es pequeña en comparación con el espacio necesario para almacenar un programa pirateado (Windows mismo tiene más de 40 megabytes); la diferencia es mayor si se la compara con un archivo que contenga muchos programas. El archivo cuyo anuncio figura al principio de este artículo tiene una capacidad de al menos 3.000 megabytes.

[69] 17 U.S.C. 106 (3) (1994).

[70] Ver Libro Blanco, *supra* nota 53, pp. 213-16. Ver también Benjamin R. Kuhn, "A Dilemma in Cyberspace and Beyond: Copyright Law for Intellectual Property Distributed over the Information Superhighways of Today and Tomorrow", *Temp. International & Comp. L.J.*, Nº 10, pp. 171, 185-89 (1996), donde se analizan en profundidad las enmiendas propuestas por el Working Group para modificar la Ley de Copyright.

[71] "Una 'copia' es un objeto material... en el que se fija una obra a través de cualquier método conocido o aún no desarrollado, y mediante el cual es posible percibir, reproducir o comunicar la obra por los medios que fueran, ya sea en forma directa o mediante una máquina o artefacto." 17 U.S.C. 101 (1994).

tales como cables eléctricos, cables de fibra óptica o incluso microondas. No es posible llamar "objetos materiales" a las señales eléctricas que representan los datos del *software*. Por esta razón, dentro del marco regulatorio actual, no puede afirmarse con certeza que la transmisión por medio de Internet sea una instancia de reproducción. El Libro Blanco reconoce esta oscuridad de la ley y propone esclarecerla[72].

También si se aplica un tratado internacional, es probable que el *uploader* incurra en violación de los derechos exclusivos de Microsoft. En primer lugar, el *uploader* viola el derecho de reproducción previsto por el artículo 9 en los países signatarios de la Convención de Berna que ofrecen el nivel de protección de *software* exigido por el acuerdo TRIPS[73]. Además, es posible que la infracción del *uploader* al artículo 11bis de la Convención de Berna –que equivale al "derecho de distribución" de la Ley de Copyright– resulte más clara que la infracción cometida contra su equivalente en el Derecho estadounidense[74]. Puesto que la Convención de Berna otorga a los autores el derecho exclusivo a "toda comunicación al público por medios electrónicos" de sus obras literarias[75], esto incluye aparentemente la distribución "electrónica" a través de la Red. Así, el pirata puede incurrir en infracción del artículo 11bis sin violar el artículo 106 (3) de la Ley de Copyright[76]. Por otro lado, un *uploader* puede eludir la responsabilidad civil ya que la Convención de Berna define la "difusión" como "transmisiones realizadas con el objeto de que el público en general las reciba en forma directa"[77]. Si un pirata transmite el *software* a través de una serie de computadoras ubicadas en distintos lugares a fin de ocultar su identidad[78], el público no recibe la transmisión "en forma directa". En ese caso, el *uploader* puede no ser responsable.

[72] Ver Libro Blanco *supra* nota 53, pp. 213-16.

[73] Ver TRIPS, *supra* nota 24, art. 9, p. 370, *I.L.M.* N° 33, p. 1201; *supra* texto que acompaña a las notas 61-64.

[74] Los EE.UU. adhieren a la Convención de Berna sólo en la medida en que la aplicación específica de las disposiciones de la Convención esté codificada en las leyes de los EE.UU. Ver *Berne Convention Implementation Act of 1988, Pub. L.* N° 100-568, 102 *Stat.* 2853 (1988). Así, es posible que algunos países adhieran más estrictamente que los EE.UU. a la Convención de Berna. Por ejemplo, a diferencia de la Convención de Berna, la Ley de Copyright de los EE.UU no prevé "derechos morales" en forma explícita. Ver Convención de Berna, *supra* nota 21, *S. Treaty Doc.* N° 99-27, p. 41., *U.N.T.S.*, N° 828, p. 235. El artículo 106A de la Ley de Copyright de los EE.UU. prevé un derecho moral limitado. Ver 17 U.S.C. § 106A (1994).

[75] Convención de Berna, *supra* nota 22, *S. Treaty Doc.* N° 99-27, p. 44, *U.N.T.S.*, N° 828, pp. 241-43.

[76] Ver Libro Blanco *supra* nota 53, pp. 213-16.

[77] *WIPO Guide to the Berne Convention*, art. 11bis, párrafo 1, nota 6, citado en Laurence G.C. Kaplan & Joseph R. Bankoff, "Of Satellites and Copyrights: Problems of Overspill and Choice of Law", *Emory International L. Rev.*, N° 7, pp. 727, 732. (1993).

[78] Ver Kim, *supra* nota 48, p. 1267.

Aunque no resulta claro si el *uploader* de una copia de Windows puede ser hallado responsable según las leyes de los EE.UU. o los tratados aplicables, es probable que haya infringido los artículos 106 (1) y 106 (3) en los Estados Unidos y los artículos 9 y 11bis en los países signatarios de la Convención de Berna.

3. Intermediarios

Una parte involucrada que a veces se pasa por alto en el contexto de la piratería informática es la de los intermediarios que proveen servicios de Internet tanto a los *uploaders* como a los *downloaders*[79]. Si se aplica el Derecho de los EE.UU., Microsoft puede entablar una demanda contra los intermediarios basándose en las teorías de infracción directa, indirecta[80] y accesoria[81]. El intermediario probablemente incurre en violación del derecho de distribución de Microsoft previsto en el artículo 106 (3) y también puede incurrir en violación del derecho de reproducción establecido en el artículo 106 (1). También

[79] En este contexto, los intermediarios se denominan más comúnmente 'OSP' (*On-line Service Providers: Proveedores de Servicio Online*). Así, buena parte de la literatura se ocupa de la "Responsabilidad del OSP". Ver en general John Carmichael, "In Support of the White Paper: Why Online Service Providers Should Not Receive Immunity from Traditional Notions of Vicarious and Contributory Liability for Copyright Infringement", *Loy. L.A. Ent. L.J.*, Nº 16, p. 759 (1996).

[80] "La Ley de Copyright no atribuye responsabilidad, en forma explícita, a ninguna persona por las infracciones cometidas por terceros. La Ley de Patentes (*Patent Act*), en cambio, establece expresamente que cualquiera que 'induce en forma activa la violación de una patente' es un infractor, 35 U.S.C. § 271 (b), e incluso impone responsabilidad a ciertos individuos denominados infractores 'accesorios', 271 (c)." *Sony Corp. v. Universal City Studios, Inc.*, 464 U.S. 417, 434-35 (1984), donde se evalúa la responsabilidad indirecta de Sony por las infracciones cometidas por usuarios de su máquina Betamax. Sin embargo, la responsabilidad indirecta por las infracciones cometidas por terceros es posible. La Corte afirmó que "[l]a ausencia de una mención expresa al respecto en la ley de propiedad intelectual no impide atribuir responsabilidad por violación de *copyright* a ciertas partes involucradas que no hayan cometido el ilícito en forma directa. Porque la responsabilidad indirecta se impone en prácticamente todas las áreas del Derecho..." *Idem*, p. 435 (se omite la nota al pie de página).

[81] Es requisito de la responsabilidad accesoria que el intermediario tenga conocimiento de los actos de reproducción no autorizados. Ver Niva Elkin-Koren, "Copyright Law and Social Dialog on the Information Superhighway: The Case Against Copyright Liability of Bulletin Board Operators", *Cardozo Arts & Ent. L.J.*, Nº 13, pp. 346, 373 (1993). Un caso en el que el intermediario tenía conocimiento del ilícito cometido es *Sega Enter. Ltd. v. Maphia*, 857 *F. Supp.* 679, 687 (N.D. Cal. 1994) (en que se halló responsable de infracción accesoria a un operador de BBS por participar en la "reproducción, provisión de instalaciones, dirección, conocimiento e instigación a realizar una actividad ilícita"). Sin embargo, es absolutamente posible que muchas de las infracciones on-line, si no la mayoría, se cometan sin el conocimiento del intermediario. Por lo tanto, a fin de simplificar el análisis, este artículo no se ocupa de la responsabilidad accesoria, dando por sentado que el intermediario no cumple el requisito de conocimiento.

puede existir infracción en el caso de que los intermediarios no tengan conocimiento de las actividades ilícitas de sus clientes.

En los Estados Unidos, la violación del *copyright* constituye un acto ilícito de responsabilidad directa[82]. Por lo tanto, la falta de conocimiento del intermediario no es pertinente si contribuye a que se cometa el delito[83]. En un caso de piratería en Internet, puede afirmarse que el intermediario es un actor coadyuvante en la infracción ya que desarrolla una serie de actividades, entre las que se incluyen (1) la provisión de la infraestructura empleada por los *uploaders* y *downloaders*, y (2) el ejercicio de cierto grado de control sobre las personas y el material comprendidos en su sistema[84]. Como señaló con acierto el tribunal del Segundo Circuito en un caso de responsabilidad indirecta por los hechos de terceros, "[a]unque las violaciones del *copyright* por lo general reciben el nombre de piratería, son pocos los infractores que hacen flamear la bandera pirata"[85].

Algunos tribunales de los EE.UU. han considerado responsables a los intermediarios según teorías de responsabilidad directa e indirecta. Por ejemplo, en el caso *Playboy Enterprises, Inc. v. Frena*[86], un operador de BBS fue considerado responsable cuando sus usuarios publicaron en la Red imágenes de fotografías de *Playboy* que estaban protegidas por *copyright*. Teniendo en cuenta los hechos, se discutió si el demandado, Frena, estaba enterado de la actividad ilegal o la fomentaba[87]. No obstante, el tribunal llegó a la conclusión

[82] Ver Timothy F. Bliss, "Computer Bulletin Boards and the Green Paper", *J. Intell. Prop. L.*, Nº 2, pp. 537, 547 (1995). Esto puede compararse con ilícitos tales como la difamación, que requiere conocimiento. Ver *Chubby, Inc. v. CompuServe, Inc.*, 776 F. Supp. 135 (S.D.N.Y. 1991) (donde se reconoce la imposibilidad de que los operadores de sistemas revisen todo el material de las "carteleras" dada la gran cantidad de mensajes que publican). Sin embargo, cuando el intermediario comienza a ejercer un suficiente criterio editorial, puede exponerse a la responsabilidad directa por difamación. Ver *Stratton Oakmont, Inc. v. Prodigy Serv. Co.*, 1995 WL 323710, en *4 (N.Y. Sup. Ct. 25 de mayo, 1994) (donde se señala que Prodigy era responsable porque ejerció el control editorial en sus "chat rooms"); ver también *Buck v. Jewell-LaSalle Realty Co.*, 238 U.S. 191, 198 (1931) ("La Ley no establece que la intención de infringir sea esencial").

[83] Ver Bliss, *supra* nota 82, p. 547. Éste puede ser el caso incluso si el intermediario no tiene posibilidad alguna de descubrir la infracción. Ver *idem*. Algunos analistas creen que la norma de responsabilidad directa es excesivamente rigurosa y no tiene en cuenta la realidad del ciberespacio. Ver, por ejemplo, Elkin-Koren, *supra* nota 81, pp. 404-07. Otros analistas se pronuncian a favor de la responsabilidad directa y aprueban el enfoque del Libro Blanco. Ver, por ejemplo, Carmichael, *supra* nota 79, p. 769.

[84] Ver Paul Goldstein, *Copyright*, vol. 2, artículos 6.1.1.2 y 6.1.2 (2ª ed., 1996); Elkin-Koren, *supra* nota 81, p. 372.

[85] Ver *Shapiro, Bernstein & Co. v. H.L. Green Co.*, 316 F.2d 304, 308 (2º Cir., 1963), que determinó la responsabilidad indirecta del demandado a pesar de su falta de conocimiento del hecho, y cita la carta de Sydney M. Kaye dirigida a la Oficina de *Copyright* de los EE.UU.

[86] 839 *F. Supp.* 1552 (M.D. Fla. 1993).

[87] Ver *idem*, p. 1559.

de que "no importa[ba] que el demandado... no hubiera tenido conocimiento de la violación del *copyright*. La intención o el conocimiento no son elementos de la infracción, por lo cual se puede atribuir responsabilidad incluso a un infractor inocente"[88]. En consecuencia, Frena fue declarado responsable por el solo hecho de ser intermediario. El análisis del tribunal incluyó el derecho de distribución previsto por el artículo 106 (3) y evitó pronunciarse acerca de la cuestión más complicada: si Frena era asimismo responsable de la violación de los derechos de reproducción[89]. Sin embargo, si la norma es la responsabilidad directa, no queda claro por qué debería existir una diferencia entre las dos infracciones.

Otro factor que incide en la determinación de la responsabilidad civil del intermediario es el Libro Blanco[90]. Dado que las recomendaciones del Libro Blanco pueden convertirse en ley, vale la pena considerarlas[91]. El Libro Blanco presenta cuatro argumentos principales a favor de la responsabilidad. Primero, los intermediarios son similares a otros tipos de distribuidores de obras protegidas por *copyright* y, por lo tanto, no merecen un tratamiento especial[92]. Según el Libro Blanco, ofrecer inmunidad a los intermediarios "fomentaría la negligencia intencional y deliberada"[93]. Segundo, los intermediarios pueden solicitar una indemnización a sus suscriptores en razón de su relación comercial[94]. Tercero, los intermediarios se encuentran en mejor posición que los titulares de los derechos de propiedad intelectual para poner fin a las actividades ilícitas[95]. Por último, la evolución de la Ley de Copyright demuestra

[88] *Idem*.

[89] Ver *idem*, p. 1556. Es posible que el tribunal no haya centrado su decisión en el derecho de reproducción porque existían dudas acerca de si un intermediario podría haber "reproducido" una obra que fue subida a la Red por uno de sus suscriptores y bajada por otro. Ver el Libro Blanco, *supra* nota 53, p. 68. El tribunal preguntó "si una conducta ilimitada y generalizada como la que demostró el demandado [el operador de BBS] causaría un efecto adverso en el mercado potencial o en el valor de las [fotografías de *Playboy*]". Melville B. Nimmer, Nimmer on *Copyright*, vol. 3, 13.05 [A] (1993), citado en *Playboy,* 839 F. Supp., p. 1554.

[90] Ver Libro Blanco, *supra* nota 53, pp. 114-24.

[91] Los senadores Orrin Hatch (R-Utah.) y Patrick Leahy (D-Vermont) son los autores de un proyecto de ley titulado "NII *Copyright* Protection Act of 1995", que esencialmente comprende las recomendaciones legislativas del Libro Blanco. S. 1284, 104° Cong., 1° Sess. (1995).

[92] Ver Libro Blanco, *supra* nota 53, p. 116.

[93] *Idem*, p. 122.

[94] "[Los intermediarios] proveen a los suscriptores la capacidad de subir obras porque así atraen a nuevos suscriptores y aumenta el uso... y por esto se les paga" *Idem*, p. 117. Sin embargo, incluso el Libro Blanco admite que "si una entidad proveyera sólo los cables y los medios, como una empresa telefónica[,] tendría sólidos fundamentos para lograr una exención, en el caso de que verdaderamente estuviera en la misma situación que un operador común y no pudiera controlar las personas o las cosas que estuvieran en su sistema". *Idem*, p. 122.

[95] Ver *idem*, p. 117.

que el Congreso consideró y posteriormente rechazó la opción de otorgar inmunidad especial a los intermediarios[96].

Una de las recomendaciones del Libro Blanco que apunta a establecer la responsabilidad legal del intermediario consiste en esclarecer la situación de las distribuciones realizadas a través de la Red por medio de la enmienda del artículo 106 (3). Específicamente, esa situación resultaría más clara si la distribución al público pudiera efectuarse en forma de "transmisión", como sucede en el ámbito de Internet[97]. Esto invalidaría el argumento según el cual para que exista distribución es necesario que las copias materiales se transfieran por medio de la venta u otra cesión de la propiedad. Además, el Libro Blanco propone redefinir el verbo "transmitir" en el marco del artículo 101 para aclarar que las reproducciones pueden ser transmitidas[98]. Ya que estos cambios provocarían la eliminación de potenciales defensas, habría más posibilidades de establecer la responsabilidad de los intermediarios[99].

La posibilidad de que se considerara responsables a los intermediarios según lo dispuesto por tratados internacionales dependería de las normas particulares de cada país acerca de la responsabilidad secundaria[100]. La Convención de Berna no hace referencia alguna a la responsabilidad de los intermediarios[101]. Sin embargo, en algunos países el Derecho Penal está menos desarrollado que en los Estados Unidos[102]. Por lo tanto, en esos países los intermediarios pueden evadir la responsabilidad a menos que tengan conocimiento de la infracción o la promuevan de manera activa.

Así, es probable que los intermediarios sean considerados responsables de las infracciones tanto si se aplican las leyes de los EE.UU. como si rigen los tratados internacionales. Sin embargo, cabe destacar que incluso el Libro Blanco, que apoya la fijación de responsabilidad, admite que la ley de los EE.UU. no es clara en cuanto al derecho de distribución establecido por el artículo 106 (3)[103]. Muchos otros analistas están de acuerdo con que la ley es confusa[104], y son pocos los tribunales que han declarado responsables a los intermediarios.

96 Ver *idem*, p. 119.

97 Ver *idem*, p. 213.

98 Ver *idem*, p. 217.

99 Ver *idem*, p. 216.

100 Ver Ginsburg, *supra* nota 19, p. 330.

101 En la medida en que las leyes de los otros países reflejan el Derecho Penal de los EE.UU., el intermediario probablemente infringe los artículos 9 y 11bis de la Convención de Berna. Ver en general Convención de Berna, *supra* nota 22, *S. Treaty Doc.* Nº 99-27, pp. 43-45, 828 *U.N.T.S.*, pp. 239-43.

102 Ver Ginsburg, *supra* nota 19, p. 330.

103 Ver Libro Blanco, *supra* nota 53, pp. 216-18.

104 Ver, por ejemplo, Bliss, *supra* nota 82, p. 542.

Por lo tanto, aún no es posible formular una norma clara y absoluta acerca de la responsabilidad civil del intermediario.

C. En qué fuero iniciar la demanda

El siguiente factor que debe tenerse en cuenta para determinar si Microsoft tiene algún recurso judicial aplicable consiste en decidir si existe un fuero que pueda entender en el caso. Esta sección analiza tres aspectos que influyen en la elección del tribunal competente: (1) las limitaciones de la elección del Derecho aplicable, (2) las divergencias en el Derecho positivo y (3) la competencia judicial, y llega a la conclusión de que, a pesar de las limitaciones mencionadas, Microsoft cuenta con opciones de fuero viables para cada tipo de infractor.

1. Las limitaciones de la elección del Derecho aplicable

A efectos prácticos, la elección del Derecho aplicable puede determinar la elección del fuero[105]. Esta afirmación se basa en que, con frecuencia, los tribunales no están dispuestos a ocuparse de los aspectos extraterritoriales de los casos[106]. Por ejemplo, algunos tribunales de los EE.UU. sólo ejercen jurisdicción sobre las cuestiones nacionales de una causa por infracción[107]. A menos que la demandante estadounidense esté en una posición dominante, puede ser más ventajoso entablar la demanda en un tribunal extranjero con el fin de acrecentar el potencial del recurso que se decide aplicar. Además, como es natural, al demandante le conviene que el caso sea juzgado en el fuero que sea más competente en el Derecho que rige la causa. Por ejemplo, para un tribunal de los EE.UU. puede resultar difícil aplicar leyes extranjeras, y el reconocimiento de esa situación puede influir en la decisión del tribunal con respecto a tomar el caso o rechazarlo[108]. Por lo tanto, el país al que pertenece la ley que rige el caso puede llegar a ser la opción *de facto* en la elección del fuero competente.

2. Las divergencias en el Derecho positivo

Las diferencias en el ámbito del Derecho positivo también pueden ser un factor de influencia en la elección del fuero. Desde luego, para Microsoft es

[105] Ver Ginsburg, *supra* nota 19, p. 334.

[106] Ver *idem*.

[107] Ver, por ejemplo, *GB Marketing USA Inc. v. Gerolsteiner Brunnen GmbH & Co.,* 782 F. Supp. 763, 772 (W.D.N.Y., 1991) (que afirma que el tribunal sólo tiene competencia sobre la parte estadounidense de la infracción).

[108] Comparar con *London Film Prod. v. Intercontinental Communications, Inc.*, 580 F. Supp. 47, 50 (S.D.N.Y) (que afirma que el hecho de que un tribunal de los Estados Unidos deba aplicar una ley extranjera no es razón suficiente en sí misma para excusarse).

preferible iniciar el juicio en el fuero que ofrezca las mejores posibilidades de ganarlo. Por consiguiente, el fuero ideal será aquel donde el Derecho positivo en materia de propiedad intelectual sea más firme y se aplique de manera más coherente. Numerosos países tienen leyes de *copyright* que ofrecen mucha menos protección que la Ley de Copyright de los EE.UU.[109].

Cabría preguntar por qué algunos países tienen normas positivas menos estrictas. Una explicación verosímil es que la protección enérgica de la propiedad intelectual se opone a los intereses de los países en vías de desarrollo[110]. Por lo general, los países del Tercer Mundo consumen más propiedad intelectual de la que producen[111]. Por consiguiente, incluso aquellos países en vías de desarrollo que a causa de los tratados se ven obligados a otorgar tratamiento igualitario a los extranjeros a veces eligen dejar que sus propios autores e inventores se perjudiquen para no perder un caudal gratuito de obras cuyos derechos están reservados[112]. En lo que respecta a los beneficios a corto plazo que trae aparejada una protección débil de la propiedad intelectual, estos países pueden obtener, a bajo costo, materiales necesarios para el desarrollo industrial, social y económico[113]. Incluso en los casos en que sus leyes ofrecen protección positiva, es muy común que esos países no siempre hagan cumplir sus propias leyes[114].

Como ya se mencionó, varias diferencias en el Derecho positivo revisten importancia. Primero, existen diferencias con respecto al alcance y al objeto del *copyright*. Aunque "[e]n general, la Convención de Berna unifica el objeto de la protección del *copyright*"[115], no todos los países son miembros de los tratados internacionales referidos al *copyright* y, en especial, son muchos los países en vías de desarrollo que brillan por su ausencia[116]. Además, una

[109] Por ejemplo, los países del Oriente Medio en general no cuentan con leyes de protección de la propiedad intelectual. Otros países, como Malasia e Indonesia, aplican políticas de un alto grado de discriminación contra los extranjeros. Ver Leaffer, *supra* nota 57, p. 288.

[110] Ver Amy R. Edge, "Preventing Software Piracy Through Regional Trade Agreements: The Mexican Example", *N. C. J. International L.& Com. Reg.*, N° 20, p. 175, 189-190 (1994); Robert A. Cinque, "Making Cyberspace Safe for Copyright: The Protection of Electronic Works in a Protocol to the Berne Convention", *Fordham International L. J.*, N° 18, pp. 1258, 1287 (1995); ver también James O. Jackson, "It's a Wired, Wired World", *Time, Special Issue: Welcome to Cyberspace*, edición de primavera, 1995, pp. 80, 82 (la piratería de *software* comercial se propaga rápidamente en Rusia y, aparentemente, el gobierno ruso no tiene pensado regular el ciberespacio en el corto plazo).

[111] Ver Cinque, *supra* nota 110, p. 1298.

[112] Ver Kuhn, *supra* nota 70, p. 197 (sostiene que los "países [en vías de desarrollo] pueden adquirir con más facilidad la información y tecnología que necesita una economía en vías de desarrollo al no proteger las obras cuyos derechos están reservados").

[113] Ver *idem*; Edge, *supra* nota 110, pp. 190-91.

[114] Ver Leaffer, *supra* nota 57, pp. 281-82.

[115] Ginsburg, *supra* nota 19, p. 323.

[116] Ver Burk, *supra* nota 11, p. 12.

deficiencia clave de la Convención de Berna es que no reconoce formalmente el *software* como contenido pasible de ser amparado por *copyright.* Un país firmante de la Convención de Berna no tiene manera alguna de proteger el *software* a menos que también sea signatario del acuerdo TRIPS. Actualmente, se está trabajando para enmendar este problema mediante un protocolo especial adjunto a la Convención de Berna[117]. Sin embargo, incluso si se logra aprobar dicho protocolo, la Convención de Berna no incluye mecanismo alguno que obligue a los países a aplicar estándares mínimos de protección para los autores extranjeros[118].

Otra discrepancia importante en el Derecho positivo se refiere a cuáles son los derechos exclusivos que se protegen. Por ejemplo, los países pueden diferir en lo que respecta a las actividades específicas que infringen el derecho de reproducción. En los Estados Unidos, dos tribunales han sostenido que copiar un programa en la memoria RAM satisface el requisito de fijación[119]. Este enfoque también se ha aplicado en la Unión Europea, si bien en ese caso se adoptó por ley[120]. Sin embargo, de acuerdo con los términos de la Convención de Berna, la legislación local es la que determina si una obra protegida por *copyright* necesita estar "fijada"[121]. Así, con la excepción de Europa y los Estados Unidos, es probable que los países adopten criterios diferentes con respecto a la reproducción, en particular los países en vías de desarrollo[122].

3. Competencia judicial

Un tercer factor que influye en la elección del fuero es la cuestión de la competencia judicial, es decir, si un tribunal tiene autoridad y está situado en el lugar apropiado para ejercer jurisdicción[123] sobre un caso. A primera vista, los conceptos tradicionales de jurisdicción basados en la geografía parecen inútiles si se los aplica a Internet, porque el ciberespacio no tiene fronteras[124]. Sin embargo, aunque el ciberespacio es en cierta forma un mundo aparte del mundo real, no puede existir en sí mismo o por sus propios medios[125]. Resulta

[117] Ver Cinque, *supra* nota 110, p. 1261.

[118] Ver *idem.*

[119] Ver MAI *Sys.* Corp. v. Peak Computer, Inc., 991 F.2d 511, 519 (9° Cir. 1993); *Advanced Computer Serv. of Michigan, Inc. v. MAI Sys. Cor*, 845 F. Supp. 356, 362-63 (E.D. Va. 1994).

[120] Ver *Council Directive* 91/250, art. 4(a), 1991 O.J. (L. 122), pp. 42, 44.

[121] Ver Convención de Berna, *supra* nota 22, *S. Treaty Doc.* N° 99-27, p. 38, 828 *U.N.T.S.*, p. 237.

[122] Ver Leaffer, *supra* nota 57, pp. 281-82.

[123] Para leer un análisis profundo y reflexivo sobre la cuestión de la jurisdicción en el ciberespacio, ver Richard S. Zembek, "Jurisdiction and the Internet: Fundamental Fairness in the Networked World of Cyberspace", *Alb. L. J. Sci. & Tech.*, N° 6, p. 339 (1996).

[124] Ver Johnson & Post, *supra* nota 10, p. 1378.

[125] Ver Zembek, *supra* nota 123, p. 341.

más acertado percibirlo como un "medio de comunicación a través del cual personas reales hacen cosas reales"[126]. Así, cuando las reglas jurisdiccionales vigentes contienen paradigmas similares desde el punto de vista conceptual, los tribunales deberían aplicarlos adecuadamente[127]. A continuación, ejemplificaremos los paradigmas mencionados.

En los Estados Unidos y en países que tienen sistemas jurídicos parecidos al estadounidense, existen dos tipos de jurisdicción: una en razón de la materia y otra de la persona. La jurisdicción basada en la materia es simplemente la autoridad de un tribunal para analizar un caso general y decidir sobre él, y es otorgada por la Constitución o por ley. Los tribunales de distrito de los Estados Unidos pueden ejercer jurisdicción basada en la materia en una demanda internacional por violación del derecho de autor ya sea en virtud del 28 U.S.C. § 1338(a) por demandas que surjan bajo el amparo de la Ley de Copyright, o a través de la diversidad de ciudadanías de las partes involucradas según el 28 U.S.C. § 1332(a) (2)[128].

La jurisdicción personal reviste una importancia mayor para la dimensión internacional de Internet. Este tipo de jurisdicción se basa en la noción de que no siempre es justo iniciar una demanda contra alguien en un tribunal determinado. En los tribunales de los Estados Unidos, la aplicación de la jurisdicción personal está supeditada a ciertas condiciones, entre las que se incluyen (1) que el juicio contra el demandado se lleve a cabo dentro del estado, (2) que el demandado tenga domicilio en el estado, (3) que el demandado brinde su consentimiento para ser llevado a juicio dentro del estado, (4) que la empresa tenga presencia aparente ("actividades comerciales") en el estado y (5) que haya contactos mínimos[129]. En Europa, la Convención de Bruselas impone estándares de jurisdicción similares a los de los Estados Unidos[130]. El siguiente análisis se aplica, fundamentalmente, a los Estados Unidos, Europa y países que tienen normas jurisdiccionales semejantes[131].

[126] *Idem*, "Nunca olviden que Internet no es más que un montón de cables conectados entre sí, con computadoras en los extremos, y con personas sentadas frente a los monitores de esas computadoras". *Idem*, p. 356, nota 85 (cita de Erik J. Heels & Richard P. Klau, "Let's Make a Few Things Perfectly Clear: Cyberspace, the Internet, and that Superhighway", *Student Law.*, mayo de 1995, pp. 15, 17).

[127] Ver Zembek, *supra* nota 123, p. 342.

[128] Ver Gorman & Ginsburg, *supra* nota 22, p. 885.

[129] Ver Jack Friedental, *Civil Procedure*, cap. 3 (2° Ed., 1993).

[130] Ver Henry H. Perritt (h.), "Jurisdiction in Cyberspace", *Vill. L. Rev.*, N° 41, 1, p. 16, nota 57 (1996).

[131] En qué medida cada país establece requisitos similares es una cuestión que supera el alcance de esta nota.

La presentación personal de una acción judicial dentro de un estado siempre somete a una parte a la jurisdicción personal[132]. Por lo tanto, Microsoft podría obtener jurisdicción al demandar a la parte infractora mientras ésta se encuentra físicamente dentro de las fronteras del estado que constituye el fuero. Por supuesto, este requisito podría presentar un problema en el caso de que los demandados sean extranjeros, cuyo único contacto con el fuero tendría lugar a través de Internet.

Una solución posible podría ser iniciar la demanda en el fuero donde la parte reside en forma permanente o tiene sus oficinas, es decir, su domicilio. Al menos en los Estados Unidos y Europa, la jurisdicción personal es aplicable claramente en el tribunal correspondiente al domicilio del demandado[133]. De hecho, es posible que algunas partes sólo estén sujetas a una jurisdicción en sus domicilios. En esta categoría se podría incluir al *downloader*, ya que puede no tener otros contactos con el estado que constituye el fuero[134]. Además, prácticamente no cabe duda de que el intermediario está sujeto a jurisdicción personal en su domicilio social[135].

La jurisdicción personal también puede ser conferida por consentimiento del demandado[136]. Si bien una parte puede no someterse voluntariamente a una jurisdicción fuera de su domicilio, algunas personas dan su autorización sin saberlo al designar por contrato a una persona en el fuero extranjero para que acepte una acción judicial en su nombre. En el contexto del ciberespacio, el contrato pertinente podría ser un acuerdo de servicio de Internet entre el intermediario y sus suscriptores. Sin embargo, los tribunales han llegado a la conclusión de que no puede haber consentimiento si existe un poder de negociación desproporcionado o si el fuero especificado en el acuerdo de servicio es inadecuado[137]. Podría decirse que ambas excepciones se aplican en el contexto del ciberespacio[138].

Si la parte demandada es una empresa que desarrolla actividades comerciales en un estado, por lo general los tribunales ejercen jurisdicción personal[139].

[132] Ver *Burnham v. Superior Court*, 495 U.S. 604, 610-11 (1990).

[133] Ver Perritt, *supra* nota 130, p. 16, nota 57; ver también, *Milliken v. Meyers*, 311 U.S. 457 (1940).

[134] Ver Guinsburg, *supra* nota 19, p. 321.

[135] Ver *idem*, pp. 320-21.

[136] Ver *National Equipment Rental, Ltd. v. Szukhent*, 375 U.S. 311, 315-16 (1964).

[137] Ver *idem*.

[138] Un acuerdo de suscripción puede ser un contrato de "adhesión" porque es improbable que el intermediario permita que se modifiquen los términos. La existencia de dicho acuerdo podría indicar desigualdad en el poder de negociación. Ver definición de "adhesion contract" (contrato de adhesión) en *Black's Law Dictionary*, p. 40 (6° Ed. 1990).

[139] Ver *Helicópteros Nacionales de Colombia v. Hall*, 466 U.S. 408, 414 (1984) (cuando existen contactos suficientes entre un Estado y una empresa extranjera, el debido proceso no se ve perjudicado porque el Estado ejerza jurisdicción personal sobre la empresa).

La norma de las "actividades comerciales" es útil porque resulta aplicable incluso si la demanda no está directamente relacionada con el fuero, como puede ocurrir en el caso del ciberespacio. Por ejemplo, si Microsoft quiere demandar a un intermediario canadiense por infracciones cometidas por sus usuarios, un tribunal de los Estados Unidos puede ejercer jurisdicción personal si el intermediario canadiense desarrolla actividades comerciales en los Estados Unidos, independientemente de que la infracción haya ocurrido en ese país o en el extranjero. Sin embargo, no queda muy claro qué significa precisamente "desarrollar actividades comerciales" en el ciberespacio. El intermediario puede tener oficinas y empleados reales en el estado del fuero o simplemente un banco de modems. Los tribunales de los Estados Unidos han afirmado que actividades tales como las compras realizadas dentro del fuero y las visitas ocasionales de los empleados, no constituyen "actividades comerciales" que justifiquen la aplicación de la jurisdicción personal[140].

Que existan "contactos mínimos" es otra de las condiciones posibles para determinar la jurisdicción personal en el ciberespacio. La doctrina de los Estados Unidos acerca de los contactos mínimos surgió de una investigación de debido proceso del ejercicio de la jurisdicción personal de un estado sobre un demandado no residente en el fuero en el caso "International Shoe Co. v. Washington"[141]. La Corte Suprema sostuvo que un estado podía ejercer jurisdicción sobre un demandado no residente sólo si el demandado tenía "contactos mínimos" con el fuero. En Europa, la Convención de Bruselas somete a los miembros de la Unión Europea a reglas jurisdiccionales similares a las expresadas en el caso "International Shoe" y otros casos similares que le siguieron[142]. Así, en Europa, una persona puede ser demandada en el lugar donde vive y en todo fuero con el que se relacionó en forma intencional[143]. Se han encontrado contactos mínimos en las siguientes áreas generales: (1) actividad delictiva dentro del estado en cuestión y (2) actividad delictiva fuera del estado que provoca daños y perjuicios dentro de éste. Ambas se aplican a los presuntos infractores involucrados en el caso.

Se han encontrado contactos mínimos en casos en los que el demandado cometió actos ilícitos dentro del estado del fuero[144]. Las tres partes –*uploaders, downloaders* e intermediarios– están sujetas a la jurisdicción personal en el fuero donde se cometieron los delitos. Probablemente, el *uploader* violó los

140 Ver *Rosenberg Bros. & Co. v. Curtis Brown Co.*, 260 U.S. 516, 518 (1923); *Helicópteros, cit.*, n. 139, 466 U.S., p. 417.

141 326 U.S. 310 (1945).

142 Ver Perritt, *supra* nota 130, p. 16, nota 57.

143 Ver *idem*, p. 16.

144 Ver, por ejemplo, *Gray v. American Radiator & Std. Sanitary Corp.*, 22 Ill.2d 432, 442 (1961).

derechos de Microsoft en el estado donde estaba ubicada su computadora y estaría así sujeto a jurisdicción personal en ese estado. Este resultado es análogo a las reglas sobre la "primera instancia de reproducción" y el "país donde se sube el *software* a la Red" tratadas anteriormente. En el caso del *downloader* podríamos llegar a la misma conclusión, pero en el caso del intermediario, hay menos certezas a la hora de establecer el fuero en el que se violó el derecho de distribución. Podríamos afirmar que la violación ocurrió en el fuero donde estaba situado el servidor de Internet que tenía las copias ilegales. Desde allí, se puede haber distribuido dichas copias al público en el sentido enunciado en la Ley de Copyright[145]. De manera similar, la Convención de Berna establece que la violación probablemente ocurrió en el lugar donde comenzó la "comunicación al público por medios electrónicos"[146].

Asimismo, se han hallado contactos mínimos en los casos en que, habiéndose cometido un delito fuera del estado del fuero, los daños y perjuicios provocados por dicho delito ocurrieron dentro del estado en cuestión. En ese caso, la parte debe haber dirigido intencionalmente sus bienes ilegales hacia el estado del fuero[147]. La intencionalidad del contacto es importante; el simple hecho de que el contacto sea previsible es insuficiente para establecer la jurisdicción personal[148]. En el contexto de los derechos de autor, algunos tribunales federales han afirmado que puede existir jurisdicción cuando la violación de los derechos de *copyright* ocurre en otro país y los Estados Unidos parecen ser el "destino final de las copias hechas en el extranjero"[149]. En esos casos, las copias están dirigidas intencionalmente al fuero y, por tanto, la jurisdicción es aplicable. Del mismo modo, permitir la indemnización en el país donde se recibió la transmisión es coherente con el principio de tratamiento nacional de la Convención de Berna[150].

El requisito de "dirección intencional" también está en consonancia con un tipo análogo de casos de juicios por difamación en los Estados Unidos que involucran a empresas de *software*. Por ejemplo, los tribunales han ejercido

[145] Ver 17 U.S.C. § 16 (3) (1994).

[146] Ver *Convención de Berna*, *supra* nota 22, *S. Treaty Doc.* N° 99-27, p. 44, 828 *U.N.T.S.*, p. 243.

[147] Ver *World-Wide Volkswagen Corp. v. Woodson*, 444 U.S. 286 (1980); *Asahi Metal Indus. Co. v. Superior Court*, 480 U.S. 102 (1987).

[148] Ver "World-Wide Volkswagen Corp.", cit., n. 147, 444 U.S. 286, pp. 294-99; "Asahi Metal Indus.", cit. n. 147, 480 U.S., p. 111.

[149] Ver Jane C. Ginsburg, "Putting Cars on the 'Information Superhighway': Authors, Exploiters, and Copyright in Cyberspace", *Colum. L. Review*, N° 95, pp. 1466, 1497 y nota 126 (1995).

[150] Ver Iris C. Geik, "Direct Broadcast Satellites and Determination of Authors' Rights Under the Berne Convention: Lucy in the Sky Without Rights?", *Suffolk Transnational L.J.*, pp. 563, 583-600 (1992).

jurisdicción sobre empresas que no pertenecen a los estados de dichos tribunales en los casos en que hubo intención de causar daños y perjuicios en el fuero[151].

Estos casos resultan instructivos en el ámbito del ciberespacio porque el *uploader* es el equivalente funcional de una empresa de *software* pirateado. Por lo general, la publicación de *software* comercial es muy costosa e implica numerosos niveles de distribución[152]. Sin embargo, un *hacker* provisto de una computadora con acceso a Internet puede publicar el mismo programa y ponerlo a disposición de todo el mundo, virtualmente sin costo alguno[153].

En el ámbito del ciberespacio, puede resultar difícil tratar de probar la existencia de la dirección intencional. El aviso que aparece al comienzo de este artículo ejemplifica este problema. Debido a que el mensaje fue recibido por el autor en los Estados Unidos, podríamos sostener que el aviso incitaba a los *hackers* estadounidenses a que participaran en la piratería a través de Internet. Además, debido a que el *software* publicitado estaba disponible en un sitio de Internet al que tiene acceso todo el mundo, se podría afirmar que los piratas "dirigieron intencionalmente" los daños y perjuicios de la infracción a los Estados Unidos. Sin embargo, eso podría no ser cierto. El simple hecho de que el mensaje se haya recibido en los Estados Unidos no significa que su difusión era previsible o intencional[154]. Los *hackers* pueden haber estado incitando a los piratas de todos los demás países, salvo los Estados Unidos, y la recepción del aviso puede haber sido el resultado de la incapacidad de excluir a los Estados Unidos del circuito de distribución.

En conclusión, es probable que Microsoft pueda elegir en qué tribunal presentará una demanda por violación del *copyright*. Sin embargo, su elección puede verse limitada por factores que surjan de (1) la elección de Derecho aplicable, (2) las divergencias en el Derecho positivo y (3) la competencia judicial. Es muy probable que, de acuerdo con cada una de estas teorías de la

[151] Ver "Calder v. Jones", 465 U.S. 783 (1984) (el demandado fue encontrado responsable debido a su "intención" de perjudicar).

[152] Ver *"Who You Pay to Play"*, *Electronic Gaming Monthly*, mayo de 1996, pp. 16-18.

[153] Ver Niva Elkin-Koren, "Cyberlaw and Social Change: A Democratic Approach to Copyright Law in Cyberspace", *Cardozo Arts & Ent.L.J.*, N° 14, pp. 215, 260-63, un análisis sobre los costos relativos de publicar obras digitales y no digitales.

[154] Cuando se publica un mensaje *Usenet*, el emisor tiene algo de control, no mucho, sobre el destino de ese mensaje. Por ej., el emisor no puede dirigir mensajes a una sola lista de países o excluir países particulares del circuito de distribución. Por lo tanto, el hecho de que un mensaje se reciba en los EE.UU. no necesariamente significa que fue dirigido a ese país intencionalmente. Ver Perritt, *supra* nota 130, pp. 19-20 (donde se sostiene que la publicación del mensaje en un "listserv", donde el emisor prácticamente no tuvo control del destino final de su mensaje, no determinaba la aplicación de la jurisdicción personal).

jurisdicción personal, Microsoft pueda obtener jurisdicción personal en algún tribunal sobre una o más de una de las partes.

D. Conclusión: La disponibilidad de acciones aplicables por vías judiciales

La primera pregunta presentada por el señor Gates fue si Microsoft podía utilizar alguna acción judicial cuando un pirata sube una copia de Windows a un sitio de Internet. Todo lo expuesto anteriormente demuestra que existen acciones aplicables por vías judiciales porque (1) hay partes que, bajo el Derecho aplicable, han violado los derechos exclusivos de Microsoft y porque (2) existen tribunales en los que Microsoft puede iniciar una causa civil para reivindicar esos derechos.

Sin embargo, para que se le concedan acciones judiciales, Microsoft debe elegir con cuidado el Derecho, las contrapartes y el tribunal competente. La dificultad se presenta porque estas cuestiones surgen del principio de territorialidad, y las nociones tradicionales de territorialidad a menudo se desvanecen en el ciberespacio[155]. El régimen jurídico actual fue diseñado en una era en que la distancia y las fronteras territoriales eran importantes[156]. Antes de la era de las telecomunicaciones, la piratería resultaba más difícil y costosa; los bienes pirateados podían ser confiscados por el personal de aduana[157]. Hoy en día, las redes informáticas facilitan y reducen el costo de las actividades no autorizadas de reproducción, adaptación, distribución, y otros usos de obras protegidas a través de fronteras territoriales[158]. Todavía no se sabe cómo evolucionará el Derecho del ciberespacio en su intento de reconciliar lo antiguo con lo nuevo.

E. Acciones posibles

Si existen acciones aplicables, el señor Gates querrá saber cuáles son esas acciones. Las acciones específicas serán distintas en cada país y, como ya se mencionó, es muy probable que en los países "consumidores" de propiedad intelectual la calidad de las acciones sea inferior. Una razón por la que Microsoft puede preferir demandar en los Estados Unidos es la gran cantidad de acciones civiles y penales disponibles en los tribunales de ese país. Por ejemplo, un tribunal de distrito federal puede emitir prohibiciones preliminares o per-

[155] Ver en general Johnson & Post, *supra* nota 10; Burk, *supra* nota 11; Dan L. Burk, "Patents in Cyberspace: Territoriality and Infringement on Global Computer Networks", *Tul. L. Rev.*, N° 68, 1 (1993).

[156] Ver Burk, *supra* nota 11, p. 10.

[157] Ver Cinque, *supra* nota 110, p. 1268.

[158] Ver *Libro Blanco*, *supra* nota 53, pp. 14-15.

manentes para prevenir o evitar infracciones[159]. La indemnización por daños y perjuicios reales sería equivalente al total de las pérdidas del titular de los derechos del *copyright* más las ganancias que hubiera percibido el infractor a causa de la violación de los derechos de propiedad intelectual[160]. Los daños establecidos por ley pueden indemnizarse con una suma de entre US$ 500 y US$ 20.000 por obra pirateada[161]. Si el titular del *copyright* demuestra que la infracción fue deliberada, el tribunal puede aumentar los daños y perjuicios por ley hasta un máximo de US$ 100.000[162]. También están previstos los costos y costas[163]. Además, los Estados Unidos imponen sanciones penales a los infractores cuando las infracciones son deliberadas y cometidas con el fin de beneficiarse con una ventaja comercial o lucro personal[164].

3. Consideraciones pragmáticas

Incluso en el caso de que Microsoft cuente con acciones aplicables, quizá no quiera hacer uso de ellas. La segunda pregunta del señor Gates consistía en si el litigio resultaría favorable a los intereses de Microsoft. Esta sección evalúa los beneficios que traería aparejado iniciar juicio a cada parte y compara esos beneficios con los problemas que Microsoft podría enfrentar. Después de sopesar la situación, el litigio –en particular contra los intermediarios– podría no ser muy ventajoso para Microsoft. Por lo tanto, probablemente la empresa deba renunciar al litigio, excepto en aquellos casos que involucren a los infractores más flagrantes.

A. Downloaders

¿Por qué Microsoft consideraría siquiera demandar a los *downloaders* particulares? Con seguridad, los *downloaders* se encuentran, en general, en una mala posición para hacer frente a una sentencia[165]. Una de las posibilidades es el poder disuasivo que entraña un juicio. Es necesario reconocer que sería imposible demandar a todos los *downloaders*. No obstante, la política de usar

[159] Ver 17 U.S.C. § 502 (1994).
[160] Ver 17 U.S.C. § 504 (b) (1994).
[161] Ver 17 U.S.C. § 504 (c) (1) (1994).
[162] Ver 17 U.S.C. § 504 (c) (2) (1994).
[163] Ver 17 U.S.C. § 505 (1994).
[164] Ver 17 U.S.C. § 506 (a) (1994). Es necesario reiterar que las sanciones penales son aplicables cuando la piratería tiene fines de lucro. Ver *United States v. LaMacchia*, 871 *F. Supp* 535, 545 (D. Mass 1994) (un estudiante universitario que proveyó software protegido por *copyright* en forma gratuita a través de su computadora no pudo ser juzgado según las disposiciones penales del § 506(a)).
[165] Ver Ginsburg, *supra* nota 19, p. 321.

como ejemplo a unos pocos con el fin de desanimar a otros tiene sus defensores[166]. Además, los juicios pueden servir para educar al público sobre el mal que causa la piratería y corregir la percepción errada de que sólo al lucrar con la venta del *software* pirateado se infringe un derecho de *copyright*[167]. Asimismo, los que saben que la piratería es un delito no bajarán *software* pirateado si creen que el riesgo es mayor que la recompensa[168]. La amenaza real o imaginada de un juicio podría tener ese efecto en algunas personas. Si se desalienta a los *downloaders* y éstos dejan de bajar programas, no importa si los *uploaders* continúan subiéndolos: el impacto general de la infracción se ve disminuido.

Por otro lado, existen varios factores que inclinan la balanza en contra de la opinión de demandar a los *downloaders*. En primer lugar, los *downloaders* son difíciles de detectar e identificar[169]. Por ejemplo, en general, pueden ingresar en los sitios en forma "anónima", lo cual hace imposible localizarlos[170]. Además, los *más* hábiles pueden robar la identidad virtual de otra persona para usarla mientras bajan el material[171]. Incluso sin contar con el anonimato, el *downloader* es virtualmente indetectable a menos que el sitio lleve un registro escrupuloso de las actividades, lo cual puede no ocurrir en los sitios

[166] La *Software Publishers' Association* (SPA) es una organización que inicia juicios en nombre de las empresas de *software*. La SPA es una organización de empresas compuesta por más de mil miembros pertenecientes a la industria del *software*. Ver el "estudio de la SPA", *supra* nota 9. Los juicios y las auditorías de la SPA contra los piratas informáticos en los Estados recaudaron US$ 2,6 millones en sanciones durante el año 1995, con lo cual la suma recolectada por la campaña contra la piratería informática superó los US$ 16 millones desde que comenzó el programa de la SPA en 1990. Ver SPA Press Release, 4 de marzo, 1996 http://www. spa.org/piracy/releases/ fightpir.htm. HYPERLINK

[167] Esta noción persiste porque, como ya se mencionó, para justificar la aplicación de sanciones penales bajo la ley federal, la parte demandante debe probar que el infractor actuó "deliberadamente y con el fin de lucrar u obtener una ventaja comercial". 17 U.S.C. § 506(a). Sin duda, ésta es una de las razones por la que la SPA auspicia programas como "To copy or not to copy" (copiar o no copiar). Ver el sitio de la SPA (visitado el 16 de dic. de 1996) http:// spa.org/piracy/ okay.htmHYPERLINK

[168] Ver Timothy D. Howell, "Intellectual Property Pirates: Congress Raises the Stakes in the Modern Battle to Protect Copyrights and Safeguard the United States Economy", *St. Mary's L. J.*, N° 27, pp. 613, 656-60 (1996) para leer un análisis de los riesgos y recompensas como incentivos de la piratería.

[169] Ver Don E. Tomlinson, "Journalism and Entertainment as Intellectual Property on the Information Superhighway: The Challenge of the Digital Domain", *Stan. L. & Pol.* Rev., N° 6, pp. 61, 67 (1994) (hace referencia a la "virtual imposibilidad de detectar" infracciones en Internet).

[170] Ver Kim, *supra* nota 48, p. 1267; ver en general George P. Long, III, "Who are you?: Identity and Anonymity in Cyberspace", *U. Pitt. L. Rev.*, N° 55, p. 1177 (1994).

[171] Ver Kim, *supra* nota 48, p. 1267.

que tienen mucho tráfico[172]. Sin duda, en el caso de un sitio pirata, existe poco o ningún incentivo para guardar registros que puedan usarse como prueba incriminatoria. De hecho, la escasa probabilidad de ser detectado es tal vez un factor importante del aumento de la piratería en Internet[173].

En segundo lugar, demandar a los *downloaders* puede perjudicar la buena voluntad que los clientes de Microsoft tienen para con la empresa[174]. Tradicionalmente, cuando las empresas toman medidas para ejecutar su *copyright*, evitan "apuntar a los usuarios finales" (como los *downloaders*)[175]. Lo más probable es que un *downloader* reproduzca sólo una copia a la que únicamente dará un uso personal[176]. Además, la política de demandar a los *downloaders* resultaría costosa e impopular si genera publicidad negativa[177]. Si la piratería está tan generalizada como sugieren las asociaciones de fabricantes de *software*[178], es probable que el público se ponga del lado de los "*downloaders* tomados como chivos expiatorios".

En tercer lugar, es una realidad que Microsoft está limitado a una victoria moral. Aunque Microsoft logre imponerse, es muy probable que el demandado no pueda cumplir con el fallo[179]. Los daños y perjuicios establecidos por ley por cada obra pirateada pueden llegar hasta los US$ 100.000[180], suma que con seguridad supera los medios del *hacker* adolescente promedio.

Así, los beneficios de demandar a los *downloaders* pueden limitarse a su efecto disuasor. Para que los juicios tengan ese efecto, los *hackers* deben creer que un juicio es una posibilidad cierta. Algunas organizaciones como la *Software Publisher's Association* han contribuido en este aspecto con publicidad dirigida a intimidar a los potenciales piratas[181]. Sin embargo, el crecimiento desenfrenado de la piratería de *software* indica que los piratas no están ame-

[172] Ver Junda Woo, "Copyright Laws Join Bulletin Board Fight", *Wall St. J.*, 27 de sept., 1994, p. B11 (con respecto a la dificultad para hacer cumplir las leyes de *copyright* en los sistemas de mensajería informáticos que tienen un tráfico intenso porque no existe un sistema central de monitoreo).

[173] Ver Greg Short, "Combating Software Piracy: Can Felony Penalties for Copyright Infringement Curtail the Copying of Computer Software?", *Santa Clara Computer & High Tech. L. J.*, 1994, pp. 221, 223 (señala que el escaso riesgo de ser detectado es un factor coadyuvante en los problemas que causa la piratería).

[174] Ver Bliss, *supra* nota 82, p. 538.

[175] Ver Ginsburg, *supra* nota 149, p. 1488.

[176] Ver *idem*.

[177] Ver *idem*.

[178] La investigación realizada por la SPA calcula que por cada programa que se compra, otro se copia en forma ilegal. Ver Informe de la OTA, *supra* nota 14, p. 100.

[179] Ver Gingsburg, *supra* nota 19, p. 321.

[180] Ver 17 U.S C. § 504(c)(2) (1994).

[181] Una publicidad de la SPA mostraba unas manos esposadas y la siguiente frase: "Si copia *software* en forma ilegal, usted puede conseguir este *hardware* gratis". Ver Informe de la OTA, *supra* nota 14, p. 101.

drentados[182]. De todos modos, Microsoft debe –ya sea en forma directa o por medio de las asociaciones a las que pertenece– hacer frente a los costos de las demandas contra los *downloaders*. Particularmente en los países extranjeros, el costo de los litigios podría exceder el valor del supuesto poder de disuasión de los juicios.

B. Uploaders

¿Por qué Microsoft siquiera consideraría la posibilidad de demandar a *uploaders* individuales? Un número cada vez mayor de *uploaders* "suben a la Red en forma rutinaria materiales protegidos por *copyright*, no porque hacerlo les brinde un beneficio económico, sino por mera diversión"[183]. Así, al igual que con los *downloaders*, tampoco de ellos se puede esperar que puedan hacer frente al fallo. Sin embargo, existen algunos piratas motivados por el lucro; de hecho, la piratería de material protegido por *copyright* es un "gran negocio"[184]. Microsoft puede querer eliminar a un *uploader* determinado que compite a gran escala en la edición de productos Microsoft. Si Microsoft lograra deshacerse de él, evitaría que luego se realizaran cientos o miles de operaciones por medio de las que se bajarían programas de Internet. Además, como en el caso del *downloader*, los procesos judiciales contra *uploaders* pueden tener un efecto desalentador en la piratería. Debido a que los *uploaders* son relativamente pocos, pueden sentirse incluso más expuestos a la amenaza que implican los juicios potenciales.

Por otro lado, hay varios motivos para no demandar a los *uploaders*. Los mismos problemas que surgen en el caso de los *downloaders* son aplicables a los *uploaders*. En primer lugar, los *uploaders* pueden escudarse en el anonimato a través de "*remailers* anónimos" que borran de la transmisión toda información que pueda servir para identificar al emisor y luego la retransmiten al destinatario deseado[185]. En segundo lugar, incluso sin el amparo del anonimato, los *uploaders* pueden recurrir a la encriptación para ocultar la naturaleza ilícita de sus transmisiones[186]. En tercer lugar, la misma buena voluntad que Microsoft demuestra hacia los *downloaders* se aplica también a los *uploaders*: las compañías prefieren no litigar contra *uploaders* particulares, quienes también pueden ser sus usuarios finales[187]. Por último, como ocurre

[182] Ver Howell, *supra* nota 168, pp. 656-62 (señala que el sistema actual no es un elemento eficaz de disuasión.)

[183] Tomlinson, *supra* nota 169, pp. 67.

[184] Howell, *supra* nota 168, p. 657.

[185] Ver Kim, *supra* nota 48, p. 1267. Los piratas incluso pueden valerse de cadenas de *remailers* anónimos para asegurarse el anonimato prácticamente absoluto. Ver *idem*.

[186] Ver *idem*.

[187] Ver Bliss, *supra* nota 82, p. 538.

con los *downloaders*, Microsoft probablemente esté limitada a ganar una victoria moral ya que, como se señaló con anterioridad, aunque Microsoft saliera triunfante, el demandado promedio tendría dificultades para pagar[188]. Así, Microsoft tendría que decidir si el poder disuasivo de un litigio supera los costos, tanto en términos económicos como de publicidad negativa.

C. Intermediarios

A causa de todas las desventajas mencionadas que implica demandar a *downloaders* y *uploaders*, algunos demandantes están comenzando a percibir a los intermediarios como blancos atractivos[189]. En primer lugar, debido a que el intermediario probablemente tenga más bienes para afrontar un fallo, Microsoft tiene razones para albergar la esperanza de ganar algo más que una victoria moral o una disuasión especulativa. Cabe destacar que en los Estados Unidos esta indemnización por daños y perjuicios puede incluir las costas y los honorarios de los abogados[190]. En segundo lugar, los intermediarios –a diferencia de la mayoría de los *uploaders* y *downloaders*– son entidades conocidas con sedes corporativas identificables. Es factible que, en algunos casos, el intermediario sea el único demandado identificable. Así, demandar a los intermediarios resolvería el problema que representa el anonimato.

No obstante, aunque esta posibilidad parezca atractiva a primera vista, también existen importantes desventajas. Estas desventajas tienen un significado especial para Microsoft dado que la *Microsoft Network* (MSN) –operada por Microsoft– es en sí misma un intermediario[191]. Irónicamente, al demandar a intermediarios, Microsoft estaría sentando jurisprudencia que podría ser usada en su contra en casos futuros. Por ejemplo, esos juicios podrían fortalecer las normas en materia de responsabilidad que imponen la pesada tarea de monitorear si el intermediario viola el *copyright*. En su carácter de intermediario, la MSN entonces tendría que incorporar esos costos adicionales o pagar indemnización por daños y perjuicios con motivo de la violación del *copyright* según la teoría de responsabilidad directa del *copyright*. Sólo por esta razón, demandar a un intermediario puede no ser conveniente.

El monitoreo no es tan fácil como parece. El primer problema es de índole tecnológica. Para que una computadora determine si un mensaje está amparado por *copyright*, un programa deberá comparar el contenido del mensaje con una base de datos de materiales protegidos por *copyright* o buscar algún tipo de

188 Ver Ginsburg, *supra* nota 19, p. 321.

189 Ver, por ej., *Playboy Enter., Inc. v. Frena,* 839 F. Supp. 1552 (M.D. Fla. 1993).

190 Ver 17 U.S.C. § 505 (1994).

191 Ver Jim McClellan, "Cyberspace: Bulletin Board", *Observer*, 27 de agosto, 1995, p. 56, disponible en Lexis, News Library, Curnws File; ver también *Microsoft Advertisement for MSN* (visitado el 16 de diciembre, 1996) http://www.microsoft.com.

aviso de registro de *copyright*. Sin embargo, ninguna de estas dos opciones es viable ya que, según lo dispuesto en la Convención de Berna, las formalidades tales como el depósito y el aviso de registro de *copyright* no son necesarias para la protección[192].

Una posible solución podría ser que un grupo de personas analice cada uno de los archivos y mensajes enviados a través de Internet. Sin embargo, en los grandes sistemas como la MSN, los miles de *e-mails* y archivos que se transmiten a diario harían que cualquier solución que involucre recursos humanos fuera imposible de llevar a la práctica[193]. Incluso si fuera posible llevar a cabo el monitoreo humano, la MSN necesitaría contratar abogados especializados en Derecho de *copyright* para que hicieran el trabajo debido a que al lego le resultará difícil determinar qué obras están protegidas por la Ley de *copyright*[194]. En cambio, Microsoft probablemente optaría por alternativas más económicas, como borrar de la MSN cualquier información que pueda estar protegida o solicitar la confirmación de que una obra no está protegida antes de transmitirla por el sistema[195]. Sin embargo, esta opción privaría a la MSN y a otros intermediarios de lo que más necesitan: contenido.

El segundo problema relacionado con el monitoreo consiste en que el monitoreo eficaz para detectar las violaciones de *copyright* tal vez dé lugar a que los usuarios de la MSN vean amenazada su privacidad. Por ejemplo, los usuarios que trabajan en red tienen directorios de archivos personales en los que

[192] El artículo 5 (2) de la Convención de Berna estipula que el gozo y ejercicio de derechos no están sujetos a formalidades como el depósito. Debido a que no se requiere el depósito, no existe una base de datos con la que el intermediario (o cualquier mecanismo automático de selección) pueda establecer una comparación para determinar si una obra subida a la Red está protegida por *copyright*. Ver Convención de Berna, *supra* nota 22, *S. Treaty Doc.* Nº 99-27, p. 40, *U.N.T.S.* Nº 828, p. 233.

[193] Algunos analistas calcularon que cada día circulan por las redes billones de bits que representan millones de mensajes y archivos. Ver el Libro Blanco, *supra* nota 53, p. 116. Incluso el Libro Blanco admite que es "virtualmente imposible que los operadores de grandes sistemas puedan examinar de manera contemporánea cada mensaje que es transmitido o cada archivo que es subido a la Red". *Idem*. Sin embargo, el Libro Blanco responde haciendo una comparación entre la tarea de un proveedor de servicios *online* y los problemas similares que enfrentan quienes revelan fotos o venden libros, entre otros, que se ven expuestos a una responsabilidad legal similar por violación del *copyright*. Ver *idem*.

[194] Ver Elkin-Koren, *supra* nota 81, p. 405. Por ejemplo, el *copyright* no "abarca cualquier idea, procedimiento, proceso, sistema, método de operación, concepto, principio o descubrimiento, cualquiera sea la forma en que esté descripto, explicado, ejemplificado o contenido en esa obra". 17 U.S.C. § 102 (b). No obstante, por simple que esto parezca, ciertas contrapartes razonables pueden diferir en cuanto a si la guía telefónica es pasible de ser amparada por la Ley de *copyright*. Ver, por ejemplo, la historia del caso de *Feist Publications, Inc. v. Rural Tel. Serv. Co.*, 499 U.S. 340, 343-44, 364 (1991) (que sostiene que la guía telefónica no puede ser protegida por *copyright*).

[195] Ver Elkin-Koren, *supra* nota 81, p. 407.

esperan con razón resguardar su privacidad. El monitoreo eficaz por parte de los intermediarios implicaría examinar los archivos personales de los usuarios y violaría la privacidad de la que ellos esperan gozar. Además, debido a que la piratería también se puede llevar a cabo a través del correo electrónico[196], el monitoreo eficaz implicaría leer los mensajes personales, lo cual sería inaceptable para muchos usuarios. Cabe mencionar que Microsoft ya ha planteado cuestiones referidas a la privacidad y causó un revuelo público cuando se anunció que el *Registration Wizard* de la MSN escaneaba el disco duro del usuario y enviaba un listado de los archivos a Microsoft[197].

Conclusión: ¿es conveniente entablar una demanda?

Poniendo todo en la balanza, a Microsoft no le convendría tratar de solucionar los problemas por medio de juicios. Debido al problema que presenta el anonimato, puede resultar imposible demandar tanto a *downloaders* como a *uploaders*. Incluso aunque el litigio sea todo un éxito, la victoria de Microsoft puede ser sólo un triunfo a costa de grandes pérdidas al menos por tres motivos: en primer lugar, es probable que Microsoft no recupere nada de los piratas; en segundo lugar, el poder disuasivo que implica un juicio puede ser mínimo; por último, un juicio puede dañar el prestigio de Microsoft. Teniendo en cuenta todos estos aspectos, un juicio sólo puede valer la pena si se entabla contra los infractores de mayor envergadura. En forma similar, a primera vista demandar a intermediarios puede resultar atractivo, pero puede desatar una tormenta que a Microsoft le convendría evitar. Dado que Microsoft es en sí misma un intermediario, con el tiempo tendría que afrontar los crecientes costos en lo que concierne a monitoreo y responsabilidad, productos de las reglas mismas que Microsoft desea crear y hacer cumplir.

4. Tecnología

Si un juicio no es la solución, Microsoft necesita encontrar otros medios para combatir la piratería a medida que Internet se está convirtiendo en el paraíso de *hackers* y piratas. De no hacerlo, los efectos son abrumadores. La *Business Software Alliane* (BSA) calcula que la industria del *software* perdió más de trece mil millones de dólares en 1995 a causa de la piratería a escala mundial[198]. Si Microsoft espera a que se acuerden tratados internacionales que traten específicamente los problemas referidos al ciberespacio, puede llegar

196 Muchos programas de correo electrónico, como el Eudora Pro de Qualcomm, permiten que los usuarios "adjunten" archivos de programa a mensajes que desean enviar.

197 Ver Laura DiDio, "Commotion over Microsofts Registration Wizard Continues", *Computerworld*, 14 de agosto, 1995, p. 16.

198 Ver "More than $13 Billion Lost Worldwide to Software Piracy Joint BSA/SPA Survey Reveals", *BSA Press Release*, 2 de diciembre, 1996 http://www.bsa.org/piracy/piracy-study_95/SPA-BSA.htm.

a perder miles de millones de dólares en concepto de ingresos, ya que lleva tiempo encontrar soluciones aplicables en todo el mundo[199].

La tercera incógnita del señor Gates era si existe alguna otra posibilidad en lugar de entablar una demanda. Disponemos ahora de una alternativa muy factible, pero es necesario dejar de lado las actitudes convencionales en lo referido a todo lo que en los últimos veinte años se ha establecido con respecto a la protección de *software*. Esta alternativa es la tecnología: las batallas futuras no se librarán en la corte, sino en la frontera tecnológica. Si en este último caso interviniera el gobierno, es probable que lo haga de manera complementaria por medio de regulaciones para evitar que se eluda la ley.

A. ¿Una vuelta a la era de la protección de copyright*?*

Si bien la tecnología digital puede promover la causa de la piratería de *software*, también puede utilizársela para combatirla[200]. Pero a lo largo de la historia, la tecnología se ha aplicado a la protección de copias, tarea acogida con escepticismo debido a fracasos pasados[201]. A mediados de la década de 1980, las empresas de *software* recurrieron a la protección de copias con el propósito de evitar físicamente que los piratas copiaran *software* en forma ilegal[202]. Por ejemplo, cada vez que un usuario deseaba utilizar un programa protegido contra copia, debía insertar un "disco llave" original en la disquetera[203]. Si el

[199] La tardía adhesión de los Estados Unidos a la Convención de Berna constituye un ejemplo de este problema. La Convención de Berna original había sido completada en París el 4 de mayo de 1896. Ver Cinque, *supra* nota 110, p. 1259, nota 6. Los Estados Unidos no aceptaron la Convención hasta 1989, 87 años después. Ver *Berne Convention Implementation Act of 1988, Pub. L.* N 100-568, 102 *Stat.* 2853 (1988); ver también Orrin G. Hatch, "Better Late than Never: Implementation of the 1886 Berne Convention", *Cornell International, L. J.*, N° 22, p. 171 (1989).

[200] Ver John Perry Barlow, "The New Economy of Ideas", *Wired*, marzo 1994, p. 85; ver también el Libro Blanco, *supra* nota 53, p. 177 ("las soluciones tecnológicas ya están desempeñando un importante papel y lo seguirán haciendo en lo que atañe a satisfacer las necesidades [de hacer cumplir la ley]").

[201] Ver David M. Hornick, "Combating Software Piracy: The Shoplifting Problem", *Harv. J. L. & Tech.*, N° 7, pp. 377, 413-14 (1994).

[202] Ver *idem*.

[203] Ver Anant S. Narayanan, "Standards of Protection for Databases in the European Community and the United States: Feist and the Myth of Creative Originality", *Geo. Wash. J. International L. & Econ.* N° 27, pp. 457, 459, nota 8 (1993). Los discos llave eran en esencia disquetes comunes que contenían información escrita mediante un proceso industrial que a los piratas les resultaba difícil de reproducir utilizando las disqueteras convencionales. Por ejemplo, un método de protección consistía en hacer agujeros microscópicos con un láser en la superficie del disco magnético. Debido a que muchos de los piratas no tienen acceso a un láser, se creía que este método de protección evitaría la reproducción del *software*. No obstante, los piratas pronto descubrieron la manera de simular los resultados de los agujeros hechos con láser, lo que les permitió reproducir el disco. Ver *idem*.

disco estaba dañado o se había extraviado, la computadora no podía operar el *software*[204].

La industria pronto abandonó la práctica de la protección de copias por dos razones[205]. En primer lugar, las empresas de *software* descubrieron que cualquier sistema de protección de copias, por más sofisticado que fuera, terminaba siendo "craqueado" (o vencido) por un *hacker* igual de listo[206]. Algunos analistas manifestaron que la vida útil de cualquier método de protección de copias era de tres a cuatro meses[207]. En segundo lugar, las preferencias de los consumidores hicieron que se abandonara la protección de copias ya que "los usuarios creían que interfería con los usos legítimos del *software*"[208]. Los consumidores estaban molestos porque no podían hacer copias de seguridad legítimas de los programas que tanto dinero les habían costado[209]. Si el disco llave se dañaba o se extraviaba, los dueños del *software* debían esperar a que el fabricante les enviara un disco de reemplazo. Por otra parte, los usuarios objetaban lo incómodo que resultaba tener que insertar discos llave cada vez que usaban el *software*[210].

B. *La ciencia de la criptografía: una posible solución contra la piratería en Internet*

La ciencia de la criptografía ofrece soluciones potenciales a las desventajas que presentaban los primeros métodos de protección de copias. Hace mucho tiempo que los organismos militares y de inteligencia utilizan la criptografía en la transmisión de mensajes con el objeto de que los gobiernos extranjeros no puedan descifrarlos[211]. La encriptación es el proceso mediante el cual se codifica un texto legible para que quede ilegible. Por el contrario, la decodi-

[204] Ver *idem*.

[205] Ver Paul B. Carroll, "On Your Honor: Software Firms Remove Copy Protection Devices", *Wall St. J.*, 25 de septiembre, 1986, p. 33; Pamela Samuelson, "Will the Copyright Office Be Obsolete in the Twenty-First Century?", *Cardozo Arts & Ent. L. J.*, Nº 13, pp. 55, 59 (1994).

[206] Ver Hornick, *supra* nota 201, p. 414. Incluso existían programas pirata de difusión masiva en el mercado diseñados para violar los métodos de protección de copias. Por ejemplo, programas como el CopyIIPC eran muy populares en la década de 1980. Irónicamente, la SPA se avergonzó cuando supo que el CopyIIPC se había vendido tan bien que calificaba para la medalla dorada que SPA otorgaba al *software* de mayor venta. Ver *idem*, p. 414, nota 195.

[207] Ver Wesley R. Iversen, "Software Protector Fingerprints Disks", *Electronics*, 2 de octubre, 1986, p. 102.

[208] Pamela Samuelson, "Digital Media and the Law", *Comm. ACM*, octubre 1991, pp. 23, 24.

[209] Ver Pamela Samuelson et al., "A Manifesto Concerning the Legal Protection of Computer Programs", *Colum. L. Rev.*, Nº 94, pp. 2308, 2373, nota 261 (1994).

[210] Ver Narayanan, *supra* nota 203, p. 459, nota 8.

[211] Ver Amy Fleischmann, "Personal Data Security: Divergent Standards in the European Union and the United States", *Fordham International L. J.* Nº 19, pp. 143, 156 (1995).

ficación es el proceso inverso. Ambos procesos están basados en algoritmos matemáticos complejos. Los algoritmos modernos utilizan claves (cadenas de dígitos alfanuméricos)[212], para encriptar y decodificar mensajes[213]. El largo de la clave determina la eficacia de la encriptación: las claves largas pueden significar una seguridad prácticamente inquebrantable. Por ejemplo, para decodificar una clave de 128 bits[214] se necesitaría una computadora capaz de procesar un millón de claves por segundo a lo largo de 10^{25} años (1 seguido de 25 ceros) para descifrar el código[215]. Este lapso de tiempo es superior a la edad proyectada del universo[216].

Tanto la encriptación como la decodificación requieren de computadoras con una alta capacidad para procesar información. Hasta hace poco tiempo, las posibilidades de procesamiento de la información necesarias para decodificar mensajes en tiempo real hacían que dicho proceso fuera prohibitivo[217]. Sin embargo, debido al desarrollo de computadoras más veloces, la ciencia de la criptografía ahora puede emplearse en muchas aplicaciones nuevas. Una de ellas es encriptar los programas de computación para protegerlos de la piratería[218].

Esto no significa que el uso de la encriptación para proteger el *software* sea un recurso nuevo ni que las empresas de *software* no la estén utilizando en la actualidad. De hecho, la polémica actual acerca del estándar de encriptación para proteger los nuevos DVD (*Digital Video Disk*) demuestra que la encriptación está muy presente en las mentes de los líderes de la industria[219]. Sin embargo, a pesar del entusiasmo que la industria del DVD manifestó por la encriptación, la mayor parte del *software* comercial disponible hoy en día no está encriptado[220].

212 Ver el Libro Blanco, *supra* nota 53, p. 186.

213 Ver A. Michael Froomkin, "The Metaphor Is the Key: Cryptography, the Clipper Chip, and the Constitution", *U. Pa. L. Rev.* Nº 143, pp. 709, 714 (1995).

214 Un "bit" informático está representado por un uno o un cero. Ciento veintiocho bits equivalen a dieciséis caracteres de texto en la mayoría de las computadoras. Ver Tony Gunton, *A Dictionary of Information Technology and Computer Science*, pp. 23-24 (2ª edición, 1993).

215 Ver Froomkin, *supra* nota 213, pp. 887-88.

216 Ver *idem*, p. 888.

217 Ver Junko Yoshida, "Intel Weighs in on DVD Encryption", *Electronic Engineering Times*, 14 de octubre, 1996, p. 1, disponible en Lexis, Nexis Library, Curnws File (explica cómo la decodificación de *software* pone a prueba incluso a las modernas computadoras Pentium de última generación).

218 La SPA propuso la encriptación como la primera línea de defensa en la lucha contra la creciente amenaza de la piratería de discos compactos. Ver "Protecting Software in a CD-R World" (visitado el 16 de diciembre, 1996) http://www.spa.org/piracy/compactd.htm [de aquí en adelante '*Protecting Software*'].

219 Ver Yoshida, *supra* nota 217. En la actualidad, la encriptación constituye una parte integral del estándar DVD-ROM que se utilizará en las aplicaciones de *software*. Ver *idem*.

220 El 1 de enero de 1996 el autor analizó diez de los paquetes de *software* más populares, entre los que se incluía Microsoft Windows, Microsoft Word, Microsoft Excel, Word Perfect,

Un sistema de protección basado en la criptografía es sencillo. Los programas de computación no difieren esencialmente de los mensajes de texto comunes que los criptógrafos han estado codificando durante años Los programas están representados por "bytes" o caracteres, y se los almacena en la misma memoria que a otros documentos. Por lo tanto, al igual que los mensajes secretos, los programas de computación se pueden encriptar con claves únicas antes de su distribución al público. Un paquete de *software* encriptado también incluiría una rutina de decodificación capaz de decodificar el *software* cuando el usuario ingresa la clave adecuada. Esas claves, por lo general, vendrían incluidas en el *software* comercial y se registrarían a nombre del comprador[221]. También puede suceder que los compradores deban contactar al fabricante vía Internet o telefónica para obtener la clave[222]. Para garantizar incluso mayor seguridad, las claves pueden estar encapsuladas en el *hardware*[223].

Los beneficios que trae aparejado registrar una clave son patentes: si en un sitio de Internet se descubre una copia encriptada de un programa, la clave de decodificación también deberá estar disponible. Dado que la clave está registrada a nombre de un usuario en particular, el titular del *copyright* sabría, al menos, quién "infiltró" la copia ilegal. Así, el registro de las claves mitigaría el problema que representa el anonimato. Llevar un control de las claves no sería demasiado engorroso para las compañías de *software*, que ya llevan un registro de los números asignados a cada usuario con el fin de brindarles un servicio de asistencia al cliente.

Sobre todo, un sistema basado en la encriptación tiene varias ventajas en comparación con la protección de copias de la década de 1980. La principal debilidad de la antigua protección de copias era que resultaba fácil de violar, incluso por los *hackers* menos sofisticados[224]. Por otro lado, la criptografía brinda una solución mucho más sólida, ya que piratear a fuerza bruta una clave demandaría miles de millones de años con los niveles actuales de tecnología[225].

Por supuesto, siempre cabe la posibilidad de que los *hackers* roben las claves a los usuarios legítimos. De hecho, los piratas podrían comprar el *soft-*

Lotus 123, Quattro Pro, Adobe Photoshop, Norton Utilities y Netscape Navigator. Ninguno de estos sistemas estaba protegido por un sistema basado en la encriptación.

221 Ver *Protecting Software*, *supra* nota 218.

222 Ver *idem*.

223 Las claves de *hardware* conocidas como "dongles" ya se utilizan en los Estados Unidos en muchas aplicaciones costosas y en programas que luego serán exportados. Ver *idem*; ver también Kim, *supra* nota 48, pp. 1278-79 (debate sobre las claves de encriptación basadas en el *hardware*). El costo de las claves de *hardware*, que ronda los US$ 30, en realidad podría duplicar el valor de aplicaciones pequeñas. Ver *Protecting Software*, *supra* nota 218.

224 Ver *supra* notas 206-07 y el texto adjunto.

225 Ver Froomkin, *supra* nota 213, p. 888.

ware, con lo cual se convertirían en usuarios registrados con una clave específica. Con estas claves en mano, los piratas lógicamente podrían decodificar el *software* y venderlo sin la protección. Sin embargo, existen métodos que hacen de esta "ingeniería inversa" un proceso costoso y difícil. Una estrategia consiste en diseñar programas que detectan si se produce algún cambio en ellos con el objeto de verificar en forma constante su autenticidad[226]. Otra opción implica utilizar los métodos de encriptación basados en claves múltiples[227] o niveles múltiples de encriptación[228]. En el caso de esos sistemas, el fabricante del *software* quizá posea "claves privadas" necesarias para habilitar niveles específicos del *software*. Tanto la autenticación como los sistemas de encriptación con claves múltiples podrían implementarse a través de Internet dado que la mayoría de las computadoras probablemente tengan acceso a la Red en los próximos diez años[229].

La segunda desventaja de la que se quejaban los usuarios con respecto a la protección de copias era que interfería con los usos legítimos del *software* debido a que (1) era imposible crear copias de seguridad y (2) se necesitaban "discos llave" para poder ejecutar el *software*[230]. Ninguno de estos dos problemas existe en un sistema de protección basado en la encriptación. En primer lugar, los usuarios pueden hacer libremente copias de seguridad del *software* encriptado ya que la encriptación sólo protege al producto del uso no autorizado, no del copiado[231]. Así, no hay obstáculos que impidan a los usuarios ejercer sus derechos amparados bajo el artículo 117 de la Ley de Copyright[232]. Además, un sistema de encriptación no causa más molestias al usuario que la de ingresar una clave durante la instalación del *software*[233]. Las

[226] Ver Cinque, *supra* nota 110, pp. 1270-71. En la actualidad, los métodos de autenticación llamados "digests" y "hash functions" (función de comprobación aleatoria) se utilizan para verificar las comunicaciones privadas. Ver en general Charles R. Merrill, "Cryptography for Attorneys-Beyond Clipper", *Data L. Rep.*, septiembre 1994, p. 1.

[227] Ver el Libro Blanco, *supra* nota 53, p. 186: debate sobre el Sistema de Clave Pública (*Public Key Encryption*).

[228] Se puede encriptar varias veces un único programa utilizando de modo sucesivo distintas claves. Así, aunque el pirata tenga una de las claves, no podrá ejecutar el programa sin las demás claves, de las cuales al menos una estará en poder de la empresa productora del *software*.

[229] Ver "Perspective", *Screen Digest Ltd.*, marzo 1995, disponible en Lexis, Nexis Library, Curnws File.

[230] Ver John Dvorak, "No Protection, Please; Copy-Protected Software", *Canadian Datasystems*, septiembre 1992, p. 70, disponible en Lexis, New Library, Mags File.

[231] Ver Kim, *supra* nota 48, p. 1279.

[232] Según el 17 U.S.C. § 117, "[N]o constituye una infracción por parte del dueño de una copia de un programa de computación realizar o autorizar a que se realice otra copia o adaptación de dicho programa de computación siempre y cuando: ...(2) esa nueva copia o adaptación sólo tenga por objeto ser archivada..." 17 U.S.C. § 117 (1994).

[233] Por supuesto, si el usuario sólo necesita ingresar la clave una única vez, la seguridad del programa podría verse comprometida si éste fuera copiado. Por otro lado, no todos los

claves encapsuladas en el *hardware* también están disponibles y son mucho más prácticas que los antiguos discos llave. Una variedad de este *hardware* se conecta al puerto de la computadora correspondiente a la impresora e incluso se puede combinar con otras claves de seguridad[234]. Estas claves no interfieren en el funcionamiento de la computadora o de la impresora y son en esencia invisibles al usuario.

Con todas estas ventajas a la vista, no es sorprendente que algunas empresas de *software* ya estén considerando emplear métodos de protección basados en la encriptación[235]. Como se señaló con anterioridad, la encriptación es un tema candente en el estándar emergente del DVD. Empero, la característica más atractiva de la encriptación es que Microsoft puede ocuparse del problema que representa la piratería utilizando un elemento que posee y que le es familiar: la tecnología. Microsoft tiene la capacidad de protegerse a sí misma sin tener que esperar la intervención del gobierno. Además, a diferencia de la acción unilateral por parte del gobierno de los Estados Unidos, la encriptación es efectiva a escala mundial. Funcionará tanto en los Estados Unidos como en el extranjero. Por naturaleza, la encriptación no está limitada por las fronteras.

Sin embargo, existe un aspecto importante por el que ciertos tipos de encriptación realmente tienen límites territoriales, si bien éstos son artificiales. Hace tiempo que los organismos de inteligencia del gobierno temen que los gobiernos extranjeros, así como el terrorismo, se valgan de la tecnología de la encriptación en perjuicio de los intereses de los Estados Unidos[236]. En consecuencia, el Congreso ha instaurado controles de exportación sobre algunas clases de tecnología de la encriptación[237]. No obstante, estas restricciones no se aplican a los sistemas de protección de *software*. La ley expresamente exime los programas que están "[l]imitados a funciones de decodificación diseñadas específicamente para permitir la ejecución del *software* protegido

---

programas necesitarán el mismo nivel de protección. Aquellos programas que requieran mayor protección (por ejemplo, los más costosos) quizás exijan que el usuario ingrese la clave cada vez que utilice el programa o que use una clave encapsulada en *hardware*, como una cinta magnética o un *dongle*.

234 Ver "B. L. Computer Security's New Internal Dongle Card", *M2 Comm.*, 16 de junio, 1995, disponible en Lexis, Nexis Library, Curnws File.

235 Ver Pamela Samuelson, "Technological Protection for Copyrighted Works", *Emory L. J.*, N° 45 (1996) (manuscrito en p. 7, en el archivo de "Law and Policy in International Business") [de aquí en adelante Samuelson, 'Technological Protection'].

236 Ver el Libro Blanco, *supra* nota 53, p. 194.

237 El 22 U.S.C. 2778 (1993) autoriza al Presidente a implementar controles de exportación sobre ciertos "mecanismos de seguridad", entre las que se incluyen los sistemas criptográficos. Ver C.F.R. N° 22 121.1, Categoría XIII (b) (1) (1996); ver también Sean M. Flynn, "A Puzzle Even the Codebreakers Have Trouble Solving: A Clash of Interests over the Electronic Encryption Standard", *Law & Policy International Bus.*, N° 27, pp. 217, 225 (1995).

contra el copiado, siempre y cuando las funciones de decodificación no sean accesibles al usuario"[238]. Así, Microsoft y otras compañías de *software* pueden tener la libertad de encriptar el *software* y exportarlo acompañado de programas de decodificación sin infringir esta ley.

C. La ley contra la elusión propuesta en el Libro Blanco

Como se viene señalando en este artículo, la solución de la encriptación supera ampliamente los métodos de protección de copias de la década de 1980. Sin embargo, en la industria aún persiste el temor de que por más seguro que sea un sistema de protección, los piratas encontrarán rápidamente la manera de eludirlo[239]. Por lo tanto, los grupos de presión de la industria, incluyendo la SPA, presionan al gobierno para que legisle contra ciertos métodos de elusión[240].

En el Libro Blanco, el gobierno respondió con una propuesta para prohibir los programas y dispositivos de elusión. Esta enmienda a la Ley de Copyright prohibiría:

> La importación, producción o distribución de todo dispositivo, producto o componente incorporado en un dispositivo o producto, o la provisión de cualquier servicio, que tenga como principal objetivo o efecto evitar, pasar por alto, eliminar, desactivar, o de lo contrario eludir, sin la debida autorización del titular del *copyright* o el amparo de la ley, cualquier proceso, tratamiento, mecanismo o sistema que prevenga o inhiba la violación de cualquiera de los derechos exclusivos establecidos en el artículo 106[241].

El objetivo de esta ley es reducir el "riesgo que corren los sistemas de protección de ser derrotados"[242]. El Congreso está considerando detenidamente

[238] *C.F.R.* N 22 121.1, Categoría XIII (b) (1) (i) (1996).

[239] Ver Hornick, *supra* nota 201, p. 414.

[240] La SPA ha estado ejerciendo presión para que se promulgue una ley contra la elusión similar a la propuesta en el Libro Blanco. Ver "SPA Testifies Before Congress on the National Information Infrastructure Copyright Act", *SPA Press Release*, 7 de febrero, 1996. http://www.spa.org/gvmnt/releases/niijh.htm [de aquí en adelante '*SPA Testifies*'].

[241] Libro Blanco, *supra* nota 53, p. 230. "Los recursos para las violaciones del *copyright* establecidos en este proyecto de ley incluirían desagravio por mandato judicial, confiscación del material ilegal, otorgamiento de daños y perjuicios actuales o establecidos por la ley y, en el caso de reiteradas infracciones, se triplicarían los daños y se recuperarían las costas y los honorarios de los abogados". Pamela Samuelson, "Regulation of Technologies to Protect Copyrighted Works", *Comm. ACM*, julio 1996, pp. 17, 19 [de aquí en adelante Samuelson, 'Regulation of Technologies'].

[242] Libro Blanco, *supra* nota 53, p. 230.

esta enmienda[243]. Además, la gestión de Clinton ha presentado las recomendaciones del *White Paper* (Documento Oficial o Libro Blanco) a la Organización Mundial de la Propiedad Intelectual (OMPI) para que se las adopte como un posible lenguaje que rija en los tratados en un protocolo que se agregaría a la Convención de Berna[244].

Según Microsoft, el proyecto de ley contra la elusión es muy interesante, ya que promete llenar los vacíos dejados por las limitaciones inherentes de la tecnología. Si se implementara a escala mundial, este proyecto de ley contra la elusión podría realmente alcanzar el objetivo de poner fin a la piratería por Internet. Si bien por un lado la tecnología puede frustrar los intentos de infracción por parte de consumidores y *hackers* novatos promedio, esta legislación complementaria se encargará de los piratas más sofisticados y con mejores ingresos al ofrecer una serie de elementos para demandar a aquellos que eludan los sistemas de protección de obras amparadas por el *copyright*[245].

Sin embargo, a algunos especialistas les preocupa el alcance de esta propuesta y temen que sea llevada demasiado lejos. Sostienen que amenaza con echar por tierra años de lucha por equilibrar en forma judicial los derechos del público y los del titular del *copyright*[246]. Estas consideraciones deberían influir las deliberaciones de Microsoft debido a que Bill Gates, al igual que los otros dueños y empleados de Microsoft, serán ellos mismos usuarios de computadoras en el mundo virtual que en última instancia está emergiendo. Como tales, deberán aceptar cualquier consecuencia negativa producto de sus antiguos esfuerzos de cabildeo.

En primer lugar, existe el temor de que el proyecto de ley contra la elusión pueda eliminar la defensa de los "usos legítimos sustanciales" formulada en el caso *Sony Corp. v. Universal City Studios, Inc*[247]. En este juicio, la Corte Suprema de Justicia de los Estados Unidos rehusó declarar a Sony responsable de participación accesoria en la comisión de un ilícito cuando los usuarios de la videograbadora Betamax grababan películas del estudio Universal que se transmitían por televisión. La Corte llegó a la conclusión de que el

243 Ver Samuelson, *Technological Protection*, *supra* nota 235 (manuscrito p. 2) (hace referencia al H.R. 2441, 104 Congreso, 1ª sesión (1995) y S. 1284, 104 Congreso, 1ª sesión (1995)).

244 Ver Samuelson, *Regulation of Technologies*, *supra* nota 241, p. 17; Cinque, *supra* nota 110, p. 1271. La OMPI es responsable de la administración de los varios acuerdos internacionales en materia de propiedad intelectual, así como de las actividades que tienen por objetivo revisar estos acuerdos. Ver Libro Blanco, *supra* nota 53, p. 135.

245 Ver Kim, *supra* nota 48, pp. 1279-80 (las soluciones tecnológicas no serán un obstáculo para el ingeniero del *Massachusetts Institute of Technology* (Instituto Tecnológico de Massachusetts (MIT)), pero sí para el usuario promedio).

246 Ver Samuelson, *Technological Protection, supra* nota 235 (manuscrito p. 14).

247 *U.S.* N 464, p. 417 (1984).

equipo Betamax tenía "usos legítimos sustanciales"[248], como permitir que el propietario "cambiara el horario" de los programas de emisiones televisivas en cadena a otro más conveniente[249]. Así, Sony no era responsable de participación accesoria en la comisión de un ilícito por producir la videograbadora Betamax[250]. El proyecto de ley podría echar por la borda la defensa de Sony debido a que, si bien una videograbadora tiene "usos legítimos sustanciales", podría también tener como "objetivo o efecto principal" pasar por alto algún sistema de protección, quizás inherente en el medio mismo. Curiosamente, el Libro Blanco no trata acerca del posible impacto que esta propuesta pueda tener sobre las conclusiones del fallo Sony[251].

Debemos reconocer que no muchos productores de videograbadoras irán a la quiebra porque deban pagar regalías a la industria cinematográfica. No obstante, si se promulga esta ley, algunos mercados de nicho tal vez desaparezcan por completo. Por ejemplo, hace tiempo que la industria del *software* desea librar al mercado de los programas pirata, que son utilizados tanto por los clientes legítimos como por los piratas[252]. Si no existiera la decisión Sony, un tribunal podría determinar razonablemente que el "objetivo o efecto principal" de los programas piratas es eludir un sistema de protección, por lo que los productores de estas copias serían declarados responsables ante la ley[253]. Si se prohíben los programas pirata, al público le será difícil ejercer el derecho establecido en el artículo 117, según el cual está permitido realizar copias con el fin de archivarlas.

En segundo lugar, existe el temor de que este proyecto de ley elimine la defensa de "ingeniería inversa" formulada en el caso *Sega Enterprises, Ltd. v. Accolade, Inc*[254]. La empresa Accolade deseaba fabricar juegos de computadora para la consola Sega Genesis, pero Sega mantenía en secreto la información referida a la compatibilidad[255]. Sin darse por vencida, Accolade revirtió la ingeniería[256] del *software* de Sega para determinar de qué manera podía

[248] *Idem*, p. 456.

[249] Ver *idem*.

[250] Ver *idem*.

[251] Ver Samuelson, *Technological Protection, supra* nota 235 (manuscrito p. 15).

[252] Ver *SPA Testifies*, *supra* nota 240.

[253] El *Fifth Circuit* aparentemente reconoció este hecho en el caso *Vault Corp. v. Quaid Software, Ltd.*, 847 F. 2° 255 (5° Cir. 1988). Para el caso de Vault, el tribunal declaró que un programa de computación diseñado para vencer los obstáculos de programas por suscripción era sujeto a "usos legales", es decir, realizar copias con el fin de archivarlas. Por lo tanto, el demandado no podía ser hallado responsable como infractor por participación accesoria en la comisión de un ilícito. Ver *idem*, p. 262.

[254] 977 F 2d 1510 (9° Cir. 1992).

[255] Ver *idem*, pp. 1510-15.

[256] La ingeniería inversa es el proceso mediante el cual el lenguaje informático basado en un sistema binario se transforma para que sea comprensible para el ser humano. Ver en general

lograrse la compatibilidad. A pesar de que en el proceso se creó una copia no autorizada del código de Sega, el tribunal justificó esta contravención basándose en el concepto de *fair use* ("uso justo"), ya que de otro modo Accolade no podría haber accedido al secreto de la compatibilidad, que no es pasible de ser protegido por *copyright*[257]. Sega estableció que, en determinadas circunstancias, es permisible revertir la ingeniería de un programa a pesar de que se realice una copia de éste, con el objetivo de acceder a elementos del *software* que son de dominio público y que no son pasibles de ser protegidos por *copyright*.

Una ley contra la elusión invalidaría efectivamente la posición de Sega debido a que el proceso y las herramientas necesarios para revertir la ingeniería de un programa con fines legítimos son los mismos que utilizan los piratas informáticos para eliminar los sistemas de protección[258]. Un tribunal señalaría con razón que el "objetivo y efecto principal" de la ingeniería inversa consiste en eludir esos sistemas. Así, a Accolade se le impediría analizar el código de Sega y esta última efectivamente obtendría la protección de los elementos "funcionales" de su *software* en contravención con el artículo 102 (b)[259]. De hecho, el *software* de Sega gozaría de una protección similar a la de una patente, que se extendería por un período significativamente mayor al de una patente real, sin estar sujeto a ninguna de las salvaguardas legales concomitantes de la ley de patentes[260].

En vista de estos problemas, es posible que resulte necesario revisar el actual enfoque del Libro Blanco antes de que sea implementado. Al menos, la ley contra la elusión debería ser enmendada para incluir los requisitos de conocimiento o intención y limitar la responsabilidad a las tecnologías diseñadas específicamente para burlar el *copyright*[261]. De hecho, es posible que el enfoque del Libro Blanco también sea prematuro. Tal vez convenga empezar por adoptar una actitud de "esperar a ver qué pasa" y permitir que los titulares del *copyright* construyan "cercos" tecnológicos alrededor de sus obras y ex-

---

William E. Perry, "Follow These Three Steps for Downsizing Applications", *Government Computer News*, 6 de julio, 1992, p. 20, disponible en 1992 WL 11285981.

[257] Ver "Sega", 977 F 2d 1527.

[258] Los "debuggers" (instrumentos o herramientas de depuración, detectores de errores) y los "disassemblers" (desensambladores) no se cuentan entre las herramientas utilizadas para revertir la ingeniería de programas de computación. Ver Gunton, *supra* nota 214, pp. 77, 86, 156.

[259] El *copyright* no "abarca cualquier idea, procedimiento, proceso, sistema, método de operación, concepto, principio o descubrimiento...", 17 U.S.C. § 102 (b) (1994). El sistema de protección de Sega probablemente esté incluido en esta categoría no amparada por *copyright*.

[260] Comparar 35 U.S.C. § 154 (a) (2) (1994) (las patentes tienen una vigencia de 20 años a partir de la fecha de registro de la solicitud) con 17 U.S.C. § 302 (a) (1994) (a la vigencia del *copyright* se le suman 50 años); comparar 35 U.S.C. §§ 101-103 (1994) (la patente debe ser nueva, útil y no obvia) con 17 U.S.C. § 102 (a) (el *copyright* subsiste en obras de autoría originales).

[261] Ver Samuelson, *Technological Protection*, *supra* nota 235 (manuscrito pp. 32-33).

ploren nuevos mercados. Si estos cercos no resultaran adecuados, entonces el Congreso deberá considerar la necesidad de promulgar nueva legislación[262]. En todo caso, toda ley que en última instancia se dicte no será más que un complemento de la solución real para poner fin a la piratería en Internet: la tecnología.

5. Conclusión

El ámbito del ciberespacio está atravesando un período de rápida transición. Se está convirtiendo vertiginosamente en un lugar en sí mismo: un mundo sin fronteras[263]. El antiguo sistema legal, concebido en una época en que las fronteras eran importantes, probablemente sea inadecuado para hacer frente a estos cambios. Microsoft tiene la opción de litigar dentro del marco del sistema actual, pero esto podría acarrearle más pérdidas que ganancias.

Dada la falta de soluciones coherentes a escala mundial, las compañías de *software* como Microsoft deben hallar sus propios remedios en lugar de depender de la intervención del gobierno. La tecnología parece ser la respuesta lógica. En última instancia, la ley puede respaldar a la tecnología, aunque sólo sea en forma complementaria. La tecnología sumada a la ley es la mejor receta para combatir la piratería por Internet en el ciberespacio.

[262] Ver *idem* (manuscrito p. 33).
[263] Ver Johnson & Post, *supra* nota 10, p. 1378.

LAS MARCAS EN INTERNET*

*José Massaguer***

1. INTRODUCCIÓN

Internet se ha convertido en una nueva fuente de conflictos para el sistema de marcas, término este último que en este trabajo se emplea en un sentido amplio y que, por lo tanto y salvo que se indique otra cosa, comprende los signos distintivos que, tras la reforma de 2001, son objeto de protección jurídica a través del sistema de marcas, esto es, marcas y nombres comerciales. Son de todos conocidos los conflictos surgidos con ocasión de la obtención y ulterior utilización de un nombre de dominio idéntico a una marca previamente protegida (*domain grabbing*). Junto a ellos aparecen de día en día los conflictos típicos de marcas, esto es, los motivados por la utilización de una marca ajena o incompatible con una marca ajena para diferenciar directamente los productos o servicios ofrecidos en la propia página web, especialmente propiciados por el cruce de la territorialidad del sistema de marcas con la globalidad de Internet. Han surgido, en fin, otros enfrentamientos más sofisticados, provocados por ciertas prácticas nacidas al amparo de las posibilidades técnicas que ofrece Internet, o por mejor decir que ofrecen los protocolos de comunicación empleados en Internet, que se conocen como *meta-tagging, keys-banners, linking* y *framing*.

El actual estado de la legislación y de la práctica ciertamente no permite abordar el tratamiento de estos supuestos con grandes seguridades y certezas, y ello no sólo por lo imprevisible de las prácticas que con el tiempo acaben por introducirse, sino también, y en particular, por la radical disparidad de principios y reglas existente entre Internet y el sistema de marcas. Sin que pa-

* Este trabajo se ha realizado en el marco de un proyecto de investigación financiado por la Secretaria de Estado de Política Científica y Tecnológica de España (BJU2001-0777), titulado "Estudio sistemático de los aspectos de derecho privado relacionados con el comercio electrónico", del cual soy investigador principal.

** Catedrático de Derecho Mercantil, Universidad Pompeu Fabra, Barcelona. Abogado - Socio Uría & Menéndez.

rezca necesario entrar ahora a examinar los aspectos de orden técnico-jurídico que encarnan esta contraposición, no estará de más advertir de un hecho fundamental, de orden histórico y al propio tiempo estructural y funcional, que se halla en la base misma de los conflictos de marcas en Internet. No debe olvidarse, en efecto, que Internet se concibió para la transmisión de información militar y conoció después su definitivo asentamiento como infraestructura para el intercambio de información en la comunidad universitaria, o lo que es lo mismo: fue concebida de espaldas a la actividad económica, esto es, el ciberespacio fue diseñado en sus aspectos estructurales y funcionales básicos para finalidades distintas de la realización de actividades económicas. Esto explica, no en último lugar, que en no pocas ocasiones en Internet se hayan tomado opciones y soluciones organizativas y operativas que, con el objetivo de facilitar el acceso, transmisión y manejo de información, conducen a conflictos difícilmente superables con los principios y reglas jurídicas que tradicionalmente han gobernado las relaciones económicas (así, por ejemplo, puede recordarse cómo la circulación de información a través de Internet exige la realización de ciertas copias en las diversas máquinas implicadas en el proceso de transmisión y acceso a los contenidos, en abierto conflicto con los derechos de propiedad intelectual de que puedan ser objeto estos contenidos). Los operadores económicos, sin embargo, han encontrado en Internet un nuevo espacio para el desarrollo de su actividad promocional y comercial, que ha llevado a la consolidación de un nuevo marco para la formación de relaciones jurídico-económicas en los ámbitos conocidos como B2B y B2C. La importancia que desde esta perspectiva posee la clarificación de la protección jurídica de las marcas en Internet es una cuestión obvia.

2. La utilización de marcas ajenas para distinguir directamente los productos o servicios ofrecidos en una página web

Siendo Internet un espacio especialmente apropiado y cada vez más empleado para la promoción y contratación de prestaciones de toda índole, naturalmente es un ámbito adecuado para que se susciten asimismo los conflictos de marcas más básicos, esto es, los conflictos desencadenados por la utilización no consentida de una marca idéntica o similar a otra ajena para diferenciar productos idénticos o similares sea en las páginas web, sea en los demás recursos que los operadores económicos introducen habitualmente en Internet (y no la mera utilización como nombre de dominio, que es el extremo del que se trata *infra*) con el fin de promocionar sus actividades, establecimientos, productos o servicios, cuando no con el fin de promover directamente la contratación e incluso de realizar electrónicamente transacciones relativas a sus productos o servicios.

En este contexto no existe, a mi juicio y asumido que Internet no se encuentra al margen del ámbito de aplicación del Derecho, ninguna especialidad en lo que se refiere a la calificación de dicha utilización como invasión del derecho exclusivo del titular de la marca cuando se den cita las condiciones requeridas con carácter general, esto es y por lo que se refiere al Derecho español, utilización en el tráfico económico de un signo idéntico a otro registrado para productos o servicios idénticos o de un signo idéntico o de un signo semejante a otro registrado en relación con productos o servicios idénticos o similares de forma tal que exista un riesgo de confusión, incluido el riesgo de asociación, o de un signo idéntico o semejante a otro que sea objeto de una marca notoria o renombrada cuando exista un riesgo de aprovechamiento indebido o menoscabo de su carácter distintivo o de su notoriedad o renombre (art. 34.2 LM (a)). De hecho, la utilización de una marca en redes de comunicación telemática y como nombre de dominio constituye uno de los supuestos que, si se cumplen las condiciones indicadas, constituyen infracción de derecho de marca atribuido a su titular [art. 34.3 e) LM]. Y ésta ha sido también la posición mantenida por los tribunales, que no han dudado en considerar que la utilización no consentida de una marca ajena en la propia página web para distinguir los servicios ofrecidos de este modo constituye un supuesto de violación de marca [*vid.* Playboy Enterprises, Inc. v. Chuckleberry Publishing Inc., 939 F. Supp. 1032 (S.D.N.Y. 1996), *Zippo Manufacturing Comp. v. Zippo Dot Com, Inc.*, 952 F. Supp. 1119 (W.D. Pa. 1997), *Hard Rock Café Inter., (USA) Inc.*, v. *Morton*, 1999 WL 717995 (S.D.N.Y., Sept. 9. 1999), *GoTo.com, Inc., v. Walt Disney Co.*, 202 F.3d 1199 (9th Cir., Feb. 2, 2000), *Saturn Corp. v. Saturn Service, Inc.*, 2001 WL 1160881 (S.D.Fla, Sep. 13, 2001); Tribunal de Grande Instance de Paris, *ordonnance* del 12 de septiembre de 2001, *VSD et Sté. Prisma Presse / Bertrand Parker et Sté. Liberty Surf*; sentencia del 2 de mayo de 2001, *Christian Dior / Viewfinder*; sentencia de 29 de mayo de 2001, *Sarl One.Tel C / Nicolas Malaussena "OnTelFuck"*].

No significa ello, sin embargo que la solución de esta clase de conflictos no depare problemas. Los hay, y graves, esencialmente como consecuencia de la contraposición latente entre la territorialidad del sistema de marcas (no superada a estos efectos ni por el sistema de marcas internacionales del Arreglo de Madrid y del Protocolo al Arreglo de Madrid, ni por los sistemas de marcas regionales, como el establecido en el Reglamento sobre la Marca Comunitaria) y la dimensión planetaria inherente a Internet. No es difícil

(a) *N. del Ed.*: Mediante "LM" se identifica a la Ley de Marcas española.

imaginar que la marca utilizada en la Red del modo en que ahora se considera, esto es y desde la perspectiva del titular de una de las marcas en conflicto, que la utilización de la marca incompatible con la propia sea hecha precisamente por un tercero que es titular de un derecho de marca o de otra clase (derecho al nombre, derecho de autor...) válidamente adquirido según la legislación de otro Estado (*vid.* Playboy Enterprises, Inc. v. Chuckleberry Publ'g Inc., cit. *supra*).

Y lo cierto es que no parece especialmente sencillo hallar una solución satisfactoria a estos enfrentamientos: la utilización de la marca en la *home page* o en otra clase de recursos Internet por su titular es irremisiblemente una utilización en el tráfico económico cuando la página web tenga por objeto el inmediato y directo ofrecimiento de productos o servicios distinguidos con ella. Incluso en los casos en que no exista la posibilidad de contratar los productos o servicios correspondientes, puede convenirse sin dificultad en que la marca se puede utilizar y de hecho se utiliza en buena parte de los supuestos con una innegable finalidad publicitaria y, por lo tanto, en el tráfico económico. Es por ello que en estos casos de enfrentamiento entre titulares de marcas válidamente registradas, existe un nada despreciable riesgo de que se acabe asistiendo a condenas de cesación cruzadas. Así parece que ha de ser, en efecto, hasta que no se establezcan normas internacionales que aborden el tratamiento de esta clase de conflictos. Entre tanto, parece razonable esperar que la solución de estos problemas se funde en el respeto de los derechos adquiridos válidamente según la legislación de cualquier país, con la salvedad de aquellos supuestos en los que se realicen ofertas u otra clase de apelaciones comerciales específicamente dirigidas a los territorios en los que la marca ajena está protegida (y no la propia) o en los que el uso de la marca propia se haga en unas condiciones tales que pueda reputarse desleal. En este sentido, es igualmente esperable una necesaria moderación en el alcance de las condenas de cesación y, muy en particular, el debido respeto a las exigencias del principio de territorialidad, del que se sigue la improcedencia de condenar a retirar la marca de la página web en cuestión (pues ello lleva a extender los efectos de la condena más allá del ámbito territorial de vigencia de la marca en el caso de que no se encuentre protegida en todo el mundo, comenzando por el país en que esté emplazado el servidor que la contiene). Las condenas de cesación en estos casos deben orientarse a prohibir que la marca se utilice con el fin de promover los productos o servicios en el territorio en que la marca se encuentra en vigor (*vid.* Playboy Enterprises, Inc. v. Chuckleberry Publishing Inc., cit. *supra*), así como a imponer la adopción de las medidas necesarias para evitar que se produzcan los riesgos en cada caso determinantes de su ilicitud en el país en que la marca de un tercero en cuestión esté registrada (como indicaciones acerca de la falta de vinculación con el titular de la marca registrada en dicho país) y para evitar que se realicen solicitudes de productos o servicios provenientes desde ese país (como indicaciones que adviertan que los ofrecimientos realizados no se dirigen al país en cuestión y que no se atenderán solicitudes de envío a su territorio o el empleo de dispositivos técnicos que reconozcan el lugar en el que se encuentra el usuario e incluso le impidan realizar pedidos).

3. Conflictos de marcas y nombres de dominio

A. Algunas nociones básicas acerca de los nombres de dominio

Los nombres de dominio son una pieza esencial en la identificación de los sitios web y de los contenidos en ellas alojados y, aún más, en algunos casos se han convertido en la base de la identidad de ciertos operadores o de ciertos negocios específicos de Internet. Siendo esto así, no puede extrañar que, en la medida en que Internet se ha consolidado como espacio de comercio electrónico y de difusión de las denominadas comunicaciones comerciales (incluida la publicidad de producto o servicio y la publicidad corporativa), hayan surgido serios conflictos entre los nombres de dominio y las marcas. Para mejor comprender los problemas implícitos en los conflictos entre nombres de dominio y marcas, y en especial para identificar las claves de estos conflictos y los planos en que se desenvuelven, parece aconsejable avanzar algunas cuestiones básicas acerca de Internet y, en especial, acerca de los nombres de dominio.

En términos muy básicos se puede decir que Internet es una red formada por una multitud de redes de ordenadores que se hallan interconectados por medios de telecomunicación (cable, satélite, láser, radiofrecuencia...) o, si se prefiere, una red de redes abiertas de ordenadores que permiten que el usuario de cualquiera de estos ordenadores (pertenecientes a particulares, empresas, instituciones y administraciones públicas) conectado a una de estas redes pueda remitir, recuperar y acceder a contenidos disponibles en cualquier ordenador de las otras redes interconectadas. La interconexión que genera la Red, sin embargo, no sólo es fruto de un enlace más o menos físico entre ordenadores, sino también, y sobre todo, de la utilización de unos mismos protocolos de transmisión de datos, así como también, y ello es lo que ahora interesa particularmente, del empleo de un mismo sistema de direcciones, que permite la identificación y el reconocimiento recíproco de todos los ordenadores interconectados.

La dirección completa de cada uno de los ordenadores conectados a Internet es el llamado *fully qualified domain name*, que consta de dos elementos separados entre sí por un punto: el nombre del ordenador, que corresponde al primer elemento por la derecha (y que en la práctica consiste con frecuencia en el grupo de letras "www") y, de otro lado, el nombre de dominio. Éste, a su vez, consta normalmente de otros dos elementos también separados entre sí por un punto: el *top level domain* y el *individual second-level domain*. El *top level domain* (TLD) o simplemente dominio está formado por el último grupo de letras, que bien describen la naturaleza de la actividad del sujeto que opera el ordenador identificado (en principio: ".com" para actividades comerciales y personales, ".edu" para educación, ".int" para organizaciones internacionales, ".org" para organizaciones no lucrativas, ".gov" para organismos de la Administración, ".mil" para instituciones y departamentos militares, a los que recientemente se han sumado: ".arpa" para propósitos de infraestructura de Internet, ".biz" para negocios, ".coop" para organizaciones sin ánimo de lucro, ".info" para información, ".museum" para museos, ".name" para particulares y ".pro" para profesionales), en cuyo caso el correspondiente TLD se conoce como *generic top level domain* (gTLD) o también como *international top level domain* (iTLD), o que bien describen el país en el que han sido asignados, expresado a través de las dos letras que según el código ISO-3166 identifican a cada uno de los países, en cuyo caso el TLD se conoce como *national top level domain* (nTLD) o *country code top level domain* (ccTLD). El *individual second-level domain* (SLD) es el conjunto alfa-numérico caracterizador o individualizador de la dirección, de la entidad o sujeto que opera en el correspondiente recurso de Internet. En algunos países existe una ulterior división jerárquica intermedia entre el nTLD y el SLD, que se corresponde con grupos de dos letras indicativas de la naturaleza de la actividad del sujeto que opera el equipo informático identificado [por ejemplo, Brasil posee más de cincuenta subdivisiones de su ccTLD "br", según se trate de personas jurídicas (24), personas físicas como profesionales liberales (32) o para personas físicas sin otra cualificación (1); *vid* http://registro.br/info/dpn.html]. Además, existe la posibilidad de anteponer otros conjuntos de alfanuméricos al SLD (entre el nombre del ordenador y el SLD), del que se separan de nuevo mediante puntos, que identifican los contenidos alojados en un determinado recurso de Internet e introducidos por su titular (por ejemplo, los contenidos correspondientes a una determinada unidad o dependencia del titular del SLD) o por un tercero con su autorización.

La importante dimensión funcional de los nombres de dominio en Internet sólo se aprehende, sin embargo, en cuanto se repara en que forman parte y se examinan como una pieza de lo que se conoce como *Domain Name System* (DNS). Los nombres de dominio, en particular, son una parte del sistema de identificación y localización de ordenadores conectados a la Internet, establecido, gobernado y administrado por un intrincado conjunto de instituciones cuya actuación en este ámbito se realiza hoy por hoy sobre bases estrictamente jurídico-privadas (*vid.* www.icann.org).

Bajo este aspecto, ha de advertirse que el nombre de dominio no es el elemento del que en última instancia se valen los ordenadores para reconocer a los demás ordenadores conectados a la Red (y en particular a los servidores web donde se alojan los contenidos introducidos en las páginas web y en otros ficheros accesibles al público). Esta función corresponde al llamado número de Protocolo Internet o dirección IP (*IP address*) asignado a cada ordenador, que no es otra cosa que una serie de números (cuatro grupos de números desde el 0 al 255, separados entre sí por un punto) no muy distinta en lo esencial de un número de teléfono. De hecho, en un principio se utilizaron series de números para identificar los ordenadores con los que se quería establecer comunicación y a cuyos contenidos se deseaba acceder, a las que más adelante sustituyeron los conjuntos alfanuméricos que actualmente conocemos como nombres de dominio. Ello fue debido a que, de un lado, los conjuntos alfanuméricos característicos son más fáciles de recordar e incluso posibilitan un acceso intuitivo a los contenidos alojados en la Red y a que, por otro lado, permiten reconfigurar o reemplazar los equipos informáticos sin necesidad de cambiar también su elemento de identificación (en tales casos basta con cambiar la dirección IP asociada al equipo informático, sin necesidad de modificar el correspondiente nombre de dominio). Ahora bien, este cambio de nombres de dominio por direcciones IP, en realidad, sólo se ha producido en la relación con el usuario. En efecto, el primer paso en la navegación consiste precisamente en identificar y sustituir el nombre de dominio que introduce el usuario por la dirección IP del ordenador al que se desea acceder. Este paso se realiza a través de una gigantesca base de datos descentralizada y organizada en forma de "árbol", en sucesivos escalones jerárquicos –cada uno de los cuales se corresponde con los diferentes niveles de dominios–, en cuyos servidores (*name servers*), que naturalmente están interconectados, se almacenan las direcciones de red IP existentes y nombres de dominio a los que corresponden. De tal forma, si un *name server* recibe una solicitud de información que no está alojada en él, se conecta con otros *name servers* (de igual o distinto nivel) hasta encontrar la dirección deseada. El más alto escalón jerárquico lo ocupan 13 *root servers* (el A es operado por NSI).

El diseño del DNS se debe a la *Internet Engineering Task Force* (IETF), y su gestión se explica y está dominada por su origen: los programas de investigación en tecnología de intercambio de paquetes de información y en redes de comunicación financiados por la Administración estadounidense y desarrollados por entidades públicas estadounidenses. Así, la supervisión y control de los aspectos técnicos concernientes a los llamados parámetros Internet, entre los cuales se encuentran tanto las direcciones IP como el DNS, inicialmente estuvo en manos de la *Internet Assigned Numbers Authority* (IANA), una entidad dependiente del gobierno de los Estados Unidos y de la *Internet Society*

(ISOC). Desde septiembre de 2000, la gestión técnica y la política central de los nombres de dominio fueron traspasadas a la *Internet Corporation for Assigned Names and Numbers* (ICANN), organización internacional sin fines de lucro domiciliada en los Estados Unidos de América y constituida según sus leyes. En particular, ICANN tiene delegada la asignación de las direcciones IP a escala continental a los correspondientes registros regionales (RIPE NCC en Europa) y la gestión del DNS a InterNIC, que puede ser calificada como *joint-venture* establecida entre las siguientes entidades estadounidenses: *U.S. National Science Foundation* (NSF), la AT&T y *Network Solutions Inc.* (NSI).

La asignación de SLDS bajo los gTLD libremente registrables y bajo los ccTLD se realiza a través de los Registros Internet o *Network Information Centers* (NICS). La gestión del NIC que corresponde a los gTLD ".com", ".net", ".edu" y ".org" fue concedida a NSI y de ella se encarga actualmente Verisign, mientras que la gestión de los nuevos gTLDS corresponden a distintos registros: Société Internationale de Telecomunications Aeronautiques SC (dominios ".aero"), NewLevel (antes, JVTeam LLC, para los dominios ".biz"), National Cooperative Business Association (dominios ".coop"), Afilias, LLC (dominios ".info"), Museum Domain Management Association, (MuseDoma) (dominios ".museum"), Global Name Registry Ltd. (dominios ".name"), y RegistryPro, Ltd. (dominios ".pro"). La práctica del registro de los nombres de dominio está gobernada por el llamado *Shared Registration System* (Sistema Compartido de Registro), de conformidad con el cual las funciones de administrador del registro de gTLDS y de registrador en cada uno de los NIC se hallan disociadas. De tal modo, únicamente habrá un registro por gTLD (gestionado, como se ha visto, por un solo NIC), mientras que las inscripciones de nombres de dominio son practicadas por los registradores acreditados en cada uno de estos NICS según la Declaración de Políticas de Acreditación de Registradores de la ICANN (*Statement of Registrar Accreditation Policy*), que garantiza tanto la apertura del acceso a la condición de registrador sobre bases no discriminatorias a las entidades que cumplan los requisitos técnicos exigidos y sin límite de número (*vid.* www.icann.org/registrars/accredited-list.html), como la prestación de sus servicios en régimen de competencia.

Por su parte, la gestión de los NICS correspondientes a los diferentes nTLD está concedida por ICANN a distintas entidades nacionales, cada una de las cuales establece sus propias normas de registro tanto en los aspectos sustantivos como procedimentales. En particular, la gestión del Registro Delegado Internet en España (ES-NIC), esto es, del Registro Internet correspondiente al dominio ".es" se encuentra actualmente en manos de la entidad pública empresarial Red.es por virtud de la Ley 14/2000, de 29 de diciembre, de Medidas Fiscales, Administrativas y del Orden Social, modificando la disposición adicional sexta de la Ley 11/1998, de 24 de abril, General de Telecomunicaciones –cuyo estatuto ha sido aprobado por el Real Decreto 164/2002, de 8 de febrero—, y se rige por la Orden del Ministerio de Fomento, de 21 de marzo de 2000, por la que se regula el sistema de asignación de nombres de dominio de Internet bajo el código del país correspondiente a España (".es"), modificada mediante Orden de 12 de julio de 2001, que contiene como anexo las Normas y Procedimientos para el Registro de un Nombre de Dominio bajo ".es".

B. Las claves institucionales del conflicto entre marcas y nombres de dominio

La relación potencialmente conflictiva entre marcas y nombres de dominio se explica por el desajuste existente entre la evidente coincidencia de sus respectivas funciones y la divergencia de los principios y reglas básicas que gobiernan un sistema y otro. En efecto, si las marcas sirven para diferenciar unos productos o servicios de otros en función de su origen empresarial, para transmitir información sobre su calidad y para atesorar su buen nombre y representaciones positivas de calidad e imagen, los nombres de dominio distinguen unos recursos introducidos en la Red de otros también en función de su procedencia. Pero aún hay más: en la práctica, los nombres de dominio establecen una vinculación entre un sitio web y un sujeto, así como entre este sujeto y la actividad, en no pocas ocasiones de naturaleza empresarial o profesional, desarrollada u ofrecida a través del sitio web en cuestión, y en su caso entre este sujeto y el sitio web como lugar de contratación de los productos y servicios allí ofrecidos. En este sentido, no parece dudoso que los nombres de dominio son en esencia signos distintivos que, en atención a la naturaleza y contenido de los recursos de Internet que identifican o actividad desarrollada en los sitios web a que corresponden, pueden participar de la naturaleza de las marcas y de los nombres comerciales. Esta proximidad funcional, sin embargo y como se encuentra implícito en la atipicidad de los nombres de dominio en el sistema de signos distintivos, no tiene reflejo en una paralela proximidad institucional y organizativa entre los sistemas de marcas y el DNS, y desde esta última perspectiva ni en el orden sustantivo (condiciones para el registro de nombres de dominio y marcas) ni en el orden procedimental (trámites para su registro), sin perjuicio de que algunas normas de registro correspondientes a CCTLD puedan haber introducido ciertas cautelas tendentes a evitar conflictos (*vide infra* C.).

Bajo este aspecto, no parece ocioso recordar las diferencias que pueden apreciarse entre marcas y nombres de dominio: si las marcas permiten la identificación y diferenciación inmediata del titular de los signos y medios correspondientes, los nombres de dominio sólo permiten identificar al ordenador previa conversión en *IP address*; si el sistema de marcas es público, en el sentido de que su gestión está confiada a administraciones públicas nacionales o internacionales y su regulación tiene origen y carácter legal, el DNS es privado, puesto que su gestión está encomendada a entidades de Derecho privado que establecen la regulación pertinente, sin perjuicio de que los registros de algunos CCTLD se hayan delegado en organismos de la Administración pública del correspondiente país y de que se hayan dictado disposiciones normativas para la ordenación de su registro (*vid.* las Normas y Procedimientos para el Registro de un Nombre de Dominio bajo ".es" o la Disposición Adicional Decimosexta de la Ley de Marcas); si el sistema de marcas, y por ello las marcas protegidas, tiene un carácter territorial, esto es, su vigencia se limita al territorio del Estado o conjunto de Estados correspondiente y sólo en dicho territorio puede reclamar su titular el uso exclusivo así como aspirar a evitar la identidad, el DNS tiene un alcance universal: los nombres de dominio permiten acceder al ordenador o recurso de Internet así identificado desde cualquier lugar, sin que la existencia de SLD idénticos, por ejemplo como consecuencia de su redundante registro en diferentes NICS o si se prefiere bajo diferentes dominios de primer nivel, depare el riesgo de identificar y localizar un ordenador o recurso distinto del buscado; si el sistema de marcas asume el riesgo de confusión como clave para solventar los conflictos entre signos, en el DNS este papel corresponde a la identidad; si el sistema de marcas está presidido por el principio de especialidad, que limita la eficacia de la protección jurídica que procura a los productos, servicios y actividades idénticos o similares y por consecuencia permite duplicidades en ámbitos diversos (sin perjuicio de la protección reforzada de las marcas renombradas y de la interdependencia entre notoriedad de la marca, similitud de productos o servicios y riesgo de confusión), el DNS es también en este punto universal, siempre eso sí dentro de cada dominio (de primer o ulterior nivel); si en el sistema de marcas no es desconocida la protección de los signos no registrados [cfr. arts. 2.2, 6.2 d), 9.1 d) LM, arts. 6bis, 6septies y 8 del CUP, o art. 16 ADPIC], en el DNS no existe protección sin registro, y aún más si en el sistema de marcas los signos y medios distintivos anteriores, incluso ajenos al sistema de marcas (cfr. art. 9 LM), impiden la protección, el DNS no ha integrado los sistemas de protección de signos y medios distintivos entre los antecedentes que impiden la concesión o el mantenimiento de un nombre de dominio, y cuando lo ha hecho (como sucede en cierta forma en las Normas y Procedimientos para el Registro de un Nombre de Dominio bajo ".es") ha prescindido de los antecedentes que puedan derivar de principios y reglas incompatibles, como son en particular la territorialidad y la especialidad; si el acceso al sistema de marcas está condicionado al cumplimiento de ciertos requisitos estructurales (cfr. art. 4 LM) y al respeto de ciertas condiciones expresadas como prohibiciones de registro que, en esencia y de forma muy simple, aseguran que las marcas poseen fuerza distintiva en particular, que no monopolizan signos que deben estar a disposición de cualquier operador y que no invaden los derechos anteriores de terceros (arts. 5 a 10 LM), el registro de un nombre de dominio simplemente exige que se respeten ciertas normas de sintaxis o composición del conjunto alfanumérico correspondiente con el fin de asegurar su compatibilidad con los protocolos de identificación empleados; en fin, si el mantenimiento de la protección de una marca está condicionado a su uso efectivo y real (art. 39 LM), en el DNS se desconoce semejante requisito para la conservación del nombre de dominio.

En términos generales, esta evidente divergencia institucional y organizativa no ha sido eficazmente paliada por una coordinación entre sistema de marcas y DNS (desde luego no a través de disposiciones como las contenidas en las Normas y Procedimientos para el Registro de un Nombre de Dominio bajo ".es" en materia de prohibiciones de registro que afectan a los términos genéricos o a los topónimos, que tienen un sentido distinto y a los que se ligan unas consecuencias diferentes de las que merecen en el sistema de marcas). Como queda apuntado, el registro de nombres de dominio se halla gobernado en la mayor parte de casos, y desde luego en los gTLD, por un principio de prioridad en la solicitud de vigencia limitada al TLD de que en cada caso se trate. Dicho en otros términos, un registro o solicitud de registro de marca anterior a la presentación de la solicitud de un nombre de dominio no impide su registro; las únicas anterioridades relevantes al efecto son los nombres de dominio anteriormente registrados bajo el mismo TLD.

C. *Sistemas de resolución de conflictos entre marcas y nombres de dominio*

Durante el tiempo en el que la utilización de Internet se limitó a los ámbitos militar y universitario, no hubo ocasiones para que entre nombres de dominio y marcas surgieran conflictos en la práctica. La época de relaciones pacíficas, sin embargo, terminó tan pronto como se inició la utilización comercial de la Red, primero como plataforma promocional y desde hace ya algún tiempo como mercado en el que se desarrolla el comercio electrónico, esto es, como mercado en el que se difunden comunicaciones comerciales relativas a productos y servicios y en el que, de forma creciente, se ofrecen y contratan productos y servicios e incluso se prestan y transmiten de forma directa bienes y servicios. Bien puede decirse que los conflictos de los que se ha tenido noticia se han producido en torno de casi todas y cada una de las divergencias antes apuntadas.

Y lo cierto es que, en la medida en que el ciberespacio no escapa al campo de aplicación de la ley terrenal, la protección jurídica de las marcas ha acabado por obligar a aceptar que éstas constituyen un elemento al que el DNS no puede dar la espalda. No puede extrañar por ello que, ante la conciencia de los graves riesgos que para el DNS deparaba la existencia de un "problema de marcas" sin resolver, se abandonara la inicial dejación del asunto en manos de los tribunales y organismos administrativos competentes para la tutela de las marcas. En particular, las normas y procedimientos de registro de los NICS han acabado por incorporar disposiciones tendentes a prevenir, en la medida de lo posible, la aparición de conflictos entre marcas y nombres de dominio, como se aprecia en el caso de algunos CCTLDS, entre los que se encuentra el español. En este mismo sentido, se orienta, de otro lado, el establecimiento del sistema de resolución de disputas de la ICANN, que se contiene en su Política Uniforme de Solución de Controversias (http://www.icann.org/udrp/).

Así las cosas, en la actualidad existen tres aproximaciones o sistemas de tratamiento de los conflictos entre marcas y nombres de dominio: un sistema preventivo, enraizado en las normas y procedimientos de registro correspondientes a algunos CCSLD, y un doble sistema de resolución de conflicto, uno genuino del DNS, que se halla encarnado en la Política Uniforme de Solución de Controversias de ICANN, y otro general, como es el sometimiento de las disputas a los tribunales y administraciones que en cada caso sean competentes para conocer de los litigios relativos a las marcas.

Como ejemplo de sistema preventivo pueden tomarse las disposiciones establecidas en las Normas y Procedimientos para el Registro de un Nombre de Dominio bajo ".es" que tratan de la relación entre marcas y nombres de dominio. En particular, se ha limitado la posibilidad de que una persona física sea titular de un SLD bajo el dominio ".es" a los casos en que se trate de una marca o denominación comercial registrada a favor del solicitante, se ha exigido en los demás casos que el SLD sea el nombre del solicitante, un acrónimo directamente derivado del nombre del solicitante o una marca registrada o una denominación comercial pertenecientes al solicitante, y en fin se ha prohibido el registro de SLDS asociados de forma pública y notoria a marcas ajenas. En esta misma línea parece orientarse la Disposición Adicional Decimosexta de la Ley de Marcas, que impone al gobierno la remisión, "en el plazo oportuno", de un proyecto de Ley sobre los nombres incluidos en el dominio en la red de país de primer nivel ".es" y, en particular, anticipa que la regulación de esta materia habrá de inspirarse en los criterios aplicados a los signos distintivos protegidos por la legislación de propiedad industrial. Esta disposición contiene dos novedades en la aproximación a la regulación de los nombres de dominio que no deben pasarse por alto. En primer lugar, la importancia del rango formal que se concede a la ordenación. La previsión de que su establecimiento se realice mediante ley no sólo contrasta con los antecedentes españoles, sino también con la práctica observada para los CCTLD correspondientes a otros países y especialmente para los gTLD, cuya ordenación ha quedado confiada a las entidades que llevan el correspondiente registro (y en el caso de los GTLD al ICANN en lo relativo a la Política Uniforme de Solución de Controversias) y ha adoptado la forma de autorregulación o de regulación contractual, a través de condiciones generales. En segundo lugar, llama la atención la orientación de política legislativa impartida al gobierno en esta materia (y su singularidad en el panorama internacional): si tradicionalmente la ordenación de nombres de dominio sólo se relacionaba con los signos distintivos protegidos mediante modalidades de propiedad industrial en la fase de prevención o de resolución de conflictos (se trataba de evitar o de resolver los conflictos surgidos con ocasión del registro de un nombre de dominio incompatible con una marca anterior), la Ley de Marcas impone una orientación que, aplicada de forma rigorista, podría llegar a afectar a alguno de los principios básicos que hasta la fecha rige universalmente en materia de nombres de dominio, como son la regla "first come, first served", la regla de aptitud operativa o funcional pero no de distintividad en la composición del nombre de dominio (que, sin embargo, no reconoce en todos sus aspectos la normativa vigente en el dominio ".es"), la regla de incompatibilidad ante la identidad pero no ante el riesgo de confusión entre nombres de dominio y la regla de no atribución de más derechos que el de utilización como nombres de dominio.

Por su parte, la Política Uniforme de Solución de Controversias de ICANN aborda el tratamiento de los conflictos entre marcas y nombres de dominio desde una perspectiva deliberadamente limitada [que contrasta abiertamente con las primeras propuestas que se hicieron inicialmente: cfr. el Informe del *Internet Ad Hoc Committe* (IAHC) de 4 de febrero de 1997, el *Green Paper* del Departamento de Comercio de los Estados Unidos de América o *A Proposal to Improve Technical Management of Internet Names and Addresses* de 30 de enero de 1998, los documentos OMPI Trademarks and Internet Domain Names = TDN/MC/I/1 y *Possible Issues to Be Considered in the Context of Harmonization of National and Regional Laws Concerning Trademarks and Internet Domain Names* = TDN/CM/II/2, el documento de trabajo de los servicios de la Comisión Europea DGXV/E-3, *The Internet Domain Name System and Trademarks*], tanto por lo que se refiere a su ámbito de vigencia como a la naturaleza de los casos a que se aplica. La Política Uniforme de Solución de Controversias, en efecto, únicamente es de aplicación a los GTLDs [sin perjuicio de que también sea de aplicación en relación con aquellos CCTLD cuyas autoridades se hayan sometido voluntariamente al mismo, como ".ac" (Ascension Island), ".bz" (Belice), ".ec" (Ecuador), ".gt" (Guatemala), ".mx" (México), ".na" (Namibia), ".nu" (Niue), ".tt" (Trinidad y Tobago), ".tv" (Tuvalú), ".ve" (Venezuela) y ".ws" (Samoa Occidental)]: se impone primeramente a los registradores de estos dominios al tiempo de su acreditación y, a través de las condiciones generales que rigen su relación con estos registradores, a los solicitantes de los correspondientes gTLDs, y únicamente sirve para solucionar disputas relativas a la obtención abusiva de nombres de dominio (*vide infra* D.). Desde un punto de vista institucional, la administración del Procedimiento de Solución de Controversias se ha dejado en manos de los llamados proveedores de servicios de resolución de controversias: Institute for Dispute Resolution (CPR), eResolution (eRes), National Arbitration Forum (NAF) y Organización Mundial de la Propiedad Intelectual (OMPI), cada uno de los cuales posee su propio reglamento adicional de resolución de disputas. El Procedimiento se inicia con la presentación de la oportuna reclamación ante el proveedor de servicios de resolución de controversias seleccionado por el reclamante, de la que, tras haber sido examinada su regularidad formal, se da traslado al reclamado para su contestación. La resolución de la controversia se confía a un panel formado por un panelista, designado por el proveedor de servicios de resolución de controversias, o, si así lo solicita una de las partes, por tres panelistas, designados en todo caso por el proveedor: dos de entre los nombres que figuran en la lista de tres propuesta por cada una de las partes, y uno de la lista de cinco nombres comunicada por el proveedor a las partes. La tramitación del procedimiento tiene lugar enteramente en línea y una duración de cuarenta y cinco días. Los remedios que puede conceder la resolución que estime la reclamación presentada consisten en la cancelación o transferencia del registro del nombre de dominio en cuestión. La resolución dictada será notificada al registrador correspondiente, que deberá ejecutarla si en los diez días siguientes el titular del nombre de dominio afectado por ella no recurre la resolución ante los tribunales del domicilio del registrador o del reclamante.

Finalmente, y como expresamente se reconoce en las normas de registro de nombres de dominio, los conflictos entre marcas y nombre de dominio pueden sustanciarse, según corresponda en cada caso, ante los tribunales u órganos de la administración que sean competentes para conocer de las acciones por infracción de marcas y demás acciones en las que su titular pueda amparar sus derechos y pretensiones.

D. Domain grabbing

A la vista de cuanto se ha explicado acerca de las características del sistema de asignación de nombres de dominio (y especialmente de la general vigencia del principio *first come, first served* así como de la limitación de las anterioridades que impiden la concesión de un nombre de dominio a los preexistentes dentro del mismo dominio) y de la escasa presencia de la actividad económica en Internet en el comienzo del DNS, no puede extrañar que los primeros conflictos entre marcas y nombres de dominio fueran suscitados por los registros de nombres de dominio cuyo SLD consistía precisamente en marcas de gran implantación y reconocimiento, que fueron obtenidos por algunos "iniciados" con el propósito, más o menos evidente e inmediato, de obtener una compensación por cederlos a los titulares de las marcas afectadas. Esta práctica se ha denominado piratería de nombres de dominio, *domain grabbing, domain pirating* o *cybersquatting*.

Los conflictos de esta clase son de todos conocidos. De hecho, en relación con los Estados Unidos de América se ha llegado a decir que el listado de marcas afectadas por esta práctica era una especie de *who is who* de la economía: McDonald's, Coke, Hertz, Nasdaq, Viacom, MTV, Avon, Levi's, Readers Digest, incluso windows95. Y no menos llamativa es la lista de compañías españolas afectadas por el *domain grabbing*, como se deduce de un repaso a los casos decididos por la OMPI en el marco del Procedimiento de Solución de Controversias de ICANN: "hipercor.com", "banesto.org / banesto.net", "raimat.com", "cortefiel.com / cortefiel.org", "pedrodelhierro.com", "uralita.com", "donsimon.com", "telecinco.com / telecinco.org/telecinco.net"... (*vid.* http://www.icann.org/udrp/proceedings-list-name. htm).

Desde fecha temprana, los tribunales se vieron enfrentados con casos de *domain grabbing* y, en todos los países en los que se plantearon demandas por ello y con un fundamento u otro, declararon la ilegalidad de esta práctica y ordenaron la cancelación o cesión del correspondiente nombre de dominio.

Así, en los Estados Unidos de América se sentó desde un principio que los nombres de dominio no sólo identifican ordenadores sino también al sujeto que introduce contenidos en estos ordenadores y, en consecuencia, se concedieron medidas cautelares y órdenes de cesación definitivas a favor de los titulares de marcas famosas registradas por terceros como nombres de dominio sobre la base de que esta clase de registros constituyen *per se* infracciones de los derechos concedidos a estas marcas bajo las leyes antidilución estatales o federal [*vid.* American Standard, Inc. v. Toeppen, 96 CV 02147 (C.D. Ill. 1996), *Intermetic, Inc. v. Toeppen*, 46 U.S.P.Q.2d (BNA) 1511 (9th Cir. Apr. 17, 1998), *Panavision International v. Toeppen*, 945 F. Supp. 1296 (C.D. Cal. 1996), confirmadas por el Noveno Circuito de Apelaciones el 17 de abril 1998] y, en su caso, de forma acumulada, sobre la base de que constituyen actos de violación del derecho de marca *tout court* [*vid.* Actmedia, Inc. v. Active Media, Int'l Inc., 1996 U.S. Dist. LEXIS 20814, 1996 WL 399707 (N.D. Ill. 1996)]. En el Reino Unido se ha estimado que el *domain grabbing* constituye un acto de competencia desleal (*passing-off*) y un acto de violación de derecho de marca [*vid.* High Court of Justice, Chancery Division, 28 de noviembre de 1997, *British Telecommunications Plc and others v. One In a Million Limited, Richard David Conway, Julian Oliver Nicholson, Global Media, Junic*, confirmada por la Court of Appeals (Civil Division) el 23 de julio de 1998]. También los tribunales franceses se han decantado por estimar que esta práctica constituye un acto de competencia desleal (así, entiendo, Tribunal de Gran Instance de Nanterre, *ordonnance* del 31 de enero de 2000, "les-3suisses"). Por su parte, tanto los tribunales alemanes como los austríacos, han afrontado el enjuiciamiento de esta clase de prácticas con un doble enfoque: de un lado, y en una línea específicamente ajustada a las características propias del *domain grabbing*, se ha considerado que constituye un acto de competencia desleal cuando ha podido establecerse que el correspondiente registro se ha obtenido con la finalidad de obstaculizar a un tercero (LG *München* I, 9 de enero de 1997, "dsf.de" / "eurosport.de" / "sportschau.de", LG *Berlin*, 30 de octubre de 1997, "esotera.de", Oberster Gerichtshof, 27 de abril de 1999, "Jusline.com"); de otro lado, y en una línea de carácter general, se ha considerado que constituye una invasión del derecho al nombre reconocido en el parágrafo 12 BGB, que se extiende también a la firma de las compañías y a cualquier signo distintivo de naturaleza similar al nombre [*vid.* LG *Hamm*, 25 de marzo de 1997, "krupp.de", KG (*Berlin*) 25 de marzo de 1997, "concert-concept.de / concert-cpncept.com", LG *München* I, 15 de enero de 1997, "juris.de", OLG *Hamm* 13 de enero de 1998, "krupp.de", Oberster Gerichtshof, 21 de diciembre de 1999, "ortig.com"].

En Derecho español no parece sencillo que los casos de *domain grabbing* puedan resolverse en el marco de la legislación de marcas. Como punto de partida debe recordarse que en esta clase de supuestos la obtención del nombre de dominio no se realiza con el fin de utilizarlo, sino de transferirlo al titular de la marca afectada tras alcanzar un acuerdo al respecto. De ahí que parezca posible descartar que en estos casos exista una violación del derecho exclusivo reconocido a su titular. En efecto, el mero registro no es propiamente una utilización de la marca en el tráfico económico (art. 34.2 LM), ni tampoco un acto preparatorio de su ulterior utilización en el tráfico económico. En este mismo orden de ideas, no parece tampoco posible que, a falta de un uso efectivo o preparado del nombre de dominio apropiado, el *domain grabbing* pueda considerarse acto de competencia desleal por confusión o aprovechamiento indebido de la reputación ajena. Ello no obstante, es posible acudir a la acción de competencia desleal, puesto que esta clase de registros de nombres de dominio, en la medida en que no se pueden amparar en ningún título y sólo se revele como acción dirigida a dificultar el normal desenvolvimiento de la actividad de un tercero, constituyen actos de obstaculización contrarios a la prohibición general de la competencia desleal (art. 5 LCD). La acción de competencia desleal puede integrar en este caso, al lado de las pretensiones declarativas y cesatorias, otras de remoción, que tengan por objeto la liberación del registro del nombre de dominio e incluso su transferencia al demandante (art. 18 LCD), y puede ser igualmente dirigida al NIC que practicó registro (art. 20 LCD).

Como quiera que fuere, aquellas resoluciones y las posibilidades de defensa en ellas reconocidas a los titulares de las marcas pirateadas destruyeron el sueño de algunos sectores de la comunidad internauta sobre la alegalidad de este aspecto de la actividad relacionada con el ciberespacio y, sobre todo, pusieron en guardia a las instituciones que gobernaban Internet y a todos los operadores acerca de la seriedad del conflicto y de la necesidad de adoptar las medidas oportunas para evitar la proliferación de estas conductas y reducir los costes de defensa eficaz de los titulares de marcas ilícitamente despojados de los correspondientes nombres de dominio. En este sentido, dos iniciativas específicamente dirigidas a ofrecer una respuesta adecuada al problema del *domain grabbing* merecen ser destacadas, una enmarcada en el ámbito de la autorregulación de las actividades en la Red, como es la ya mencionada Política Uniforme de Resolución de Disputas de ICANN, y otra de naturaleza legislativa, como son dos leyes aprobadas en los Estados Unidos de América: la *Anticybersquatting Consumer Protection Act* y la *Trademark Cyberpiracy Prevention Act*.

Las controversias que se encuentran sometidas a la Política Uniforme de Resolución de Disputas de ICANN son las surgidas en torno de un nombre de dominio idéntico o engañosamente similar a una marca perteneciente a un tercero, registrado sin que medie interés legítimo por parte de su titular y obtenido o utilizado de mala fe. A estos efectos, se aprecia la existencia de un interés legítimo en el titular del nombre de dominio (que excluye el acogimiento de la reclamación que se pudiera haber formulado por parte del titular de la marca y, por ello, la concesión de los remedios solicitados) si realiza preparativos serios para su uso en relación con el ofrecimiento de productos o servicios de buena fe antes de recibir la reclamación del titular de la marca; si es conocido, como persona física o como entidad, por el nombre de dominio en cuestión, incluso en el caso de que no sea objeto de una marca u otro signo distintivo registrado, y si realiza un uso leal o no comercial del nombre de dominio sin intención de obtener beneficio mediante la captación de consumidores induciendo a engaño o de camuflar la marca en cuestión. Por el contrario, se aprecia la existencia de mala fe en la obtención o utilización de un nombre de dominio (y por ello debe resolverse a favor del reclamante titular de la marca afectada) en los casos en que su registro fue realizado con el propósito de transmitirlo al titular de la marca con la que se suscita el conflicto o a un competidor suyo por un precio superior al coste del registro, de impedir al titular de esa marca su utilización como nombre de dominio, de obstaculizar el negocio de un competidor o, en fin, de atraer a internautas mediante confusión acerca de la procedencia o patrocinio de la *web site* o de los productos o servicios de la *web site* identificada con el nombre de dominio controvertido.

Por su parte, la *Anticybersquatting Consumer Protection Act* y la *Trademark Cyberpiracy Prevention Act* estadounidenses tratan de superar las lagunas detectadas en la legislación estadounidense en materia de marcas para la más completa y eficaz tutela de los titulares de marcas ante el fenómeno de la piratería de nombres de dominio. En particular, la *Anticybersquatting Consumer Protection Act* concede al titular de la marca, cualesquiera que fueren los productos o servicios para los que se encuentre registrada, una acción civil contra el titular de un nombre de dominio en caso de que se evidencie su mala fe en relación con el aprovechamiento de la marca, en el caso que se registre, trafique o use un nombre de dominio idéntico o confusamente similar a una marca que sea distintiva en el momento de su registro, o en el caso de que tenga por objeto una marca famosa y su registro implique su dilución o sea una marca, palabra o nombre protegido por la sección 706, 18 USC, o la sección 220506, 36 USC. Numerosos han sido ya los casos en los que los tribunales han acabado por condenar al titular del *domain name* a cancelar, transferir y, en su caso, indemnizar al titular de la marca al amparo de la *Anticybersquatting Consumer Protection Act* [vid. por todas, *Primer Publisher, Inc. v. American-Republican, Inc.*, 160 F.Sup.2d 266, (D. Conn., Aug. 7, 2001), *Domain Name Clearing Co.*, LLC v. F.C.F. Inc., 2001 WL 788975, (4th Cir., Jul. 12, 2001), *Virtual Works, Inc.* v. *Volkswagen of America, Inc.*, 238 F.3d 264, (4th Cir., Jan. 22, 2001)]. La *Trademark Cyberpiracy Prevention Act*, por su parte, concede al titular de la marca pirateada una acción *in rem* contra el registrador del nombre de dominio, el Registro de nombres de dominios, o cualquier otro organismo, en los casos en los que el tribunal no pueda notificar a ninguna persona que pueda ser considerada como demandado o no pueda establecerse jurisdicción personal respecto de ninguna persona que pudiera ser demandado por una acción civil.

A estas iniciativas se sumaron, en el seno mismo de la regulación de los nombres de dominio, las medidas que antes se calificaron de preventivas, como las ya mencionadas establecidas en las Normas y Procedimientos para el Registro de un Nombre de Dominio bajo ".es". Sin perjuicio de su indudable utilidad, no puede dejar de señalarse, sin embargo, que en la práctica se han revelado insuficientes para desterrar el *domain grabbing*: en efecto, la posibilidad de que el nombre de dominio tenga por objeto la denominación o un acrónimo de la denominación de la entidad solicitante permite, en aquellos casos no precisamente infrecuentes en la experiencia española de coincidencia entre denominación social propia y marca ajena, la obtención de nombres de dominio idénticos a los de una marca previamente registrada a favor de tercero (vid. SJPI Bilbao 28-IX-1999 "ozu.com" [confirmada por SAP *Vizcaya* 5-I-2001]).

E. *La infracción de los derechos derivados de una marca mediante la utilización de un nombre de dominio*

Como no podía ser de otra forma, los conflictos entre marcas y nombres de dominio se desplazaron desde el *domain grabbing* a supuestos considerablemente más complejos desde un punto de vista técnico jurídico. Así han surgido, y se han resuelto, litigios que han enfrentado al titular de una marca con el titular de un nombre de dominio idéntico o similar que efectivamente lo utilizaba (como tal nombre de dominio) en una *web site* propia.

La solución de esta clase de conflictos entre marcas y nombres de dominio depende en gran medida del entendimiento que se tenga de la función del nombre de dominio y, en particular, de la finalidad de su uso. Como antes se indicó, la existencia de un acto de violación del derecho de marca presupone que el signo o medio distintivo en cuestión ha sido utilizado en el tráfico económico. Adviértase en este sentido la modificación introducida por la reforma de la Ley de Marcas de 2001 en la definición del alcance del *ius prohibendi* atribuido a los titulares de marcas y, en particular, la omisión de toda referencia a la utilización para distinguir, precisamente, productos o servicios, esto es, la supresión del pasaje al que tradicionalmente se ha vinculado el uso a título de marca como presupuesto de la infracción de los derechos exclusivos atribuidos a su titular (cfr. art. 34.2 LM y art. 31.1 LM de 1988).

Siendo esto así, y atendido el carácter de espacio comercial virtual que en la actualidad es propio de Internet o la amplitud de la definición de servicios de la sociedad de la información y el indudable carácter económico de esta actividad, no es dudoso que la utilización de un nombre de dominio en una página web u otro recurso de Internet puede considerarse con carácter general como un supuesto de utilización en el tráfico económico. Y éste es, sin duda, el entendimiento del que parte el legislador español al incluir el uso de un signo como nombre de dominio entre los supuestos de utilización en el tráfico económico que pueden constituir infracción de un derecho de marca [art. 34.3 e) LM]. Dicho esto, sin embargo, conviene apresurarse a advertir que no basta con ello para que pueda afirmarse una infracción en el caso considerado; a tal fin será preciso, además, que el uso de una marca ajena como nombre de dominio, en la medida en que el riesgo de confusión y asociación necesariamente ha de entenderse referido a la procedencia empresarial o profesional de los productos o servicios (cfr. STJCE *"Sabel BV c. Puma AG Rudolff Dassler Sport"*, cit. *supra*), sea, a la vista de las circunstancias que se den cita en el supuesto considerado, adecuado para transmitir información sobre el origen empresarial o profesional de los productos o servicios (cfr. STJCE 14-V-2002, asunto C-2/00 *"Hölterhoff c. Freiesleben"*).

En efecto, y desde la perspectiva del riesgo de confusión, cualquiera que pudiera ser la función técnica propia de los nombres de dominio (básicamente, identificación y localización de los ordenadores conectados a Internet o de recursos introducidos en estos ordenadores), lo cierto es que la utilización del nombre de dominio como referencia que conduce a una *home page* en la web o a otro recurso es adecuada para transmitir información acerca del origen de productos o servicios. En particular, los nombres de dominio cumplen en la práctica una función de diferenciación e individualización del sujeto que opera la página web o recurso Internet que identifica. Baste recordar que a través de Internet se realiza la actividad típica de prestación de servicios de la sociedad de la información, o bien que Internet se ha integrado en la estrategia de comunicación y relaciones con la clientela y los nombres de dominio forman parte de hecho de la política de protección de signos distintivos de los operadores económicos.

Y en este sentido debe advertirse que el nombre de dominio designa y diferencia a un sujeto en el ejercicio de su actividad (prestación de servicios de la sociedad de la información) y, por ello, cumple inmediatamente la función de los nombres comerciales (art. 87.1 LM): no parece aventurado asumir que el usuario que introduce un nombre de dominio coincidente con el nombre de cierto sujeto o que encuentra en la base de datos de una herramienta de búsqueda un nombre de dominio coincidente con el de un determinado sujeto espera que aquella instrucción lo lleve a la página web de dicho sujeto o que esta referencia le proporcione la dirección de Internet de dicho sujeto, y en su caso que lo lleve a ella a través del correspondiente enlace, lo que hace del nombre de dominio un medio objetivamente adecuado para atraer la atención del público sobre los recursos Internet así identificados. Siendo ello así, no estará de más recordar ahora que no es especialmente dudosa la incompatibilidad entre signos distintivos de diversa naturaleza, y ello no sólo entre los signos distintivos típicos, como de forma clara revela la inclusión de los nombres comerciales y marcas entre las anterioridades que determinan la imposibilidad de registro de una marca solicitada con posterioridad y viceversa (cfr. arts. 8 y 88 LM).

Además de ello, el uso de un nombre de dominio puede satisfacer las más estrictas exigencias del uso a título de marca, esto es, de inmediata diferenciación de productos o servicios (*vid.* SAP *Barcelona* 23-IV-2001 "Nexus Servicios de Información, S. L. c. Nexus Comunicaciones, S. A.") y, por ello, indicar la fuente de procedencia empresarial o profesional de productos o servicios en relación con la cual ha de apreciarse la existencia de un riesgo de confusión. Así es en la medida en que en no pocas ocasiones, y cada vez con mayor frecuencia, el producto o servicio es el propio contenido puesto en la Red, como sucede con las publicaciones electrónicas, las herramientas de búsqueda, las bases de datos, las páginas de reserva de localidades, los catálogos de compra electrónica, los sitios web que ofrecen listados de *links* a través de los que se accede a otros sitios web... Además el nombre de dominio, como se ha tenido ocasión de señalar, se percibe frecuentemente en el tráfico como medio de identificación de las páginas web de un determinado sujeto a través de las que se promueve la contratación de productos o servicios, lo que comprende desde la realización de comunicaciones comerciales relativas a productos o servicios hasta su ofrecimiento directo (indicación de características, precio, condiciones de compra, forma de entrega o prestación...) e incluso la inmediata puesta a disposición de las informaciones o herramientas precisas para su contratación on-line (indicación de la dirección de correo electrónico, que con frecuencia se hace en forma de vínculo de modo tal que una vez pinchada aparece en pantalla una hoja de correo electrónico preformateada) o de otro modo (indicación de un número de teléfono o fax para información o pedidos).

De ahí no debe deducirse, sin embargo, que la utilización de un nombre de dominio constituya en todo caso una infracción del derecho del titular de la marca. En efecto, y dejando de lado el caso de las marcas notorias y renombradas, para ello todavía resulta preciso que exista identidad entre marca y nombre de dominio (en el bien entendido que la confrontación entre ambos signos, necesariamente habrá de excluir el TLD del nombre de dominio, por no ser éste el elemento donde se condensa la fuerza distintiva del signo) y entre los productos o servicios para los que aquélla está registrada y en relación con los que éste se utiliza [art. 34.2 a) LM], o bien identidad o semejanza entre marca registrada y nombre de dominio y, además, que exista identidad o similitud entre los productos o servicios para los que la marca está registrada y aquellos en relación con los cuales se produce la utilización del nombre de dominio de modo que, como consecuencia de todo ello, exista un riesgo de confusión [art. 34.2 b) LM]. En consecuencia, no puede afirmarse que la utilización del nombre de dominio idéntico o similar a una marca constituya en sí misma una infracción. Para ello será necesario ponerlo en relación con los contenidos de la página web u otros recursos de Internet para cuya identificación se utiliza. En este sentido, no faltan pronunciamientos que han desestimado la acción de violación de marcas por falta de riesgo de confusión atendidos los contenidos de la página web identificada mediante el nombre de dominio en disputa [*vid.* High Court, Chancery Division, 28 de julio de 1997, *Avnet v. Isoact Limited; Trib. Milano, ordinanza* del 22 de julio de 1997 "amadeus.it"; *Tribunal de grande instance de Paris*, 23 de marzo de 1999, "alice.fr"; *Hasbro, Inc., v. Clue Computing, Inc.*, 66 F.2d 117 (D.Mass., Sept. 2, 1999) confirmada por el Circuito Primero de Apelaciones el 7 de noviembre del 2000; *Trib. Caghiani ordinanza* del 23 de diciembre de 2000, "andala.it"] o, desde la perspectiva inversa, que han prohibido la utilización del nombre de dominio en litigio tan sólo en relación con los productos o servicios cubiertos por el registro de la marca en cuestión (vid. *Tribunal de Grande Instance de Strasbourg*, 26 de junio de 2001, "forty. com"). En la misma línea, también se ha desestimado que constituya un acto de competencia desleal por confusión la utilización de un nombre de dominio idéntico a una marca en relación con productos o servicios que no son similares a aquellos para los que ésta se halla registrada [*Trib. Pescara, ordinanza* de 9 de enero de 1997, "nautilus.abruzzolink.it"; *Tribunal de Grande Instance de Paris*, 23 de marzo de 1999, "alice.fr"; *Strick Corporation v. Strickland*, 162 F.Supp.2d. 372 (E.D.Pa, Aug.27, 2001); *High Court*, Chancery Division, 3 de diciembre de 1999, *French Connection Limited v. Sutton*].

Ahora bien, las exigencias del principio de especialidad no han de impedir la protección de las marcas notorias y renombradas en el seno del sistema de marcas, esto es, mediante la acción por violación de marcas frente a aquellas utilizaciones de nombres de dominio que generen un riesgo de confusión no obstante la diversidad entre los productos o servicios para los que aquéllas están registradas y los productos o servicios en relación con los que éstos se emplean, o un riesgo de aprovechamiento indebido o menoscabo de su notoriedad o renombre o de menoscabo de su capacidad distintiva [art. 34.3 c) LM;vid. AJPI Oviedo 2-VI-1999 "nocilla.com"].

Por otro lado y teniendo en cuenta que la composición del nombre de dominio no está legalmente gobernada por un principio de veracidad sino privadamente ordenada según un criterio de libre elección, habrá de convenirse también en que la defensa basada en la homonimia, esto es, en la circunstancia de que el nombre de dominio coincide con el nombre del solicitante o titular debe ceder ante el derecho de marca obtenido con anterioridad (*vid.* SJPI Bilbao, 28-IX-1999, "ozu.com" [confirmada por SAP Vizcaya, 5 de enero de 2001]), por lo demás en la línea de lo previsto en relación con las prohibiciones relativas de registro de marcas y en la forma en que ha venido resolviendo una ya consolidada jurisprudencia [*vid.* SSTS 27-XII-1954 "OM/ Laboratorios O.M., S. A", 7-VII-1980, "Kemen, Kemen Industrial, S. A./Talleres Kemen S. L.", 16-VII-1985, "Domestos/Domestos S. A.", 24-I-1986, "Rapid Máquinas y Vehículos, S. A. c. Rapid Maschinen und Fahrzeuge AG", 26-VI-1995, "Aerovías Nacionales de Colombia (Avianca) c. Avianca S. L.", 4-VII-1995, "Talleres Arevalillo S. A. c. Arevalillo Hermanos S. A."], en cuya línea parece orientarse la Ley de Marcas (cfr. Disposiciones Adicionales Decimocuarta y Decimoséptima LM]. En consecuencia y en la medida en que concurran las circunstancias indicadas con anterioridad, ciertamente se reduce de modo considerable el espacio para reclamar en este contexto, y en particular en relación con el registro y utilización de un nombre de dominio, la aplicación de la excepción establecida en favor de la utilización del propio nombre y domicilio de buena fe y a título distinto de marca, esto es, como mero elemento de localización de un recurso Internet en el que no se ofrecen productos o servicios (art. 37 LM).

La acción por violación de marca integra en estos supuestos una pretensión de cesación al lado de otra de remoción [art. 41.1 c) LM] cuyo objeto consiste sea en la liberación del registro del correspondiente nombre de dominio, sea, de forma acumulada o alternativa, en la reivindicación del nombre de dominio, concretada en la obligación impuesta al demandado-condenado de transferirlo al actor.

Si como se ha indicado anteriormente, el nombre de dominio cumple en el tráfico la función de identificar a un sujeto en el ejercicio de su actividad, y de ahí que se haya destacado su proximidad al nombre comercial, no parece dudoso que su utilización en la red puede constituir una invasión de los derechos reservados al titular de un nombre comercial idéntico o similar (art. 90 LM). En el caso de que el nombre comercial en cuestión haya sido registrado, su titular podrá valerse de la acción de violación para instar la cesación de la explotación y remoción de efectos consistentes en la liberación del nombre de dominio o en su transmisión (*vid.* SAP Barcelona, 23-IV-2001, "Nexus Servicios de Información, S. L. c. Nexus Comunicaciones, S. A."); en otro caso y si se dan los presupuestos necesarios para que pueda estimarse cometido un acto de confusión o de explotación de la reputación ajena, deberá recurrirse a la acción de competencia desleal (arts. 6 y 12 LCD). En otro orden de cosas, pero siempre en relación con la regulación del nombre comercial, la utilización de un nombre de dominio puede ser considerado como uso en España a los efectos de que su titular se asegure la protección reconocida al mero usuario siempre que, de una forma u otra, pueda establecerse una conexión suficiente entre la correspondiente página web y el territorio español, como sucede *ad ex.* si el nombre de dominio está registrado bajo el dominio genérico ".es" o si los contenidos de la página web están dirigidos al público español.

4. Conflictos entre nombres de dominio

Un supuesto específico de conflictos entre marcas y nombres de dominio es el que afecta al signo que se registra y utiliza inicialmente como nombre de dominio y ha de combatir ulteriormente su utilización por un tercero como nombre de dominio bajo un TLD distinto, en su caso perteneciendo a sus titulares las marcas correspondientes al SLD respectivo en distintos países. En el caso de que el nombre de dominio anterior sea objeto de una marca, la resolución del conflicto seguirá los criterios expuestos anteriormente (*vide supra* E.). En el caso de que no lo sea, su protección ha de venir de la mano de la legislación contra la competencia desleal y, en particular, de la posibilidad de que, en atención al grado de implantación y reconocimiento alcanzado por el primer nombre de dominio en el tráfico así como a los productos o servicios ofrecidos en el sitio web correspondiente, constituya un acto de confusión (vid. *Tribunal de Grande Instance de Lille ordonnance* del 10 de julio de 2001, *"boistropicaux.com / bois-tropicaux. com"*) o, en atención a su reputación y a la falta de justificación de la utilización que se haga por parte del tercero, constituya un acto de aprovechamiento indebido de la reputación ajena.

Si la solución a esta clase de conflictos ha de encontrarse en el ámbito del Derecho de marcas o del Derecho contra la competencia desleal, no parece dudoso que se acabará llegando a situaciones injustas, cuando no absurdas: en efecto, las mismas razones que conducen a sostener que el uso de una marca protegida en territorio nacional como parte de un nombre de dominio constituye una violación de un hipotético derecho de marca local cuando dicha marca está registrada en el extranjero en favor del titular de dicho nombre de dominio, han de conducir a la situación inversa cuando sea este segundo quien, en cualquier país donde tenga registrada la marca en cuestión, acuda a la acción por violación de marcas para impedir que aquel primero utilice el nombre de dominio de que pueda ser titular (y no se olvide que puede tratarse de nombres de dominio obtenidos bajo dominios de primer nivel distintos). Se trata, en efecto, de conflictos específicos del DNS, provocados en particular por sus principios básicos: "first come, first served" y limitación de la prohibición de identidad a cada TLD, que habrían de resolverse como antes se apuntó, mediante decisiones que hagan coincidir el alcance de las órdenes de cesación o remoción con el ámbito de vigencia territorial de las marcas para cuya defensa se pronuncien, en su caso precisando la necesidad de incluir advertencias acerca de la falta de relación en el titular de otra marca, de excluir expresamente ciertos territorios de la posibilidad de beneficiarse de las ofertas o contratar los productos o servicios ofrecidos, de implantar medidas técnicas que impidan acceder a la página o contratar los productos o servicios allí ofrecidos a los visitantes que accedan desde ciertos territorios.

A este mismo grupo de casos pertenece la solicitud y obtención de una marca que tiene por objeto un signo idéntico o similar a un nombre de dominio utilizado con anterioridad. En la práctica se han conocido supuestos en los que el titular de la marca posterior ha invocado su derecho de marca para sostener una pretensión de transferencia del nombre de dominio anterior (*reverse hijacking*) o, simplemente, la inexistencia de usurpación del nombre de dominio en cuestión. Esta conducta puede ser combatida al amparo de aquellas normas de Derecho de marcas y de Derecho contra la competencia desleal relativas a la protección jurídica de las marcas y nombres comerciales no registrados en el supuesto de que, como consecuencia del uso que se hubiere realizado en el territorio en el que surja la disputa, pueda estimarse que el nombre de dominio constituye una marca notoriamente conocida en el sentido del artículo 6bis del Convenio de la Unión de París [arts. 6.2 d) y 34.5 LM], o un nombre comercial meramente usado anterior a la marca en litigio [art. 9.1 d) y art. 8 CUP], o en el supuesto de que, de común como consecuencia de las relaciones preexistentes entre las partes involucradas, pudiera estimarse que la marca posterior ha sido solicitada de forma fraudulenta o ilícita o merece, a estos efectos, la consideración de marca de agente o representante (vid. arts. 2.2 y 10 LM).

5. *Meta-Tagging*

El *meta-tagging* es práctica empleada por los operadores de ciertas páginas web con el propósito de captar la atención de los usuarios de Internet mediante un sutil empleo de marcas ajenas. Esta práctica consiste, en particular, en incluir en HTLM, esto es, en el lenguaje de redacción y formateo empleado en Internet y, por lo tanto, de forma no perceptible para el ser humano, la marca, nombre u otro signo distintivo de un tercero en el apartado de palabras clave de la propia página web (*meta-tag key word section*). La información contenida en la *meta-tag key word section* es empleada por las herramientas de búsqueda usadas en Internet para clasificar las direcciones de los diversos recursos localizados en la Red y así para identificar y ordenar la dirección en cuestión en la base de datos que los operadores de las herramientas de búsqueda ponen a disposición de sus usuarios. De tal forma, y cualquiera que sea la dirección de la página web en cuestión y su nombre de dominio (esto es, aunque en ellas no se incluya la marca ajena utilizada como *meta-tag*), el usuario que introduzca la marca como palabra de búsqueda encontrará también la dirección de la página web que la ha incluido como *meta-tag* entre las referencias que le proporciona el buscador.

El enjuiciamiento del *meta-tagging* gira, en primer lugar, en torno de la clase de uso que ha de darse a una marca para que pueda estimarse comprendido en el ámbito del *ius prohibendi* atribuido a su titular. Como se ha tenido que explicar anteriormente, la reforma de la Ley de Marcas de 2001 parece haber puesto fin a la exigencia de uso a título de marca como presupuesto de la infracción del derecho de marca (cfr. art. 34.2 LM y art. 31.1 LM). No significa ello que la mera utilización en el tráfico económico determine *per se* la lesión del derecho exclusivo del titular de la marca. A tal fin es preciso, además, que se haga de un modo que sea adecuado para remitir o informar al público acerca del origen empresarial de unos productos o servicios y, en el caso de las marcas notorias y renombradas, para aprovechar indebidamente o menoscabar la notoriedad y renombre o menoscabar la capacidad distintiva de la marca.

Mediante el *meta-tagging* se logra que el correspondiente recurso Internet sea localizado por los buscadores cuando se introduzca la marca en cuestión y su dirección ofrecida de este modo a los usuarios. Dicho en otros términos, el *meta-tag* permite que la página en que se incluye forme parte del resultado de un servicio de la sociedad de la información, como es, el servicio de búsqueda a través de herramientas y, aún más, que se preste el particular servicio de la sociedad de la información consistente en la comunicación comercial que, sin duda, constituye la aparición de la página web (y de la breve información de que se acompaña) en que se incluyó la marca ajena como *meta-tag* entre los resultados de la búsqueda efectuada e incluso, de forma mediata, el ofrecimiento de su entero contenido. De otro lado, los resultados de la búsqueda proporcionan la dirección de la página web o la URL del recurso de Internet al que se encuentra asociado el correspondiente *meta-tag*, que de común no contienen la marca empleada como *meta-tag* (y si lo hicieran, el uso de la marca ajena relevante seguirá sin ser el *meta-tagging*, pues lo sería la inclusión de la marca ajena en la dirección de Internet de la página web o en la URL del recurso de Internet en cuestión). Así las cosas, y aunque ciertamente no sea visible para el público y aunque indudablemente concurra una destacada función técnica, no parece aventurado sostener que la utilización de una marca como *meta-tag* es, a los efectos que ahora se consideran, una utilización hecha en el tráfico económico. Como también parece posible sostener que esta utilización remite al origen empresarial de ciertas prestaciones y por ello puede generar un riesgo de confusión, pues ciertamente invita a establecer una conexión entre el resultado de la búsqueda y la procedencia empresarial de ese resultado (página web o recurso de Internet): no parece difícil que el público tienda a pensar que ese resultado de la búsqueda contiene información u ofertas sobre los productos o servicios distinguidos con la marca o ha sido confeccionada por persona relacionada o autorizada por el titular de la marca. Ahora bien, la afirmación de la infracción del derecho de marca por confusión no puede hacerse, con carácter general (para supuestos en los que no están involucradas marcas notorias o renombradas), sin atender a las exigencias del principio de especialidad, esto es, sin considerar los productos o servicios para los que se emplea la marca, lo que en particular requiere que bien la prestación de servicios de la sociedad de la información en que consiste el ofrecimiento de productos y servicios a través de Internet o bien los productos o servicios que se ofrecen en la página web en la que se incluyó el *meta-tag* sean idénticos o similares a aquellos para los que la marca en cuestión se encuentra registrada [*Playboy Enterprises Inc. v. Calvin Designer Label*, 44 USPQ2D 1157 (N.D.Cal,1997); *Playboy Enterprises Inc. v. Asiafocus Intl, Inc.*, WL 724000, (E.D.Va, Ap. 10, 1998); *Oppendahl & Larson v. Advanced Concepts*, Civ. No. 97-Z-1592 (D. C. Col. 1997); *LG Hamburg* 1-VIII-1997, *"ARWIS"*; *LG*

Frankfurt, a. M. 3-XII-1999, *"DiaProg"*; *LG München*, I 6-IV-2000, *"Hanseatic"*, *High Court*, 25-V-2000, *"Roadtech Computer Systems Ltd. v. Mandata"*]. Esta limitación no es de aplicación –siempre desde la perspectiva del Derecho de marcas– a los supuestos en los que el *meta-tag* tenga por objeto una marca renombrada y pueda apreciarse un riesgo de confusión más allá de los lindes de la regla de especialidad, un aprovechamiento de reputación ajena –y en ese sentido adviértase que la atención sobre la propia prestación se consigue precisamente mediante el empleo de la marca ajena– [*vid. Brookfield Communications, Inc. v. West Coast Entertainment Corporation*, 50 USPQ 2d, 1545 (9th Cir. 1999); *Niton Corp. v. Radiation Monitoring Devices Inc.*, 27 F. Supp. 2d 102, 104 (D. Mass. 1998)], una dilución o un perjuicio de la reputación de la marca [art. 34.2 c) LM].

Asimismo, el *meta-tagging* es práctica que puede constituir un acto de competencia desleal. En efecto, la aparición de la dirección correspondiente al recurso Internet en el que se incluya la marca ajena como *meta-tag* entre las direcciones ofrecidas a los usuarios que realizan una búsqueda a partir de la marca bien puede inducir a los usuarios a confusión (art. 6 LCD), esto es, a considerar que dicho recurso Internet pertenece al titular de la marca, o a una empresa de su grupo o bien a un tercero autorizado para utilizar la marca por su titular no obstante la diversidad entre los productos o servicios protegidos por la marca y los ofrecidos en la página web en la que se empleó como *meta-tag*. Así como también puede llevar a los usuarios a acceder a la dirección simplemente por curiosidad o de otra forma atraídos por el mero hecho de que la herramienta de búsqueda liste la página web o el recurso Internet que la incluye como *meta-tag* entre aquellos a los que conduce la marca, lo que se revela apto para constituir un supuesto de obstaculización (art. 5 LCD) al impedir o dificultar el normal desenvolvimiento de la actividad del titular de la marca en la Red mediante la desviación de posibles visitas a la página web del titular de la marca incluida como *meta-tag* en la página de un tercero.

Ello no obstante, existen supuestos en los que el *meta-tagging* puede considerarse una práctica lícita. Así ha de estimarse, en general, en los casos en que concurra una razón legítima para su uso, que genéricamente puede presentarse como advertencia acerca de que en la página web en la que se incluye una marca ajena como *meta-tag* se contiene lícitamente información relacionada con la marca objeto del *meta-tag* [*Playboy Ent. Inc. v. Terriwelles* 47 USPQ 2d, 1186 (D.C. La 1998); *Bihari v. Gross*, 119 F.Supp.2d 309, (S.D.N.Y., Sept., 25, 2000)]. En esta situación se encuentran, al menos, los supuestos incluidos entre las limitaciones al derecho de marca establecidas con carácter general (art. 37 LM), la realización de una comparación lícita con los productos o servicios comercializados bajo la marca empleada como *meta-tag* por un tercero [art. 10 LCD y art. 6 LGP], o el lícito ofrecimiento de los productos o servicios a los que corresponde la marca en cuestión o, si se prefiere, productos o servicios para los que se ha agotado la marca (art. 36 LM), siempre que no se transmita la impresión de que existe una relación entre el negocio del oferente y el titular de la marca (STJCE 23-II-1999, asunto C-63/97 *"Bayerische Motorenwerk AG y BMW Nederland BV c. Ronald Karel Deenik"*).

6. *Keyword Banners*

Los *keyword banners* son palabras clave empleadas en las herramientas que gestionan los servidores de esa especial clase de anuncio interactivo característicos de Internet que se conoce como *banner*, de tal forma que insertadas en los cajetines de búsqueda de las páginas web que ofrecen este servicio, sea para la localización de contenidos en la propia página web o en el conjunto de la www, y ordenada la búsqueda por el usuario, en la página que muestre los resultados de la búsqueda así solicitada se servirán *banners* asociados a tal palabra clave. Como es obvio, esta práctica no suscita problemas de Derecho de marcas en los casos en los que la palabra clave empleada a estos efectos es un término genérico; sí en cambio en los casos en los que la palabra clave sea una marca y los *banners* asociados a ella correspondan a un anunciante distinto de su titular.

Esta práctica sin duda es un acto de utilización en el tráfico económico: la marca permite en este caso, como en el anterior, la prestación de un servicio de la sociedad de la información como es el servicio de *banners* y, sobre todo, la inmediata realización de una comunicación comercial, esto es, la llamada y servicio del *banner* vinculado a la marca ajena que se emplea como palabra clave a estos efectos. Menos evidente es, sin embargo, la existencia de un riesgo de confusión, que depende de la posibilidad de asociar el resultado de la búsqueda con la aparición de la publicidad y, en particular, de atribuirles el mismo origen empresarial, lo que ciertamente no parece fácil en el caso de que las marcas empleadas en la publicidad se diferencien con claridad de la usada como *keyword* a estos efectos. No puede extrañar, por tanto, que los tribunales se hayan mostrado reacios a apreciar la existencia de una infracción del derecho de marca en estos casos [*vid. Playboy Enterprises Inc. v. Netscape Communications Corp.*, 55 F. Supp. 2d 1070 (C. D. Cal. 1999); LG *Hamburg*, 25-II-2000, *"Estée Lauder Cosmetics Ltd. et alia v. Fragance Counter Inc. et alia"*; *Arrondisementrechtsbank Den Haag*, 29-VI-1999, *"VNU Business Publications BV v. The Monster Board BV"*].

Por el contrario, desde la perspectiva del Derecho contra la competencia desleal, el empleo de marcas ajenas como *keyword banners* puede constituir un acto de aprovechamiento de la reputación ajena y de obstaculización: la atención sobre el propio anuncio se atrae a partir del interés manifiesto del usuario por los productos o servicios ofrecidos por un tercero bajo la marca que se emplea como palabra clave (art. 12 LCD), y con ello, además, se genera el riesgo de que la atención se desvíe hacia la oferta que, de forma directa o indirecta según sea su contenido, se realice a través del *banner* (art. 5 LCD). Ninguna objeción debe merecer esta práctica, sin embargo, en los casos en los que entre la oferta del anunciante incluya una oferta lícita y seria de los productos o servicios para los que está registrada la marca empleada como palabra clave, sin perjuicio de que la utilización de la marca ajena en la oferta pueda considerarse ilícita por incluir componentes que lleven a establecer una asociación indebida entre anunciante y titular de la marca (art. 36 LM y STJCE 23-II-1999, asunto C-63/97 *"Bayerische Motorenwerk AG y BMW Nederland BV c. Ronald Karel Deenik"*).

7. *LINKING*

Se conoce como *linking* al establecimiento de una conexión o vínculo entre una página web y otra parte de la misma página web o con una página web distinta a través de una referencia de hipertexto (*hypertext reference* o HREF), que es el supuesto que ahora interesa. El vínculo aparece en la pantalla del usuario destacado con ciertos recursos gráficos (de común, subrayado y color), y tras del vínculo se esconde (en forma de orden dirigida al programa de búsqueda del ordenador del usuario) la dirección electrónica de la página web con la que se ha establecido la conexión, de tal forma que activando el texto marcado se accede directamente a ella, e incluso única y directamente a la parte de dicha página con la que se ha establecido el vínculo (*deep linking*), sin necesidad de previa localización a través de las herramientas de búsqueda y, en el caso de *deep linking*, sin necesidad tampoco de ulterior revisión de los índices o del contenido completo de la página web vinculada, y así de la publicidad que se pudiere haber contratado, de las indicaciones de uso que se pudieren haber establecido y de la demás información de carácter general que se hubiere podido incorporar.

Así las cosas, el *linking* presenta dos aspectos de interés: la puesta a disposición de los contenidos incluidos en otra página web o en otros recursos Internet, lo que suscita problemas desde la perspectiva del Derecho de propiedad intelectual o desde la perspectiva de la difusión de contenidos ilícitos si es que los contenidos enlazados tienen esta consideración, y el empleo de las marcas ajenas para establecer el vínculo gráfico con el recurso enlazado, que es el aspecto que ahora interesa considerar.

El sometimiento del *linking* a las exigencias del Derecho de propiedad intelectual radica en su aptitud para posibilitar el acceso a la página web vinculada. Desde esta perspectiva, sin embargo, los actos de reproducción que, como se ha explicado, están implícitos en el acceso a contenidos a través de Internet son realizados por el usuario que activa el vínculo y los prestadores de servicios de red y de acceso que le permiten acceder a la página web vinculada, y no por quien establece el vínculo. Y no es especialmente probable que, en el caso de que el *link* consista en un título, pueda apreciarse que reúne la originalidad suficiente para merecer *per se* protección mediante derecho de autor y que, en consecuencia, su inserción en la página web desde la que se establece constituya un acto de reproducción de una obra protegida. Tampoco parece más fundado entender que la inclusión del vínculo en la propia página web traiga consigo una transformación de la página vinculada, ni tan siquiera su integración en la primera a modo de pieza de una obra derivada. En cambio, no parece aventurado sostener que el *linking*, en principio, puede comprenderse como un supuesto de comunicación al público, en la medida en que a estos efectos es suficiente con que se permita al público acceder a la obra, que es precisamente lo que se consigue a través del vínculo; el *link*, de hecho, pone el contenido vinculado a disposición del público de modo que resulta posible acceder a aquél en el momento en que los usuarios de Internet decidan activarlo. Desde otra perspectiva, esta práctica puede asimismo enjuiciarse *prima facie* como infracción del derecho *sui generis* reconocido al productor de bases de datos (art. 133 LPI), al menos en los casos en que el *linking* tenga carácter masivo y que se reconozca a las páginas web la condición de bases de datos.

Ahora bien, y sobre todo a la vista del papel esencial de los *links* en la configuración y funciones de Internet, parece posible mantener que no en todos los casos ha de estimarse que su establecimiento sin autorización del titular de los contenidos vinculados comporta una infracción de derechos de propiedad intelectual. A tal efecto no parece aventurado invocar la existencia de una licencia implícita (en realidad, la existencia de un *venire contra factum propium* en caso de que se interpusiera una demanda) en la colocación del correspondiente contenido en la web, sobre todo cuando media, como sin duda debe suponerse, un perfecto conocimiento de las posibilidades técnicas y de los hábitos en el sector y, sin embargo, no se ha incluido la prohibición de establecer vínculos o no se han adoptado las medidas técnicas, en realidad disponibles, que permiten impedir establecer vínculos sin autorización o establecerlos sin pasar por la primera página. De ahí que no pueda extrañar que algunos tribunales, atendido el rol fundamental que esta práctica asume en la difusión y utilidad de Internet, hayan estimado la licitud de su establecimiento y, por tanto, la inexistencia de un acto de infracción de derechos de propiedad intelectual o, desde otra perspectiva, de un acto de competencia desleal, aun sin mediar autorización por parte del titular de los contenidos de la correspondiente página web vinculada (*vid. Tribunal de Commerce de Nanterre, ordonnance* del 8 de noviembre de 2000, *"Sarl. StepstoneFrance C/Sarl. Ofir France"*).

Desde otra perspectiva, el establecimiento de vínculos no autorizados podría constituir un supuesto de violación de marca en el caso de que la referencia a la página vinculada contenga un signo protegido como marca. No es dudoso que se trata de una utilización en el tráfico económico que, por ello, debe estimarse comprendida en el ámbito del *ius prohibendi* atribuido al titular de una marca (art. 34.2 LM): el ofrecimiento de esta clase de pasarelas entre páginas web no deja de ser un ofrecimiento de contenidos constitutivo de parte de un servicio de la sociedad de la información. Ahora bien, ha de advertirse que el vínculo no distingue productos o servicios, sino que establece una conexión inmediata con una página web o con otro recurso Internet ajeno. Siendo esto así, la única posibilidad de apreciar que de este modo se lleva a cabo un uso relevante a efectos del Derecho de marcas pasa por establecer previamente que la marca en cuestión cubre los servicios propios de Internet (y en particular, el ofrecimiento de enlaces) y, además, que el usuario deduce que son ofrecidos por el titular de la marca, y no por quien establece el vínculo, o que para el establecimiento del vínculo éste ha contado con la autorización de aquél. Y ello, en ausencia de textos u otros elementos que indiquen lo contrario, no ha de ser especialmente probable si el enlace se produce, como suele suceder, con una página web o recurso de Internet perteneciente al titular de la marca empleada al efecto y, menos aún, en un sector en el que, en este momento, es sobradamente conocido que los vínculos constituyen un puente entre recursos generalizado en la Red, una forma de compartir información característica de este medio. No más probable parece que la presencia de la marca ajena en el hiperenlace pueda constituir, por sí misma, un supuesto de aprovechamiento indebido o menoscabo del renombre, de la notoriedad o capacidad distintiva de la marca ajena, lesivos de la exclusiva atribuida a los titulares de marcas notorias y renombradas [art. 34.2 c) LM].

Tampoco se presenta *prima facie* más fructífera la aproximación desde la perspectiva del Derecho de la competencia desleal. Las mismas razones que dificultan la apreciación de una infracción del derecho de marca mediante la realización de hipervínculos pueden considerarse válidas para el contexto que ahora nos ocupa. Si, como es debido, se atiende a las características de los usuarios de la red, no parece en efecto que el empleo de una marca ajena o de otro signo distintivo reconocido en el tráfico como perteneciente a tercero en un vínculo (forma de uso que resulta especialmente evidente por causa de los recursos técnicos empleados: subrayado y cambio de color) les deba llevar, hoy por hoy y en una hipótesis normal, a establecer la clase de conexiones que determinan el riesgo de confusión (art. 6 LCD) o el aprovechamiento indebido de la reputación ajena (art. 12 LCD). Tampoco ha de ser más factible afirmar que el *linking* constituye un supuesto de obstaculización o de aprovechamiento indebido del esfuerzo ajeno, ni tan siquiera en los casos en que el acceso al recurso Internet desde el que se realiza el vínculo sea oneroso. En este sentido, no puede olvidarse, en particular, que el titular de la marca o de otro signo distintivo reconocido en el mercado como perteneciente a una determinada persona que la integra en su nombre de dominio, en sus direcciones URL o en su dirección de correo electrónico y, siendo ello técnicamente viable y conocedor de las posibilidades y costumbres del medio, no adopta las medidas adecuadas para impedir que los terceros establezcan vínculos sin su consentimiento, difícilmente puede pretender que la actuación de esos terceros sea desleal. Abundando en ello, y al tiempo completando el anterior razonamiento, tampoco es posible pasar por alto que el objetivo de la colocación de determinados contenidos en la Red es precisamente que los usuarios visiten las páginas web o recursos Internet en que se encuentran, y éste es justamente el efecto que tienen los vínculos.

Dicho esto, conviene apresurarse a precisar, no obstante, que esta argumentación desenvuelta en relación con la confusión, el aprovechamiento del esfuerzo ajeno y la obstaculización únicamente es válida para enjuiciar el solo empleo de una marca ajena o signo distintivo reconocidamente perteneciente a tercero en el vínculo. No lo es, en cambio, para enjuiciar los supuestos que antes se denominaron *deep linking* [*vid. Court of Session de Edimburgo* (Lord Hamilton), resolución cautelar del 24 de octubre de 1996, *The Shetland Times Ltd. v. Dr. J. Wills and Zetnews Ltd.; Tribunal de Commerce de Paris, ordonnance* del 26 de diciembre de 2000; *Tribunal de Grande Instance de Paris, jugement* del 5 de septiembre de 2001, *Cadremploi S.A. c. Keljob S.A.*]. En estos casos, el enlace no refiere al usuario simplemente a otras direcciones de Internet, sino que llena de contenido la página web o recurso desde la que se establece (aunque técnicamente se abandone dicha dirección, lo cierto es que siempre es posible volver a ella mediante la función de retroceso del programa de navegación, que es la forma en la que de común se procede) y, así, puede permitir que quien lo realiza entre en competencia con el titular de la página o recurso vinculado, sea en el mercado de los servicios en cuestión, sea en el mercado de la contratación de espacio publicitario, y en principio tanto con quien opera la página o recurso vinculado como con terceros que actúan en estos mercados. En atención a las circunstancias del caso, esta práctica puede implicar, por ello, la expoliación del resultado del esfuerzo ajeno, la construcción de la propia prestación mediante la incorporación de la de un tercero y, al tiempo, la apropiación de las posibilidades de negocio que dicho esfuerzo reportó al tercero. Aunque menos probable, no es descartable además que, en atención a la forma en la que en cada caso se presente el *deep linking* en la página desde la que se establece, pueda igualmente producirse un riesgo de confusión, como sucederá si de una forma u otra se da a entender que los contenidos enlazados son propios, y no del titular de la marca o del signo que reconocidamente pertenece a tercero y se utiliza para efectuar el *deep linking*, o que para su realización se cuenta con la autorización de este último.

8. *FRAMING*

El *framing* no es una actuación muy alejada del *linking* en sus resultados, si bien difiere en los aspectos técnicos y las implicaciones que presenta desde la óptica del Derecho. Una aplicación informática permite dividir la propia página web en diversas ventanas que pueden operar las unas con independencia de las otras, siendo posible acceder a una página web ajena a través de una de estas ventanas y, así, que el usuario de una página web que tiene esta configuración acceda a través de ella a otras páginas web, manteniéndose el resto de ventanas de la primera, lo que a su vez posibilita que el contenido de la página web capturada sea rodeado por los contenidos propios de la página web captora. Como el establecimiento de vínculos entre páginas web, el *framing* consiste en la conexión entre dos páginas web, si bien en este caso, y a diferencia de lo que sucede en el anterior, la conexión no se establece de forma que el usuario accede en su propio ordenador y con empleo de las herramientas de búsqueda instaladas en su ordenador a la página web con la que se ha establecido el *hyperlink*, sino de tal forma que el acceso se produce directamente a través de la página web desde la que se establece la conexión, con la que el usuario no pierde en ningún momento la conexión (en el espacio de la pantalla en que se identifica la dirección visitada continúa la dirección de la primera página web), y los contenidos procedentes de la página web capturada aparecen en la pantalla del ordenador del usuario como contenidos propios de la página web a la que se accedió en un principio y desde la que se establece la conexión, de común "enmarcados" por los elementos identificadores de la dicha página web y ocultos en cambio por el marco los elementos identificadores de la página web capturada.

A diferencia de lo que sucede con el *linking*, la valoración del *framing* como acto de explotación de los derechos de propiedad intelectual de que sean objeto las páginas web capturadas o sus contenidos parece en principio más clara. En efecto, el *framing* no remite al lector a la fuente, sino que pone al lector en posesión de ésta, y para ello se ordena la realización de actos de reproducción (los implícitos en la transmisión digital y en el acceso en línea a contenidos) así como se permite al público acceder a los contenidos sin distribución de ejemplares y para ello, además, se integra materialmente la página web capturada en la propia página web, lo que para algunos constituye por sí mismo un acto de transformación. En suma, el *framing* comporta la realización de actos de reproducción, de comunicación pública y tal vez de transformación. En este caso, de otro lado, no parece argumentable que pueda entenderse concedida una licencia implícita, puesto que, además de las objeciones que se han apuntado anteriormente, el *framing* permite un aprovechamiento de la página web capturada a quien establece la conexión que es distinto del que resulta del mero acceso a aquélla a través de Internet (que es el máximo contenido que podría darse razonablemente a una licencia implícita en este contexto).

Desde otra perspectiva, el *framing* puede igualmente constituir un supuesto de violación de marca y un supuesto de competencia desleal. En este supuesto, la utilización constituye un uso a título de marca: distingue, en efecto, productos o servicios, como son los que ofrece el titular de la marca en los recursos Internet que de este modo de apropian [*vid. Hard Rock Café Inter. (USA) Inc., v. Morton*, 1999 WL 717995 (S.D.N.Y., Sept. 9. 1999)] y, al menos en principio, parece adecuado para generar un riesgo de inducción a confusión, probablemente no para que los usuarios tiendan a pensar que el recurso Internet desde el que se establece el *framing* pertenece al titular de la marca afectada o a una empresa de sus grupos (aunque tampoco puede descartarse que en algunos casos así sea: *ad ex.* como consecuencia del uso de un nombre de dominio idéntico o similar a la marca), pero sí para que asuman la existencia de una licencia u otra clase de vínculo jurídico o económico que autorice la utilización de la marca y de los contenidos así capturados. En su caso de forma cumulativa, el *framing* además puede constituir un acto de competencia desleal por aprovechamiento del esfuerzo ajeno, y ello por las mismas razones que se han expuesto respecto del *linking*.

EL CASO NAPSTER
COMO DISPARADOR DE UN NUEVO DEBATE

Un análisis económico de los derechos de autor en la sociedad de información

Cristian Elbert[1]

1. UNA SENTENCIA QUE MARCA UN HITO

La sentencia dictada por la Cámara de Apelaciones del Noveno Circuito de los Estados Unidos en el caso *"Recording Industry Association of America (RIAA) v. Napster Inc. (Napster)*, por violación a los derechos de autor", ha puesto fin a un litigio que atrapó la atención de los medios y de un gran número de analistas en los últimos meses.

Uno de los puntos de mayor interés estaba puesto en observar si el caso Napster sería resuelto siguiendo la doctrina de *"Sony Corp. (Sony) v. Universal City Studios (Universal)* sobre violación de derechos de autor" de 1984, que presenta significativas similitudes con el caso Napster. En dicho pleito, conocido como el juicio "Betamax", Universal alegaba que las videograbadoras comercializadas por Sony eran un instrumento para violar sus derechos de autor sobre las películas que distribuía, al permitir a los usuarios grabar las emisiones televisivas de Universal en forma no autorizada. En este sentido, un planteo similar al que se realizó contra Napster, a cuyo software RIAA acusó de poseer las mismas atribuciones[2]. El caso "Betamax", a contrario de lo su-

[1] Profesor de Derecho y Economía en la Escuela de Derecho de la Universidad Torcuato Di Tella.

[2] En tal sentido debe mencionarse que Napster, como el caso de las videograbadoras de Sony, tiene asimismo usos que no infringen los DA. Básicamente dos: la distribución de música que no está sujeta a derechos de autor o en que tales derechos se han extinguido, y la distribución autorizada de música o incluso fomentada por el titular de los derechos de autor. Este uso legítimo es de gran importancia hoy día; en la actualidad más de 25.000 autores han autorizado expresamente a Napster para que permita a sus usuarios compartir sus canciones. (Véase Eric Nilsson, *Napster: popular program raises devilish issues*, The O'Reilly Network, May 12, 2001[15]).

cedido en Napster, fue resuelto a favor de Sony, aduciendo que la producción de videograbadoras no violaba los derechos de autor (DA) de Universal[3].

Desde un punto de vista económico, la decisión de la Corte Suprema en el caso "Betamax" abrió el camino para la creación de un nuevo mercado multimillonario de venta y alquiler de películas. Un mercado que probó ser asimismo muy atractivo para Universal, quien se resistía a este nuevo canal de distribución y a Sony, quien originariamente lo abrió. Hoy, Sony y Universal entre otros, en su rol de titulares de derechos de explotación de obras musicales, se enfrentan a nuevos agentes, entre los que se encuentra Napster, como pionero de un nuevo canal de distribución[4].

El resultado del pleito Napster muestra a las claras que no se ha dicho la última palabra en materia de protección de DA para obras musicales comercializadas por Internet. Del fallo, *a priori*, se desprenden dos conclusiones iniciales. Por un lado, se ha producido la exitosa defensa de los DA por parte de las organizaciones de la industria discográfica. Tal defensa se logró recurriendo a las herramientas que el sistema de DA otorga hoy día a los titulares de DA. Por otro lado, existe la sensación de que el alivio logrado es escaso. Se intuye que con el caso Napster sólo se está viendo la punta del iceberg, el comienzo de una larga batalla legal, con gran incertidumbre sobre su resultado.

2. ¿QUÉ ES NAPSTER?

El sitio Napster.com fue creado por Shawn Fanning, con apenas 19 años. Napster es un software/freeware[5] que puede descargarse ("bajarse") del sitio

---

El número al final de la cita de fuentes remite al listado de tales fuentes ubicado al final de este trabajo (*N. del ed.*).

[3] En tal sentencia, la Corte Suprema de los Estados Unidos, sostuvo que no podía culparse a Sony basándose en el hecho de que por medio de dichas grabadoras los usuarios podían infringir los DA de Universal, debido a que Sony no tenía el control del destino final de las grabadoras, y que por otra parte, éstas podían ser usadas legítimamente, función que primordialmente les fue reconocida (ver Eric Nilsson, cit., n. 2, *supra* [15]).

[4] Napster ha anunciado con posterioridad a la sentencia que su sistema pasará a ser pago. Una encuesta realizada por Forrester Research ha determinado que el 70% de los usuarios de Napster estarían dispuestos a pagar si el abono fuese de 10 USD por mes. Esto equivale a potenciales 350 Millones de USD por mes, y una suma en el rango de 4.000 millones de USD por año) (fuente Forrester Research). Universal y Sony han anunciado que lanzarán su sitio estilo Napster, permitiendo acceder a los usuarios a todas las obras de sus artistas por un abono de 10 USD por mes. En Mayo 2002, Napster finalmente fue vendido al grupo alemán Bertelsmann AG, quienes confirmaron que el servicio será pago.

[5] El *Shareware* es una forma amplia de publicar *software* que le permite al creador ahorrarse los costos usuales de distribución, otorgándole a los usuarios el permiso de descargar el programa y utilizarlo durante un lapso determinado, debiendo el usuario pagar para continuar utilizándolo luego de finalizado el plazo. El no pago constituye una violación a los DA. Con el

www.napster.com, que se instala en la computadora del usuario y que le permite a éste interconectarse a una red de millones de otros usuarios que utilizan el mismo programa, para intercambiarse archivos musicales en un formato digital de calidad similar al disco láser (CD), el MP3. A través de dicho programa, estas carpetas de archivos almacenadas en los discos rígidos de cada usuario se pueden poner "a disposición", esto es, compartir el acceso a los archivos MP3 que cada computadora posee, a todo otro usuario que se conecte a través del programa buscador Napster. El Sitio Napster en sí no almacena estos archivos en sus servidores, actúa únicamente como entidad de administración del sistema, garantizando la interconexión entre sus usuarios, lo que convierte a cada computadora particular en un servidor.

Napster es solamente una de tantas formas que existen hoy día para realizar este tipo de intercambios directos de archivos entre usuarios. Todos ellos pueden ser agrupados bajo un nuevo concepto, denominado distribución de igual a igual ("peer-to peer" o "P2P"), que ha sido calificado como un avance tan importante como fue la invención de los navegadores de Internet. Esta tecnología, que introduce una topología de redes descentralizada en oposición a la conocida estructura jerárquica servidor-cliente, convierte a los usuarios en distribuidores de archivos por Internet[6].

A. El impacto de Napster en la estructura de los DA

Esta "revolución" en la distribución de música representa la principal amenaza para los titulares de DA, por la dificultad de su control. Napster, como exponente del P2P, permite a cualquier usuario particular que millones de personas accedan a una carpeta de su computadora, con lo cual la velocidad de distribución ha roto todas las marcas conocidas. Napster como caso líder de la industria es sin embargo sólo uno de muchos diseños del modelo de distribución P2P. Otros carecen de un servidor central que los coordine como

---

Freeware, el usuario no tiene ninguna obligación legal de pagar por el uso del programa. Un paso más adelante del *Freeware* se encuentran los *programas de dominio público*, cuyo máximo exponente, gracias a la difusión que ha logrado el programa LINUX, son las licencias GNU. En este tipo de programas, la distribución también es gratuita, pero no se distribuye solamente el programa objeto, como en los dos casos anteriores, sino que también se ofrece en forma gratuita el código fuente. De esta manera, el usuario puede acceder a las entrañas del programa y realizar todas las modificaciones que desee para mejorar su funcionamiento. Asimismo, al acceder al código fuente, el usuario tiene la posibilidad de realizar nuevos programas. La única condición que imponen aquellos que distribuyen sus programas bajo esta modalidad, es que los nuevos programas que se creen a partir de ellos también sean distribuidos en forma gratuita y con la misma modalidad.

[6] Véase como ejemplo de la diversidad de modelos P2P los siguientes: Morpheus, Kazaa, Grokster, Gigabeat, Gnutella, Mies, Myplay, Scour Exchange, Wired Planet, Wrapster, Napigator, y Zeropaid entre muchos otros, sin contar las diferentes subversiones y modificaciones existentes de los ya mencionados.

en el caso de Napster, haciendo su control y su eventual prosecución legal virtualmente imposible o al menos injustificable, por excesivamente costosa. Ante tal escenario vale preguntarse: ¿cuál es el futuro de los DA en la industria musical en Internet?

3. Consideraciones iniciales

El propósito de este trabajo es analizar el efecto de los cambios en el mercado creados por Internet, sobre una estructura legal tradicional como los DA. En tal sentido, deberé tomar en consideración que los problemas legales en la materia están transitando un camino irrefrenable de trasnacionalización y que las estructuras legales nacionales tienen la difícil tarea de encontrar herramientas para proveer soluciones eficientes y efectivas a éstos. Reproduciré sumariamente el análisis económico tradicional reflejado en el modelo Landes-Posner, existente en la literatura económica sobre DA. Este análisis es realizado sobre los estímulos económicos que un monopolio legal crea. Este tipo de análisis permite observar la relación entre los costos que implica un régimen de protección de los DA y su efecto sobre la producción de obras. Se busca encontrar un sistema legal que logre maximizar el bienestar económico en una sociedad. Los DA, a los efectos de este trabajo, son entendidos en un sentido restringido, como medio para alcanzar dos metas (Metas): (i) la "satisfacción" individual de los autores y (ii) la "satisfacción" de la sociedad, al disfrutar de nuevas obras. El cumplimiento de estas Metas permite alcanzar la maximización del bienestar.

Ambas Metas, independientemente del enfoque metodológico y normativo que se utilice para lograrlas, poseen a mi entender un valor final que cuenta con consenso global. Tal afirmación puede inferirse de los siguientes párrafos del preámbulo del Tratado de la Organización Mundial de la Propiedad Intelectual (OMPI) sobre derechos de autor: "... Destacando la notable *significación de la protección del derecho de autor como incentivo para la creación* literaria y artística, reconociendo la necesidad de mantener un *equilibrio entre los derechos de los autores y los intereses del público en general*, en particular en la educación, la investigación y el acceso a la información, como se refleja en el Convenio de Berna..." (el destacado me pertenece).

El desafío será entonces analizar si los medios que hoy existen, para su defensa y fomento, sirven a tales fines en el nuevo mercado.

En el transcurso del trabajo veremos que los DA en la industria de la música, o dicho en otras palabras, el "medio" para asegurar el cumplimiento de las Metas, es desafiado por un mercado que ha sido revolucionado por los avances tecnológicos.

Intentaré demostrar que el desarrollo de las tecnologías de información (IT) e Internet socavaron algunas de las asunciones básicas del análisis económico tradicional subyacente a la estructura de los DA, que entiende a los DA como medio eficiente y eficaz para alcanzar las Metas. Veremos que al generarse dudas sobre el análisis académico que subyace a los DA, se generan correlativamente interrogantes sobre la justificación de éstos como camino adecuado para satisfacer las Metas. El caso Napster sirve, a mi entender, como un caso testigo, que evidencia la existencia de dos fuerzas contrapuestas en el mercado, aquellos que se alinean detrás de la filosofía "Peer to Peer o P2P" y aquellos que se identifican con la postura RIAA. En otras palabras, el conflicto entre los agentes de la economía real y los agentes de la economía digital.

Este enfrentamiento nos debe ayudar a comprender a qué problemática se enfrentan hoy los DA en el campo de la música en Internet, a escala mundial. Trataré de ilustrar asimismo que la tensión existente entre los agentes de la vieja y la nueva economía actuará como agente de mutación de una estructura legal que está sufriendo fuertes embates.

La pregunta central de este trabajo es: ¿pueden lograrse los objetivos de satisfacción individual y social en el mercado de la música en Internet (las Metas) por medio de la estructura vigente de DA?

A. Estructura

El presente trabajo está estructurado en tres partes centrales:

Primero, describiré algunos conceptos económicos que han sido aplicados en el análisis objeto de este trabajo.

Posteriormente, analizaré algunas proposiciones de dicho análisis a la luz de los nuevos desarrollos de IT e Internet. El desarrollo de las tecnologías, el surgimiento de nuevos agentes económicos, la modificación de estructuras de distribución, la globalización de los mercados y en especial la reducción de los costos de reproducción en el caso de la música, abren interrogantes sobre estas proposiciones centrales, generando en consecuencia la duda de si pueden seguir sustentándose para el mercado de la música en Internet.

Finalmente, se harán ciertas consideraciones sobre las soluciones propuestas por los antagonistas en la discusión acerca de los DA.

B. Consideraciones metodológicas

A los efectos de este trabajo hago referencia tanto al instituto de *copyright* vigente en sistemas del Common Law como a los aspectos patrimoniales de los sistemas de DA de tradición continental. Creo que ambos institutos, si bien contienen numerosas diferencias, y parten de dos criterios diferentes (uno buscando proteger la obra y el otro protegiendo al autor), poseen un espíritu similar en cuanto a su aspiración de defender los derechos de los creadores de obras intelectuales en su sentido más amplio, sea en forma más inmediata sobre los derechos del autor como creador, sea en forma más mediata a través de su expresión, la obra. Destaco la definición de DA provista por la OMPI y el Convenio de Berna para la Protección de Obras Artísticas y Literarias, que en su artículo 4 define: "La expresión obras literarias y artísticas comprende los libros, folletos y demás escritos, las obras dramáticas o dramático musicales, las composiciones musicales con o sin palabras, las obras de dibujo, pintura, escultura, grabado, litografías, ilustraciones, mapas geográficos, planos, croquis y obras plásticas relativas a la geografía, a la topografía, a la arquitectura o a las ciencias en general; en fin, toda producción literaria, científica o artística que podría ser publicada por cualquier forma de impresión o de reproducción". Éste representa el núcleo básico de protección sobre el cual existe un consenso básico, independientemente de las estructuras técnicas que se han desarrollado a nivel mundial para defenderlo.

El foco de este trabajo está puesto en las implicancias económicas y los estímulos que proveen los monopolios legales creados en defensa de los DA a nivel global, su crítica y el impacto que en ellos han causado el desarrollo de IT e Internet. No hago una discriminación de las implicancias económicas que pueden arrojar los derechos morales inalienables bajo este esquema, ni una comparativa de eficiencia entre el sistema de protección de *copyright* y los derechos de autor, análisis que, por su complejidad y extensión, deberán ser tratados en un trabajo futuro. Tampoco busco desconocer que toda producción, en especial las creaciones artísticas, puede estar motivada por fines altruistas. Esta asunción no está en conflicto con la visión del hombre que provee el análisis económico del Derecho, dado que si el hombre racional actúa de tal manera, está aumentando su utilidad[7], la cual es un reflejo de su felicidad y no necesariamente apreciable en dinero.

El método de análisis aquí elegido es una forma posible, no la única, de abstraer una realidad altamente compleja y sintetizarla para su mejor comprensión. Debe tomarse como una herramienta más, que puede aportar datos importantes en un momento de radicales cambios como los que el mundo está viviendo, datos que pueden resultar de mucha importancia a la hora de formar opiniones, tomar decisiones, marcar tendencias y proponer legislaciones a nivel global.

[7] Sobre la relación entre los conceptos individualismo, hombre racional y eficiencia-equidad ver: (i) *Economic Analysis of Law*, Steven Shavell, Discussion Paper N 283, Harvard Law School, Cambridge MA 02138 (2000); (ii) *Lehrbuch der Ökonomischen Analyse des Zivilrechts*, Schäfer und Ott; Springer Lehrbuch, 2. Auflage (1995); (iii) *Law and economics*, Robert Cooter and Thomas Ulen, Addison Wesley, second edition (1997) y (iv) *An introduction to Law and Economics*, A. M. Olinsky, Little, Brown and Company (1989).

Con sus teorías y análisis, estos autores pretenden contribuir a un mejor conocimiento del papel que desempeña la organización institucional en el desarrollo social, pero fundamentalmente buscan determinar la mayor o menor eficiencia de los marcos institucionales vigentes o, ante cambios institucionales, medir las ganancias de eficiencia en términos de disminuciones de los costos de transacción. Cuanto mayores sean los costos de transacción menor será el grado de eficiencia de dicho marco institucional, *ceteris paribus*[8]. Las consideraciones relativas a los impactos distributivos derivados de la existencia de uno y otro marco institucional suelen dejarse fuera de este tipo de análisis. El individualismo normativo sostiene que las políticas sociales solamente pueden ser definidas en atención a las preferencias de los individuos, dado que ellos son los que conocen sus preferencias. El individualismo metodológico por otro lado sostiene que el hombre racional actúa de manera que pueda maximizar su utilidad. Las normas únicamente serán eficientes si, lejos de interferir, logran facilitar que los individuos actúen de acuerdo con sus preferencias, lo que resultará en una distribución eficiente de los recursos sociales.

Por el contrario, los defensores de la escuela institucionalista suelen preferir la adopción de métodos sistémicos de análisis. Su enfoque se centra en destacar las consecuencias distributivas de unas u otras estructuras institucionales y los conflictos distributivos que subyacen en todo proceso de cambio o reforma institucional.

En definitiva, entiendo que son herramientas distintas de análisis, y una y otra podrán arrojar conclusiones de valor que ayuden a resolver problemáticas legales.

4. El modelo Landes-Posner[9]

Estos autores sostienen que los costos generados por las violaciones a los DA son costos que pesan sobre la sociedad en general, son recursos que se pierden o que son malgastados[10], y representan una disminución en el grado de eficiencia de un sistema legal. Esto se basa en la suposición de la existencia de una protección eficiente y eficaz de los DA en el mercado tradicional, los cuales resultan maximizando la utilidad social.

Este enfoque, como ya mencionamos anteriormente, parte de la premisa de entender al hombre como un ser racional maximizador de su propio interés. El hombre responde a intereses y esto permite que, modificando determinados incentivos, se puedan cambiar las conductas de los individuos. El objetivo es

[8] Coase Ronald, "The problem of social cost", *Journal of Law and Economics*, Nº 3 (1960).
[9] Por M. Landes y A. Posner, ver *Fuentes, infra,* [1].
[10] Sobre estructura de costos en caso de daños ver *Fuentes, infra,* [28].

lograr la eficiencia de las estructuras legales, a fin de que éstas provean los incentivos adecuados para lograr maximizar la utilidad social (las Metas). Uno de los puntos fundamentales a considerar entonces en todo análisis bajo este enfoque, es entender cómo inciden los DA sobre la estructura de costos de producción de obras y qué incentivos se crean en consecuencia.

A. Presupuestos del modelo, tres efectos de mercado

1. Eficacia

Esta descripción realizada por Landes y Posner presume la existencia de un sistema de DA que provea soluciones efectivas a problemas concretos en su aplicación, a fin de producir los estímulos arriba citados. En su ausencia, sostienen, cualquier persona puede "adquirir una copia de una obra y realizar copias para su reventa", esto es, violar los DA. La consecuencia más gravosa de este hecho es económica. El precio de mercado de las obras caerá al costo marginal de su copiado. Esto, a su vez, producirá el resultado que tal obra no será producida ni nuevas obras creadas en un primer lugar, porque autor y editor no serán capaces de recuperar los costos de realizarla.

2. Tres axiomas del mercado

La estructura analítica de estos autores se basa en que el mercado del mundo real (para contrastarlo de alguna manera con el así llamado mercado "digital" que se está formando en Internet), tal como lo conocemos, se basa en tres características fundamentales: exclusión, rivalidad y transparencia[11].

1) Exclusión: significa la capacidad del propietario de poder evitar que otros se apropien del bien sin su consentimiento. En tal sentido, el ejemplo tradicional es el de un vendedor quien expone sus bienes en la vidriera de su local, las cuales sólo podrán ser adquiridas por quienes paguen el precio requerido por el vendedor.

2) Rivalidad: desde el lado de la producción se entiende como el fenómeno que dos no pueden producir tan barato como uno, debido a que dos agentes económicos, para realizar el mismo producto, deberán gastar el doble de recursos de la sociedad que uno. Y desde el lado de los consumidores, se entiende como la simple realidad que un mismo producto no puede ser comprado por los agentes A y B en forma individual al mismo tiempo. O el agente A adquiere el auto X, o lo hace B.

3) Transparencia: entiéndase por tal la idea clara de qué es lo que el consumidor desea y si el producto que está adquiriendo es realmente lo que él necesita.

[11] Ver *Speculative Microeconomics for Tomorrow's Economy* by J. Bradford DeLong and A. Michael Froomkin, *Fuentes, infra* [25].

B. Definición de los DA

Los DA, como ya mencionamos, son definidos como un medio para promover la maximización de utilidad en una sociedad. La protección provista por los DA cumple un doble rol. En su faz positiva, garantizar una retribución adecuada a los creadores de obras e incentivarlos a la creación de nuevas obras. En su faz negativa, impedir el acceso o la reproduccion a terceros que no cuenten con tal derecho, e incentivar su acatamiento por medio de remedios punitivos.

C. Tesis central

La tesis central podría resumirse entonces en la siguiente definición: Para promover la eficiencia económica, los DA deberán maximizar los beneficios de la creación de nuevas obras (ON), sumando los ingresos provenientes de la comercialización de las obras (IO) restándole los costos de limitar el acceso a terceros a las obras ya creadas (Costos de Restricción o CR), los costos incurridos en la defensa de los DA (Costos de Ejecución o CE), y los costos de producción de la obra (CP), compuestos por costo de expresión (Cex) y el costo de comercialización (Cc), como veremos más adelante.

Si hubiese que expresarlo en una fórmula, en un mundo con DA eficientes se deberán crear obras nuevas si:

ON si IO - (CR +CE + CP) > O

D. Análisis de Costos

1. Costos de Expresión y de Comercialización

Veamos en forma detenida algunos de los elementos de tal definición. Los costos de producir (CP) una obra según Landes y Posner son dos:

(i) El costo de crear la obra, el costo fijo. Se asume que dicho costo no varía con el número de copias realizadas o vendidas. Consiste básicamente del tiempo y esfuerzo de crear la obra, más el costo de presentarla y negociar su publicación con un editor, y realizar la edición final a los efectos de su reproducción. Este costo es denominado el "costo de expresión (Cex)".

(ii) El segundo componente del costo aumenta con el número de copias producidas. Es el costo de reproducir, promocionar y distribuir las copias individuales (costo de "comercialización"[Cc]). Este componente no contiene costos de expresión, porque una vez que la obra ha sido creada, los esfuerzos del autor pueden ser incorporados sin costo alguno a la reproducción (cabe aclarar que los autores simplifican el análisis y no distinguen costos de autores y editores. Sobre este punto volveremos más adelante).

Para que se cree un nuevo trabajo entonces, el retorno esperado exclusivamente de la comercialización de copias (IO) debe superar los costos esperados. Mientras el costo de crear una obra sujeta a la protección de los DA es a veces alto, el costo de su reproducción es relativamente bajo. Una vez que la copia es disponible para otros, realizar copias adicionales casi no implica costo para éstos. Si las copias fueran hechas por el creador y su precio fuera igual al, o cerca del, costo marginal de producirlas, creará un desincentivo para terceros de realizar copias adicionales, pero los ingresos totales del autor pueden no ser suficientes para cubrir los costos de crear el trabajo. Esto, a su vez, desincentivará la creación de obras nuevas. Por ello, sostienen los autores, es que se requiere de un sistema de DA.

2. Costos de Restricción

Los costos de restricción (CR) son aquellos que pesan sobre la sociedad a los efectos de crear y regular un sistema de protección de DA. Sea esto a través del proceso normativo, creación de instituciones que entiendan en casos de violaciones de tales normas (tribunales, cámaras de arbitraje, instituciones de gestión colectiva), normas de procedimiento para dichos casos, costos de transacción generados en el proceso de formulaciones de reformas de tales normas y desarrollo e implementación de medidas o mecanismos de prevención. Estos costos son, en resumen, aquellos incurridos por la sociedad a los efectos de asegurar la continuidad de los efectos de exclusión, rivalidad y transparencia antes mencionados.

3. Costos de Ejecución

Estos costos deben entenderse como aquellos costos incurridos por los individuos, sociedades de gestión colectiva y de la administración pública en la prosecución de la defensa de los DA afectados, buscando hacer cumplir las normas a través de las instituciones citadas en 2, supra. Aquí deben incluirse los gastos realizados en detectar y perseguir a los infractores de los DA y los honorarios de profesionales cuyos servicios se hayan contratado a tales efectos.

De la fórmula arriba enunciada se desprende el principio de que el autor producirá copias hasta que el costo marginal de una copia adicional equivalga al ingreso marginal esperado. La diferencia resultante entre el precio y el costo marginal de producción, multiplicado por el número de copias vendidas, deberá generar suficientes ingresos para compensar el costo de crear la obra.

E. El equilibrio eficiente del sistema de DA

La protección legal consiste en el derecho del autor a excluir a otros de reproducir su trabajo; este derecho deberá arbitrar el costo incurrido al limitar el acceso de otras personas a un trabajo (CR), con los beneficios de crear ese trabajo en un primer lugar. Encontrar el balance correcto entre restricciones e incentivos es el problema central de los DA.

Una consideración importante en tal sentido es que pasando un cierto punto, la protección de DA puede ser contraproducente, al elevar los costos de expresión. Crear un trabajo significa generalmente crear en base a otros ya realizados. Aun el derecho de autor más restringido permite a autores usar trabajos previos y reducir así el costo del nuevo trabajo. De ser demasiado alto el nivel de protección, se utilizarían de igual manera trabajos anteriores, pero presumiblemente, de encontrarnos con un sistema de protección efectivo, será más difícil acceder a estos trabajos anteriores; por ende, se utilizarán en su mayoría trabajos que han pasado al dominio público o se realizarán esfuerzos adicionales para primero acceder y luego disfrazar la copia del trabajo anterior. Estos aumentos del costo de expresión, sumados a un alto costo de restricción y consecuentemente un elevado costo de ejecución (dado un sistema muy estricto, aumenta el ámbito de protección, generando adicionales supuestos de infracción, por ende habrá más infractores que perseguir), terminarán reduciendo el número de obras a ser creadas.

En tal sentido sostienen que la distinción entre idea y expresión de la idea, que es la creación protegida por el DA, y las doctrinas que limitan el poder de restricción de los DA, tales como las de "fair use" o "merger"[12] del sistema anglosajón, o la utilización de obras con fines didácticos, educativos o periodísticos, el derecho de citas, etc., del sistema continental, son intentos de promover una maximización de recursos, al equilibrar el incentivo a nuevas creaciones (por restringir la reproducción indiscriminada) y un sistema de excepción de tal protección (que estimula la creación de nuevas obras, al reducir el costo de crearlas).

F. Consideraciones finales

Los autores citados finalmente discriminan algunos comportamientos de mercado que desincentivan la creación de nuevas obras en el mercado tradicional.

Como la decisión de crear un trabajo se tiene que tomar antes de conocer la demanda de sus copias, sólo será tomada si la diferencia entre los ingresos esperados y el costo de realizar las copias iguala o excede el costo de expresión. Si se asume que el costo de expresión difiere de autor en autor, el número

[12] Ver *Fuentes, infra*, [9].

de trabajos creados aumentará hasta que el retorno del último trabajo creado cubra los costos crecientes de expresión.

En cuanto a una obra intelectual como producto ofrecido en el mercado, se observa que la curva de demanda para un libro o un disco posee una pendiente negativa, porque hay sustitutos buenos pero no perfectos para un libro o un cantante determinado.

Debido a ello se realizan políticas de discriminación de precios, porque dos obras no son perfectos sustitutos. El editor de libros, por ejemplo, cobrará más por primeras ediciones, o ediciones de tapa dura, y luego reducirá el precio para aquellos que estén dispuestos a esperar que se editen segundas ediciones o una edición de tapa blanda, más económicas. Lo mismo sucede con las películas de cine y el mercadeo posterior, por ejemplo en estaciones de cable en las cuales se implementa un sistema de "pay per view" (en las cuales se abona cada obra que se desea ver), las estaciones de cable con un esquema tradicional (en las cuales se abona un precio mensual por todas las obras), la comercialización en formato de video y, finalmente, la televisión abierta.

La discriminación de precios aumenta los ingresos, pero no significa que necesariamente aumente el número de copias vendidas.

En un segundo lugar, la demanda de una copia de un libro no sólo depende del número de copias sino del número de obras que estén compitiendo en el mismo segmento de mercado. A mayor número de obras, menor será la demanda para una obra determinada. Teniendo en cuenta que la atomización de la demanda impacta sobre los ingresos de cada titular de DA y recordando que ON si IO - (CR +CE + CP) > 0, se sigue que el efecto neto será la reducción del número de obras creadas.

El problema se magnifica por el hecho de que el costo del autor por crear el trabajo y los costos de edición son incurridos antes de que se conozca la demanda por el trabajo producido. La incertidumbre de demanda con respecto a trabajos artísticos es un problema agudo de este tipo de producto. Aun con un sistema eficiente de DA, las ventas pueden ser insuficientes para cubrir el costo de expresión y pueden inclusive no cubrir el costo variable incurrido a fin de realizar copias.

Por ello, la diferencia entre el precio y el costo marginal no sólo cubre el costo de expresión sino que compensa al autor y al editor por el riesgo. Un editor no puede diferir la edición hasta saber si el trabajo es un éxito, por ello las ganancias potenciales de los que realizan copias sin pagar las correspondientes regalías serán significativas, dado el aumento de precio en las obras cedidas o licenciadas para compensar la incertidumbre. Por ende, la incertidumbre sobre la demanda asimismo desincentivará la creación de nuevas obras sin derechos de autor.

Los autores concluyen finalmente que un trabajo intelectual debería ser creado si el costo de realizarlo es menor que el valor total que le atribuyen los consumidores, neto de los costos de producción, y que la protección de los DA deberá aumentar a medida que los costos de reproducción disminuyen.

5. Cambios fundamentales en los modelos de negocios

1. *El mercado digital*

A. Crecimiento del comercio electrónico[13].

El crecimiento constante del comercio electrónico ha alcanzado niveles de importancia considerable. A través de los desarrollos de IT e Internet se ha creado una nueva economía, con nuevas reglas de juego. En base a las nuevas tecnologías se han creado nuevos productos o nuevos formatos para los productos existentes, modificando el modelo de negocios a aplicar.

El valor de las compañías ya no está sólo determinado por la capacidad de generar ingresos presentes, sino por la proyección de ingresos descontada a una tasa de inversionistas en capital de riesgo. El valor de un agente económico en la nueva economía no depende exclusivamente de la capacidad que tenga para vender publicidad, sino por el concepto de red, es decir crear comunidades, agrupar personas con intereses en común. Hoy día los inversionistas recuperan la inversión dependiendo del modelo de ingresos de la empresa, algunos de los cuales son: por publicidad, comisiones por venta de productos, venta de información, venta de servicios y productos adicionales y cobro de un registro para acceder a secciones especiales, pagos voluntarios o la combinación de ellos.

Los precios tienden a caer porque los costos de producción, pero en especial los de distribución y comercialización, han decrecido significativamente por el uso de la red. Internet es un ámbito con un altísimo nivel de competencia. Uno de los elementos sobre los cuales se ejerce mayor presión es el precio de los bienes. Muchas compañías fuerzan la competencia de la economía real vendiendo al costo, usando los ingresos de publicidad para cubrir sus costos o agrupando compradores para aumentar los volúmenes demandados y obtener así mejores precios. Los compradores, en consecuencia de ello, capturan más valor, porque poseen mayor información sobre los diferentes agentes, comparan precios, y adquieren los productos a precios más bajos. Esto, como consecuencia, tiene un efecto de baja en las ganancias de los intermediarios en la cadena de valor. Con el desarrollo de IT, la información se difunde con mayor rapidez, a mayor escala y a costos más bajos. Más autores y músicos

[13] Fuente: Forrester Research Inc. (2001).

tendrán la chance de alcanzar el umbral de ventas que les permite sustentarse, lo que a su vez produce mayor diversidad de música, en especial la que percibe el consumidor promedio, y más superestrellas de la música pueden emerger. A continuación enumeraré algunos de los principales efectos de la economía digital.

B. Nuevos efectos de mercado

(i) "First mover" o de primero en el mercado

Uno de los pilares centrales de los sistemas de mercado tradicional es el doble rol que juega el precio de mercado. Por un lado acota la demanda, en el sentido de que el que no esté dispuesto a pagar un determinado precio no consigue ese bien. Por el otro, sirve como parámetro de la oferta. Cualquier empresa que puede producir un bien o servicio por menos que su precio de mercado, tiene un poderoso incentivo de hacerlo. La teoría clásica de la mano invisible del mercado nos indica que de esta manera lo que se produce llega entonces a quien más lo valúa. Lo que se produce es realizado por quien lo puede realizar en la forma más económica. Ambos efectos producen una maximización de bienestar.

En la actualidad, debido a los desarrollos tecnológicos, se ha logrado disminuir fuertemente los costos de reproducción. Los primeros años de desarrollo del mercado digital muestran que los bajos costos de la reproducción y distribución producen enormes economías de escala, lo que pareciera indicar que no es el que produce más barato el que sobrevive, sino el que establece su posición primero en el mercado. Pareciera que la industria está tendiendo a un modelo "el ganador se lleva todo", en especial para los productos intangibles e información-intensivos. Los que primero entren al mercado tendrán una ventaja competitiva. La importancia de escala y reconocimiento de marca que imperan en el mercado digital, otorgan una gran ventaja a quienes primero se establezcan en el mercado, debido a que son capaces de atraer millones de potenciales clientes (Napster, por ejemplo, llegó a poseer más de 60 millones de usuarios). De manera tal, los usuarios de Internet identifican un determinado servicio o producto con una marca, un dominio de Internet. En el caso de querer consumir tales productos o servicios, quien primero haya logrado asociar su marca será quien logre la venta. A mayor reconocimiento, a su vez, mayor será la escala de su negocio. Según Forrester Research ésta es una constante en casi todas las áreas de comercio electrónico, sea a través de la venta de libros o distribución de CD de música. El dominio de mercado en el sector de distribución de libros y música de Amazon y Barnes and Noble está muy bien documentado, al igual que el caso Napster, con su modelo de intercambio entre usuarios o P2P.

(ii) El fin de los efectos de exclusión y rivalidad [25]

Los desarrollos tecnológicos también afectaron los principios de exclusión, rivalidad y transparencia. Ya no se puede excluir fácilmente ni en forma económica a otros de gozar de determinados bienes, en especial aquellos productos como las creaciones que merecen la protección de los DA en el mundo de la música. La facilidad, calidad y velocidad de acceder a copias de obras, sean de música, escritos o programas de computación, permiten que muchos puedan disfrutar del mismo bien. La reproducción digital redujo su costo a casi cero, con lo cual una infinidad de agentes pueden poner a disposición reproducciones digitales de diferentes obras a un gran número de usuarios. Bradford DeLong y M. Froomkin [25] sostienen asimismo que el efecto transparencia se ha perdido, debido a la velocidad de innovación y enorme multiplicidad de productos, aplicaciones y recursos que logran en definitiva excluir al usuario promedio, quien no posee el tiempo ni la calificación como para evaluar cada nuevo desarrollo.

(iii) El efecto economía de red y sus externalidades

El significado de una economía de red puede entenderse por medio del ejemplo de los aparatos de fax: cada nuevo aparato vendido agrega valor a los demás. Un aparato de fax no valdría mucho si no existieran otros con los cuales se pueda comunicar. Por ende, el todo suma valor a cada uno de los componentes individuales. Las externalidades de la economía de red implican la creación de valor por el uso de la red; en tal sentido, cuantas más personas se desean conectar a Internet, tanto más valiosa se torna la conexión.

(iv) El efecto ingreso indirecto

Si el costo marginal de la reproducción digital es cercano a cero, esto significaría que todos podrían tener el bien casi sin costo. Aplicando un razonamiento lineal del mercado real, pareciera que el productor original estará condenado a quebrar ante este escenario, dejándolo sin incentivos para producir nuevas obras.

Sin embargo, en la economía digital existen ejemplos que indican que esto no necesariamente es así. En la nueva economía se han desarrollado alternativas al paradigma de compraventa: los de ingreso indirecto y el de libre intercambio.

A continuación enumeraré algunos ejemplos:

a) Los programas de computación de fuente abierta (*open source*). Los ingresos no pueden provenir de los derechos intelectuales tradicionales únicamente. Se provee otro tipo de valor, sea soporte técnico, instalación fácil y guiada, manuales o equipamiento opcional a fin de solventar los costos de producción. Aunque esto puede arrojar serias dudas sobre el hecho de si este tipo de ingreso puede hacer viable un emprendimiento, los programas *open source* han probado exitosamente ser viables en mercados importantes. Internet no sería hoy lo que es sin haber contado con los programas de fuente abierta HTML y HTTP. Otro ejemplo claro en este sentido es la empresa Netscape, que distribuye gratuitamente su programa de navegación de Internet.

b) La televisión abierta. Los ingresos se obtienen de fuentes alternativas, esencialmente de la venta de la publicidad.

c) Una combinación de los efectos de libre ingreso y libre intercambio se pueden verificar de mano de un ejemplo. Uno de ellos es el artista Toby Slater, quien de acuerdo con la revista *SnowBoardNetwork* logró ganancias gracias a los aportes monetarios directos de los usuarios a los miembros de la banda, a través de otra compañía de Internet, denominada Active Mark, pese a ofrecer gratuitamente su música por Internet. Esto ejemplifica el funcionamiento del modelo de libre intercambio. Al recibir gratuitamente música, los usuarios deciden donar o recompensar a los miembros de la banda. El fin ulterior es poder ayudar a sustentar el proyecto musical que disfrutan, a fin de estimularlos a nuevas producciones. Existen sitios de Internet que proponen este sistema, tales como www.adoptaband.com, en el cual se puede pagar voluntariamente a artistas por sus obras. Según abc.news.com [Fuentes, *infra* 30], para 39 de los cerca de 150.000 artistas de MP3.com, este sistema se tradujo en ingresos de más de US$ 20.000 en 2001. Asimismo afirman que artistas que generan menores ingresos a los mencionados, se sienten conformes con la compensación que están recibiendo de parte de esta nueva fase del negocio musical. Como caso ejemplar del buen funcionamiento del sistema citan al artista Now Lindhe, afiliado a MP3.com, quien recibió un ingreso de US$ 70.000 el año pasado, sin contar sus ingresos por ventas de CD.

(v) El efecto superestrella

Las compañías discográficas no le pagan millones de dólares por álbum a Madonna por ejemplo, sólo porque sea talentosa, sino también porque la economía de la información les otorga a las superestrellas un enorme poder de negociación. El poder de las superestrellas es una profecía autocumplida: las estrellas atraen a las masas, lo cual atrae a los productores, con cuyo capital se producen las reproducciones del trabajo que la gente compra. Internet posibilita que más músicos accedan a mayores públicos; por ende, se abren nuevos canales para el surgimiento de superestrellas. Esto es sinónimo de una economía más volátil y móvil.

6. Aplicabilidad del modelo Landes-Posner

Hemos intentado explicar alguno de los signos más distintivos del nuevo mercado, sus principios de funcionamiento y la nueva estructura de costos.

Algunas de las principales conclusiones del análisis esbozado en 4. entran en conflicto si son contrastadas con este nuevo marco. Los siguientes son algunos de estos puntos en conflicto:

A. Límite de producción

El fenómeno del ingreso indirecto inhibe que el autor detenga la reproducción cuando el costo marginal de una copia adicional equivalga al ingreso marginal esperado. Por un lado, los costos de realizar la obra y distribuirla son sensiblemente inferiores en la economía digital, por el otro, cuentan con nuevas fuentes de ingreso. Como indica Wilfred Dolfsma, el conflicto pesa primordialmente sobre los intermediarios, quienes ven disminuir su fuente de ganancias (ver F., *infra*). El problema real entonces es de distribución de recursos, no de eficiencia, dado que el mercado está postulando nuevos intermediarios, tales como los modelos Peer to Peer, quienes pueden maximizar la eficiencia del mercado y cumplir con los fines propuestos de protección del autor y estímulo a nuevas creaciones.

B. Límite de mercado

También creo que se inhibe el postulado de que, a mayor número de obras, menor será la demanda para una obra determinada, cuyo efecto neto es la reducción del número de obras creadas. Teniendo en cuenta lo expresado en referencia al nuevo mercado, la facilidad de ingreso de nuevos agentes y su explosiva difusión, el aumento de la oferta se compensa con la globalización del mercado. Creo que el principio es aplicable tomando como base un aumento de oferta pero con un mercado que permanece igual. La producción de una unidad en un mercado de diez personas es equiparable a una producción de diez unidades en un mercado de cien personas. Expresada así, la problemática a la que hacían referencia Landes y Posner se transformaría en un problema de escala. A la mayor competencia se contrapone entonces un mayor mercado. Restará establecer si la aparición de nuevos artistas, o artistas que no habían logrado su ingreso en el circuito "real" de distribución, excede proporcionalmente el aumento del mercado, o no.

C. Riesgo

Asimismo, el necesario aumento del precio de los productos por el riesgo asumido, carece de viabilidad en el mercado digital. Como mencionamos, la presión sobre el precio ejercida por los productores en la economía digital o por los consumidores quienes poseen mucha información comparativa, hace imposible sostener este tipo de política. El riesgo asumido en el mercado digital vuelve a compensarse con los menores costos y mayor velocidad de reproducción y distribución y el aumento del mercado, amortiguando el riesgo de la inversión inicial de creación de una obra.

D. Equilibrio eficiente

Posner indica que de caerse en un excesivo rigorismo en la protección de los DA, el efecto será desincentivar nuevas creaciones por los mayores costos. Como pudimos observar, los costos de restricción y ejecución, componentes fundamentales de la ecuación de eficiencia, serán significativamente mayores que en el escenario tradicional, debido a la velocidad y facilidad de distribución de copias no autorizadas. El equilibrio necesario para que tal fórmula sea eficiente parece difícilmente alcanzable, teniendo en cuenta este desequilibrio. Esto tendrá la consecuencia de que la obra, en términos de este análisis, carecerá de estímulos para ser creada.

E. Bases del análisis económico tradicional

Como hemos expuesto, tanto los tres axiomas del mercado como la eficaz aplicación de los DA son de difícil aplicación en el mercado digital. En tal sentido, crea una gran incertidumbre sobre la aplicabilidad del mismo esquema a la nueva economía.

F. Distinción entre autor e intermediario [14]

Como mencioné anteriormente, el análisis de Landes-Posner no distingue entre los costos del autor y del intermediario (editor, productor, distribuidor). Sin realizar esta distinción, concluyen que los efectos económicos de los DA son crear un flujo de ingresos para artistas y así estimularlos a realizar nuevas creaciones, y dadas determinadas estructuras de costos, esto efectivamente se logra. Dolfsma opina que los DA crean un escenario en el cual los agentes más beneficiados son las discográficas y editores, intermediarios de la música, siendo ellos en definitiva quienes más aprovechan el sistema actual. Sostiene que la institución de DA, frente al surgimiento de Internet y el estado actual de IT, es ceremonial. (El autor aclara que instituciones ceremoniales en la literatura institucional económica significan aquellas que evitan que se produzca un cambio que favorezca a todos.) En el pasado, los DA generaban ingresos para cubrir los costos de los productores y discográficas para seleccionar y distribuir música. Estos costos han caído tan drásticamente que ya no justifican la existencia de estos intermediarios.

Producir, reproducir y distribuir música se hizo más barato, posibilitando el ingreso en el mercado de sellos independientes. Las organizaciones que median entre productores y consumidores necesitan adaptarse a esos cambios. Concluye que los DA benefician a intermediarios no creativos y los cambios que se avienen beneficiarán tanto a los músicos como a los consumidores. El mercado emergente no estará libre de organizaciones que filtran y califican la información para consumidores, es más, éstos no sustituirán a los mercados tradicionales sino que interactuarán con el existente, fortificándose mutuamente.

Ese mercado será más volátil, más competitivo, más y nuevas formas de música fuerzan a las discográficas a mayor flexibilidad.

En base a las consideraciones anteriormente explicadas, podemos llegar a la primera conclusión de este trabajo. El nuevo mercado es una realidad. El comportamiento de los agentes en este nuevo mercado está en tensión con la estructura de los DA. Teniendo en cuenta las Metas propuestas, ¿puede sostenerse el sistema de DA tal como lo conocemos como medio para cumplir éstas?

Comenzamos este análisis con una breve descripción de los DA. Luego vimos cómo el análisis económico del Derecho entiende que la estructura de los DA crea los beneficios adecuados para lograr una maximización de beneficios a nivel colectivo en un mercado tradicional. El análisis económico así realizado no puede aplicarse al nuevo mercado debido a que el funcionamiento de uno y otro mercado obedece a diferentes reglas, en algunos casos incompatibles entre sí. Sus herramientas de análisis, sin embargo, deben servirnos para entender el estrés que existe entre un sistema legal que responde a una estructura de mercado tradicional y una nueva estructura de mercado que aún no posee un sistema legal propio. Dicho en otras palabras, pretender aplicar los mismos remedios al nuevo escenario puede resultar una tarea tan ineficiente por costosa como ineficaz.

Las Metas (beneficio de los autores y de la comunidad, al disfrutar sus obras) parece difícilmente alcanzable con un medio que no está preparado para contener el torrente constante de innovaciones tecnológicas que facilitan la elusión masiva de las medidas de protección de los DA. La aplicación de remedios tradicionales se ha probado posible con casos como Napster; la pregunta que queda abierta es: ¿A qué costo se puede llevar adelante esta misión? Éste es el punto central a ser considerado. A continuación veremos los argumentos de RIAA, retratando la gravedad de la situación y sus propuestas de cómo enfrentar los problemas planteados por la nueva economía. Su enfoque, como veremos, se centra en lograr un sistema de DA más estricto, ampliando su campo de aplicación. Vale recordar que un desequilibrio creado por un sistema de DA demasiado estricto crea un aumento de los costos, que hace injustificable el cumplimiento de las Metas. ¿Es entonces eficiente plantear la defensa de los DA desde el punto de vista de los remedios tradicionales?

7. El impacto de modelos estilo Napster en el mercado de la música en Internet

A. El fenómeno Napster, el problema en números

Como comentamos en la introducción a este trabajo, la RIAA interpuso la demanda en diciembre de 1999, contra Napster, por violación de DA. Los usuarios de Napster aumentaban día a día, llegando a los más de 60 millones de usuarios registrados (fuente: www.datosenlaweb.com).

En vista a este fenómeno IFPI creó una unidad especial antipiratería que está desarrollando políticas y aplicaciones automatizadas de anti-piratería para Internet. IFPI estima que sus acciones a nivel global resultaron en el cierre de 15.000 sitios que infringían los DA, que manejaban 3 millones de archivos musicales en el año 2000 (fuente: IFPI).

Según sus voceros, han demostrado que están preparados para tomar acciones legales contra quienes infrinjan los DA. Las acciones legales más significativas de la industria discográfica son la acción contra My.MP3.com, quien había copiado miles de archivos musicales a sus servidores y ofrecido tales archivos al público, y la sentencia condenatoria del servicio de intercambio de archivos entre consumidores provisto por Napster.

Alen N. Dixon, su abogado general y director ejecutivo, en una conferencia de prensa de marzo del 2000, sostuvo entre otras consideraciones que: "... El Mercado global pirata supera las 2000 millones de unidades, por un valor estimado de 4,5 mil millones de dólares en 1998...". "... Las ventas de CDs piratas alcanzaron las 400 millones de unidades...". "... Actualmente los 200 millones de usuarios de Internet a nivel mundial están en posesión de más de un millón de copias no autorizadas de archivos MP3..."

Dixon finalizó su exposición confesando que si bien la industria ha sido tomada por sorpresa por los cambios que el desarrollo tecnológico impone, están en el proceso de adaptarse a los nuevos formatos y las nuevas formas de distribución, e intentarán convertirse en actores principales de la nueva economía.

B. Propuestas de RIAA para combatir el fenómeno

1. Regulación internacional de la producción de CD.

2. Aumento de las penas por violaciones de los DA. Afirman que los DA carecen de todo significado si los procedimientos legales no son adecuados

para detectar y castigar a los infractores. De manera tal, sostiene, se hará más riesgoso y costoso realizar actos de piratería que cumplir con las leyes.

3. Extender el concepto de piratería a las violaciones de los DA realizados en Internet. Tradicionalmente, el concepto de piratería está en relación estrecha con actos que importen reproducciones con fines comerciales y a escala comercial. Pero la realidad de las redes globales hace que una reproducción no autorizada en un determinado lugar del mundo está inmediatamente disponible en todo el globo. Por lo tanto, proponen extender la figura de piratería tanto a la puesta a disposición intencional de material no autorizado como a aquella culposa, tengan o no fines comerciales.

4. Un fuerte compromiso por parte de los gobiernos de cada país para erradicar la piratería.

5. Creación de sistemas automatizados de fidelización, tales como códigos de acceso o sellos de agua que garanticen que cada copia es autorizada.

A través de estas expresiones queda muy claro que la RIAA sigue apoyando firmemente los remedios tradicionales de los DA. Los remedios que propone implican un refuerzo del fenómeno de restricción y de la ejecutabilidad de los DA, solicitando apoyo gubernamental para el aumento de las penas y para cargar con parte del costo de aplicar eficazmente los DA.

C. *Críticas*

Partiendo de la fórmula DA eficiente = ON si IO - (CR + CE + CP) > 0, cabe hacer las siguientes reflexiones sobre la postura asumida por la RIAA:

1. Aumento de costos de ejecución y restricción

Con anterioridad se hizo referencia al necesario equilibrio que debe existir entre los costos y los beneficios de mantener un sistema de DA. El mantenimiento de la fórmula ya implica –y en el futuro implicará– aún mayores costos a fin de hacer efectivos los principios de exclusión y ejecución de los DA. En adición a los costos cabe mencionar los siguientes problemas en la ejecución de medidas de defensa de los DA:

(i) *Problemas de restricción*: Empíricamente puede observarse que en cuanto se desarrollaron tecnologías de seguridad para evitar la replicación indebida de obras, alguien logra romper o "crackear" el código de seguridad. El último caso notorio fue el "crackeo" del código de encriptación de los sistemas de DVD. Un programador noruego descifró el sistema de encriptación CSS y puso el programa a disposición de los 200 millones de usuarios de Internet en forma simultánea.

(ii) *Problemas en la ejecución*: Siguiendo el ejemplo anterior, cabe decir que desde un punto de vista legal el programador ha sido detenido por comisión de delito informático y se han trabado medidas cautelares contra dos sitios de Internet por ofrecer estos programas de decodificación. Desde un punto de vista económico, sin embargo, el problema no es resuelto. La nocividad de este tipo de actividad es muy alta, dado que el daño patrimonial que se crea no es frenado con la detección de quien descifra un código de seguridad, sea un sistema de encriptación, sea una marca de agua, sino que el problema es, una vez que se ha descifrado el código, frenar su distribución a través de la red, dado que cada vez que la obra es transmitida se crea un nuevo daño a su titular (fuente http://www.mpaa.org/press).

Volviendo a la consideración de los costos, vemos que este proceso puede llevar a una espiral ascendente de creación de dispositivos de seguridad, que ante cada violación deben ser recreados, dada la velocidad de transmisión de la información por Internet, mientras se persigue al infractor.

Según un informe de la Consultoría Ernst & Young, en base a estudios realizados por el Federal Buraeu of Investigations, en los Estados Unidos los incidentes de seguridad en el año 2000 significaron daños por un valor de 266 millones de dólares, doblando la cifra del año pasado. Las estadísticas del Computer Emergency Response Team (CERT), organismo que canaliza la notificación de incidentes de seguridad producidos en Internet, muestran que la cifra de incidentes fue de 2000 en 1997 y ha crecido a 10.000 en el año 2000 (fuente: Ernst&Young).

Los costos de exclusión y ejecución ante tal perspectiva aumentan significativamente dentro de la ecuación, alterando su equilibrio original. Vale preguntarse qué remedios deben ser tomados para restablecer el equilibrio perdido. ¿Deberán ser mayores los ingresos para equilibrar los mayores costos? ¿Cómo puede lograrse este aumento de ingresos? En su defecto, la reducción de costos de producción, ¿es suficiente para cubrir este aumento en los costos de exclusión y ejecución?

2. El éxito incierto de la ejecución de los DA (eficacia)

La mayor inversión en ejecución de los DA no es una función lineal de su éxito. Existen dos poderosas razones que deben ser consideradas. El sistema legal está basado en encontrar un responsable y que dicho responsable pueda compensar al accionante por los daños ocasionados y los costos incurridos en la ejecución de sus derechos. En el caso Napster, es exactamente como ocurrió. Napster, sin embargo, como mencioné, es un solo modelo de intercambio de archivos musicales. Hoy en día queda claro que su intención comercial luego del ingreso de sus socios capitalistas y su posterior venta al grupo Bertelsmann fue y es sin duda imponerse como referencia del mercado digital de intercambio de archivos musicales. Esto no es un presupuesto para todos los sistemas de distribución P2P. Napster reúne las dos condiciones básicas para que la ejecución en su contra tenga probabilidades de éxito: una "cara visible", esto es un sujeto de derecho a quien se puede imputar determinadas conductas, y medios para responder ante una sentencia condenatoria. Napster es sin duda un nuevo intermediario de la industria de distribución comercial de música. No es una amenaza contra el sistema, sino una potencial competencia dentro de él. RIAA ha vencido contra uno de los pocos agentes que pueden, en hipótesis, enfrentar económicamente una decisión judicial adversa (cabe recordar que las sumas otorgadas a RIIA en concepto de compensación por daños y perjuicios son tan significativas, que Napster enfrenta aún hoy día y pese al ingreso de Bertelsmann, un eventual escenario concursal). Otros sitios en cambio, por citar algunos como "Gnutella", "Scour Exchange" y "Freenet", poseen otra estructura, y pueden resultar incontrolables bajo las premisas establecidas. En especial Gnutella o Kazaa son sistemas descentralizados sin ninguna entidad que controle sus actividades. Realizar una acción legal exitosamente contra un participante de los sistemas P2P es un éxito de importancia (y costos) considerable, pero no implica cambio alguno en el funcionamiento de una estructura P2P descentralizada y estará en duda el éxito de la compensación económica por los daños causados, dado que un usuario individual difícilmente pueda hacer frente a un monto indemnizatorio significativo.

3. Eliminar las restricciones existentes de los DA, a fin de asegurar exclusión

Disminuir significativamente las limitaciones a los DA, por ejemplo eliminar los institutos de copia privada, o uso de material protegido con fines educativos o científicos, altera el equilibrio de la ecuación, y resulta en un desincentivo a producir nuevas obras, debido al aumento del costo de expresión de éstas.

8. HACIA UN NUEVO SISTEMA DE DA

A. Defensores de la tendencia P2P

Aquellos que defienden la P2P se enrolan en la filosofía de que Internet ha nacido como un espacio de libre intercambio de información y sostienen que debería permanecer como tal. Este entendimiento de Internet está en tensión con la delimitación y protección de propiedad privada en un sistema de DA. Vale replantearse una vez más la pregunta de si las metas pueden ser cumplidas sin su existencia. Un razonamiento lineal indicaría una respuesta negativa; sin embargo, bajo ciertos presupuestos, los defensores de esta tendencia sostienen lo contrario. En los términos de este trabajo, esta postura de la propuesta para alcanzar las Metas podría resumirse en una nueva fórmula:

$$On \text{ si } (It + Ii) - Cp > 0$$

En la cual se entiende que se crearán obras nuevas (On) si el ingreso combinado del ingreso tradicional (It) (en base al modelo alternativo) sumado al ingreso indirecto (Ii) supera el costo de producción (Cp) de la obra.

La base del razonamiento estriba en que, de generarse suficientes ganancias por las obras creadas, de manera que excedan sus costos de producción, se estimularía a los autores a crear obras nuevas.

Las ventajas inmediatas de esta proposición son de consideración:

1) Al no existir en Internet un sistema de delimitación de la propiedad, desaparecen consecuentemente los costos de restricción y de ejecución.

2) Una libre circulación de obras acrecentará y estimulará aún más su distribución por Internet, generando mayores audiencias, lo cual significa un mayor mercado.

3) El desarrollo tecnológico ha bajado los costos de producción de las obras. Una estructura de costos sensiblemente inferiores importará que la barrera de ingreso que justifica el ingreso de mayor cantidad de artistas sea más débil entendiendo que el costo de la creación de obras sea a su vez menor.

4) A nivel social, se liberarán recursos al dejar de existir costos estructurales y transaccionales asociados al sistema.

Cabe preguntarse por el comportamiento de los autores de las obras ante una circulación irrestricta de sus obras. Suponiendo que sus ingresos justifican la creación de obras nuevas, resta analizar el impacto que una circulación incontrolada puede tener en su comportamiento. En tal sentido, puede preverse que el autor puede desear preservar la integridad de su obra o ejercer su derecho al arrepentimiento. No tener estas opciones puede inhibir sus estímulos de producir obras.

Una respuesta posible a este dilema es resuelta por la creación de un sistema no coercitivo de derechos morales de autor en Internet, tanto para países de tradición continental como para aquellos de tradición anglosajona. Los nuevos intermediarios no poseen incentivo para oponerse a ello debido a que tendrán asimismo acceso irrestricto a la nueva obra.

De tal manera, la nueva fórmula podría ser:

$$\text{DAM} = On \text{ si } (It + Ii) - Cp > 0,$$

donde DAM significa Derechos Morales de Autor.

B. Crítica

El razonamiento arriba expuesto parte de la presunción de que los autores sean lo suficientemente "risk friendly" (tomadores de riesgos) como para asumir que el efecto de ingreso tradicional subsistirá en un determinado porcentaje, entre otros, sobre la base de una relación de libre intercambio y que el efecto ingreso indirecto será suficiente para cubrir los costos de producción.

Si bien existen ejemplos aislados en los cuales el modelo se prueba posible, el mercado digital está en una fase temprana de desarrollo y cabe preguntarse sobre la viabilidad a gran escala de estos modelos alternativos.

Al no existir modelo coercitivo alguno, surge el interrogante de cómo se pueden resolver conflictos. Una respuesta posible es que el mercado proveerá las soluciones. Existen dos efectos que permitirán evitar conflictos de autoría: uno, la velocidad de difusión, una especie de efecto *first mover*, en la cual una obra se asocia con quien primero la difundió. Segundo, la sustitución imperfecta. Para estos productos no existen sustitutos perfectos, de manera que un tema musical ejecutado por un grupo es diferente al ser ejecutado por otro (efecto "cover"). A ello debe sumarse que hace tiempo se están desarrollando códigos de conducta ("netiquets") privados y autónomos que castigan a quienes incumplen con las reglas por medio de la exclusión del circuito, red, comunidad o sitio de Internet. Sumando estos efectos, según esta visión, el autor podría apoyar sus nuevos DA en tales mecanismos alternativos.

Una de las mayores dudas es creada por la coexistencia de una "zona libre" de DA y un mundo con DA. Existen estímulos muy fuertes para apropiarse de una obra y hacerla circular libremente por Internet. ¿Qué defensas posee el autor? En definitiva, ésta es otra suposición que se basa en el éxito de los principios de ingreso indirecto y libre intercambio, confiando que la venta de "originales" nunca perderá su valor para los consumidores, aun teniendo acceso libre a copias casi perfectas.

9. Conclusión

El presente trabajo intentó demostrar que el sistema de DA para obras musicales tal como lo conocemos es de difícil aplicación a la industria de Internet, debido al peligroso aumento de costos que significa su mantenimiento. Los costos amenazan ser tan altos que pueden tornar al sistema de DA atentatorio con relación al cumplimiento de las Metas y el logro de una maximización de utilidad a escala social. Las propuestas de la RIAA, amén de ignorar las consecuencias económicas de implementar un régimen especial para Internet, parten de una postura optimista en cuanto afirman que una vez incurridos los gastos necesarios en su defensa, podrán asegurar un funcionamiento eficaz del sistema de DA (a costa de su eficiencia). Como comentamos anteriormente, aun esta proposición básica, independientemente de poder considerarla realista, debido a todas aquellas condiciones que presupone (apoyo gubernamental irrestricto, apoyo del público consumidor, tecnologías inviolables etc.), merece serias dudas acerca de su viabilidad aun reuniendo estos presupuestos.

La propuesta P2P en cambio, si bien vislumbra una solución en cuanto a la estructura de costos implicada, parte de presupuestos optimistas en cuanto a la viabilidad de la estructura económica de ingresos. Una externalidad difícilmente evaluable que genera tal solución es el comportamiento de los autores ante un esquema semejante.

Los grandes perdedores bajo este enfoque, presuponiendo su viabilidad, serían en el corto plazo los intermediarios tradicionales. Prueba de que tal escenario no les es ajeno, es el comportamiento de los mayores actores de la industria, adquiriendo o creando empresas de distribución en la economía digital, tales como MusicNet (perteneciente a AOL Time Warner, Bertelsmann y EMI) o Pressplay (perteneciente a Sony Music y Universal Music).

El nuevo escenario difícilmente reemplace al medio tradicional, o al mundo real. Existe un cierto consenso respecto de la idea de complementariedad de la economía digital con respecto a la economía real. El escenario más probable será el de la coexistencia de ambos mundos y su retroalimentación mutua. El informe de febrero de 2000, publicado por la consultora Gartner Group respalda esta conclusión para el mundo musical: los usuarios de Napster han adquirido durante un lapso de seis meses un promedio de tres CD más que los no usuarios.

Históricamente, los sistemas de copiado tales como videograbadoras o fotocopiadoras no han hecho colapsar la comercialización de reproducciones autorizadas, y en muchos casos se pudo observar el efecto opuesto, han logrado aumentar los ingresos de los titulares de DA.

Las dificultades de ambas posturas extremas estriban en un optimismo irracional a mi entender. Unos presuponiendo la viabilidad de modelos transaccionales alternativos de una economía embrionaria, aseguran el éxito de la estructura de ingresos. Otros, presuponiendo la razonabilidad del sistema actual, minimizan la dimensión del cambio radical operado por el mercado digital y desconocen la problemática de costos implicada como consecuencia de continuar por el mismo camino.

En palabras propias de los intermediarios de la economía real, se mudarán a Internet y harán los esfuerzos necesarios para adaptarse al nuevo medio. Los agentes tradicionales se ajustarán a los nuevos esquemas que en algunos casos prometen y en otros demostraron ser muy rentables. Haber reconocido la importancia de los nuevos medios de distribución y promoción es sin embargo sólo una parte del problema.

La segunda parte, esto es, defender sus intereses con medios potencialmente ineficaces e ineficientes, es una preocupación que parece no tener relevancia suficiente en sus planes. Económicamente esto es perturbante.

Como consideración final del conflicto expuesto, creo que se está desarrollando una problemática superpuesta. Coexisten dos conflictos: el primer conflicto es el de la redistribución de ingresos. Tal conflicto es causado por la reestructuración de los modelos económicos subyacentes, en él se está debatiendo quiénes serán los ganadores y quiénes los perdedores económicos como resultado de este fenómeno. Si bien esta problemática es relevante para las partes afectadas, y en forma indirecta impactará sobre los consumidores de tales obras, no debe distraer del verdadero conflicto central que el nuevo mercado ha planteado en la raíz de los sistemas de protección de los DA, esto es, el cumplimiento de las Metas de la manera más eficiente, a los efectos de maximizar la utilidad social, evitando malgastar recursos escasos.

Éste es el valor que debe preservarse, por encima de cualquier conflicto distributivo. Las Metas deben ser garantizadas por vía de un sistema eficiente; de lo contrario, la sociedad como un todo será la gran perdedora. Si dichas Metas se puede alcanzar por medio de un sistema de DA, éste debe ser eficaz y eficiente. Este trabajo responde la pregunta principal en forma negativa, afirmando que los DA tradicionales no son eficientes ni eficaces en Internet, lo cual acarrea consecuencias nocivas a mediano y largo plazo (en el corto plazo puede presuponerse que los actuales actores del mercado seguirán absorbiendo mayoritariamente los costos de sustentación del sistema. Pero tal capacidad tiene limitaciones obvias).

Sobre la base de lo antedicho, el presente trabajo pretende resaltar la necesidad de una discusión de fondo, presuponiendo que el valor a alcanzar o mantener son las Metas. A tales fines deberemos: a) distinguir entre conflictos de distribución y conflictos de eficiencia y b) comenzar a analizar seriamente la situación de los DA en un mercado virtual, que posee una estructura novedosa. Se deberá investigar y plantear soluciones legales, alternativas a las existentes, que no distorsionen la eficiencia del sistema, o tal vez, si ello resultase inviable, como se propone en diferentes ámbitos, analizar y debatir la viabilidad de las Metas en una estructura lisa y llanamente sin los DA, tal como los hemos conocido hasta hoy.

Fuentes

[1] M. Landes and Richard A. Posner, *An Economic Analysis of Copyright Law,* 18 J. Leg. Stud. 325,325-33, 344-53 (1989).
[2] Jessica Litman, *New Copyright Paradigms*, Wayne State University.
[3] James Boyle, *A Young Person's Guide*, 10 Harvard Journal of Law and Technology 47 (1996).
[4] David Friedman, *Standards as Intellectual Property: An Economic Approach.*
[5] Roger Parloff, *Nwebies vs. Newbits*, The American Lawyer, September (12, 2000).
[6] José M. Guardia, Las dos caras de Napster, www.Baquia.com /com/ 20000808/ art00002. html (22 septiembre 2000).
[7] *History of Digital music* www.mnsbc.com/modules/Digitalmusic/9298.htm (2000).
[8] Carlos Mouchet, *Los Derechos de los Autores e Intérpretes de Obras Literarias y Artísticas*, Monografías Jurídicas, Abeledo Perrot (1966).
[9] Arthur Miller, Michael H. Davis, *Intellectual Property*, West (1990).
[10] Tatiana Boncompagni, *After Napster, Controversy Over Music Downloads Spurs Capitol Hill Lobbying*, Legal Times (Agosto 17, 2000).
[11] Mike Godwin, *Napster Opposition Brief: Napster Pulls Out Stops,* E-Commerce Law Weekly (Julio 31, 2000).
[12] Mike Godwin, *Napster Does Not Qualify for DMCA Infringement Exemption*, E-Commerce Law Weekly (Mayo 15, 2000).
[13] Brenda Sandburg, *Rio Music to Ninth Circuit's Ears*, The Recorder (Junio 16, 1999).
[14] Wilfred Dolfsma, *How Will the Music Industry Weather the Globalization Storm?* First Monday, volume 5, number 5 (Mayo 2000), URL: http://firstmonday.org/issues/issue5 _5/ dolfsma/index.html
[15] Eric Nilsson, *Popular program Raises Devilish Issues*, O'Reilly Network (Mayo 12, 2001).
[16] Javier Villate, *Napster, Gnutella... y la tercera revolución de Internet*, en.red.antes número 79 (4/7/2000).
[17] Andy Oram, *Gnutella and Freenet Represent True Technological Innovation*, O'Reilly Network (Mayo 12, 2000).
[18] Molly E. Holzschlag, *The Day the Music Dies: Opinions on the Napster Injunction July 28*, 2000 Issue Web Authors, WebReview.com (2000).
[19] Stephen Pizzo, *NOT Waiting for Godot* (May. 12, 2000), O'Reilly Network: 05/12/2000.
[21] Diego Guasch, *Entrevista a Diego Guasch, Lex* - Todo el Derecho en Internet.
[22] Jessica Litman, *Copyright Noncompliance*, 29 N.Y.U. J. INT'L L. & POL. 237 (1997).
[23] Jon D. Grossman y Cyrill P. Rigamonti, *Internet Basics and Copyright Law*, Dickstein Shapiro Morin & Oshinsky.
[24] Iñaki I. Rojo, *MP3.com y Napster pierden una batalla, pero no la Guerra*, Baquía Mundo Real (Artículo 11 febrero 2001).
[25] Bradford DeLong y A. Michael Froomkin, *Speculative Microeconomics for Tomorrow's Economy* Copyright (c)2000, First Monday, volume 5, number 2 (Febrero 2000), URL: http://firstmonday.org/issues/issue5_2/delong/index.html.
[26] María Josefina Tavano, *¿Qué es el análisis económico del Derecho?*, Rubinzal-Culzoni Editores, Revista de Derecho Privado y Comunitario, N 21 (1999).
[27] Ricardo Luis Lorenzetti, *Análisis económico del Derecho*, Rubinzal-Culzoni Editores, Revista de Derecho Privado y Comunitario, N 21 (1999).
[28] Julio Kelly y Cristian Elbert, *El artículo 40 de la ley 24.240*, Rubinzal-Culzoni Editores, Revista de Derecho Privado y Comunitario, N 21 (1999).
[29] Ernst & Young, *Responsabilidad de los empresarios y los directivos en la nueva economía*, Recoletos Compañía Editorial S.A., Colección Expansión (2000).
[30] (http://abcnews.go.com/sections/scitech/DailyNews/musicmoney010305.html).

LA CONTRATACIÓN MERCANTIL EN EL PLANO DE LO ELECTRÓNICO

Caroline Scaglia[1]

1. Introducción

Ya resulta más que evidente que la influencia que ejerce esta nueva modalidad de contratar y actuar en el mercado exige definir y redefinir la extensión del Derecho imponiéndole innovar, evolucionar, adaptarse.

En este trabajo serán definidos desde una mirada netamente práctica, los lineamientos centrales que se erigen en tanto columna vertebral de la contratación mercantil en el plano de lo electrónico.

2. Contexto

Las negociaciones y contrataciones entabladas entre recursos que cuentan con elementos informáticos y además con dispositivos que les permiten conectarse e intercambiar información y datos a distancia –telemática– ya son cotidianas, no sólo para las empresas, sino también para los consumidores finales y la administración pública[2].

Es más, en muchas ocasiones estos equipamientos informáticos no se encuentran "operados" directamente por una persona física que manifieste su voluntad, sino que ésta se encuentra predeterminada y programada con anterioridad al momento de su empleo, de modo tal que, cuando es necesario efectivamente manifestarla, es el equipamiento quien la libera.

En este contexto se revelan circunstancias que atañen a lo operativo-tecnológico y también, pura y exclusivamente, a lo jurídico, entre las que cabe

[1] Profesora Adjunta interina de Derecho Comercial, Universidad de Buenos Aires

[2] Mediante el Decreto N° 1023/2001 se ha dado regulación al régimen general de contrataciones públicas electrónicas y se reconoce a los documentos digitales firmados digitalmente el mismo valor legal que a los documentos en soporte papel con firma manuscrita, y siendo considerados como medio de prueba de la información contenida en ellos (art. 22).

citar a las siguientes: *1.* El tiempo y el lugar del envío y de la recepción de la oferta y de la aceptación contractuales y de la celebración y perfeccionamiento del contrato –así como también de los datos puros intercambiados entre la partes–; *2.* Su validez jurídica y fuerza probatoria en tanto documento electrónico jurídicamente vinculante; *3.* La posibilidad de retractación tanto de la oferta como de la aceptación contractual; *4.* La calificación del contrato en tanto celebrado entre presentes o entre ausentes; *5.* La ley y la jurisdicción competentes; *6.* La validez y eficacia jurídica del contrato; *7.* La identificación de las partes interactuantes y con ello la determinación de su capacidad legal para contratar (entre otros); *8.* La aceptación; *9.* Los efectos jurídicos de los mensajes telemáticos recibidos –puede ocurrir que lleguen incompletos o ilegibles–; *10.* Los protocolos y estándares de comunicación empleados; *11.* El archivo de los mensajes telemáticamente intercambiados; *12.* La validez de los términos y condiciones y las cláusulas abusivas, son algunos de los aspectos esenciales que conciernen a la contratación (no sólo la mercantil) en el plano de lo electrónico.

3. Contratación mercantil telemática

Si bien los agentes interactuantes del comercio electrónico son varios, en el contexto bajo estudio cabe distinguir dos amplios grupos: uno, donde los cocontratantes son empresas y consumidores finales, y otro donde sólo participan empresas.

El primero de estos grupos es la versión minorista (B2C) de este fenómeno. Aquí el comercio electrónico se asienta en relaciones de consumo que se desarrollan bajo la mirada –principalmente– de la ley de defensa de los derechos del consumidor final (N° 24.240) y se plasman –cotidianamente– en contratos de adhesión o con cláusulas generales predispuestas que resultan vigilados por la autoridad de aplicación (artículos 38 y 39 de la Ley 24.240).

El segundo de ellos, en cambio, se caracteriza por llevar a cabo interempresarialmente actos, negocios u operaciones mercantiles mediante el intercambio de mensajes telemáticos (B2B).

Netamente, se trata de un comercio electrónico mayorista que requiere ser regulado por un contrato marco, normativo, denominado usualmente como contrato telemático o acuerdo para el intercambio telemático.

Tratándose de una vinculación telemática mercantil, o sea, que presenta las notas propias de la periodicidad y habitualidad y del empleo constante de recursos telemáticos y máxime cuando se opera en una jurisdicción que carece de una regulación específica –como es el caso de la República Argentina a fines del año 2008–, resulta vital la existencia de un contrato marco que establezca las pautas rectoras del comercio electrónico que han de celebrar entre ellas, ya que ellas les marcarán el camino y eliminarán las trabas propias de esta modalidad mercantil de contratación.

Estas reglas, entonces, comprenden fundamentalmente los aspectos más relevantes y sustanciales de la vinculación telemática, estableciendo así la manera en que las partes van a celebrar actos, negocios y operaciones mercantiles mediante el intercambio de mensajes telemáticos (es decir, el modo en que van comerciar electrónicamente) y, por consiguiente, resultan esenciales a fin de mantener la buena salud del vínculo mercantil así estrechado.

Entre las modalidades más sustanciales se encuentran:

1. La declaración de las partes de relacionarse contractualmente mediante el empleo de recursos telemáticos, lo que comprende la aceptación de la plena validez jurídica de información soportada en mensajes de dato.

2. La determinación precisa de los documentos que podrán ser válidamente intercambiados de modo telemático entre las partes y que, en consecuencia, tendrán plena fuerza obligatoria y valor jurídico entre ellas.

3. El recurso de identificación digital a ser empleado para asimismo atribuir autoría y evitar el repudio del contenido de los mensajes telemáticamente intercambiados que sustanciarán las operaciones del comercio electrónico.

4. El expreso reconocimiento del pleno valor jurídico y probatorio de los documentos electrónicos generados –comunicados o no– en este marco. De esta manera, las partes no podrán desconocer su eficacia jurídica a modo de causa liberadora de cumplimiento cuando no existe una normativa que expresamente así lo contemple.

5. La incorporación por remisión. Siguiendo la interesantísima innovación introducida en la Ley Modelo de UNCITRAL sobre Comercio Electrónico de 1996 (LMUCE) dos años después de su elaboración, resulta más que recomendable pactar la plena eficacia jurídica de la información que, si bien no consta directamente en el mensaje de datos sino que está soportada en un sitio virtual –como podría ser una página web–, se encuentra incorporada a él mediante *links* que remiten a ese lugar virtual, lo que facilita y agiliza la transmisión de los mensajes datos al no ser necesario cargarlos con información extra.

6. Los protocolos y estándares de comunicación que utilizarán y que serán aceptados y admitidos como medio válido de comunicación, gestión y eventual ligamen contractual.

7. El tiempo y el lugar en que se consideran enviados y recibidos los mensajes telemáticos y, junto a ello, el tiempo y el lugar de celebración y perfeccionamiento del contrato.

8. Los procedimientos de seguridad relativos al deber de preservar la funcionalidad del equipamiento informático y su resguardo ante las intromisiones ilegítimas de terceros, la fluidez en la comunicación telemática, la integridad de la información intercambiada y el secreto de las claves empleadas.

A tal fin, deben pautarse rutinas periódicas de verificación del estado de seguridad del sistema, del cumplimiento de estas obligaciones, la forma y el tiempo de la realización de *back up* –que puede también ser remoto– y del archivo y borrado de los mensajes intercambiados y el acuerdo sobre distintos planes de contingencia al efecto de mantener la funcionalidad de la Red y la fluidez en la comunicación[3].

9. La confidencialidad de los mensajes de datos, dado que es posible que las partes se vean en la situación de divulgar información relevante que hace al núcleo del negocio comercial y que, por tanto, deseen proteger.

10. Los lineamientos relativos a la celebración de acuerdos jurídicamente vinculantes (formación de contratos), lo que abarca el contenido de los diversos mensajes telemáticamente intercambiados (v.gr. propuestas, aceptaciones, datos puros) y el modo en que éstos operan (por ej. podría supeditarse los efectos jurídicos de las primeras a la recepción de la correspondiente aceptación), sean emitidos estos mensajes de manera automatizada o no.

11. La aceptación y el acuse de recibo. Es de buena práctica establecer el modo y la forma en que se llevará a cabo la aceptación de los mensajes telemáticos recibidos, y el modo en que se notificará al emisor acerca de su correcta recepción.

Los tiempos de respuesta y de aceptación pueden estar supeditados a determinadas circunstancias, tales como la determinación de horas y días, y/o el plazo de vigencia y validez de las propuestas u ofertas. Asimismo, las partes podrían pactar expresamente que el acuse de recibo funcione en tanto modo válido de aceptación.

12. Los efectos y el procedimiento a seguir frente a la recepción de mensajes de datos incompletos, ilegibles o duplicados (transmisión corrompida).

13. La responsabilidad emergente de toda circunstancia que genere la ejecución de operaciones distintas de las esperadas o bien que frustre operatorias de comercio electrónico, tales como el funcionamiento defectuoso o el no funcionamiento del *hardware*, del *software*, del archivo de mensajes y/o de la Red compartida de teleprocesamiento y las interrupciones en la fluidez de la comunicación telemática.

[3] Cabe mencionar que en los sistemas legales de prueba tasada resulta esencial configurar un archivo de los mensajes telemáticamente intercambiados. Para que este archivo resulte jurídicamente exitoso se deben dan garantías acerca de la integridad y recupero de la información, es decir, que ésa se mantuvo completa e inalterada desde que fue generada, enviada o recibida (excluyendo la adición de algún endoso o algún cambio sobrevenido en el curso normal de su transmisión, archivo o presentación), así como también que se conserve todo dato que permita determinar el origen y el destino del mensaje y la fecha y la hora en que fue generado, enviado y recibido.

14. La validez y exigibilidad de las relaciones emergentes de los negocios telemáticamente celebrados (es decir, las consecuencias jurídicas emanadas de los actos y contratos que hacen al comercio electrónico). A tal efecto pueden pautarse diferentes jerarquías conforme a los métodos y técnicas empleados en la confección de los documentos electrónicos.

15. Las terceras partes proveedoras de servicios y de equipamientos, tales como los terceros teleprocesadores y los contratos de locación de servicios de teleprocesamiento y de provisión informática, respectivamente.

16. La ley y la jurisdicción competentes así como también una cláusula arbitral. Tratándose de mensajes que pueden discurrir en más de una jurisdicción y que se cristalizan en un ámbito esencialmente transfronterizo como es el comercio electrónico, se impone, por tanto, su determinación clara y precisa. Dado que el arbitraje podría ser llevado a cabo telemáticamente, resulta imperioso establecer la ley y la jurisdicción, ya que estas permitirán anclar a esta forma alternativa de resolución de diferendos.

4. El soporte electrónico: su eficacia jurídica

Al hablar de la contratación mercantil en el plano de lo electrónico, resulta inevitable referirse a la validez jurídica y probatoria del documento electrónico y, junto a ello, a la firma digital y electrónica.

Desde una mirada absolutamente práctica y sintetizadora, es posible resumir los avances judiciales, legislativos y doctrinarios existentes del siguiente modo:

1. Toda representación digital de actos o hechos, con independencia del soporte utilizado para su fijación, almacenamiento o archivo constituye un documento digital y, como tal, satisface el requerimiento de escritura[4].

2. Los documentos electrónicos firmados digitalmente y los reproducidos en formato digital firmados digitalmente a partir de originales de primera generación en cualquier otro soporte, son considerados originales y poseen, como consecuencia de ello, valor probatorio como tales, según los procedimientos que determine la reglamentación[5].

3. Los documentos electrónicos (y los digitales) que no se encuentren firmados digitalmente, son considerados en tanto instrumentos particulares no firmados (CC 1190: inc.2º) o principio de prueba por escrito (CC 1191)[6].

[4] Artículo 6º de la Ley 25.506.

[5] Artículo 11 de la Ley 25.506.

[6] Leone, Jorge Néstor c/ Maquieira, Jorge Sabino s/ cobro de sumas de dinero CNCIV – Sala I – 11/08/2005: Respecto al correo electrónico, los magistrados entendieron que no se trata de restar valor probatorio a este medio de prueba sino de señalar su insuficiencia en los términos

Por lo tanto, *el documento electrónico puede presentarse en juicio a los efectos de probar un contrato, siempre que emane del adversario y haga verosímil el hecho litigioso; todo ello claro está, cuando el cúmulo de las restantes pruebas, examinadas todas a la luz de la sana crítica procesal, determine que el juez le acuerde autenticidad*[7].

4. Cuando la ley requiera una firma manuscrita, esa exigencia también queda satisfecha por una firma digital. Este principio es aplicable a los casos en que la ley establece la obligación de firmar o prescribe consecuencias para su ausencia (artículo 3° de la Ley 25.506).

En consecuencia, sólo aquel recurso de identificación que cumpla con los requisitos establecidos por la Ley 25.506 y el Decreto 2628/2002 para constituirse en tanto firma digital equivale a la firma manuscrita y reviste la misma eficacia jurídica. La firma electrónica, si bien puede ser empleada por el signatario como medio de identificación, en caso de ser desconocida corresponde a quien la invoca acreditar su validez (artículo 5° de la Ley 25.506). Únicamente la firma digital presenta las presunciones *iuris tantum* de autoría e integridad[8].

5. Todo lo previamente establecido es válido en el ámbito mercantil a menos que se trate de actos que deban ser instrumentados bajo exigencias o formalidades incompatibles con la utilización de la firma digital, ya sea como consecuencia de disposiciones legales o acuerdo de partes[9].

La contratación mercantil desarrollada por medios telemáticos, por consiguiente, resulta plenamente válida ya que los documentos electrónicos empleados en su formación valen como escritos y generan efectos jurídicos vinculantes en tanto y en cuanto se encuentren firmados digitalmente.

---

pretendidos. Y digo esto porque a mi juicio, la informativa de fs.130 que quedó incumplida era un extremo insoslayable para tener por auténticos a los documentos mencionados, ante la ausencia de otra prueba que –indudablemente– hubiera arrojado mayor luz sobre este extremo. Tengo en cuenta para esto que estamos frente a una figura novedosa, cuya equiparación con los instrumentos privados que regula el art. 1012 del Código Civil se encuentra obstaculizada por la ausencia de firma. De todos modos, la ausencia de este requisito, que la ley estipula esencial para la configuración de un instrumento privado, no impide que pueda considerarse al e-mail en los términos del art. 1190 inc. 2) como "instrumento particular no firmado" a los fines de acreditar la existencia de un contrato o bien como "principio de prueba por escrito" en los términos del art. 1191 Código Civil.

[7] GAIBROIS, Luis Mauricio, *Un aporte para el estudio del valor probatorio del documento electrónico*, J.A. 1993-II-956.

[8] Artículos 7 y 10 y 8, respectivamente, de la Ley 25.506.

[9] Artículo 4° de la Ley 25.506. También quedan excluidas las disposiciones de la ley 25.506 de reconocimiento del empleo de la firma digital, de la firma electrónica y del documento digital y de su eficacia jurídica: a) A las disposiciones por causa de muerte; b) A los actos jurídicos del derecho de familia y c) A los actos personalísimos en general.

Ahora bien, se torna relevante analizar el momento de celebración del contrato y la posibilidad de retractación que tienen las partes, conforme la normativa vigente[10].

En este punto, es posible sostener la necesidad de contemplar la inmediatez y el empleo de recursos automatizados que caracterizan a los contratos anudados telemáticamente, ya que se torna de difícil aplicación la normativa vigente.

Pensemos en contratos concertados entre equipamientos informáticos preprogramados al efecto (tal como ocurre en el empleo del EDI) donde el operador titular del equipamiento no participa directamente y por lo tanto no toma conocimiento de los mensajes cursados y donde la aceptación ocurre en fracciones de segundos.

Aquí la efectiva retractación se vuelve difusa.

Un modo de distribuir las cargas y riesgos propios del medio empleado es considerar conocida la declaración cuando ingresa *en la esfera de control del receptor*, existiendo *una carga de autoinformación y de custodia a cargo del sujeto identificado como titular*[11].

Por otro lado, habrá que definir cuándo y dónde se entiende por enviada la aceptación. ¿Cuando el aceptante da la orden al equipamiento informático? Al salir este mensaje del equipamiento informático del aceptante? ¿O bien al ser procesado por el servidor?

Cuando se trata de un contrato concertado telemáticamente entre ausentes, conforme las reglas establecidas en el Derecho argentino, se aplica la regla de la expedición.

Siguiendo las enseñanzas del doctor Ricardo Lorenzetti, esta regla no resulta aplicable al ámbito que nos ocupa y debe ser reemplazada por la de la recepción, tal como lo hace el Proyecto de Reformas al Código Civil argentino, siendo además que ésta constituye una tendencia mayoritaria global.

[10] Esto, a su vez, conduce al análisis acerca de la calificación de los contratos celebrados telemáticamente, en tanto concertados entre ausentes o entre presentes, llegándose a la conclusión que cristaliza la irrelevancia de la presencia física de los cocontratantes para dar lugar a la simultaneidad, instantaneidad e inmediatez de su vinculación. Siendo entonces, el tiempo transcurrido entre la oferta y la aceptación contractuales lo que define su carácter en tanto entre presentes o entre ausentes. De esta forma, aquellos contratos telemáticamente celebrados mediante recursos que les imprimen de un *gap* temporal (como puede ser el empleo de correos electrónicos, donde entre uno y otro mensaje existe una brecha de tiempo) son considerados en tanto entre ausentes, mientras que los que se realizan bajo una línea de continuidad –temporal– fuida e ininterrumpida, como por ejemplo, mediante el uso de páginas *web* y *clickeos* del *mouse* se entienden celebrados entre presentes.

[11] LORENZETTI, Ricardo: *Comercio Electrónico*, Abeledo-Perrot, Buenos Aires, Argentina, 2001, página 179.

Así, es factible establecer una regla objetiva: el contrato telemáticamente celebrado *se perfecciona desde el momento en que el mensaje que contiene la aceptación ingresa al sistema informático del oferente*[12].

Esta pauta exige el ingreso del mensaje telemático en la esfera de control del destinatario, no siendo necesario el conocimiento efectivo (ya que le permitiría mejorar su posición en desventaja del emisor al demorar este conocimiento), debiendo, a su vez, el oferente acusar recibo de la aceptación.

Es por ello que resulta inexcusable e imprescindible acordar el tiempo y lugar de envío y recepción de los mensajes telemáticos, ya que conducirá a la determinación del tiempo (fecha cierta) y lugar de celebración y perfeccionamiento del contrato, ya que la contratación electrónica transcurre en un tiempo y un lugar difusos caracterizados por una naturaleza no territorial, por la inmediatez y la velocidad.

La *United Nations Commission on International Trade Law* (UNCITRAL) tiene por mandato general fomentar la armonización y unificación progresivas del derecho mercantil internacional, convirtiéndose en el órgano jurídico central del sistema de las Naciones Unidas en el ámbito del derecho mercantil internacional.

Dada su interesante e intensa labor que se ha convertido en referente mundial, considero esencial analizar dos de sus textos jurídicos: la Ley Modelo de UNCITRAL sobre Comercio Electrónico de 1996/98 (LMUCE)[13] y la Convención de las Naciones Unidas sobre la Utilización de las Comunicaciones Electrónicas en los Contratos Internacionales (Convención)[14], elaborada en el año 2005.

[12] LORENZETTI, Ricardo, Op. Cit. Págs. 197 y 198.

[13] La LMUCE ha sido adoptada, por ejemplo, por Bailiwick de Guernesey (2000), el Bailiwick de Jersey (2000) y la Isla de Man (2000), dependencias de la Corona del Reino Unido de Gran Bretaña e Irlanda del Norte y en Hong Kong (Región Administrativa Especial de China) (2000). También se han promulgado leyes basadas en ella en, por ejemplo, Australia (1999), China (2004), Colombia (1999), el Ecuador (2002), los Emiratos Árabes Unidos (2006), Francia (2000), Irlanda (2000), México (2000), Nueva Zelanda (2002), Panamá (2001), la República de Corea (1999), Singapur (1998), Sri Lanka (2006), Sudáfrica (2002), Tailandia (2002), Venezuela (2001) y Viet Nam (2005). Ha sido preparada legislación uniforme influida por ella y los principios en que se basa en los Estados Unidos de Norte América (Ley uniforme de transacciones electrónicas, adoptada en 1999 por la Conferencia Nacional de Comisionados sobre la Ley Uniforme Estatal) y en el Canadá (Ley uniforme de comercio electrónico, adoptada en 1999 por la Conferencia de Derecho Uniforme del Canadá). Finalmente, cabe decir que ha sido promulgada por numerosos estados de Estados Unidos de Norte América (entre ellos, California -1999-, Delaware -2000-, Carolina del Sud -2004-, Texas -2001-) y por varias provincias y territorios del Canadá (tales como, Nueva Escocia -2000-, Nunavut -2004-, Ontario -2001- y Quebec -2001-). Para mayor información ir a www.uncitral.org.

[14] La Convención de las Naciones Unidas sobre la Utilización de las Comunicaciones Electrónicas en los Contratos Internacionales aún no ha entrado en vigor. La han suscripto la Repú-

La LMUCE, en su artículo 15°, establece pautas determinantes que son de aplicación cuando las partes –iniciador y destinatario– no han convenido otra cosa:

• *Momento de expedición*: cuando el mensaje entra –es decir, es susceptible de procesamiento– en un sistema de información[15] que no esté bajo el control del iniciador o de la persona que envió el mensaje de datos en nombre del iniciador.

• *Momento de recepción*: es forzoso diferenciar si el destinatario ha designado un sistema de información o no para la recepción del mensaje de datos. En el primer caso, la recepción tendrá lugar: 1. En el momento en que entre en el sistema de información designado; o 2. De haber sido enviado a un sistema de información del destinatario diferente del designado, cuando el destinatario recupere el mensaje de datos. Ahora bien, si el destinatario no ha designado un sistema de información, la recepción tendrá lugar al entrar el mensaje de datos en un sistema de información del destinatario[16].

• *Lugar de envío y lugar de recepción*: se tendrá por expedido donde el iniciador tenga su establecimiento y por recibido en el lugar donde el destinatario tenga el suyo. Si cualquiera de las partes tuvieren más de un establecimiento, éste será el que guarde una relación más estrecha con la operación subyacente o, de no haber una operación subyacente, el principal. Ahora bien, si cualquiera de ellos carece de establecimiento, se tendrá en cuenta su lugar de residencia habitual.

La Convención, en su artículo 10°, incorpora algunas modificaciones y dispone por su parte que[17]:

---

blica Centroafricana, China, Colombia, Honduras, Irán, Líbano, Madagascar, Montenegro, Panamá, Paraguay, Filipinas, República de Corea, Federación de Rusia, Arabia Saudita, Senegal, Sierra Leona, Singapur y Sri Lanka.

[15] "Sistema de información" es un término más abarcador que equipamiento informático ya que comprende a todo sistema utilizado para generar, enviar, recibir, archivar o procesar de alguna otra forma mensajes de datos (LMUCE, Artículo 2, párr. f).

[16] Cabe hacer notar que todas estas reglas son aplicables aún cuando el sistema de información esté ubicado en un lugar distinto de donde se tenga por recibido el mensaje (artículo 15, inciso 3° de la LMUCE).

[17] Al redactar estas reglas, la cuestión esencial que se planteó en la CNUDMI fue la enunciación de reglas relativas al momento de recepción y expedición de comunicaciones electrónicas que transpusieran adecuadamente al contexto de esta Convención los principios aplicables a otros medios de comunicación. La CNUDMI observó que los contratos distintos de los contratos de compraventa regidos por las reglas de formación de contratos de la Convención de las Naciones Unidas sobre la Compraventa, en su gran mayoría, no se encontraban sujetos a un régimen internacional uniforme, sino que en los distintos ordenamientos jurídicos se establecieron diversos criterios para determinar el momento en que se forma un contrato, con lo que concluyó que no debía tratar de formular una regla sobre el momento de la formación de los contratos que pudiera entrar en conflicto con las reglas correspondientes del derecho aplicable a un determinado

• *Tiempo de envío*: cuando la comunicación electrónica sale de un sistema de información que está bajo el control del iniciador o de la parte que la envió en nombre de éste se entiende que ha sido enviada y cuando la comunicación no salió del sistema de información que está bajo el control del iniciador o de la parte que la envía en nombre de éste, cuando es recibida.

Se contempla así –a diferencia de la LMUCE– el supuesto en que una comunicación electrónica no sale de un sistema de información que esté bajo el control del iniciador, lo que suele suceder, por ejemplo, cuando las partes intercambian comunicaciones a través del mismo sistema o red de información, de modo que la comunicación electrónica nunca llega a entrar en realidad en un sistema que esté bajo el control de otra parte. En estos casos, la expedición y la recepción de la comunicación electrónica coinciden.

Aquí, si bien se dispone que una comunicación electrónica, se tendrá por expedida cuando ésta salga de un sistema de información que esté bajo el control del iniciador y no cuando la comunicación electrónica entre en un sistema de información ajeno al control del iniciador, se sigue en principio la regla enunciada en el artículo 15 de la LMUCE[18].

En la práctica, el resultado debería ser el mismo que el del párrafo 1 del artículo 15 de la Ley Modelo de la CNUDMI sobre Comercio Electrónico, puesto que la prueba más fácilmente accesible de que una comunicación ha salido de un sistema de información que está bajo el control del iniciador es la indicación, en el protocolo de transmisión pertinente, de la fecha y hora en que la comunicación fue entregada al sistema de información de destino o a los sistemas intermediarios de transmisión[19].

Tal como ocurre con arreglo al artículo 15 de la LMUCE, la Convención adopta el criterio objetivo de la entrada de una comunicación en un sistema de información para determinar en qué momento cabe presumir que una comunicación electrónica "puede ser recuperada" y, por tanto, "recibida".

De hecho, en virtud de ese artículo, se entiende que una comunicación electrónica "entra" en un sistema de información cuando dicha comunicación

---

contrato sino que debía ofrecer una orientación que permitiese aplicar en este contexto los conceptos tradicionalmente empleados en las convenciones internacionales y en el Derecho interno, tales como "envío" y "recepción" de comunicaciones, al ser esenciales para la aplicación de las reglas de formación de contratos en virtud del derecho interno o de un derecho uniforme.

[18] Documentos Oficiales de la Asamblea General, sexagésimo período de sesiones, Suplemento No. 17 (A/60/17), párr. 78.

[19] Nota explicativa de la Secretaría de la CNUDMI sobre la Convención de las Naciones Unidas sobre la Utilización de las Comunicaciones Electrónicas en los Contratos Internacionales, preparada por la Secretaría de la Comisión de las Naciones Unidas para el Derecho Mercantil Internacional (CNUDMI) con una finalidad puramente informativa, no siendo un comentario oficial de la Convención.

"puede ser procesada en ese sistema de información"[20] que, según cabe argumentar, es también el momento en que la comunicación "puede ser recuperada" por el destinatario.

• *Tiempo de recepción*: cuando puede ser recuperada por el destinatario en una dirección electrónica[21] que él haya designado.

La comunicación electrónica se tendrá por recibida en otra dirección electrónica del destinatario cuando pueda ser recuperada por ésta en esa dirección y en el momento en que el destinatario tenga conocimiento de que esa comunicación ha sido enviada a dicha dirección. Se presume que una comunicación electrónica puede ser recuperada por el destinatario en el momento en que llegue a la dirección electrónica de éste.

Este párrafo –que fue concebido como una serie de presunciones, más que como una regla firme sobre la recepción de las comunicaciones electrónicas– se basa en una regla similar al párrafo 2 del artículo 15 de la LMUCE, aunque con un enunciado diferente, lo que tiene por finalidad lograr un reparto equitativo de riesgos y responsabilidades entre el iniciador y el destinatario[22].

Una sustancial diferencia entre la Convención y la LMUCE, son las reglas para la recepción de comunicaciones electrónicas enviadas a una dirección no designada ya que la Convención sigue el criterio adoptado en una serie de legislaciones nacionales basadas en la LMUCE y regula del mismo modo ambas situaciones.

Así pues, en todos los casos en que el mensaje no sea entregado en una dirección electrónica designada, sólo se tendrá por recibida la comunicación

[20] Véase la Guía para la incorporación al derecho interno de la Ley Modelo de la CNUDMI sobre Comercio Electrónico (publicación de las Naciones Unidas, núm. de venta: S.99.V.4), párr. 103.

[21] Al igual que muchas leyes nacionales, la Convención utiliza la expresión "dirección electrónica", en lugar de "sistema de información", que es la expresión empleada en la Ley Modelo. En la práctica, esta nueva terminología –que aparece en otros instrumentos internacionales como las Reglas y Usos Uniformes relativos a los Créditos Documentarios (las "RUU 500") (Suplemento para la presentación electrónica– "eUCP")– no debería suponer ninguna diferencia sustancial. Efectivamente, la expresión "dirección electrónica" puede referirse, según la terminología empleada, a una red de comunicaciones y, en otros casos, puede incluir un buzón electrónico, un dispositivo de telecopia o cualquier "parte o ubicación específica en un sistema de información que una persona utilice para recibir mensajes electrónicos" (véase A/CN.9/571, párr. 157). No obstante, cabe aclarar que no debe confundirse el concepto de "dirección electrónica" (al igual que el concepto de "sistema de información") con el de proveedores de servicios informáticos o transmisores de telecomunicaciones que ofrezcan servicios de intermediario o una infraestructura de apoyo técnico para el intercambio de comunicaciones electrónicas (véase A/CN.9/528, párr. 149).

[22] De esta manera, no se regula aquí la eficacia de las comunicaciones electrónicas expedidas o recibidas. La validez de las comunicaciones ilegibles y el carácter vinculante de una comunicación es objeto de regulación por otras reglas de Derecho.

electrónica cuando ésta pueda ser recuperada por el destinatario (al llegar a una dirección electrónica de éste) y el destinatario llegue a tener conocimiento de que la comunicación fue enviada a esa determinada dirección, lo que puede constatarse con pruebas objetivas, como el recibo de una notificación enviada al destinatario por otros medios, o un protocolo de transmisión u otro mensaje automático de entrega en el que se declare que la comunicación electrónica se ha recuperado o ha aparecido en la pantalla del destinatario.

• *Lugar de envío y de recepción*: en este punto se siguen, en principio, los mismos lineamientos que la LMUCE[23].

No obstante, la CNUDMI ha optado intencionadamente por la expresión "*se tenga por recibida*", con miras a evitar que se atribuya significado jurídico al empleo de un servidor situado en un país distinto del país donde esté ubicado el establecimiento por el mero hecho de que sea ése el lugar en que una comunicación electrónica ingresa en el sistema de información que aloja la dirección electrónica del destinatario[24].

El objetivo de esta disposición es dar garantías acerca de que la ubicación del sistema de información no es el elemento determinante y que debe existir alguna conexión razonable entre el destinatario y lo que se considere el lugar de recepción, lo que podrá ser comprobado fácilmente por el iniciador.

De esta manera, se impide la existencia de un doble régimen imponible a las operaciones informáticas y a las no informáticas, teniendo en consideración como precedente la Convención de las Naciones Unidas sobre la Compraventa, donde el criterio central es el establecimiento verdadero.

El propósito de distinguir entre el lugar de recepción esperado y el lugar al que efectivamente llegó una comunicación electrónica cristaliza una regla precisa a la que podrá recurrirse cuando es imperioso determinar con certeza el lugar de recepción de una comunicación electrónica (por ejemplo, en lo relativo a la formación de los contratos o a los conflictos de leyes) que asegura que la ubicación del sistema de información no es el elemento determinante, y que habrá alguna conexión razonable entre el destinatario y lo que se considere el lugar de recepción, y que dicho lugar podrá ser comprobado fácilmente por el iniciador.

[23] Si bien sigue los mismos lineamientos asentados en la LMUCE, esta Convención profundiza lo concerniente a la ubicación de las partes en su artículo 6º que debe ser leído e interpretado en conjunción con el artículo 4º sobre definiciones http://www.uncitral.org/uncitral/es/uncitral_texts/electronic_commerce/2005Convention.html.

[24] Documentos Oficiales de la Asamblea General, sexagésimo período de sesiones, Suplemento No. 17 (A/60/17), párr. 83.

5. Confidencialidad

Frecuentemente, las empresas participantes del comercio electrónico –ya sean micro, medianas o grandes, es irrelevante su envergadura– transmiten información esencial del negocio comercial y que, por tanto, desean resguardar.

Evidentemente, éstas deberán prestar atención al régimen legal y contractual al que se encuentran sometidos para garantizar que esta información no trascienda fuera de este ámbito negocial a terceros ni sea empleada con fines deshonestos e inmorales.

A tal fin deberán no solamente acordar la confidencialidad en su modo y extensión, sino también la normativa vigente aplicable.

Resulta cardinal mencionar las posiciones tomadas por dos de los más importantes modelos de acuerdo para el intercambio telemático utilizados globalmente: *1.* El desarrollado por la *American Bar Association* (ABA) en 1989 (*Electronic Data Interchange Trading Partner Agreement*)[25] y *2.* El elaborado por la Comisión de la Comunidad Europea DGXIIII. (C.E.E.) en el programa TEDIS (*Trade Electronic Data Interchange System*) de 1991.

El modelo ABA cristaliza el criterio amplio bajo el cual, en virtud de la autonomía de la voluntad, por principio, todos los mensajes son libremente transmisibles, salvo expresa disposición y acuerdo entre partes de que un mensaje particular revista carácter de confidencialidad.

Es decir, en la operatoria simultánea de la realización del comercio electrónico, debe indicarse expresamente el carácter confidencial del contenido del mensaje telemáticamente intercambiado[26].

En cambio, en el modelo de contrato telemático propio de la Comunidad Europea –TEDIS– la confidencialidad es regla, por lo que si las partes pretenden la libre divulgación y utilización de éstos así deberán pactarlo[27].

25 Publicado en *The Business Lawyer* (junio de 1990) junto con un informe explicativo de cada una de las normas propuestas por el grupo de trabajo de la A.B.A. (págs. 1717/1749).

26 Textualmente, el modelo ABA dispone que *Confidentiality. No information contained in any Document or otherwise exchanged between the parties shall be considered confidential, except to the extent provided in Section 1.5, by written agreement between the parties, or by applicable law.*

27 Así dispone que *7.1. Las partes velarán por que los mensajes de* EDI *que contengan información considerada confidencial, porque así lo haya especificado el remitente o porque así lo hayan acordado mutuamente las partes, se mantengan en secreto y no revelen ni transmitan a personas no autorizadas ni se utilicen para fines distintos de los pretendidos por las partes. La ulterior transmisión de esta información confidencial, cuando se autorice, estará sometida al mismo grado de confidencialidad. 7.2. No se considerará que un mensaje de* EDI *contiene información confidencial en la medida en que dicha información sea de dominio público. 7.3. Las partes podrán acordar la utilización de una forma concreta de protección para determina-*

En la Argentina, a la fecha no existe una norma legal –ni un modelo– que dé una regulación expresa y única sobre este tema.

Consecuentemente, en el ámbito del comercio electrónico interempresarial las partes deberán pactar el uso que se le dará a la información en el contrato telemático específico que celebren.

En el caso de guardar silencio al respecto entra en juego la ley 24.766[28] denominada "Ley de confidencialidad sobre información y productos que estén legítimamente bajo control de una persona y se divulgue indebidamente de manera contraria a los usos comerciales honestos".

Si bien fue concebida con el objeto de resguardar la información y los productos de origen industrial y, en consecuencia, refiere de modo predominante a los secretos industriales, abarca también los comerciales a través de escasas referencias, por lo que resulta de aplicación supletoria al comercio electrónico ante el silencio de las partes en el acuerdo para el intercambio telemático.

Esta ley, publicada en el Boletín Oficial el 30 de diciembre de 1996, tiene por principal objetivo evitar el uso extorsivo o comercial de información –y productos– que reviste determinadas cualidades y la penetración del secreto mercantil o su conocimiento de modo anticipado, lo que puede llevar a la frustración de los planes del negocio.

Conforme a los lineamientos de este cuerpo normativo, las personas físicas o jurídicas pueden impedir que la información que esté legítimamente bajo su control sea divulgada a terceros o sea adquirida o utilizada por terceros sin su consentimiento de manera contraria a los usos comerciales honestos, mientras dicha información reúna las siguientes condiciones:

I. Ser secreta, es decir, no consistir, como cuerpo o en la configuración, la mera reunión precisa de sus componentes, generalmente conocida ni fácilmente accesible para personas introducidas en los círculos en que normalmente se utiliza el tipo de información en cuestión.

II. Tener un valor comercial por ser secreta; y

III. Haber sido objeto de las medidas razonables –conforme a las circunstancias– por parte de la persona que posee su legítimo control para mantenerla secreta.

---

dos mensajes, tal como un método de cifrado en la medida en que lo permita la legislación de sus respectivos países. 7.4. Cuando se envíen o reciban mensajes de EDI *que contengan datos personales en países en los que no exista legislación de protección de datos, y hasta el momento en que se aplique una legislación comunitaria pertinente, las partes acuerdan, como criterio mínimo, respetar lo dispuesto en el Convenio del Consejo de Europa para la protección de las personas con respecto al tratamiento automatizado de datos con carácter personal.*

[28] La protección de la información confidencial fue incluida en el GATT –Ronda Uruguay– dentro del Acuerdo TRIPS, el que ha pasado a ser parte del ordenamiento jurídico argentino a raíz de la sanción de la ley 24.766.

Asimismo, la ley agrega que toda persona que con motivo de su trabajo, empleo, cargo, puesto, desempeño de su profesión o relación de negocios (como por ejemplo los proveedores), tenga acceso a una información que reúna las condiciones enumeradas previamente y sobre cuya confidencialidad se los haya prevenido, deberá abstenerse de usarla y de revelarla sin causa justificada o sin consentimiento de la persona que guarda dicha información o de su usuario autorizado.

De esta manera, en situaciones que impiden aseverar con exactitud la existencia del deber de confidencialidad, ante la prevención acerca del carácter de secreta de la información, ésta encuentra debida protección.

Ahora bien, el deber de guardar secreto cesa cuando la informacion bajo resguardo cae en el dominio público en cualquier país, ya sea a raíz de la publicación de cualquiera de los datos protegidos, por la presentación de todos o partes de éstos en medios científicos o académicos, o por cualquier otro medio de divulgación.

Es importante en el tema que no ocupa poner de manifiesto que esta ley contempla una vasta variedad de soportes de la información susceptible de protección.

Así, la información confidencial podrá estar consignada en *medios electrónicos o magnéticos, discos, ópticos, microfilmes, películas u otros elementos similares*[29].

Finalmente, ante el supuesto de acceso o de divulgación indebida e ilegítima de la información por parte de terceros, el titular –o quien posea de buena fe la información– está facultado para solicitar las medidas cautelares destinadas a hacer cesar las conductas ilícitas y ejercer las acciones civiles destinadas a prohibir el uso de la información no divulgada y obtener la reparación económica del perjuicio sufrido.

El incumplimiento del deber de confidencialidad acarrea la correspondiente responsabilidad derivada del Código Penal y de otras normas de carácter penal concordantes para la violación de secretos, sin perjuicio de la responsabilidad penal en que se incurra por la naturaleza del delito. Los funcionarios de los organismos intervinientes, además de esta responsabilidad penal, podrán ser sancionados con la exoneración y la fijación de una multa.

El Código Penal de la Nación, a partir de la sanción de la ley 26.388, publicada en el B.O. el 25 de junio de 2008, ha incorporado relevantes modificaciones[30].

[29] Artículo 2º de la Ley 24.766.

[30] En el artículo 77 del Código Penal de la Nación, se han incluido definiciones más actuales de documento, firma y suscripción e instrumento privado y certificado más actuales. De esta manera, la voz "documento" *comprende toda representación de actos o hechos, con independencia del soporte utilizado para su fijación, almacenamiento, archivo o transmisión,*

En lo que concierne a la temática abordada, cabe citar los siguientes aspectos centrales:

• En el artículo 153, sanciona aquellas conductas que se relacionen con el acceso, el apoderamiento, la supresión o desvío, la interceptación indebidas de comunicaciones electrónicas.

• Si además el autor de este delito comunicase a otro o publicare el contenido de la carta, escrito, despacho o comunicación electrónica, la pena se agravará (y aún más si el hecho fuese cometido por un funcionario público que abusare de sus funciones).

• También se reprime el acceso indebido por cualquier medio, sin la debida autorización o excediendo la que posea, a un sistema o dato informático de acceso restringido. La pena se incrementa si el acceso fuese en perjuicio de un sistema o dato informático de un organismo público estatal o de un proveedor de servicios públicos o de servicios financieros (artículo 153 bis).

• Se castiga a quien a sabiendas e ilegítimamente, o violando sistemas de confidencialidad y seguridad de datos, accediere, de cualquier forma, a un banco de datos personales; o ilegítimamente proporcionare o revelare a otro información registrada en un archivo o en un banco de datos personales cuyo secreto estuviere obligado a preservar por disposición de la ley o ilegítimamente insertare o hiciere insertar datos en un archivo de datos personales (incrementándose nuevamente la pena si el autor fuese funcionario público).

• El entorpecimiento o interrupción de la comunicación telegráfica, telefónica o de otra naturaleza, y la resistencia violenta a su restablecimiento, también es sancionada (artículo 197).

6. Cierre

Las notas que caracterizan a la contratación mercantil en el plano de lo electrónico le imprimen una peculiar naturaleza que torna difusos los conceptos existentes y, en ciertos casos, la aplicación de las normas vigentes.

En este contexto se ha cristalizado la regla general que pauta que quien emplea el medio electrónico *y crea una apariencia de que éste pertenece a su esfera de intereses, soporta los riesgos y la carga de demostrar lo contrario*[31].

---

con lo que, evidentemente, queda abarcado el soporte electrónico que nos ocupa; por "firma" y "suscripción" se entiende también *la firma digital, la creación de una firma digital o firmar digitalmente* y, finalmente, *los términos "instrumento privado" y "certificado" comprenden el documento digital firmado digitalmente.*

[31] Lorenzetti, Ricardo, *op. cit.*, pág. 178.

Esta regla se complementa con deberes colaterales impuestos a las partes, tales como el de informar, el de confirmar la recepción de los mensajes telemáticamente cursados, el de seguridad del medio y los recursos empleados.

Evidentemente, ante la carencia o desactualización de las normas jurídicas que regulan esta temática y ante su evidente naturaleza transfronteriza, las partes requerirán de reglas claras y específicas que les permitan concertar actos, negocios u operaciones mercantiles en un marco de seguridad jurídica y operativa.

LA CONTRATACIÓN A DISTANCIA E INTERNET EN EL DERECHO EUROPEO: LOS EJEMPLOS DE ESPAÑA E ITALIA

Juan C. Menéndez Mato[1]

1. Perfección del contrato entre partes no presentes: ausencia o distancia

A. *Clasificación general de los contratos en atención al modo de perfeccionarse: formación instantánea y formación* ex intervallo temporis

Una ventaja fundamental del uso de Internet es que permite agilizar la conclusión de contratos entre partes físicamente no presentes gracias a la celeridad del sistema, lo que lo convierte en un medio de comunicación idóneo para la conclusión de los denominados, sobre todo en la terminología de la Unión Europea (UE): "contratos a distancia". Interesa centrarse en este estudio en la significación de esta categoría contractual, y compararla con otras asociadas al modo de perfección del contrato, tales como contrato entre presentes, contrato entre ausentes, contrato de formación instantánea, etcétera.

Este hecho me lleva a realizar una clasificación de los contratos, en atención al modo que tienen de perfeccionarse, que toma como referencia una doble tipología jurídica: formación instantánea o sucesiva del contrato, y, por otro lado, contratos celebrados entre partes presentes o entre partes ausentes.

En principio podría afirmarse que los contratos entre partes presentes están representados por todos aquellos contratos que, en el supuesto en que las partes en situación de presencia así lo quieran, pueden perfeccionarse de manera inmediata. De este modo, los "contratos entre presentes" se identificarían con aquellos que tienen la virtualidad de formarse instantáneamente; pero son las partes, en última instancia, las que optarán entre la formación instantánea

[1] Profesor Titular de Derecho Civil, Universidad Nacional de Educación a Distancia (UNED), DES Droit International et Européen, Université Catholique de Louvain, Dottore in Giurisprudenza, Università di Pisa.

del contrato, o bien dejar que la fase precontractual de éste se prolongue en el tiempo, en aras de una mayor reflexión o deliberación sobre la conveniencia o no de su conclusión.

Siguiendo con este mismo criterio, que interrelaciona directamente presencia de las partes con la posibilidad de dar nacimiento a un contrato de forma instantánea, cabría identificar "contratos entre ausentes" con aquellos que necesariamente precisan de un intervalo determinado de tiempo para su formación, debido a la situación de no presencia de las partes.

Respecto a esta primera clasificación deben practicarse dos aclaraciones previas referidas al medio que emplean las partes para comunicarse la aceptación contractual, mediante la cual concluyen el contrato, y respecto a qué deba entenderse como intervalo de tiempo relevante a los efectos de calificar el contrato como celebrado entre partes ausentes o distantes. Ambas cuestiones se encuentran íntimamente conectadas.

Entre los distintos "medios de comunicación" que emplean las partes para transmitirse una aceptación contractual destacan, entre otros, la correspondencia postal, el telégrafo, el teléfono, la radio, el télex, el fax o la comunicación entre ordenadores a través de Internet, ya sea esta última mediante correo electrónico, *chat*, videoconferencia o desde una página *web*.

A su vez, por "intervalo de tiempo relevante", a los efectos de calificar al contrato como celebrado entre partes ausentes y negarle el calificativo de contrato entre presentes, ha de entenderse por tal, y como mínimo –en cuanto vinculado al medio de comunicación empleado–, aquel espacio de tiempo que separa la emisión de la aceptación contractual por parte del destinatario de la previa oferta y el conocimiento que de ésta tenga el oferente, y durante el cual el autor de la aceptación pueda realizar determinadas actuaciones tendentes precisamente a dejarla sin valor o eficacia; es decir, tendentes a la retirada de la aceptación[2].

En conclusión, y a título de ejemplo, puede decirse que el teléfono, cuando es empleado para comunicar la aceptación contractual al oferente, no genera ningún intervalo de tiempo relevante a los efectos previamente indicados. Por el contrario, el uso de la correspondencia postal o telegráfica sí lo generan,

[2] Algunos autores han empleado el término "revocación de la aceptación" para referirse a esta figura (cfr. LALAGUNA DOMÍNGUEZ, "Sobre la perfección de los contratos en el Código Civil", *La Ley*, 1989-2, p. 1149; y ROVIRA MOLA Y PALOMAR BARÓ, "Problemas de la contratación entre partes distantes", *Anuario de Derecho Civil*, 1958, pp. 205 y ss.). Lógicamente, estos autores están hablando de retirar la aceptación, y no de revocarla; ya que, la retirada de la aceptación sólo puede realizarse con antelación a que llegue la aceptación a conocimiento del oferente (vid. art. 1262.2 CC español), pues de lo contrario se produce automáticamente el nacimiento del contrato. Respecto de las diferencias entre la revocación de la oferta y su retirada, cfr. MENÉNDEZ MATO, *La oferta contractual*, Aranzadi, Pamplona, 1998, pp. 208 y ss.

con la posibilidad de que, en el intervalo que media entre la emisión de la aceptación y el conocimiento que de ella tenga el oferente, el autor de la aceptación puede retirarla empleando otro medio de comunicación más rápido, como podría ser el teléfono. Respecto de la situación de los otros medios, y en especial, el empleo de la comunicación por vía Internet, me referiré en detalle más adelante, aunque ya se puede indicar que el correo electrónico genera un intervalo de tiempo relevante y la videoconferencia no.

Retomando el hilo argumental inicial, asentado en las dos posibles clasificaciones de los contratos en atención al modo de perfeccionarse, la pregunta que surge inmediatamente es si toda contratación entre ausentes supone una formación sucesiva del contrato. Para responderla, ha de definirse aquello que deba entenderse por "formación sucesiva", ya que cabría otorgarle *a priori* dos posibles significados: identificar al contrato de formación sucesiva con aquel cuya formación –o fase precontractual– se ha dilatado en el tiempo; o bien, en una segunda acepción, en cuanto contrato cuya fase precontractual no se ha limitado al simple intercambio de la oferta y de la aceptación, sino que además ha precisado de otra serie de actos precontractuales anteriores a éstos (tratos preliminares, acuerdos de intenciones, etcétera).

Ante estas dos posibilidades es cuando se plantea la duda de la exactitud del término "formación sucesiva". Por ello, he considerado que resulta mucho más exacto el empleo de la expresión "formación *ex intervallo temporis*" del contrato como antagónico al de "formación instantánea", reservando el uso del término "formación sucesiva" para uno de los posibles supuestos de contratación *ex intervallo temporis*.

De este modo, el "contrato de formación instantánea" sería aquel cuya fase precontractual se ha reducido al simple intercambio inmediato de la oferta y la aceptación contractuales. En este tipo de contratos sólo se realizan dos actos precontractuales –la oferta y la aceptación–, que al juntarse dan nacimiento al contrato. Dicho intercambio además es realizado de modo inmediato entre las partes, sin que medie apenas el tiempo suficiente para responder afirmativamente a la oferta realizada momentos antes.

En cambio, la "formación *ex intervallo temporis*" se identifica con todo contrato que previamente a su nacimiento ha tenido una fase precontractual prolongada en el tiempo. Dicha dilación temporal puede tener su origen básicamente en dos causas: que el contrato no sea fruto del mero intercambio oferta-aceptación, sino que, con anterioridad a éste, se hayan realizado una multitud variada de actos precontractuales. Este tipo de contratos *ex intervallo temporis* podrían recibir, en un sentido estricto, la denominación de "contratos de formación sucesiva o progresiva".

La segunda de las razones que dan lugar a un "contrato de formación *ex intervallo temporis*" la representa aquel supuesto en el que, pese a ser transmitidas simplemente la oferta y la aceptación –sin haberse realizado acto alguno anterior o posterior voluntario o necesario (forma *ad substantiam* o entrega de la cosa en los contratos reales)–, debido a la situación de ausencia de las partes, se produce un intervalo temporal que separa el teórico concurso inmediato entre la oferta y la aceptación. Este último tipo de contrato *ex intervallo temporis* se identificaría con los contratos formados entre partes no presentes o ausentes.

De acuerdo con la relación que presentan estos dos tipos de clasificaciones de contratos según las características de la fase precontractual, los contratos pueden ser:

1º) Contratos de formación instantánea.

Para que así lo sean, resultan imprescindibles tres requisitos:

Que las partes estén presentes. Es decir, que se trate de una contratación entre sujetos presentes: a') físicamente, o, b') gracias al empleo de un medio técnico que permita una inmediata comunicación entre los interesados, lo que excluirá la presencia de un intervalo temporal relevante –entre la emisión de la aceptación y su conocimiento por su destinatario– tal y como ha sido definido previamente.

Que no se realicen más actos precontractuales previos que la oferta y su correspondiente aceptación.

Que se produzca un intercambio inmediato o instantáneo de la oferta y la aceptación. Para ello se requiere a su vez:

Que el contrato sea consensual (no formal *ad substantiam*, ni real, ya que requerirían la realización de posteriores actividades precontractuales para su nacimiento), y, aun dándose este requisito, es preciso que concurra el siguiente.

Que el oferente unilateralmente no otorgue un plazo de reflexión para la aceptación a su destinatario; pues, con tal actuación, lo convertiría en un contrato de formación *ex intervallo temporis*, en el supuesto en que éste viniese a la vida.

2º) Contratos de formación *ex intervallo temporis*.

En ellos la fase precontractual se dilata en el tiempo debido a varias razones:

Porque se realizan una variedad de actividades precontractuales (tratos preliminares, precontrato, etc.), además de la necesaria oferta y aceptación del contrato definitivo. A este tipo de contratos se los denominará específicamente "contratos de formación sucesiva o progresiva". A su vez se pueden subdividir en dos clases:

Contratos de formación sucesiva voluntaria: en ellos existen una pluralidad de actos precontractuales realizados voluntariamente por las partes (tratos preliminares, acuerdos de intenciones, etcétera).

Contratos de formación sucesiva necesaria: los actos precontractuales realizados revisten el carácter de esenciales para la formación del contrato, así acontece con los contratos reales y con los contratos formales *ad substantiam*.

Porque pese a realizarse simplemente la oferta y la aceptación como actos precontractuales, debido a la no presencia de las partes va a producirse un espaciamiento temporal entre el momento de la formulación de la oferta y el del nacimiento del contrato. Son los denominados "contratos entre partes ausentes".

Porque, a pesar de tratarse de un contrato entre partes presentes, el oferente unilateralmente otorga al destinatario un determinado plazo para que le comunique su aceptación: ya se trate de un plazo de aceptación simplemente, por lo que se mantendrá revocable la oferta; o bien de un plazo de irrevocabilidad, tranformándola en irrevocable. Esta categoría no se integraría en la de los contratos de formación instantánea; ya que, a pesar de no realizarse más actos que la oferta y la aceptación, resulta ampliada la fase precontractual por voluntad del oferente.

Como se puede apreciar, esta clasificación adopta una visión global del fenómeno formativo contractual y será aplicada al analizar los distintos tipos de contratos perfeccionados a través de Internet. No obstante, previamente ha de indicarse la relevancia que posee la calificación de un contrato como celebrado "entre partes presentes" o celebrado "entre partes no presentes o ausentes" y su relación con la categoría "contrato a distancia" aplicada a las relaciones en que están presentes los consumidores en el ámbito de la Unión Europea.

B. *Utilidad de la distinción: contrato entre presentes y contrato entre ausentes frente al concepto de contrato a distancia*

Para localizar las consecuencias jurídicas que se derivan de calificar de un modo u otro (entre presentes o entre ausentes) a un contrato, se debe acudir directamente al contenido de los artículos 1326, 1327 y 1335 del Código Civil italiano y a los artículos 1262 del Código Civil (CC) y 54 del Código de Comercio (CCom) españoles –modificados por la *disposición adicional* cuarta de la Ley española 34/2002, de 11 de julio, de servicios de la sociedad de la información y de comercio electrónico– y a la doctrina jurisprudencial que los interpreta. En estos preceptos se determina el momento y el lugar de nacimiento de los contratos cuando las partes no se hallan presentes, aplicando para tal fin determinados criterios que en España, con antelación a la citada reforma de 2002, eran diferentes según el contrato perteneciera al ámbito civil o al mercantil.

Esta materia específica –el momento y el lugar de perfección de los contratos vía Internet– será analizada más adelante. Aunque, por ahora, interesa resaltar que los citados artículos y la interpretación que la jurisprudencia realiza de ellos optan por aplicar un concepto de "presencia", aplicado a la relación en que se encuentran las partes al concluir el contrato, de marcado "carácter *temporal*" (que coincide con el referido en la exposición precedente). De este modo, un contrato entre partes no presentes o contrato a distancia –en cuanto a la determinación del instante de su conclusión– se identifica con aquel en el que las partes al comunicarse la aceptación contractual no están presentes físicamente, o no disponen de un medio técnico que les permita una comunicación idéntica a la de la presencia física: es decir, instantánea.

Dentro de la Unión Europea esta conclusión se ha visto alterada en pos de una mayor tutela de los consumidores en la contratación. Así han ido surgiendo algunas normas comunitarias –la más importante de todas es la Directiva (Dir.) 97/7/CE relativa a la protección de los consumidores en materia de contratos a distancia– y nacionales –actualmente, en España, los artículos 92-106 del Real Decreto Legislativo 1/2007, de 16 de noviembre, por el que se aprueba el texto refundido de la Ley General para la Defensa de los Consumidores y Usuarios y otras leyes complementarias[3], y, en Italia, los arts. 50-61 de su "Código del Consumo", aprobado por el Decreto Legislativo de 6 de septiembre de 2005, nº 206[4]– en las que se restringe el concepto de "contrato a distancia" –que hasta el momento se identificaba con contrato entre ausentes o partes no presentes– a aquel que se perfecciona sin la presencia física simultánea de las partes; por lo que el calificativo de "presencia" adopta un "carácter exclusivamente *geográfico*".

Lo importante es, por todo ello, tener en cuenta que la expresión "contrato a distancia", cuando es referida a los consumidores, adquiere un matiz más amplio en principio que en su aplicación a un contrato mercantil o estrictamente civil. La relevancia de esta diferencia no se encuentra reflejada en la aplicación o no de las reglas recogidas en los artículos 1262 del Código Civil y 54 del Código de Comercio españoles (recientemente unificadas) o 1326 y ss. del Código Civil italiano, sino en el hecho de que en atención a la tutela del consumidor se le concederá un derecho de desistimiento del contrato durante siete días hábiles (diez en el caso italiano), desde la entrega efectiva del producto adquirido (cfr. art. 6 Dir. 97/7/CE, arts. 68-79 del Decreto Legislativo español 1/2007 y art. 65.2.a del Código del Consumo italiano) o desde el momento de celebración del contrato cuando consiste en una prestación

[3] Cuya regulación, con anterioridad, estaba recogida en la Ley de Ordenación del Comercio Minorista (LOCM) reformada por la Ley 47/2002, cuando regulaba las "ventas a distancia".

[4] El Decreto Legislativo italiano 206/2005 deroga la anterior regulación recogida en el Decreto Legislativo 185/1999, incorporándola al nuevo Código del Consumo.

de servicios (cfr. art. 6 Dir. 97/7/CE, art. 71 del Decreto Legislativo español 1/2007 y art. 65.2.b del Código del Consumo italiano).

Lo que en última instancia implica reducir la relevancia de la determinación exacta del momento de perfección del contrato a distancia –vía Internet– con el consumidor.

C. *Clasificación de los contratos por vía Internet según su proceso de formación*

En la clasificación expuesta se ha aplicado, en la distinción de contratos entre presentes y contratos entre ausentes o partes distantes, un criterio de la presencia de las partes en términos temporales y no geográficos[5]. De esta manera, se ha afirmado que el teléfono es un medio de comunicación que permite a las partes la perfección del contrato de forma inmediata, siempre y cuando ellas así lo deseen; es decir, de idéntico modo a como sucedería si estuvieran físicamente presentes.

Por lo que se estará ante un "contrato entre partes presentes" cuando el momento en que el aceptante de la oferta emite su declaración es el mismo que el del conocimiento de ésta por su destinatario, lo que excluiría el intervalo temporal relevante dirigido a la retirada de la aceptación. Por el contrario, se estará ante un "contrato formado entre partes ausentes" cuando exista dicho intervalo temporal relevante de forma consustancial al medio empleado (p. ej., la correspondencia postal, el telégrafo, etcétera).

De idéntico modo a como sucede con el teléfono acontece con el uso de *chat* o videoconferencia en la contratación. Ambos medios permiten comunicarse a las partes de idéntica forma a la presencia física, por lo que queda excluida la posibilidad de que entre la emisión de la aceptación y su conocimiento por el destinatario medie un intervalo temporal relevante.

Sin embargo, respecto a la utilización de correo electrónico –instrumento esencial también en la celebración de contratos en el seno de una subasta electrónica e importante cuando se concluye desde una página *web* a los efectos de cumplir la prescripción que recoge el artículo 11 de la Directiva 2000/31/CE– no sucede lo mismo. Esto es así básicamente por dos razones:

1ª) La primera se asienta en el carácter asíncrono de la comunicación por correo electrónico. Es decir, que no requiere una coincidencia temporal de los sujetos intervinientes en la comunicación.

Por lo que, cuando el destinatario de la aceptación no se halla delante de su ordenador, implica que entre la emisión del correo que porta la aceptación y el conocimiento que de ella tenga el oferente va a existir un intervalo de tiempo

[5] En este mismo sentido, cfr. GARCÍA AMIGO, *Lecciones de Derecho Civil*, II, *Teoría general de las obligaciones y contratos*, McGraw-Hill, Madrid, 1995, pp. 181 y ss.

que puede ser muy superior al de unos pocos minutos, incluso puede alcanzar días o semanas, dependiendo de la regularidad con que el oferente consulte su correo. En este supuesto el contrato se forma entre partes no presentes o ausentes.

2ª) Aun en el caso en que estuviesen ambas partes –oferente y aceptante– al mismo tiempo delante de cada uno de sus ordenadores, suele mediar un intervalo temporal de algunos minutos (en ocasiones incluso inferior a un minuto) entre la emisión del correo que contiene la aceptación y su recepción por el destinatario-oferente[6].

En cuanto a la posibilidad de valorar este lapso temporal como relevante a los efectos oportunos –es decir, que posibilitara la retirada de la aceptación mediante el empleo de otro medio de comunicación más veloz– debe responderse afirmativamente.

El ejemplo que ilustra esta posibilidad constituye realmente un caso de laboratorio al ser poco probable, pero basta con que sea posible, y es el siguiente: que las partes se encuentren cada una delante de su ordenador y comunicados al mismo tiempo por teléfono o *chat* o videoconferencia[7], con lo que durante el lapso de ese escaso minuto o minutos que tarda en llegar el correo podría retirarse la aceptación emitida mediante el empleo de estos últimos medios de comunicación indicados[8].

En definitiva, esto refleja la falta del carácter inmediato de las comunicaciones a través de correo electrónico, y por ello de la calificación de aquellos contratos concluidos mediante el empleo de este medio como contratos entre partes presentes desde la perspectiva temporal.

Aplicando la anterior clasificación general a los contratos por *Internet* se puede concluir afirmando que:

[6] Señala ZICCARDI que "una de las funciones más interesantes de *Internet* es, hemos visto, la posibilidad de intercambiar casi instantáneamente mensajes electrónicos (*e-mail*) con usuarios que residen en otras partes del mundo" (*Il diritto in internet. Ciberspazio e risorse giuridiche per il professionista del diritto*, Mucchi, Modena, 1999, p. 82). En semejantes términos, cfr. FINOCCHIARO, *I contratti informatici*, en *Trattato di Diritto Commerciale e di Diritto Pubblico dell'Economia*, diretto da F. GALGANO, vol. 22, Cedam, Padova, 1997, p. 196 y n. 5; MAIOCCHI – QUINTARELLI, *Internet per l'azienda*, Il sole 24 ore, Milano, 1998, p. 879.

[7] Esto sería muy poco probable en una contratación desde una página *web*, al ejecutar todo el proceso contractual un programa informático.

[8] Respecto de este ejemplo interesa indicar que, si se está en presencia de una videocámara (en videoconferencia) y el oferente tuviera la posibilidad de ver la pantalla del aceptante y su contenido, podría argumentarse que en el momento en que se pulsa el icono correspondiente a "enviar mensaje" o "aceptar" nacería el contrato. Y es verdad, pero nacería gracias a la comunicación instantánea que permite la videoconferencia, y no debido al correo electrónico.

a) El empleo de *chat* o videoconferencia permitirá la "formación de un contrato de forma instantánea", por encontrase las partes en situación de presencia, siempre que además se cumplan las siguientes circunstancias:

1ª. No mediar entre las partes más actos precontractuales que la oferta y la aceptación.

2ª. Que tanto la oferta como la aceptación contractuales sean transmitidas durante el transcurso de esa misma comunicación[9].

3ª. Que el intercambio de la oferta y la aceptación se produzca de forma inmediata, es decir, una tras la otra. Este último requisito excluye la posibilidad de que el oferente otorgue un plazo de reflexión para la aceptación a su destinatario[10].

Si alguno de estos requisitos no se cumple el contrato se calificará de formación *ex intervallo temporis*.

b) La formación de un contrato mediante el empleo de correo electrónico –ya sea de forma exclusiva o en el seno de una subasta electrónica– no puede ser calificada de instantánea, al no encontrarse las partes en situación de presencia, por lo que los contratos concluidos por este medio de comunicación solamente pueden calificarse de "formación *ex intervallo temporis*", y dentro de esta categoría pertenecen al tipo específico de "contratos entre ausentes".

Respecto del caso de la subasta electrónica es importante indicar que, incluso si su realización fuera posible a través del empleo de *chat* o videoconferencia, nunca cabría calificar al contrato fruto de ésta como de formación instantánea. Esto se debe al propio esquema formativo de la subasta, que da nacimiento al contrato con el mejor postor, una vez transcurrido el plazo temporal prefijado de admisión de pujas o duración de la licitación.

D. *El concepto de "contrato a distancia" recogido en la normativa comunitaria dirigida a la protección de los consumidores (Directiva 97/7/CE), en el Real Decreto Legislativo español 1/2007 y en el Código del Consumo italiano de 2005*

La normativa comunitaria dirigida a regular lo que denomina "contratos a distancia" adopta, por el contrario, un mero criterio geográfico a la hora de establecer el concepto de este tipo de contratos. Así, se estara en presencia de un contrato entre ausentes o a distancia, cuando las partes no se hallan

[9] Por lo que si la aceptación ha sido dada a conocer por otro medio previo no podría calificarse al contrato concluido como de formación instantánea.

[10] Nótese que el concepto de "contrato de formación instantánea" adoptado, toma como referente toda la fase precontractual. Si solamente se tuviese en cuenta el momento de intercambio de la oferta y la aceptación el uso del *chat* o la videoconferencia permitiría una formación del contrato instantánea.

simultáneamente en situación de presencia física. Ha de resaltarse que esta normativa comunitaria está dirigida exclusivamente a tutelar la contratación en la que intervengan consumidores (vid. art. 1 Dir. 97/7/CE).

Así, el artículo 2 de la Directiva 97/7/CE, relativa a la protección de los consumidores en materia de contratos a distancia, define a este último como "todo contrato entre un proveedor y un consumidor sobre bienes o servicios celebrado en el marco de un sistema de ventas o de prestación de servicios a distancia organizado por el proveedor que, para dicho contrato, utiliza exclusivamente una o más técnicas de comunicación a distancia hasta la celebración del contrato, incluida la celebración del propio contrato".

A su vez, la citada Directiva define, en este mismo precepto (art. 2.4), como "técnica de comunicación a distancia" a "todo medio que permite la celebración del contrato entre un consumidor y un proveedor sin presencia física simultánea del proveedor y del consumidor. En el Anexo I figura una lista indicativa de las técnicas contempladas en la presente Directiva"[11]. De esta forma, por ejemplo, los contratos perfeccionados por medio de teléfono tendrían también la calificación de contratos a distancia, cuando una de las partes fuese un consumidor. Y esto mismo sucedería cuando el contrato con el consumidor se concluye mediante el uso de *chat* o videoconferencia[12].

Pero en este análisis, además, han de tenerse presentes importantes normas de ámbito nacional a la hora de especificar el concepto de "contrato a distancia".

En Italia, mediante el Decreto Legislativo de 22 de mayo de 1999, nº 185, se procedía a transponer a su ordenamiento la Directiva 97/7/CE relativa a la protección de los consumidores en materia de contratos a distancia

[11] El Anexo I, en cuestión, dispone lo siguiente: "Técnicas de comunicación mencionadas en el apartado 4 del artículo 2:

Impreso sin destinatario.

Impreso con destinatario.

Carta normalizada.

Publicidad en prensa con cupón de pedido.

Catálogo.

Teléfono con intervención humana.

Teléfono sin intervención humana (llamadas automáticas, audiotexto).

Radio.

Visiófono (teléfono con imagen).

Videotexto (microordenador, pantalla de televisión) con teclado o pantalla táctil.

Correo electrónico.

Fax (telecopia).

Televisión (compras y ventas a distancia)".

[12] El Anexo I de la Directiva 97/7/CE reviste un carácter meramente indicativo. Por lo que también se aplicaría su normativa a los contratos concluidos por medio de esta técnica de comunicación, pese no a estar expresamente recogida en él.

a su ordenamiento. Su artículo 1.1.a) recogía un concepto de "contrato a distancia" idéntico al establecido en la Directiva; asimismo, el concepto de "técnica de comunicación a distancia" (vid. art. 1.1.d)[13] y su Anexo I complementario eran igualmente coincidentes[14]. En definitiva, la norma italiana coincidía plenamente con la Directiva en todos sus aspectos, entre los cuales se hallaba su ámbito de aplicación subjetiva: exclusivamente la tutela de los consumidores.

Por otro lado, y siempre en el contexto italiano, del contenido del artículo 11 de Texto único de las disposiciones legislativas y reglamentarias en materia de documentación administrativa, aprobado por el Decreto del presidente de la República de 28 de diciembre de 2000, nº 445[15], pudiera pensarse que la aplicación del Decreto Legislativo 50/1992 –que trasponía al ordenamiento italiano la Directiva 85/577/CEE en materia de protección de los consumidores en el caso de contratos negociados fuera de los establecimientos comerciales– se haría extensiva a todo el conjunto de contratos perfeccionados mediante instrumentos informáticos o por vía telemática mediante el uso de la firma digital, sin hacer distinción entre los estrictamente concluidos con un consumidor o entre profesionales.

Dicha conclusión habría de ser rechazada, en cuanto que la referencia expresa en dicho precepto a la aplicación del citado Decreto Legislativo 50/1992 se circunscribía exclusivamente al ámbito de la contratación con consumidores, y su razón de ser respondía sólo al celo del legislador de considerar a aquellos contratos que se perfeccionaban entre un consumidor y un profesional en el interior de un sitio *web* como contratos celebrados fuera del establecimiento comercial del profesional. Esto es, la página *web* no constituía un

[13] En cuanto a "técnica de comunicación a distancia", su concepto ya existía previamente en el Decreto Legislativo de 24 de febrero de 1998, nº 58, texto único de las disposiciones en materia de intermediación financiera, de conformidad con los artículos 8 y 21 de la Ley 6 febrero 1996, nº 52, cuyo art. 32.1 señalaba que por tales debían entenderse "las técnicas de contacto con la clientela, distintas de la publicidad, que no conllevan la presencia física y simultánea del cliente y del sujeto oferente o de su encargado".

[14] Respecto del anexo en cuestión, DE CRISTOFARO destaca su carácter no taxativo (cfr. "Contratti a distanza e norme a tutela del consumatore", *Studium Iuris*, 1999, p. 1193).

[15] Precepto no afectado por las modificaciones que a dicho texto único realiza el Decreto Legislativo 10/2002 de Actuación de la Directiva 1999/93/CE relativa a un cuadro comunitario para las firmas electrónicas. Este artículo 11 del texto único, titulado: *Contratos estipulados con instrumentos informáticos o por vía telemática*, se compone de dos apartados según los cuales: "1. Los contratos estipulados con instrumentos informáticos o por vía telemática mediante el uso de la firma digital según las disposiciones del presente texto único son válidos y relevantes a todos los efectos de la ley". "2. A los contratos indicados en el apartado primero se aplican las vigentes disposiciones en materia de contratos negociados fuera de los establecimientos comerciales".

establecimiento comercial en sentido estricto y físico a los efectos de excluir la aplicación de la normativa de consumo al uso[16].

La aprobación del Código del Consumo italiano, mediante el Decreto Legislativo de 6 de septiembre de 2005, nº 206, implicó la derogación, entre otras normas, de los Decretos Legislativos 50/1992 y 185/1999. No obstante las conclusiones precedentes alcanzadas sobre ambas normas, siguen siendo plenamente válidas en la actual regulación que las integra.

Por lo que respecta al ámbito español, con antelación a la aprobación del Decreto Legislativo 1/2007, resultaba fundamental tener en cuenta las siguientes normas:

1. La Ley 7/1996, de 15 de enero, de Ordenación del Comercio Minorista (LOCM) –que se circunscribía sólo a las ventas distancia en su Título II, capítulo segundo–, y que había sido reformada por la Ley 47/2002 con la finalidad de transponer, entre otras, la Directiva 97/7/CE al territorio español.

2. La Ley 7/1998, de 13 de abril, de condiciones generales de la contratación, y, respecto a esta última, especialmente el Real Decreto 1906/1999, de 17 de diciembre, que regula la contratación telefónica o electrónica con condiciones generales en desarrollo del entonces artículo 5.3 –hoy 5.4– de la Ley 7/1998 de condiciones generales de la contratación, al cual la Ley 34/2002 le hace referencia en su *Disposición final* quinta al efecto de su modificación[17].

Ambas normas adoptaban en términos generales el mismo concepto de "contrato a distancia" recogido en la Directiva 97/7/CE; si bien, respecto a la extensión o ámbito subjetivo de aplicación de dicho concepto, han de señalarse algunas cuestiones.

[16] Sobre este mismo argumento, cfr. GRISI, "La frontiera telematica della contrattazione a distanza", *Europa e Diritto privato*, 1998, pp. 890 y ss. Asimismo, indica TRIPODI que, "siempre que se considere el sitio *web* destinado a las operaciones comerciales un "local virtual", asimilable al físico, podríamos tener como involuntario efecto paradójico que, desde el momento en que el consumidor "entra" en el sitio del vendedor (y, raramente, por lo que consta, al contrario), la venta no se produciría "fuera de los establecimientos comerciales", sino dentro de ellos, aunque se trae de establecimientos virtuales" ("Divagazioni giuridiche in tema di commercio elettronico", *Il Corriere Giuridico*, 2000, pp. 1387 y ss.).

[17] La *Disposición final* quinta de la Ley 34/2002 de servicios de la sociedad de la información y de comercio electrónico, que lleva por título: Adecuación de la regulación reglamentaria sobre contratación telefónica o electrónica con condiciones generales a esta Ley, dispone que "el Gobierno, en el plazo de un año, modificará el Real Decreto 1906/1999, de 17 de diciembre, por el que se regula la contratación telefónica o electrónica con condiciones generales de la contratación, para adaptar su contenido a lo dispuesto en esta Ley". Y añade que, "en dicha modificación, el Gobierno tendrá especialmente en cuenta la necesidad de facilitar la utilización real de los contratos electrónicos, conforme al mandato recogido en el artículo 9.1 de la Directiva 2000/31/CE".

De acuerdo con el artículo 38, párrafo primero, de la Ley española de Ordenación del Comercio Minorista, son "ventas a distancia" "las celebradas sin la presencia física simultánea del comprador y del vendedor, siempre que su oferta y aceptación se realicen de forma exclusiva a través de una técnica cualquiera de comunicación a distancia y dentro de un sistema de contratación a distancia organizado por el vendedor"[18].

En esta norma se apreciaba claramente que su definición de "ventas a distancia" no se circunscribía en exclusiva a las operadas entre un prestador de servicios y un consumidor, sino de forma genérica entre un vendedor y un comprador. Si a esto se añadían los contenidos del apartado 1 del artículo 48, titulado: "*Derechos del consumidor*"[19], y de la *Disposición adicional* primera, se podía llegar a afirmar que la Ley de Ordenación del Comercio Minorista, en lo que a ventas a distancia se refiere, no estaba dirigida exclusivamente a la contratación con consumidores, sino a la genérica contratación a distancia. Con la diferencia de que los derechos recogidos en esta norma eran irrenunciables cuando se estaba en presencia de un consumidor; mientras que cuando la contratación se producía entre profesionales tales derechos les serían igualmente aplicables, salvo que renunciasen expresamente a ello[20].

Con la aprobación del Decreto Legislativo español 1/2007 se reguló de forma expresa, en sus artículos 92 a 106, la contratación a distancia con consumidores, y derogó, entre otros, el artículo 48 y la disposición adicional primera de la Ley de Ordenación del Comercio Minorista que hacían referencia expresa a la contratación con consumidores. No obstante, la Ley de Ordenación del Comercio Minorista no ha sido derogada en materia de contratación a distancia, sino que simplemente se ha acotado su ámbito subjetivo de aplicación a las relaciones que medien entre empresarios.

Sobre esta opción legislativa española han de practicarse al menos tres observaciones. En primer lugar llama la atención el hecho de que, a diferencia de lo previsto expresamente por la propia Directiva 97/7/CE y de la transposición que Italia hace de ésta y luego incorpora a su Código del Consumo, en

[18] El art. 38.1 LOCM, anterior a la reforma de 2002, definía las "ventas a distancia" como "las celebradas sin la presencia física simultánea del comprador y del vendedor, transmitiéndose la propuesta de contratación del vendedor y la aceptación del comprador por un medio de comunicación a distancia de cualquier naturaleza".

[19] Disponía el artículo 48.1 LOCM que, "cuando el comprador sea un consumidor, entendiendo por tal el definido en los apartados 2 y 3 del artículo 1 de la Ley 26/1984, de 19 de julio, General para la Defensa de los Consumidores y Usuarios, los derechos que el presente capítulo le reconoce serán irrenunciables y podrán ser ejercidos por los mismos aunque la legislación aplicable al contrato sea otra distinta de la española, si el contrato presenta un vínculo estrecho con el territorio de cualquier Estado miembro de la Unión Europea".

[20] Sobre este mismo tema, vid. MENÉNDEZ MATO, *El contrato vía Internet*, J.M. Bosch, Barcelona, 2005, pp. 214 y ss.

la normativa española –LOCM– se conceden de forma genérica derechos, que originariamente nacen con el fin de tutelar a la parte más débil de la relación contractual a distancia –el consumidor–, a cualquier contratante siempre que no haya renunciado a ellos. Por ejemplo, a la contratación entre profesionales en el entorno de Internet (*B2B*), siempre que ambos tengan su actividad principal ubicada en España, se le concederán al comprador los derechos de libre desistimiento, información previa y postcontractual, y de resolución del contrato llegado el caso, recogidos en esta norma si es que no ha renunciado a ellos expresamente[21]. En definitiva, en España se habría producido una extensión de específicas prerrogativas nacidas en favor del consumidor a sujetos propios de la contratación mercantil en materia de ventas a distancia que, en mi opinión, considero injustificada[22].

Por otro lado surge la duda de qué sucede –en cuanto a la aplicabilidad de la Ley de Ordenación del Comercio Minorista– si la venta a distancia tiene lugar entre sujetos que no poseen la condición de profesionales, ni de consumidores. Si se piensa en una compraventa entre particulares que operan desde *Internet*, en concreto desde una página *web* que les sirve de punto de encuentro para la conclusión de un contrato a distancia estrictamente civil, podría optarse por las siguientes soluciones respecto a la aplicabilidad de la LOCM: a) declararla no aplicable, por no poseer el vendedor la condición de profesional, y considerar que tal requisito es exigido por el artículo 38.1, –de-

[21] Es interesante recordar que entre las diferencias específicas de régimen jurídico entre un "contrato de Derecho civil común" y un "contrato con un consumidor" se encuentra, y en lugar muy destacado, el derecho del consumidor al arrepentimiento y posterior desistimiento de una relación contractual ya existente en determinados supuestos, como es en el caso de la contratación a distancia. Al respecto, cfr. ROPPO, "Contratto di diritto comune, contratto del consumatore, contratto con asimmetria di potere contrattatuale: genesi e sviluppi di un nuovo paradigma", en AA.VV., a cura di S. MAZZAMUTO, *Il contratto e le tutele. Prospettive di diritto europeo*, Giappichelli, Torino, 2002, pp. 641 y ss.

[22] Este fenómeno es señalado específicamente por ALPA, cuando indica que, "entre los medios de comunicación a distancia considerados en el Anexo I de la Directiva del Parlamento europeo y del Consejo de 20 de mayo 1997, nº 97/7/CE se consideran el teletexto y el correo electrónico. El uso de estas técnicas de comunicación implica la sujeción de la operación económica a la disciplina de la directiva, siempre que una de las partes sea calificada como "consumidor". Obviamente, las reglas aquí indicadas no se aplican a los contratos concluidos entre profesionales, pese a que casi en todo ordenamiento se asiste a la lenta ósmosis de la disciplina de las relaciones negociales con los consumidores en la disciplina general del contrato" ("Premessa", en AA.VV., a cura di E. TOSI, *I problemi giuridici di Internet. Dall'E-Commerce all'E-Business*, 2ª ed., Giuffrè, Milano, 2001, pp. XVIII-XIX). Asimismo, respecto de ese poder expansivo de determinadas prerrogativas del Derecho de consumo, en este caso en materia contractual, a otros ámbitos que inicialmente no le son propios, cfr. ROPPO, *op.* y *loc. cit.*, pp. 657 y ss.; GRISI, "Lo *ius poenitendi* tra tutela del consumatore e razionalità del mercato", en AA.VV., *Scritti in memoria di Giovanni Cattaneo*, II, Giuffrè, Milano, 2002, pp. 1271 y 1312 y ss.

finidor de la venta a distancia– cuando previene que el vendedor haya organizado el sistema de contratación a distancia, y por el propio título de la Ley: "Ordenación del Comercio Minorista"; b) considerarla aplicable, pero no en los términos en que lo sería de tratarse de un consumidor; es decir, se aplicarían los derechos que reconoce la ley a cualquier comprador –incluso, como se ha visto, a un profesional–, siempre que no haya renunciado expresamente a ellos. En ambos casos se plantean dudas, pero sobre todo si se opta por la primera de las soluciones se puede llegar a la descabellada conclusión de que un profesional que realiza compras a distancia goce de una mayor protección que un simple particular.

Por último indicar que, con la generalización en España de este concepto de venta a distancia –inicialmente ideado para la tutela del consumidor– también a las ventas mercantiles, se produce hasta cierto punto una pérdida del valor que tienen los criterios recogidos expresamente en el ordenamiento español para la determinación del instante exacto de nacimiento de todo contrato perfeccionado entre partes no presentes: artículos 1262 CC y 54 CCom. La razón se debe al hecho de que la exacta determinación del momento de nacimiento del contrato, cuando las partes no están físicamente presentes, se ve atenuada –también en el entorno mercantil– desde el momento en que se concede al profesional un derecho de libre desistimiento de la compraventa durante siete días hábiles, al igual que si se tratase de un consumidor.

E. *Referencia a la Ley española de Condiciones Generales de Contratación y su remisión al Real Decreto 1906/1999 que regula la contratación telefónica o electrónica con condiciones generales en España: ámbito subjetivo de aplicación y concepto de "contrato a distancia"*

El presente epígrafe se circunscribe al ordenamiento español. El ámbito subjetivo de aplicación de la Ley de condiciones generales de contratación (LCGC) no está restringido exclusivamente a la contratación con consumidores, también incluye a la que tiene lugar entre profesionales[23] (art. 2 LGCG)[24].

[23] Respecto al contenido de esta norma, vid. DURÁN RIVACOBA, "Condiciones generales de la contratación y cláusulas abusivas", *Revista de Derecho Privado*, febrero 2000, pp. 99 y ss.

[24] A tenor de su artículo 2:

"1. La presente Ley será de aplicación a los contratos que contengan condiciones generales celebrados entre un profesional –predisponente– y cualquier persona física o jurídica –adherente–.

2. A los efectos de esta Ley se entiende por profesional a toda persona física o jurídica que actúe dentro del marco de su actividad profesional o empresarial, ya sea pública o privada.

3. El adherente podrá ser también un profesional, sin necesidad de que actúe en el marco de su actividad".

En cuanto al tema que nos afecta, la "contratación a distancia", en este caso cuando figuran condiciones generales de contratación, interesa analizar el artículo 5 de esta Ley[25]. De acuerdo con su entonces apartado tercero –hoy apartado 5.4–, "en los casos de contratación telefónica o electrónica será necesario que conste en los términos que reglamentariamente se establezcan la aceptación de todas y cada una de las cláusulas del contrato, sin necesidad de firma convencional. En este supuesto, se enviará inmediatamente al consumidor justificación escrita de la contratación efectuada, donde constarán todos los términos de la misma".

Precisamente en desarrollo de aquel artículo 5.3 –actualmente, art. 5.4[26]– de la Ley de condiciones generales de la contratación se dictó el Real Decreto 1906/1999, de 17 de diciembre, que regula la contratación telefónica o electrónica con condiciones generales[27]. De acuerdo con su artículo 1, titulado:

[25] El actual artículo 5, titulado *Requisitos de incorporación*, dispone lo siguiente:

"1. Las condiciones generales pasarán a formar parte del contrato cuando se acepte por el adherente su incorporación al mismo y sea firmado por todos los contratantes. Todo contrato deberá hacer referencia a las condiciones generales incorporadas.

No podrá entenderse que ha habido aceptación de la incorporación de las condiciones generales al contrato cuando el predisponente no haya informado expresamente al adherente acerca de su existencia y no le haya facilitado un ejemplar de las mismas.

2. Los adherentes podrán exigir que el Notario autorizante no transcriba las condiciones generales de la contratación en las escrituras que otorgue y que se deje constancia de ellas en la matriz, incorporándolas como anexo. En este caso el Notario comprobará que los adherentes tienen conocimiento íntegro de su contenido y que las aceptan.

3. Cuando el contrato no deba formalizarse por escrito y el predisponente entregue un resguardo justificativo de la contraprestación recibida, bastará con que el predisponente anuncie las condiciones generales en un lugar visible dentro del lugar en el que se celebra el negocio, que las inserte en la documentación del contrato que acompaña a su celebración; o que, de cualquier otra forma, garantice al adherente una posibilidad efectiva de conocer su existencia y contenido en el momento de la celebración.

4. En los casos de contratación telefónica o electrónica será necesario que conste en los términos que reglamentariamente se establezcan la aceptación de todas y cada una de las cláusulas del contrato, sin necesidad de firma convencional. En este supuesto, se enviará inmediatamente al consumidor justificación escrita de la contratación efectuada, donde constarán todos los términos de la misma.

5. La redacción de las cláusulas generales deberá ajustarse a los criterios de transparencia, claridad, concreción y sencillez".

[26] Al reenumerarse este precepto 5 de la LCGC como consecuencia de la adición por parte de la Ley 24/2001, de 27 de diciembre, de un nuevo apartado 2.

[27] BERCOVITZ RODRÍGUEZ-CANO señala sobre esta norma que "llama la atención finalmente que los redactores del Real Decreto se hayan acordado de concordarlo con la Directiva 97/7/CE, relativa a la protección de los consumidores en materia de contratos a distancia, y no, en cambio, con los artículos 38 a 48 de la Ley 7/1996, de Ordenación del Comercio Minorista, en los que regulan las ventas a distancia, y en los que el legislador tuvo en cuenta la entonces Propuesta de Directiva sobre contratos a distancia. Surge inmediatamente un grave problema: el de decidir si

Ámbito de aplicación, párrafo primero, "el presente Real Decreto se aplicará a los contratos a distancia, o sin presencia física simultánea de los contratantes, realizados por vía telefónica, electrónica o telemática, que contengan condiciones generales de la contratación, entendiendo por tales las definidas por la Ley 7/1998, de 13 de abril, y se entiende sin perjuicio de la aplicación de las normas vigentes en materia de firma electrónica contenidas en el Real Decreto-Ley 14/1999, de 17 de diciembre"[28].

Del literal de la norma, sobre todo cuando regula otros aspectos de su ámbito de aplicación en los párrafos segundo y tercero del artículo 1, parece desprenderse un cierto olvido a la expresa alusión a los consumidores recogida en el entonces artículo 5.3 –actualmente, art. 5.4– de la Ley de condiciones generales de la contratación. Si este último artículo se interpretase de forma aislada y en sentido estricto habría que concluir afirmando que está dirigida subjetivamente sólo a la contratación con consumidores.

Sin embargo, teniendo en cuenta el ámbito subjetivo general de esta Ley (vid. arts. 2.1, 2.2 y 2.3); los distintos conceptos de condición general y de cláusula abusiva, dirigido el primero tanto a la contratación con consumidores como entre profesionales, y restringido el segundo a la contratación con consumidores (vid. Preámbulo de la Exposición de Motivos); así como el contenido del artículo 5.1 y las consecuencias de la no incorporación al contrato de determinadas condiciones generales (vid. art. 7), parece que el citado precepto se centra en la necesidad de incorporar las condiciones generales al contrato perfeccionado por teléfono o electrónicamente para que tengan vigencia, en cuanto previamente conocidas y aceptadas por su destinatario, sin importar que el adherente sea un consumidor o un profesional[29]. En este sentido, avala esta tesis el artículo 10.3 de la Directiva 2000/31/CE sobre comercio electrónico.

Por lo que, si este artículo 5.3[30] –y consecuentemente el Real Decreto 1906/1999 que lo desarrolla– tuviese el mismo ámbito subjetivo de aplica-

---

este Real Decreto puede derogar los mencionados artículos de la Ley 7/1996 en aquello que sea contradictorio con el contenido de los mismos. Me inclino por pensar que semejante derogación tácita no es posible, dado el rango normativo del Real Decreto con respecto a aquella Ley y el ámbito, limitado a las condiciones generales de la contratación, de la delegación reglamentaria contenida en la Ley 7/1998" ("Condiciones generales de la contratación", Tribuna, *Aranzadi Civil*, enero 2000, n.º 18, pp. 12 y 13).

[28] La referencia que hace al Real Decreto-Ley 14/1999 ha de entenderse a la actual Ley española 59/2003 de firma electrónica, al quedar el primero derogado por aplicación de la *Disposición derogatoria* única de esta última.

[29] En estos mismo términos, cfr. SANZ VIOLA, "Contratación electrónica", *Actualidad Civil*, 2001, p. 661.

[30] Es conveniente de nuevo recordar que, tras la modificación que efectúa la Ley 24/2001, de 27 de diciembre, actualmente es el art. 5.4 LCGC.

ción que el general de la Ley de condiciones generales de contratación de la que forma parte (art. 2), –y yo entiendo que sí–, supondría que el concepto de "contrato a distancia" dejaría de ser equivalente al de "contrato entre partes ausentes o no presentes" también para aquella contratación que se desarrollara, por ejemplo, entre profesionales cuando existan condiciones generales de contratación.

Finalmente, ha de recordarse de nuevo la previsión que recoge la *Disposición final* quinta de la Ley española 34/2002 de servicios de la sociedad de la información y de comercio electrónico de reformar este reglamento (el Real Decreto 1906/1999) al efecto de adaptarlo al mandato que recoge el artículo 9.1 de la Directiva 2000/31/CE sobre comercio electrónico.

F. El contrato a distancia y el contrato entre ausentes son categorías diferentes

Todo este desarrollo produce como principal conclusión que la categoría de "contrato concluido a distancia" que ha ido apareciendo en los últimos años –inicialmente dirigida a la tutela del consumidor– es nueva y distinta a la de "contrato perfeccionado entre ausentes o partes no presentes".

"Contrato a distancia" sería aquel en el que la transmisión de –al menos– la aceptación contractual tiene lugar entre partes que no se hallan de modo simultáneo físicamente presentes[31]. Sin embargo, la categoría de "contrato entre ausentes" es más reducida que la anterior (de la cual forma parte), por lo que no serían contratos entre ausentes los que se concluyen, pese a encontrarse las partes físicamente distantes, mediante el empleo de un medio técnico que permite una comunicación instantánea. Estos últimos serían, en los términos en que se ha indicado anteriormente, "contratos entre presentes".

Es importante tener en cuenta que, al margen del mayor o menor grado de precisión terminológica recomendable en el lenguaje jurídico, lo importante es no mezclar la función de cada una de las distintas categorías. Es decir, las categorías "contrato entre presentes" y su antagónica "contrato entre ausentes" despliegan su utilidad a los efectos de determinar el momento de nacimiento del contrato –sin importar que los contratantes sean consumidores, particulares o profesionales–, de acuerdo con los criterios unificados en España en 2002 que recogen los artículos 1262 del Código Civil y 54 del Código de Comercio, y en Italia los artículos 1326 y ss. de su Código Civil.

Por otro lado, y de acuerdo con la estricta pretensión de la Directiva 97/7/CE, la categoría "contrato a distancia" –frente al que no lo es (por concluirse entre partes físicamente presentes de forma simultánea)– tiene una aplicación

[31] De nuevo debe recordarse que la normativa específica exige que ambas declaraciones contractuales –oferta y aceptación– sean transmitidas a distancia, cfr. art. 38.1 LOCM.

restringida a la contratación con consumidores a los efectos de dotarles de un régimen jurídico más protector debido a sus circunstancias personales. Esta categoría –"contrato a distancia"– debe ser desvinculada de la determinación del momento de nacimiento de los contratos, función para la que se ha creado expresamente la categoría "contratos entre partes no presentes o ausentes" y su antagónico "contrato entre partes presentes"[32].

De acuerdo con estos conceptos, se puede afirmar que el contrato concluido por correo electrónico es un "contrato entre ausentes" y es un "contrato a distancia". En cambio, el perfeccionado mediante el empleo de *chat* o videoconferencia es un "contrato entre presentes", pero, al mismo tiempo, cuando se dé presencia de un consumidor también es un "contrato a distancia".

Para concluir, puede sintetizarse la evolución de la relación entre los conceptos de "contrato a distancia" y "contrato entre partes no presentes o ausentes", con especial referencia a la peculiar situación española, del siguiente modo:

a) Inicialmente ambos conceptos eran idénticos, y estaban contrapuestos al de contrato entre partes presentes. La utilidad de estas nociones residía en la correcta determinación del momento y lugar de nacimiento del contrato; es decir, en el caso español en la aplicación de los artículos 1262 del Código Civil y 54 del Código de Comercio, y en Italia en la aplicación de los artículos 1326 y ss. del Código Civil.

b) Con la llegada desde el ámbito comunitario de una específica normativa protectora de los consumidores –la Directiva 97/7/CE–, se produce una diferenciación entre tales conceptos, y se dota al contrato a distancia de una definición y de un régimen jurídico específicos siempre que intervenga un consumidor. Así, si está presente un consumidor, el contrato será calificado de "a distancia", sin importar nada el hecho de que ambas partes puedan comunicarse simultáneamente la oferta y la aceptación contractuales mediante el empleo de un medio de comunicación instantánea que lo permita (p. ej., el teléfono o la videoconferencia). En Italia, tanto el vigente Decreto Legislativo 206/2005 –que aprueba el Código del Consumo– como el precedente y derogado Decreto Legislativo 185/99 han traspuesto la Directiva 97/7/CE a su ordenamiento en idénticos términos: el denominado "contrato a distancia" es una categoría específica dirigida a la tutela del consumidor.

c) En España se transpuso la Directiva 97/7/CE –a diferencia del ejemplo italiano– no a través de una norma específica destinada a la tutela de los consumidores, sino en el interior de la propia Ley de Ordenación del Comercio

[32] No obstante, y como se verá en el siguiente epígrafe, la categoría "contrato a distancia" podría ser aplicada en la determinación del lugar de nacimiento del contrato.

Minorista, cuyo ámbito no queda restringido obviamente al consumidor[33]. Todo esto produjo como consecuencia que, cuando se trate de ventas "a distancia" (adjetivo que tiene la misma significación analizada en la Directiva 97/7/CE), el régimen jurídico inicialmente destinado por la Unión Europea a la tutela del consumidor se aplicará también a la contratación que tenga lugar entre profesionales, siempre que no lo hayan excluido expresamente. En definitiva, en España, los conceptos de "contrato a distancia" y "contrato entre partes no presentes" son diferentes no sólo respecto al consumidor, sino también en relación con la contratación mercantil; al menos cuando se trate de ventas "a distancia" o contratos concluidos "a distancia" en los que se dé presencia de condiciones generales de la contratación.

Esta última conclusión –como se verá más adelante– no se restringe únicamente a términos teóricos o conceptuales, sino a la aplicación en España de un régimen jurídico a determinados contratos operados desde Internet entre profesionales que, en estricta interpretación jurídica, no fue previsto desde la Unión Europea.

2. Momento y lugar de perfección del contrato en Internet

Respecto del uso de estos instrumentos de comunicación entre partes físicamente distantes, interesa determinar correctamente en qué instante exacto se entiende perfeccionado el contrato –deviniendo exigible por una o ambas partes, dependiendo del carácter unilateral o bilateral del contrato realizado– y cuál es el lugar en el que se considera concluido a los efectos oportunos.

A. Relevancia jurídica del tema

La importancia de la determinación del instante exacto de nacimiento de todo contrato –incluidos los que tienen lugar en la red– está íntimamente relacionada con los siguientes aspectos:

a) El principal de todos es el hecho de representar el inicio o entrada en vigor del contrato que une a las partes durante un período determinado, más extenso de tratarse de un relación contractual de duración prologada, y, en todo caso, convierte en directamente exigibles por las partes las obligaciones por él instituidas.

[33] La LOCM anterior a la reforma de 2002 había optado ya por la misma solución, cuando decidió incluir dicha regulación de las ventas a distancia en ella, inspirándose en el entonces proyecto de Directiva relativa a la tutela de los consumidores en materia de contratos a distancia.

b) Ineficacia de los intentos extemporáneos de revocación y retirada de la oferta o retirada de la aceptación por parte de sus autores.

c) Ineficacia de determinadas causas de extinción de las declaraciones contractuales (por ejemplo: incapacidad sobrevenida o muerte del autor de la declaración, caducidad, etcétera).

d) Transmisión de los riesgos de la cosa al adquirente, en aquellos casos en que el contrato que se perfeccione conlleve la transmisión de la propiedad u otro derecho real.

e) Determinación exacta de la ley o norma aplicable en el tiempo a la relación contractual creada; es decir, los problemas típicos asociados a la aplicación temporal de las normas jurídicas.

f) Momento determinante del inicio del cómputo de determinados plazos para el correcto ejercicio de algunos derechos o acciones (p. ej., del derecho del consumidor al desistimiento o a la resolución del contrato a distancia, cfr. art. 6.1 Dir. 97/7/CE).

Asimismo, resulta fundamental localizar el lugar exacto en que se entiende concluido el contrato, pues con ello se determina:

a) La ley o norma aplicable espacialmente a la relación contractual originada, así como los usos interpretativos relevantes para subsanar las ambigüedades de los contratos[34]; o lo que es lo mismo, los problemas derivados de la vigencia espacial de las normas jurídicas (p. ej., Derecho civil español común o Derecho foral, o, en otros ámbitos, Derecho nacional, internacional o extranjero[35]).

b) El fuero jurisdiccional competente para la resolución de hipotéticas futuras controversias derivadas de la ejecución del contrato perfeccionado[36].

c) El lugar en el que deban llevarse a término las prescripciones recogidas en el negocio, a falta de una norma expresa que lo determine.

[34] Respecto de los usos interpretativos de los contratos, vid. arts. 1287 CC español y 1368 CC italiano.

[35] En la contratación por vía Internet, los problemas derivados de la determinación de la norma aplicable van a estar al orden del día, debido a su carácter de red mundial de comunicación. En la determinación de la norma aplicable a esta materia es fundamental tener en cuenta el Convenio de Roma de 1980 sobre la Ley aplicable a las obligaciones contractuales (BOE de 19.7.1993, n.º 171, y rectificaciones en BOE de 9.8.1993, n.º 189); y en particular, su artículo 5, que, debido a su universalidad, tiene aplicación incluso cuando la ley llamada a disciplinar el contrato resulte ser la de un Estado que no lo ha ratificado. Vid. ADAM MUÑOZ, "Los contratos a distancia celebrados por consumidores en el Derecho internacional privado comunitario", *Estudios sobre consumo*, n.º 52, 2000, pp. 35 y ss.; MARINI, *Il commercio elettronico. Profili di diritto comunitario*, Cedam, Padova, 2000, p. 57.

[36] Vid. ADAM MUÑOZ, *loc. cit.*, pp. 38 y ss.; *infra*, II, F.

B. Normativa aplicable

En cuanto a la normativa aplicable al efecto han de tenerse en cuenta:

a) Por un lado, algunas puntualizaciones en materia de obligaciones informativas previas y posteriores a la perfección del contrato recogidas en la Directiva 2000/31/CE sobre comercio electrónico y las normas nacionales que la trasponen a su respectivo territorio: en el presente estudio, la Ley española 34/2002 –con especial atención sus artículos 26, titulado: "*Ley aplicable*", y 29, titulado: "*Lugar de celebración del contrato*"– y el Decreto Legislativo italiano 70/2003.

b) Desde otra perspectiva, habrán de analizarse algunos preceptos de la Directiva 97/7/CE dirigida a la tutela de los consumidores en materia de contratos a distancia, así como las respectivas normas nacionales que la trasponen, en este caso, el Decreto Legislativo español 1/2007, y el Decreto Legislativo italiano 206/2005[37].

c) Representando las normas de Derecho interno directamente aplicables a la determinación del momento y lugar de nacimiento de los contratos en general –incluidos los perfeccionados vía Internet– debe acudirse, respecto de España, al artículo 1262 del Código Civil y al 54 del Código de Comercio –ambos reformados y unificados por la *Disposición adicional* cuarta de la citada Ley 34/2002–, y en lo que se refiere a Italia a los artículos 1326 y ss. de su Código Civil.

d) Además se hará referencia a determinadas normas de carácter internacional que recogen alguna previsión al respecto, como es el caso de la Ley Modelo de la Comisión de las Naciones Unidas de Derecho Mercantil Internacional (CNUDMI) sobre comercio electrónico, el Convenio de Viena sobre los contratos de compraventa internacional de mercaderías o la Convención de las Naciones Unidas sobre la utilización de las comunicaciones electrónicas en los contratos internacionales[38]. En concreto, los instrumentos referidos expresamente al comercio electrónico emplean un lenguaje sumamente neutro, prefieren referirse a

[37] Entre las disposiciones de la Directiva 97/7/CE, ALPA señala que "se encuentran reglas relativas a la información preliminar, al derecho de receso, a la ejecución del contrato, al pago mediante tarjeta, pero no aparecen reglas sobre la modalidad de conclusión del contrato entendido en sentido general. Ello es así porque no existen reglas unívocas en los distintos ordenamientos en orden a la conclusión del contrato. De otra parte, no existen ni siquiera convenciones que, con relación a Internet, establezcan los criterios de aplicación de la ley del contrato (siempre que las partes no hayan dispuesto de forma distinto). En tal modo, la directiva se apoya en los ordenamientos singulares, y éstos o aplican las reglas generales o a su vez se apoyan en la voluntad de las partes" ("Premessa"..., pp. XVIII-XIX).

[38] Convención aprobada por la Asamblea General de las Naciones Unidas el 23 de noviembre de 2005 mediante resolución 60/21 y que, a fecha 27/10/2009, todavía no está en vigor entre los Estados firmantes.

la más amplia figura del "mensaje de datos" o "comunicación electrónica" –en lugar de a la oferta y la aceptación– y determinar el momento y lugar en que éste se considera expedido por el iniciador y recibido por su destinatario. De este modo, pueden aplicarse luego los criterios determinantes del momento y lugar de nacimiento del contrato propios de los distintos ordenamientos nacionales, sin necesidad de proceder a la unificación de todos ellos[39].

e) Finalmente, cuando la contratación opere en el marco de la Unión Europea habrá de acudirse al Convenio de Roma sobre la ley aplicable a las obligaciones contractuales y al Reglamento (CE) nº 44/2001 relativo a la competencia judicial, el reconocimiento y la ejecución de resoluciones judiciales en materia civil y mercantil –que sustituye al Convenio de Bruselas de 1968–, este último respecto al lugar en que el contrato se entiende perfeccionado a los efectos de determinar el juez competente en caso de litigio.

C. *Los criterios generales de determinación del instante y lugar de nacimiento de los contratos en los ordenamientos italiano y español: semejanzas y diferencias*

De forma previa al estudio particularizado que se va a realizar a continuación, es interesante sintetizar los criterios de Derecho interno que recogen el ordenamiento español e italiano para determinar el momento y lugar de perfección de los contratos en general, señalar sus semejanzas y sus diferencias.

Respecto de Italia ha de acudirse a los artículos 1326 y ss. de su Código Civil. En cuanto a la determinación del momento de nacimiento del contrato rige la "teoría del conocimiento", según la cual el contrato nace en el momento en que el autor de la oferta tiene conocimiento de la aceptación de la otra parte (vid. art. 1326.1 y 1334 CC). Cuando los contratos se concluyen entre partes presentes, esto acontece de forma inmediata; ahora bien, para el caso en que las partes no se encuentren presentes habrá de acudirse al artículo 1335 CC,

[39] Esta técnica de la Ley Modelo sobre comercio electrónico o de la citada Convención se limita a regular el "mensaje de datos" o la "comunicación electrónica", sin importar cuál sea el contenido que recoja, ni las distintas teorías referidas a la específica materia de la determinación del instante y lugar de perfección de los contratos. Es decir, en la materia propia de la formación de los contratos el mensaje puede contener una oferta, una aceptación, la revocación o la retirada de una oferta previa, la retirada de una aceptación, una simple invitación a realizar ofertas o un mero mensaje publicitario. Para estos instrumentos normativos el contenido es secundario; y también es secundario el criterio de determinación del momento y lugar de nacimiento de los contratos propio de cada ordenamiento: teoría del conocimiento, teoría de la emisión o expedición, teoría de la recepción, teorías mixtas, etc. Ahora bien, en términos genéricos determina cuándo y dónde se considera expedido y recibido un mensaje de datos. Estas determinaciones, si se ponen en relación con los criterios español e italiano, de determinación del momento y lugar de nacimiento de los contratos, dan lugar a importantes consideraciones que se irán señalando en los siguientes epígrafes.

titulado *Presunción de conocimiento*. Este último precepto dispone que "la oferta, la aceptación, la revocación y cualquier otra declaración dirigida a una determinada persona se consideran conocidas en el momento en que alcanzan la dirección del destinatario, si éste no prueba de haberse encontrado, sin su culpa, en la imposibilidad de tener noticia".

En definitiva, cuando se trate de contratos entre partes no presentes sigue rigiendo la "teoría del conocimiento", pero atenuada por la presunción de conocimiento –claramente asentada en la "teoría de la recepción" de la declaración– recogida en el artículo 1335, frente a la cual cabe la prueba en contrario basada en la imposibilidad del destinatario por causas a él ajenas de haber tenido conocimiento de la aceptación recibida. En cuanto al lugar de nacimiento de los contratos nada dice el Código Civil en tales preceptos; no obstante, la doctrina y la jurisprudencia italianas los han interpretado entendiendo que el contrato nace en el momento y en el lugar en el que el oferente tuvo conocimiento de la aceptación (art. 1326.1) o ésta se presume conocida (art. 1335).

Además, el código italiano recoge otro criterio determinante de la perfección del contrato en su artículo 1327, de acuerdo con el cual el contrato se perfecciona en el momento y en el lugar en el que se ha dado inicio a su ejecución, si ésta se produce con antelación a la comunicación de su aceptación al oferente[40]. En todo caso, como exige el literal del precepto, la ejecución anticipada a la aceptación del contrato debe ser previamente requerida por parte del oferente, o deducirse de la naturaleza del asunto o los usos. Es por ello que este supuesto presenta un claro carácter excepcional y taxativo. Además, ha de cumplir con otra serie de requisitos puestos de relieve por la jurisprudencia como: tratarse de una ejecución conforme con la oferta; que el inicio de la ejecución del contrato previo a la aceptación tenga lugar en forma tempestiva; y no será posible esta figura cuando el contrato requiera una forma *ad substantiam* por exigencia legal, o por voluntad del oferente se exija que la aceptación venga manifestada expresamente en una forma determinada[41].

En España, en el año 2002, los criterios determinantes del momento y lugar de nacimiento de los contratos –que hasta entonces divergían en la contratación civil y en la mercantil– se han unificado. Ello ha sido posible por expreso

[40] El artículo 1327 del *Codice*, titulado: *Ejecución previa a la respuesta de aceptación*, dispone que, "en caso de que, a solicitud del oferente o por la naturaleza del negocio o según los usos, la prestación deba cumplirse sin una preventiva respuesta, el contrato se concluye en el tiempo y en el lugar en que ha tenido inicio la ejecución". El precepto se completa con un segundo párrafo, a cuyo tenor, "el aceptante debe avisar pronto a la otra parte de la ejecución iniciada y, si no lo hace, está obligado al resarcimiento del daño".

[41] Cfr. Forchino, "Conclusione del contratto mediante inizio dell'esecuzione", *I Contratti*, 2003, pp. 9 y ss.

mandato de la *Disposición adicional* cuarta de la Ley 34/2002, de 11 de julio, de servicios de la sociedad de la información y de comercio electrónico, titulada *Modificación de los Códigos Civil y de Comercio*[42].

En relación al nuevo contenido de estos artículos 1262 del Código Civil y 54 del Código de Comercio, cabe señalar que el ordenamiento español opta por instaurar la "teoría del conocimiento" como criterio de determinación del momento de conclusión de los contratos que, cuando sucede entre partes no presentes, se ve atenuada acudiendo a la "teoría de la recepción". En cuanto al lugar de nacimiento del contrato, lo sitúa en el lugar en que se hizo la oferta.

En cuanto a la pregunta de si en España e Italia son coincidentes los criterios generales determinantes del momento y lugar de nacimiento del contrato, ha de responderse que no totalmente. Para llegar a esta conclusión han de distinguirse distintos supuestos:

a) Si se trata de un contrato perfeccionado entre partes físicamente presentes mediante el directo intercambio de la oferta y la aceptación contractuales, el criterio es coincidente en ambos ordenamientos. Rige la "teoría del conocimiento", por lo que su nacimiento se produce en el momento y lugar en que se tiene conocimiento de la aceptación, lugar que coincide con el de la oferta.

b) No se produce ya una coincidencia plena de regímenes entre España e Italia cuando el contrato ha atravesado una formación *ex intervallo temporis* por voluntad de las partes, de modo que en un momento previo el oferente ha comunicado su oferta sin importar el medio utilizado para tal fin (en persona, mediante teléfono, etc.) y, con posterioridad, una vez que ambas partes precontractuales se encuentran físicamente, el destinatario de la oferta le comunica su aceptación, produciéndose el nacimiento del contrato. En ambos

[42] De esta forma, el nuevo artículo 1262 del Código Civil español dispone:

"El consentimiento se manifiesta por el concurso de la oferta y de la aceptación sobre la cosa y la causa que han de constituir el contrato.

Hallándose en lugares distintos el que hizo la oferta y el que la aceptó, hay consentimiento desde que el oferente conoce la aceptación o desde que, habiéndosela remitido el aceptante, no pueda ignorarla sin faltar a la buena fe. El contrato, en tal caso, se presume celebrado en el lugar en que se hizo la oferta.

En los contratos celebrados mediante dispositivos automáticos hay consentimiento desde que se manifiesta la aceptación".

Por lo que se refiere al artículo 54 del Código de Comercio español, queda redactado del siguiente modo:

"Hallándose en lugares distintos el que hizo la oferta y el que la aceptó, hay consentimiento desde que el oferente conoce la aceptación o desde que, habiéndosela remitido el aceptante, no pueda ignorarla sin faltar a la buena fe. El contrato, en tal caso, se presume celebrado en el lugar en que se hizo la oferta.

En los contratos celebrados mediante dispositivos automáticos hay consentimiento desde que se manifiesta la aceptación".

ordenamientos, el momento de nacimiento del contrato es coincidente y se produce en el instante en que el oferente conoce la aceptación de su oferta. Sin embargo, divergen en cuanto a la determinación del lugar de perfección del contrato: en Italia será ese mismo lugar en el que tuvo conocimiento de la aceptación; mientras que, en España, será el lugar en el que se hizo la oferta.

c) Si el contrato es perfeccionado entre partes temporal pero no geográfica o físicamente presentes: nace en el momento en el que oferente tiene conocimiento de la aceptación (igual en ambos ordenamientos), y en el lugar en que el oferente se encuentre al momento de tener conocimiento de la aceptación (así sucede en Italia) o en el lugar en el que el oferente hizo su oferta (ésta es la tesis de España), que en este último caso no tiene por qué ser el mismo que aquel en el que tiene conocimiento de la aceptación[43].

d) Si el contrato es perfeccionado entre partes geográfica y temporalmente no presentes: el contrato nace en el momento en que el oferente tiene conocimiento de la aceptación o desde su recepción si éste no puede probar la imposibilidad a él no imputable de haberla conocido (igual en ambos ordenamientos), y en el lugar en que el oferente se encuentre al momento de tener conocimiento de la aceptación o ésta se presuma conocida a tenor del artículo 1335 (ésta es la tesis de Italia), o en el lugar en el que el oferente hizo su oferta (así sucede en España), que tampoco tiene por qué ser el mismo que aquel en el cual tiene conocimiento de la aceptación.

e) En cuanto al criterio que recoge el código italiano, en su artículo 1327 –referido al inicio de la ejecución del contrato sin necesidad de previa aceptación de la oferta–, que establece que en estos casos nace el contrato en el momento y en el lugar en que ha tenido inicio la ejecución; puede ser reintegrado en el ordenamiento español acudiendo a la figura de la aceptación asentada en una declaración de voluntad objetivamente tácita –*facta concludentia*– pero

[43] El medio de comunicación más conocido, que permite a las partes encontrarse en una situación de presencia temporal pero no geográfica, es el teléfono. Cuando las partes lo emplean para concluir un contrato, y en la misma conversación telefónica se comunican la oferta y la aceptación contractuales, el lugar en el que el oferente conoce la aceptación (criterio italiano de determinación del lugar de perfección del contrato) y el lugar en el cual ha emitido su oferta (criterio español de determinación del lugar de perfección del contrato) es el mismo. Sin embargo, cuando se produce una falta de coincidencia entre la comunicación de la oferta y la de la aceptación, el lugar de emisión de la oferta y el de la recepción de la aceptación no tienen por qué coincidir. En el ejemplo anterior, esto acontece si se comunica la oferta mediante una llamada telefónica en la que el oferente está ubicado en un determinado sitio, y la posterior aceptación es transmitida por medio de otra llamada telefónica recibida por el oferente en otro lugar diferente del anterior. Pero además, en la actualidad, los avances tecnológicos han afectado directamente también a este medio de comunicación: piénsese en el uso común de "teléfono móvil"; de modo que, incluso en la transmisión de la oferta y la aceptación en una misma comunicación telefónica, el lugar de emisión de la oferta y el de conocimiento de la aceptación tampoco tienen por qué coincidir.

subjetivamente expresa –en cuanto que inequívocamente manifiesta una voluntad contractual–, con lo que, de acuerdo con el ordenamiento español, el contrato nace en el momento en que el oferente tiene conocimiento del inicio de su ejecución o éste debiera ser conocido, pero en el lugar –a los oportunos efectos– en que se hizo la oferta. Los criterios de determinación del momento y lugar de nacimiento del contrato, en este caso, son divergentes también en ambos ordenamientos[44].

f) Por lo que se refiere a la expresa y nueva previsión recogida en los artículos 1262 del Código Civil y 54 del Código de Comercio españoles, relativa a la perfección mediante "dispositivos automáticos", debe hacerse algún comentario, especialmente respecto de la hipotética plasmación para este supuesto de la "teoría de la emisión" como determinante del momento de nacimiento del contrato.

En cuanto a esta expresa referencia a los "dispositivos automáticos", no entiendo muy bien su razón de ser. Si el legislador lo hace para referirse a la contratación que tiene lugar mediante el uso de "máquinas expendedoras" o "distribuidores automáticos" –por ejemplo, de café, de tabaco, etc., cuyos productos se adquieren mediante la inserción de una moneda–, entiendo que no requeriría una previsión del género para establecer que la introducción de la moneda equivale a la aceptación, y que el conocimiento de dicha aceptación por el autor de la oferta –el titular de la explotación de los productos ofrecidos en la máquina– se presume desde el mismo momento de la introducción de la moneda en la máquina, precisamente por haber optado voluntariamente por este sistema.

Si se interpreta en este sentido, también la Ley española de Ordenación del Comercio Minorista le hace una referencia equivalente, cuando emplea la expresión "distribuidores automáticos" en su artículo 38.3, que determina que "la regulación establecida en la presente Ley para las ventas a distancia no será de aplicación a: a) Las ventas celebradas mediante distribuidores automáticos o locales comerciales automatizados"[45].

Asimismo, la citada Ley recoge dentro del Título tercero: *Ventas especiales*, el capítulo III: *Venta automática* (artículos 49-52), cuyo artículo 49.1 la define del siguiente modo: "Es venta automática la forma de distribución detallista, en la cual se pone a disposición del consumidor el producto o ser-

[44] Para mayor profundidad sobre este mismo argumento asentado en el art. 1327 CC italiano y su relación con el ordenamiento español, cfr. MENÉNDEZ MATO, *La oferta contractual...*, pp. 166-169.

[45] La Directiva 97/7/CE relativa a la protección de los consumidores en materia de contratos a distancia excluye también de su ámbito de aplicación a los contratos celebrados mediante distribuidores automáticos o locales comerciales automatizados (vid. art. 3.1).

vicio para que éste lo adquiera mediante el accionamiento de cualquier tipo de mecanismo y previo pago de su importe".

Pero si la previsión que hace el legislador está dirigida más bien hacia los "dispositivos automáticos" –entendiendo por tales aquellos "dispositivos inmediatos y automatizados de comunicación"–, tampoco resulta necesaria; puesto que, por ejemplo, en la comunicación mediante estos dispositivos –ya acontezca directamente entre ordenadores o bien entre personas– sería igualmente válida la "teoría del conocimiento" de la aceptación por parte del oferente, que temporalmente coincidiría con el momento de su emisión por el aceptante.

D. *La regulación recogida en la Directiva 2000/31/*CE *sobre comercio electrónico y en las normas italiana y española de transposición*

La Directiva 2000/31/CE nada dice explícitamente sobre el momento y lugar de nacimiento de los contratos concluidos de forma electrónica. Tampoco hace referencia a este importante aspecto el Decreto Legislativo italiano que traspone dicha directiva; pero su homóloga, la Ley española 34/2002, sí se refiere de forma expresa a la ley aplicable y al lugar de celebración del contrato electrónico en sus artículos 26 y 29, respectivamente.

En cuanto a la regulación que recoge la Directiva sobre comercio electrónico, ha de subrayarse que privilegia los principios de subsidiariedad y proporcionalidad, por lo que no interferirá en las normas nacionales de los Estados miembros –en este caso en materia contractual–, salvo en lo estrictamente necesario[46]. De este modo, ha de destacarse la Sección Tercera, del Capítulo Segundo, titulado: *Contratos por vía electrónica*, que se compone solamente de tres preceptos: los artículos 9, 10 y 11. En ellos se hace referencia respectivamente a: la validez de los contratos perfeccionados electrónicamente y sus excepciones; la información requerida con antelación a la perfección del contrato; y las reglas que deben regir la realización de un pedido.

El artículo 10 regula la información clara, comprensible e inequívoca exigida al prestador de servicios antes de la realización del pedido por el interesado, no en cuanto a su identificación –al haberla exigido ya en general el artículo 5–, sino con referencia a: los diferentes pasos técnicos necesarios para concluir el contrato, las lenguas ofrecidas para tal fin, los medios técnicos para identificar y corregir los errores de introducción de datos, el hecho de si el prestador de servicios va a registrar o no el contrato celebrado y si éste va a ser accesible (art. 10.1). Asimismo, facilitará al destinatario las condiciones generales de los contratos de forma que pueda almacenarlas y reproducirlas

[46] Principios de subsidiariedad y proporcionalidad formulados en los *Considerandos* 6 y 10, respectivamente, de la Directiva.

(art. 10.3), e indicará los códigos de conducta a los que se acoja y la manera de poderlos consultar electrónicamente (art. 10.2)[47].

Además, el artículo 10.4 establece que cuando la contratación sea celebrada exclusivamente mediante el intercambio de correo electrónico u otra comunicación individual equivalente no se aplicarán los artículos 10.1 y 2.

El artículo 11 regula finalmente la realización del pedido del siguiente modo:

"1. Los Estados miembros garantizarán que, excepto cuando las partes que no son consumidores así lo acuerden, en los casos en los que el destinatario de un servicio efectúe su pedido por vía electrónica, se aplicarán los principios siguientes:

el prestador de servicios debe acusar recibo del pedido del destinatario sin demora indebida y por vía electrónica,

se considerará que se han recibido el pedido y el acuse de recibo cuando las partes a las que se dirigen puedan tener acceso a los mismos.

2. Los Estados miembros garantizarán que, excepto cuando así lo acuerden las partes que no son consumidores, el prestador de servicios ponga a disposición del destinatario del servicio los medios técnicos adecuados, eficaces, accesibles que le permitan identificar y corregir los errores de introducción de datos, antes de realizar el pedido.

3. El primer guión del apartado 1 y el apartado 2 del artículo 11 no se aplicarán a los contratos celebrados exclusivamente por intercambio de correo electrónico u otra comunicación individual equivalente".

Respecto de la aplicación de estos preceptos a las distintas relaciones contractuales, dependiendo de los sujetos que intervengan, merece la pena comentar algunas cuestiones.

– Por el contenido de estos artículos 10 y 11 se puede apreciar perfectamente que el legislador, al elaborar esta Directiva, tenía en mente sobre todo la contratación operada en la red desde páginas *web*, y, en concreto, aquellos contratos que se perfeccionan desde una página *web* comercial (profesional) mediante la aplicación de un programa informático de contratación en masa que permite dar respuesta, contemporáneamente, a las aceptaciones recibidas de las ofertas públicas, que habían sido previamente expuestas en un catálogo en la propia página *web*.

– Los artículos 10.1, 2 y 3, y 11.1, primer guión y 2, se refieren a determinadas especificaciones técnicas que ha de cumplir el prestador del servicio

[47] En el caso en que las partes no sean consumidores y así lo acuerden podrán prescindir de la obligación recogida en este artículo 10.2. Por su parte el art.16 se refiere expresamente al fomento, por parte de la Comisión y de los Estados miembros, de la elaboración de dichos códigos de conducta.

con antelación a que el solicitante realice el pedido[48]. El contenido de estos preceptos suele ser cumplido por el prestador que ofrece sus servicios desde una página *web*, mediante la correcta configuración en su programa informático de contratación de todas estas exigencias.

De esta forma, en el sistema de pantallas o ventanas sucesivas que ofrece la *web*, desde la visión del catálogo de productos hasta la orden de pedido definitiva, existen una multitud de pasos intermedios. En las distintas etapas de este procedimiento se recogerá la oportuna información a los efectos de cumplir con las prescripciones exigidas en los artículos 10 y 11, y el cliente siempre tendrá la posibilidad de volverse atrás con anterioridad a marcar el ícono de avance en el programa.

Esta misma posibilidad está presente una vez que se hayan rellenado los datos de la tarjeta para proceder al envío de éstos –junto a los demás necesarios de la hoja de pedido– al prestador del servicio. Este icono final suele denominarse "confirmar", "comprar", "enviar", etc. Pero incluso tras haber confirmado el envío de los datos del pedido, y haber recibido por parte del proveedor su propia confirmación de la compra (recibo del pedido) a través de un correo electrónico a su dirección, algunas páginas *web* permiten al solicitante volverse atrás en su decisión. Para ello tendrán que enviar un correo electrónico a la dirección del proveedor con la finalidad de anular dicho pedido; en este correo deberá indicar: nombre de la persona que ha hecho el pedido, número identificador del cliente, y, fecha y número del pedido (si lo tuviese).

Esta opción resulta lógica cuando se contrata con consumidores, pues de este modo evita que el consumidor –al amparo de la Directiva 97/7/CE, del Decreto Legislativo español 1/2007 y del Decreto español 1906/1999 (cuando el contrato perfeccionado incluya condiciones generales de contratación) o del Decreto Legislativo italiano 206/2005 que aprueba su Código del Consumo– posteriormente desista en su voluntad contractual en el plazo de los siete días hábiles (diez en el caso italiano) desde la entrega del producto o desde la perfección del contrato, si éste fuese de servicios. De esta forma, el prestador de servicios se ahorra los gastos correspondientes a la devolución del bien, los cuales le son exonerados en España al solicitante (art. 44.3 LOCM), salvo cuando el contrato expresamente disponga lo contrario y, en todo caso, cuando el contrato celebrado electrónicamente recoge condiciones generales de contratación (cfr. art. 4.1 Real Decreto 1906/1999[49]); y en Italia

[48] Llama la atención que la exigencia de poner a disposición del solicitante medios técnicos adecuados para identificar y corregir los errores de introducción de datos antes de efectuar el pedido, recogido en al art. 10.1 c), resulte repetido en el art. 10.2.

[49] Es importante resaltar que tales gastos de devolución han de ser pagados por el solicitante, salvo pacto en contrario, cuando resuelva el contrato a tenor de los arts. 6.1 Directiva 97/7/CE

al consumidor, salvo que el contrato a distancia prevea de modo expreso lo contrario (art. 67.3 Decreto Legislativo 206/2005). Sin embargo, cuando el contratante es otro profesional, la posibilidad que le ofrece de anular el pedido no encuentra otra justificación que la simple discrecionalidad del prestador del servicio[50].

– Un último aspecto, que he dejado para el final y que resulta obligado comentar, hace referencia al denominado "recibo o confirmación del pedido", que obligatoriamente debe acusar el prestador del servicio al destinatario "sin demora indebida y por vía electrónica".

Una primera duda que pudiera plantearse es la de a quién debe el prestador del servicio acusar este recibo del pedido. La respuesta parece clara, en cuanto que debe ser enviado al destinatario del pedido, tal y como afirma el propio artículo 11.1, primer guión; pero esto no es del todo cierto. La razón se encuentra en que el solicitante o autor del pedido puede no ser su destinatario. Esta posibilidad es ofrecida en la mayor parte de las páginas *web* comerciales, ya que permiten al solicitante del servicio que rellene los datos del destinatario del pedido, e incluso alguna le permite que indique si desea enviárselo a su destinatario bajo la forma de regalo o no[51]. Por esta razón, es al solicitante del servicio –sujeto que rellena la hoja del pedido– a quien se le debe acusar el recibo del pedido.

En cuanto al modo de llevar a cabo el acuse del recibo del pedido, la Directiva exige al prestador del servicio que lo haga sin demora indebida y por vía electrónica. En la práctica, es el propio programa de contratación que tiene instalado el prestador del servicio el que lo realiza automáticamente, y suele hacerlo por vía electrónica mediante el envío de un mensaje de correo electrónico a la dirección del solicitante, en el que le agradece el contrato concluido y reproduce los términos de éste[52].

Ahora bien, el aspecto más importante de este acuse del recibo del pedido es el relativo a su función y su auténtico valor jurídico. Hoy, de acuerdo con

---

y 44.3 de la LOCM. En este sentido, el Real Decreto 1906/1999 altera el régimen de tales gastos cuando el contrato recoja condiciones generales. Ha de indicarse que la validez de esta regla resulta muy endeble, por no decir que carece de ella, debido a la naturaleza reglamentaria de dicha norma y en cuanto contradice lo previsto por la Directiva 97/7/CE y la LOCM.

[50] En este ámbito resultaría muy importante el hecho de si el entonces art. 5.3 –hoy art. 5.4– de la LCGC, y el Real Decreto 1906/1999 que desarrolla este precepto, tuvieran aplicación también cuando el solicitante es otro profesional, pues podría acogerse al derecho de resolución que le asigna el art. 4 del Real Decreto citado, así como le exoneraría de los gastos de devolución si ejerciese tal derecho.

[51] Esta distinción está tácitamente recogida en el art. 11.1, segundo guión.

[52] No puede considerarse recibo del pedido la pantalla que aparece tras el envío por el solicitante de su hoja de pedido, en la que le agradece el contrato concluido y reproduce sus términos, a pesar de que el contenido de dicha pantalla pueda imprimirse.

el literal del artículo 11 de la Directiva sobre comercio electrónico, no quedan dudas de que su finalidad es la de dejar constancia documental de la contratación efectuada, así como de los términos de ésta, a los posibles efectos de prueba llegado el caso[53]. Ello quiere decir que la conclusión del contrato es anterior al acuse de dicho recibo[54].

El momento exacto en que nace el contrato en este tipo de contratación dependerá pues –además del tipo de técnica electrónica empleada[55]– de la posición que ocupen el prestador del servicio y el interesado o destinatario de éste a la hora de comunicarse las declaraciones constitutivas del consentimiento contractual. Es decir, dependerá de quién desempeñe el rol de oferente y quién el de aceptante. Lo normal es que el prestador ocupe la posición de oferente frente al destinatario del servicio, salvo que expresamente haya excluido su voluntad contractual en los anuncios recogidos en el catálogo. Esto último suele hacerlo mediante la inclusión de una cláusula –entre las condiciones generales de contratación– mediante la cual puede indicar expresamente que las auténticas ofertas las realiza la persona que habiendo accedido a la pantalla ordena la compra de un producto, o solamente calificando a sus anuncios de mera invitación a realizar ofertas o simple instrumento publicitario, sin ninguna finalidad directamente contractual.

En este caso, el instante exacto de perfección del contrato tiene lugar cuando el destinatario –ya se trate de un consumidor, otro profesional o un

[53] Es interesante señalar que la Directiva 2000/31/CE respeta en general el marco de la Ley Modelo sobre comercio electrónico de la CNUDMI, pero en algunas cuestiones puntuales va más allá, como sucede respecto del acuse del recibo obligatorio cuando se contrata desde una página *web*, en este caso en aras de una mayor nitidez informativa. A tenor del artículo 14 de la Ley Modelo sobre comercio electrónico, el acuse de recibo sólo podrá exigirse y tener carácter obligatorio si una de las partes –el iniciador– así lo exige o dicho carácter es fruto del mutuo acuerdo entre iniciador y destinatario. Sobre este particular, cfr. PALLARO, *loc. cit.*, p. 906.

[54] Esta conclusión no era así en la primera versión de proposición de la directiva de la Comisión (vid. arts. 10 y 11), pues preveía, como momento de nacimiento del contrato, el propio de la confirmación por parte del destinatario de haber recibido del prestador el acuse del recibo de su pedido o aceptación (el denominado tercer "clic"). Esta solución obligaba a modificar los ordenamientos internos de los Estados miembros respecto de la determinación del momento de conclusión de tales contratos; por lo que, finalmente, esta opción fue abandonada (cfr. MARINI, "Profili giuridici del commercio elettronico nel Diritto internazionale e comunitario", *Diritto del Commercio Internazionale*, 2000, pp. 355 y ss.; CAVALAGLIO, "L'Art. 11 della direttiva 2000/31/CE e le tecniche di conclusione del contratto telematico", *Il Diritto dell'Informazione ed dell'Informatica*, 2001, p. 96; JULIÁ-BARCELÓ – MONTERO – SALAÜN, "La proposition de directive européenne sur le commerce électronique: questions choisies", en AA.VV., *Commerce électronique. Le temps des certitudes*, Cahiers du Centre de Recherches Informatique et Droit, 17, Bruylant, Bruxelles, 2000, pp. 23 y ss.).

[55] Acerca de los distintos sistemas para la determinación del instante exacto de nacimiento de los contratos, cfr. *supra*, I, C.

particular–, que al mismo tiempo es oferente, tiene conocimiento de la aceptación (teoría del conocimiento vigente en los ordenamientos español e italiano) del prestador del servicio; y este conocimiento le llegará directamente desde la pantalla de la página *web* en unos minutos, que son precisamente los que tarda el programa de contratación del prestador del servicio en gestar la operación y abrir esta pantalla. En cambio, el acuse de recibo del pedido, si es enviado por correo electrónico y sin demora, suele estar accesible al solicitante en otros dos o tres minutos desde la perfección del contrato.

Cuando el solicitante del servicio y destinatario de las informaciones recogidas en la *web* comercial –ya se trate de un consumidor, otro profesional o un particular– ocupa la posición de aceptante, el contrato se concluirá en el instante en que el prestador de servicios tenga conocimiento de dicha aceptación. Una vez que el programa de contratación del prestador del servicio localiza la aceptación, le comunicará en unos pocos minutos al solicitante mediante una pantalla que ha tenido conocimiento de la aceptación y, por ello, del contrato concluido. A continuación, y de idéntica forma al caso anterior, le enviará por correo electrónico el acuse del recibo del pedido. Cuando el destinatario del servicio es el aceptante, el proceso dirigido a la perfección del contrato tiene, por definición, una duración inferior a cuando el destinatario ocupa el rol de oferente.

Los problemas de comunicación en la red que pudieran surgir durante el intercambio de la oferta y la aceptación contractuales, y, sobre todo, los que pudiese tener el programa informático de contratación, hacen que al prestador de servicios le resulte más atractivo ocupar la posición de aceptante, al liberarlo de las posibles responsabilidades que tales eventos le pudieran ocasionar.

Por último, ha de responderse al hecho de qué sucede si el recibo del pedido no resulta accesible al solicitante –bien porque éste no ha sido acusado, o bien porque, aun enviado, resultase ilegible– y tampoco fuese accesible el propio pedido a su destinatario. Entiendo que estas circunstancias, cuando se deban a la exclusiva responsabilidad del prestador del servicio (p. ej., haberse estropeado el programa informático de contratación por falta de diligencia en su supervisión), deberán interpretarse en todo lo posible en beneficio a la pretensión del solicitante, tanto en el caso en que éste niegue la existencia del contrato como cuando quiera hacerla valer[56]. Asimismo, cuando la contratación tiene lugar con un consumidor mediante condiciones generales de contratación, se establece el criterio de imponer la carga de la prueba al predisponente (cfr. art. 5 del Real Decreto español 1906/1999).

[56] Lógicamente habrá que valorar otros hechos, como las posibles pruebas de la realización del contrato que aporte el prestador del servicio, así como la tenencia del solicitante de una impresión de la pantalla en la que se declara concluido el contrato.

Finalmente, ha de señalarse que este tipo de figura –una obligación informativa posterior a la celebración del contrato– recogida en el artículo 11 de la Directiva 2000/31/CE no es del todo novedosa, pues ya existía en otros instrumentos previos. Por ejemplo, el artículo 5 de la Directiva 97/7/CE relativa a la protección de los consumidores en materia de contratos a distancia, titulado: *Confirmación escrita de la información*[57]; el artículo 4 del derogado Decreto Legislativo italiano 185/1999, titulado: *Confirmación escrita de las informaciones* (actualmente, art. 53 del Código del Consumo italiano); o el artículo 3, titulado: *Confirmación documental de la contratación efectuada*, del Real Decreto español 1906/1999, regulan expresamente la misma figura[58].

La trasposición de estos artículos 9-11 de la Directiva 2000/31/CE tiene lugar en el ordenamiento italiano con una gran fidelidad a través de los artículos 11-13 del Decreto Legislativo 70/2003. En concreto, su artículo 12 –titulado: *Informaciones dirigidas a la conclusión del contrato*– es plenamente coincidente con el artículo 10 de la Directiva, y sólo le añade la referencia expresa al cumplimiento de otras obligaciones informativas como la recogida en el artículo 3 del derogado Decreto Legislativo 185/1999 (actualmente, art. 52 del Código del Consumo italiano) y la indicación que debe hacer el prestador a los instrumentos de arreglo de las controversias[59].

[57] Acerca del art. 5 de la Directiva 97/7/CE, cfr. GRISI, "La frontiera telematica della contrattazione a distanza", *Europa e Diritto privato*, 1998, pp. 897 y ss.

[58] De acuerdo con este último precepto:

"1. Celebrado el contrato, el predisponente deberá enviar al adherente inmediatamente, y a más tardar, en el momento de la entrega de la cosa o comienzo de la ejecución del contrato, justificación por escrito o, a propuesta del mismo, en cualquier otro soporte duradero adecuado al medio de comunicación empleado y en su propio idioma o en el utilizado por el predisponente para hacer la oferta, relativa a la contratación efectuada donde deberán constar todos los términos de la misma. A los efectos de lo indicado en este apartado, el predisponente deberá indicar en la información previa a que se refiere el artículo anterior los distintos tipos de soportes entre los que podrá elegir el adherente como medio de recepción de la justificación de la contratación efectuada.

2. Lo dispuesto en el apartado uno no será aplicable a los contratos relativos a servicios de tracto único que se ejecutan mediante el empleo de técnicas de comunicación a distancia y cuya facturación sea efectuada por un operador de tales técnicas de comunicación, y sin perjuicio de informar en todo caso al adherente de la dirección del establecimiento del proveedor donde pueda presentar sus reclamaciones y del coste específico y separado de la comunicación y del servicio.

3. Se entiende por soporte duradero cualquier instrumento que permita al consumidor conservar sus informaciones sin que se vea obligado a realizar por sí mismo su almacenamiento, en particular los disquetes informáticos y el disco duro del ordenador del consumidor que almacena los mensajes del correo electrónico".

[59] Dispone literalmente el art. 12, *Informaciones dirigidas a la conclusión del contrato*, del Decreto Legislativo italiano 70/2003:

Asimismo, su artículo 13 –titulado: *Tramitación de la orden*– reproduce también de forma bastante fiel el correlativo artículo 11 de la Directiva, al que, además, añade los distintos aspectos que debe recoger el acuse de recibo de la orden, entre los que indica: una recapitulación de las condiciones generales y particulares aplicables al contrato, las informaciones relativas a las características esenciales del bien o servicio contratado, la indicación detallada del precio, de los medios de pago, de los gastos de entrega y de los tributos aplicables, e indicación detallada del posible desistimiento[60].

"1. Además de las obligaciones informativas previstas para específicos bienes y servicios, así como aquellas establecidas por el artículo 3 del Decreto Legislativo de 22 de mayo de 1999, nº 185, el prestador, salvo diverso acuerdo entre partes que no sean consumidores, debe proporcionar en modo claro, comprensible e inequívoco, antes de la tramitación de la orden por parte del destinatario del servicio, las siguientes informaciones: las diferentes fases técnicas a seguir para la conclusión del contrato; el modo en que el contrato concluido será archivado y las respectivas modalidades de acceso; los medios técnicos puestos a disposición del destinatario para individuar y corregir los errores de introducción de los datos antes de tramitar la orden al prestador; los eventuales códigos de conducta a los que se adhiere y cómo acceder a ellos por vía telemática; las lenguas a disposición para concluir el contrato además del italiano, la indicación de los instrumentos de arreglo de las controversias.

2. El apartado 1 no es aplicable a los contratos concluidos exclusivamente mediante intercambio de mensajes de correo electrónico o comunicaciones individuales equivalentes.

3. Las cláusulas y las condiciones generales del contrato propuestas al destinatario deben ser puestas a su disposición en modo que le sea permitida la memorización y la reproducción".

[60] El art. 13 –titulado: *Tramitación de la orden*– del Decreto Legislativo italiano 70/2003 establece:

"1. Las normas sobre la conclusión de los contratos se aplican también en los casos en que el destinatario de un bien o de un servicio de la sociedad de la información tramite su propia orden por vía telemática.

2. Salvo acuerdo diferente entre partes distintas de los consumidores, el prestador debe, sin injustificado retardo y por vía telemática, acusar recibo de la orden del destinatario conteniendo una recapitulación de las condiciones generales y particulares aplicables al contrato, las informaciones relativas a las características esenciales del bien o del servicio y la indicación detallada del precio, de los medios de pago, del desistimiento, de los gastos de entrega y de los tributos aplicables.

3. La orden y el recibo se consideran realizados cuando las partes a las cuales están dirigidos tienen la posibilidad de acceder a ellos.

4. Las disposiciones recogidas en los apartados 2 y 3 no se aplican a los contratos concluidos exclusivamente mediante intercambio de mensajes de correo electrónico o comunicaciones individuales equivalentes".

Respecto del citado precepto –en concreto en relación a su apartado 4–, señala DELFINI que no tiene sentido excluir la aplicación del artículo 13.3 a los contratos concluidos exclusivamente mediante el intercambio de mensajes de correo electrónico o comunicaciones individuales equivalentes, y que la razón de dicha exclusión responde únicamente a un error en la trascripción del artículo 11 de la Directiva 2000/31/CE (cfr. "Il D.Lgs. 70/2003 di attuazione della direttiva 2000/31/CE sul commercio elettronico", *I Contratti*, 2003, pp. 616 y ss.).

La trasposición que hace la Ley española 34/2002, en concreto, de estos artículos 9-11 de la Directiva 2000/31/CE va mucho más allá de la efectuada por su equivalente italiana. La Ley 34/2002 le dedica a esta materia su Título IV: *Contratación por vía electrónica*, que se compone de un total de siete preceptos: artículos 23-29. Respecto de este último –el artículo 29– se deberá realizar un comentario más pormenorizado, por referirse directamente a la determinación del lugar de celebración del contrato por vía electrónica.

De todos ellos, los tres primeros se orientan hacia el reconocimiento de la validez de la contratación electrónica y su prueba, con la finalidad de cumplir con el mandato del legislador europeo recogido en el artículo 9.1 de la Directiva. Así pues, el artículo 23 declara la validez de la contratación y la documentación electrónicas; y el artículo 24 se refiere a la prueba de los contratos electrónicos, que se complementa con el siguiente precepto –artículo 25, titulado: *Intervención de terceros de confianza*–, que regula precisamente la intervención de terceras personas –mediando mutuo acuerdo de las partes– para archivar el contenido de las declaraciones contractuales y fijar el momento exacto en que éstas han tenido lugar.

Los siguientes cuatro preceptos son los que tienen una mayor relevancia en este análisis: artículo 26 (*Ley aplicable*), artículo 27 (*Obligaciones previas al inicio del procedimiento de contratación*), artículo 28 (*Información posterior a la celebración del contrato*) y artículo 29 (*Lugar de celebración del contrato*).

El artículo 27 de la Ley española 34/2002 es el equivalente a los artículos 10 de la Directiva 2000/31/CE y 12 del Decreto Legislativo italiano 70/2003[61]. En general, su contenido es coincidente con el del artículo 10 de la Directiva, por lo que se centra en exigir al prestador de servicios un conjunto de obliga-

[61] A tenor del artículo 27, *Obligaciones previas al inicio del procedimiento de contratación*, de la Ley española 34/2002:

"1. Además del cumplimiento de los requisitos en materia de información que se establecen en la normativa vigente, el prestador de servicios de la sociedad de la información que realice actividades de contratación electrónica tendrá la obligación de informar al destinatario de manera clara, comprensible e inequívoca, y antes de iniciar el procedimiento de contratación, sobre los siguientes extremos:

Los distintos trámites que deben seguirse para celebrar el contrato.

Si el prestador va a archivar el documento electrónico en que se formalice el contrato y si éste va a ser accesible.

Los medios técnicos que pone a su disposición para identificar y corregir errores en la introducción de datos, y

La lengua o lenguas en que podrá formalizarse el contrato.

2. El prestador no tendrá la obligación de facilitar la información señalada en el apartado anterior cuando:

Ambos contratantes así lo acuerden y ninguno de ellos tenga la consideración de consumidor, o

ciones informativas precontractuales. No obstante, a este precepto se le deben señalar dos puntualizaciones. Por un lado, añade de forma específica, en su apartado 3, una obligación informativa relativa al plazo de vigencia de las ofertas realizadas por vía electrónica, según la cuál éstas serán válidas durante todo el tiempo establecido por el oferente o, en su defecto, durante el tiempo en que resulten accesibles a sus destinatarios. En cambio, la segunda puntualización se localiza en el hecho de que entre las obligaciones informativas previas señaladas no hay referencia alguna a los "códigos de conducta" a los que se haya acogido el prestador del servicio y su información a los destinatarios sobre el modo de acceder a ellos. Tampoco señala esta obligación informativa previa a la celebración del contrato electrónico su artículo 18, directamente destinado a regular estos "códigos de conducta".

Por su parte, el artículo 28 de la Ley española sobre servicios de la sociedad de la información y de comercio electrónico, titulado: *Información posterior a la celebración del contrato* se corresponde con los artículos 11 (*Realización de un pedido*) de la Directiva 2000/31/CE y 13 (*Tramitación de la orden*) del Decreto Legislativo italiano 70/2003[62]. Su título es plenamente expresivo de la finalidad que tiene el acuse del recibo del pedido exigido

---

El contrato se haya celebrado exclusivamente mediante intercambio de correo electrónico u otro tipo de comunicación electrónica equivalente, cuando estos medios no sean empleados con el exclusivo propósito de eludir el cumplimiento de esta obligación.

3. Sin perjuicio de lo dispuesto en la legislación específica, las ofertas o propuestas de contratación realizadas por vía electrónica serán válidas durante el período que fije el oferente o, en su defecto, durante todo el tiempo que permanezcan accesibles a los destinatarios del servicio.

4. Con carácter previo al inicio del procedimiento de contratación, el prestador de servicios deberá poner a disposición del destinatario las condiciones generales que, en su caso, deba sujetarse el contrato, de manera que éstas puedan ser almacenadas y reproducidas por el destinatario".

[62] El artículo 28, *Información posterior a la celebración del contrato*, de la Ley española 34/2002 dispone:

"1. El oferente está obligado a confirmar la recepción de la aceptación al que la hizo por alguno de los siguientes medios:

El envío de un acuse de recibo por correo electrónico u otro medio de comunicación electrónica equivalente a la dirección que el aceptante haya señalado, en el plazo de las veinticuatro horas siguientes a la recepción de la aceptación, o

La confirmación, por un medio equivalente al utilizado en el procedimiento de contratación, de la aceptación recibida, tan pronto como el aceptante haya completado dicho procedimiento, siempre que la confirmación pueda ser archivada por su destinatario.

En los casos en que la obligación de confirmar corresponda a un destinatario de servicios, el prestador facilitará el cumplimiento de dicha obligación, poniendo a disposición del destinatario alguno de los medios indicados en este apartado. Esta obligación será exigible tanto si la confirmación debiera dirigirse al propio prestador o a otro destinatario

2. Se entenderá que se ha recibido la aceptación y su confirmación cuando las partes a que se dirijan puedan tener constancia de ello.

por el artículo 11 de la Directiva sobre comercio electrónico: mera función informativa posterior a la celebración del contrato. Su contenido también es fiel a la Directiva, aunque resalta por su peculiaridad el último párrafo del apartado primero.

La razón de esta matización que incluye el precepto español se halla en la posibilidad –a la que antes se ha hecho referencia– de que no sea el prestador del servicio la persona que realice la oferta, sino el destinatario del servicio; debido a que la información contractual accesible –por ejemplo, en su página *web*– no se trate de una auténtica oferta, sino de una simple invitación a que los interesados realicen ofertas. La siguiente duda que aparece al respecto es si ésta era la voluntad del legislador comunitario o no lo era, ya que el artículo 11 de la Directiva exige sólo al prestador del servicio (no al oferente como hace la Ley española) la confirmación de la aceptación, no haciendo ninguna referencia al supuesto contrario. De este modo, podría señalarse que el legislador español ha interpretado el precepto comunitario de una forma más amplia; otra posible razón se encuentra en otro argumento analizado en otro foro: la posibilidad de que un particular desempeñe el rol de prestador de servicios, y este precepto representaría su confirmación positiva por lo que respecta al ordenamiento español[63].

Además, tanto el artículo 27 como el 28, ambos de la Ley española 34/2002, resaltan el posible empleo malintencionado de intercambio de mensajes de correo electrónico u otro medio de comunicación electrónica individual equivalente con la finalidad de evitar la aplicación de este régimen informativo, y declaran su no admisibilidad. El supuesto de hecho, que tratan de atajar con esta medida, consiste en aquella hipotética contratación que tiene su punto de inicio en el contacto acaecido mediante el acceso del destinatario a la página *web* del prestador, quien para evitar todo el régimen propio de la contratación abierta desde una página *web* prevista por la normativa comunitaria opta por reconducirla a una contratación celebrada mediante el empleo de simples mensajes individuales de correo electrónico, con lo que, de acuerdo con el *Considerando* 18 de la Directiva 2000/31/CE, si el prestador del servicio es un

---

En el caso de que la recepción de la aceptación se confirme mediante acuse de recibo, se presumirá que su destinatario puede tener la referida constancia desde que aquél haya sido almacenado en el servidor en que esté dada de alta su cuenta de correo electrónico, o en el dispositivo utilizado para la recepción de comunicaciones.

3. No será necesario confirmar la recepción de la aceptación de una oferta cuando:

Ambos contratantes así lo acuerden y ninguno de ellos tenga la consideración de consumidor, o

El contrato se haya celebrado exclusivamente mediante intercambio de correo electrónico u otro tipo de comunicación electrónica equivalente, cuando estos medios no sean empleados con el exclusivo propósito de eludir el cumplimiento de tal obligación".

[63] Cfr. Menéndez Mato, *El contrato vía Internet...*, pp. 236 y ss.

particular logra catalogar su acción como ajena a los servicios de la sociedad de la información. No sucederá así, en cambio, si el prestador del servicio es un profesional.

Por lo que respecta al artículo 26 (*Ley aplicable*), simplemente se limita a señalar una conclusión evidente: en la determinación de la ley aplicable al contrato electrónico se tendrá en cuenta lo dispuesto en las normas de Derecho internacional privado del ordenamiento español, y se tendrán especialmente en consideración los artículos 2 y 3 de esta misma Ley[64].

De forma más directamente vinculada a la perfección del contrato, resalta el artículo 28.2 de la Ley española –de forma homóloga al artículo 11.1 de la Directiva 2000/31/CE y al artículo 13.3 del Decreto Legislativo italiano 70/2003– que "se entenderá que se ha recibido la aceptación y su confirmación cuando las partes a que se dirijan puedan tener constancia de ello", y esto se presumirá, en el caso en que la recepción de la aceptación se confirme mediante acuse de recibo, desde que éste "haya sido almacenado en el servidor en que esté dada de alta su cuenta de correo electrónico, o en el dispositivo utilizado para la recepción de comunicaciones". Esta presunción complementa directamente el nuevo criterio determinante del momento de nacimiento de los contratos: "teoría del conocimiento atenuada por la de la recepción" recogida en los nuevos artículos 1262 y 54 de los Códigos Civil y de Comercio españoles –fruto de su *Disposición adicional* cuarta–, cuando la contratación sea de carácter electrónico.

Pero la citada Ley 34/2002 no se limita a la importante unificación de los criterios generales de determinación del momento y lugar de nacimiento de los contratos civiles y mercantiles en el ámbito español, sino que, además, recoge una previsión expresa en su artículo 29 respecto del lugar de celebración del contrato cuando es concluido por vía electrónica:

"Los contratos celebrados por vía electrónica en los que intervenga como parte un consumidor se presumirán celebrados en el lugar en que éste tenga su residencia habitual.

Los contratos electrónicos entre empresarios o profesionales, en defecto de pacto entre las partes, se presumirán celebrados en el lugar en que esté establecido el prestador de servicios".

[64] Dispone literalmente el artículo 26 (*Ley aplicable*) que, "para la determinación de la ley aplicable a los contratos electrónicos se estará a lo dispuesto en las normas de Derecho internacional privado del ordenamiento jurídico español, debiendo tomarse en consideración para su aplicación lo establecido en los artículos 2 y 3 de esta Ley". Estos últimos preceptos, a los que hace referencia el artículo 26, pertenecen al capítulo segundo de la Ley (*Ámbito de aplicación*) y regulan la situación de los prestadores de servicios establecidos en España o en otro Estado miembro de la Unión Europea o del Espacio Económico Europeo, respectivamente.

Respecto con este precepto han de practicarse algunas observaciones. En primer lugar, altera los recién unificados criterios recogidos en los artículos 1262 del Código Civil y 54 del Código de Comercio determinantes del lugar de celebración del contrato entre partes no presentes. Como se ha visto previamente, a tales efectos se determinaba como lugar de nacimiento del contrato el lugar desde el cual se formuló la oferta. En cambio, mediante este artículo 29 se establece que cuando el contrato se concluya por vía electrónica su lugar de nacimiento a los efectos oportunos será el de la residencia habitual del consumidor –si es que éste está presente en la relación– o aquel en que esté establecido el prestador, cuando la contratación sea entre profesionales. Esta alteración del régimen general, en favor de una localización geográfica *a priori* más definida, permanente y objetiva –independiente tanto de la ubicación virtual de la oferta como de la propia localización física de las partes que interactúan–, responde a la tendencia lógica de superar todos los problemas íntimamente vinculados al concepto de "lugar" en el entorno de Internet.

La segunda observación, que debe señalarse de este precepto, se centra en el hecho de que nada dice sobre el régimen determinante del lugar de perfección del contrato electrónico cuando las partes involucradas son simples particulares.

E. *Interpretación conjunta de los criterios tradicionales español e italiano, de las previsiones comunitarias en materia de comercio electrónico y de iniciativas de carácter internacional*

Vistos los criterios generales de determinación del momento y lugar de nacimiento de los contratos establecidos en los ordenamientos español e italiano, así como las expresas previsiones que tales ordenamientos han adoptado como consecuencia de la trasposición de la Directiva sobre comercio electrónico y otras iniciativas internacionales, es necesario reintegrarlos a los efectos de hallar el criterio directamente aplicable a la contratación vía Internet.

Por lo que respecta a Italia, el Decreto Legislativo 70/2003 –como ya se ha constatado– realiza una trasposición del cuerpo de la Directiva 2000/31/CE a su ordenamiento de forma casi automática y literal; reproduciendo prácticamente en su totalidad su contenido, sistemática y extensión. Sucede lo contrario con el instrumento español de trasposición de la Directiva[65]. En el epígrafe precedente se han efectuado las consideraciones oportunas en relación

[65] Puede apreciarse este dato, a título de ejemplo, en el número de preceptos casi equivalentes entre sendas normas: 24 artículos en la Directiva y 22 en el Decreto Legislativo italiano. Frente a él, la Ley española 34/2002 se compone de 45 artículos, 6 disposiciones adicionales y 9 disposiciones finales.

con el ordenamiento español, cuya Ley 34/2002 –que traspone la Directiva sobre comercio electrónico– ha llevado a cabo importantes modificaciones al régimen anterior de determinación del momento y lugar de nacimiento de los contratos civiles y mercantiles, además de específicas previsiones cuando la contratación sea electrónica. En cuanto a los criterios generales recogidos en el Código Civil italiano para la determinación temporal y geográfica del nacimiento del contrato han de efectuarse algunas consideraciones a la luz de la Directiva comunitaria.

Por lo que respecta a la determinación del momento de nacimiento de los contratos concluidos desde Internet debe recordarse que, cuando las partes se encuentran no presentes desde una perspectiva geográfica y temporal –es decir, no están presentes físicamente, ni disponen de un medio de comunicación que les permita una comunicación simultánea–, rige la teoría del conocimiento atenuada por la presunción recogida en el artículo 1335. De acuerdo con este último precepto "la oferta, la aceptación, su revocación y cualquier otra declaración dirigida a una persona determinada se consideran conocidas en el momento en que alcanzan la dirección del destinatario, si éste no prueba haberse encontrado, sin su culpa, en la imposibilidad de tener noticia de ella".

Precisamente, dicha presunción contemplada en el artículo 1335 se asienta en el concepto de "dirección del destinatario" que, dentro del contexto de Internet, debe ser matizada. De este modo, podría pensarse en la "dirección electrónica" del destinatario, es decir, en su dirección de correo electrónico o, en su caso, de su página *web* dotada de un oportuno programa informático de contratación[66].

Así, cuando la conclusión del contrato tiene lugar a través del intercambio de mensajes individuales de correo electrónico –que a tenor de los artículos 12.2 y 13.4 del Decreto Legislativo 70/2003 excluirían la aplicación de sus previsiones respectivas en materia de información dirigida a la conclusión del contrato y tramitación de la orden, respectivamente–, se entenderá que su destinatario tiene acceso al contenido del mensaje que recoge la aceptación, y por ello se presumirá conocido, cuando éste alcanza su dirección de correo electrónico; y sólo podrá vencer la presunción, cuando pruebe que le ha sido imposible conocerlo sin mediar culpa suya.

Se han señalado, en este supuesto, como posibles causas de exoneración del destinatario del mensaje la falta de funcionamiento de su sistema informático o del sistema del proveedor de servicios –gestor del correo electrónico–.

[66] El art. 1.l) del D.P.R. italiano de 10 de noviembre de 1997, nº 513, definía la "dirección electrónica" como "el identificador de un recurso físico o lógico en grado de recibir y registrar documentos informáticos".

Respecto de la primera, se ha resaltado su falta de validez en cuanto que –pese a que su equipo informático no funcione– normalmente su correo electrónico puede ser accesible desde cualquier otro ordenador conectado a la red, gracias a la existencia de multitud de sitios que desde *webs* públicas prestan gratuitamente este servicio a las personas interesadas[67]; de modo que solamente probando fehacientemente el fallo de la *web* que le proporciona el servicio de correo electrónico podría exonerarse.

Este precepto 1335 del *Codice* debe ser completado con el contenido del artículo 13.3 del Decreto Legislativo italiano 70/2003, que establece que "la orden y el recibo se consideran realizados cuando las partes a las cuales son dirigidos tienen la posibilidad de acceder a ellos". De esta forma, si el contrato es concluido en Internet directamente desde una página *web*, mediante el sistema de pulsación o "clicado" del cursor del destinatario sobre las distintas pantallas sucesivas ofrecidas por el programa informático de contratación dirigido al público en general, se entenderá que la orden o aceptación contractual es efectuada cuando –tratándose de auténticas ofertas las publicitadas en la *web*– el prestador de servicios puede acceder a ella; es decir, en el momento en que el programa informático de contratación recibe el correspondiente "clicado" de "aceptación", "OK" o "compra" definitivo del destinatario.

En definitiva, teniendo en cuenta los preceptos citados, la aceptación se considera conocida cuando es recibida en la dirección del oferente, y se reputa recibida cuando al oferente le es accesible su contenido. Esta conclusión sería válida para todo contrato concluido en Internet en el que las partes se encuentren no presentes en términos geográficos y temporales. Para alcanzar esta síntesis interpretativa, en particular respecto del empleo de mensajes individuales de correo electrónico –a los que no es aplicable el artículo 13.3 por expresa exclusión del artículo 13.4 del Decreto Legislativo 70/2003–, son de obligada referencia el artículo 15 –titulado: *Tiempo y lugar del envío y la recepción de un mensaje de datos*– (apartados 1-3) de la Ley Modelo de la CNUDMI sobre comercio electrónico[68] y el artículo 14.1 del Texto Único ita-

[67] Cfr. CAVALAGLIO, *loc. cit.*, pp. 109 y ss.

[68] Los apartados citados del art. 15 disponen:

"1. De no convenir otra cosa el iniciador y el destinatario, el mensaje de datos se tendrá por expedido cuando entre en un sistema de información que no esté bajo el control del iniciador o de la persona que envió el mensaje de datos en nombre del iniciador.

2. De no convenir otra cosa el iniciador y el destinatario, el momento de recepción de un mensaje de datos se determinará como sigue:

a) Si el destinatario ha designado un sistema de información para la recepción de mensajes de datos, la recepción tendrá lugar:

i) En el momento en que entre el mensaje de datos en el sistema de información designado; o

liano de las disposiciones legislativas y reglamentarias en materia de documentación administrativa[69].

Con relación a la determinación del lugar en que se considera concluido el contrato por vía *Internet*, ha de indicarse que van a resultar totalmente inútiles: la denominada "dirección electrónica", así como el lugar en que se ubica el ordenador emisor de la oferta o receptor de la aceptación, o el lugar en que se hallen las partes ocasionalmente, o el sitio en que se encuentre el proveedor que suministra a las partes el servicio de correo electrónico ("dirección del *provider*"). Por todo ello, se debe delimitar previamente una dirección o referencia geográfica asentada en criterios físicos, permanentes y de carácter objetivo: por ejemplo, la residencia habitual del consumidor o el lugar en que esté establecido el prestador de servicios.

Esta opción representa la solución seguida a nivel internacional, comunitario y nacional para alcanzar una cierta seguridad y objetividad jurídica que, de otro modo, no sería posible. Esto produce como consecuencia que los criterios generales o tradicionales de determinación del lugar de nacimiento de los contratos entre partes no presentes: en Italia –el lugar en que el oferente conoce la aceptación[70]– o en España –lugar en que se ha realizado la

---

ii) De enviarse el mensaje de datos a un sistema de información del destinatario que no sea el sistema de información designado, en el momento en que el destinatario recupere el mensaje de datos;

b) Si el destinatario no ha designado un sistema de información, la recepción tendrá lugar al entrar el mensaje de datos en un sistema de información del destinatario.

3. El párrafo 2) será aplicable aun cuando el sistema de información esté ubicado en un lugar distinto de donde se tenga por recibido el mensaje conforme al párrafo 4)".

[69] Este art. 14, titulado: *Transmisión del documento informático*, establece en su apartado 1, que "el documento informático transmitido por vía telemática se entiende enviado y recibido por el destinatario, si es transmitido a la dirección electrónica por él declarada".

[70] A favor de esta solución también en el ordenamiento italiano parecen manifestarse FRATERNALE, *I contratti a distanza*, Giuffrè, Milano, 2002, p. 37; DELFINI, *Contratto telematico e commercio elettronico*, Giuffrè, Milano, 2002, pp. 89-90. No obstante, gran número de autores italianos teniendo presente la normativa aplicable en su ordenamiento –en particular, el Decreto Legislativo 70/2003–, siguen indicando como lugar de perfección del contrato la dirección electrónica del titular del sitio *web* o colocación física del *server* del *provider* (cfr. TOSI, "La conclusione di contratti "online"", en AAVV, a cura di TOSI, *I problemi giuridici di Internet. Dall'E-Commerce all'E-Business*, Giuffrè, Milano, 2001, pp. 19-20; GIOVA, *La conclusione del contratto via Internet*, Edizioni Scientifiche Italiane, Napoli, 2000, pp. 93 y ss.); el lugar en que físicamente se encuentre el oferente cuando tiene noticia de la aceptación o el lugar en que se encuentre el *server* del *provider* en los supuestos de perfección mediante el envío de mensajes de correo electrónico (cfr. PARIGI, "Contratto on line", en AA.VV., a cura di G. CASSANO, *Internet. Nuovi problemi e questioni controverse*, Giuffrè, Milano, 2001, pp. 109-111; SICA, "Il contratto nella 'rete'", en COMANDÉ – SICA, *op. cit.*, pp. 58 y ss.; PISCITELLI, "Negoziazione in rete e contratti 'tra' computer", *Il Diritto dell'Informazione ed dell'Informatica*, 2002, pp. 1150 y ss ; GIOVA, *op. cit.*, pp. 93 y ss.).

oferta–, son abandonados cuando la contratación se perfecciona vía Internet, y se adoptan criterios geográficos estrictamente físicos, objetivos y permanentes como, por ejemplo, los adoptados de forma expresa por el ya señalado artículo 29 de la Ley española 34/2002.

Son ejemplos genéricos de esta tendencia:

1. El artículo 2.c) y el *Considerando* 19 de la Directiva 2000/31/CE en la que se define la figura del "prestador de servicios establecido" y, en concreto, determina que su establecimiento a los oportunos efectos es el establecimiento físico y real, y no el asentado en medios técnicos y tecnologías (establecimiento virtual)[71]. El citado precepto es traspuesto en Italia y España mediante los respectivos artículos 2.1.c) del Decreto Legislativo 70/2003 y 2 de la Ley 34/2002.

2. El artículo 29 de la Ley española 34/2002 –previamente analizado– que recoge expresamente qué lugar debe entenderse como propio del nacimiento de los contratos electrónicos. Este precepto plasma de forma explícita en el ordenamiento español, lo que tácitamente puede advertirse en el mandato comunitario.

3. Aunque no se refiere expresamente a la determinación del lugar de conclusión del contrato telemático, el artículo 15.4 de la Ley Modelo de la CNUDMI sobre comercio electrónico[72] y los apartados 100 y 105-107 de la Guía para su incorporación al Derecho interno[73] recogen también esta tendencia.

[71] De acuerdo con este *Considerando* 19 de la Directiva, "se debe determinar el lugar de establecimiento del prestador de servicios a tenor de lo dispuesto en la jurisprudencia del Tribunal de justicia, según la cual el concepto de establecimiento implica la realización efectiva de una actividad económica a través de un establecimiento fijo durante un período indefinido. Este requisito se cumple también cuando se constituye una sociedad durante un período determinado; cuando se trata de una sociedad que proporciona servicios mediante un sitio Internet, dicho lugar de establecimiento no se encuentra allí donde está la tecnología que mantiene el sitio ni allí donde se puede acceder al sitio, sino el lugar donde se desarrolla la actividad económica. En el supuesto de que existan varios establecimientos de un mismo prestador de servicios es importante determinar desde qué lugar de establecimiento se presta un servicio concreto; en caso de especial dificultad para determinar a partir de cuál de los distintos lugares de establecimiento se presta un servicio dado, será el lugar en que el prestador tenga su centro de actividades en relación con ese servicio en particular".

[72] A cuyo tenor, "de no convenir otra cosa el iniciador y el destinatario, el mensaje de datos se tendrá por expedido en el lugar donde el iniciador tenga su establecimiento y por recibido en el lugar donde el destinatario tenga el suyo. Para los fines del presente párrafo:

a) Si el iniciador o el destinatario tienen más de un establecimiento, su establecimiento será el que guarde una relación más estrecha con la operación subyacente o, de no haber una operación subyacente, su establecimiento principal;

b) Si el iniciador o el destinatario no tienen establecimiento, se tendrá en cuenta su lugar de residencia habitual".

[73] En concreto resalta el apartado 100 de la Guía que "el artículo 15 deriva del reconocimiento de que, para la aplicación de muchas normas jurídicas, es importante determinar el

4. También debe indicarse que esta opción viene recogida en el artículo 10 –titulado: *Tiempo y lugar de envío y de recepción de las comunicaciones electrónicas*–, apartado 3, de la Convención de las Naciones Unidas sobre la utilización de las comunicaciones electrónicas en los contratos internacionales: "la comunicación electrónica se tendrá por expedida en el lugar en que el iniciador tenga su establecimiento y por recibida en el lugar en que el destinatario tenga el suyo, conforme se determine en función de lo dispuesto en el artículo 6". Este precepto mantiene una estrecha relación con sus artículos 5.h (Definición de "establecimiento") y 6 ("Ubicación de las partes"). De modo que, por ubicación de las partes, habrá de entenderse principalmente el del establecimiento en términos geográficos indicado por la parte o, de no tenerlo cuando se trate de una persona física, su residencia habitual; en cambio, el lugar de ubicación del equipo y la tecnología que mantienen un sistema de información empleado por una de las partes para celebrar un contrato o el lugar desde el que otras partes pueden obtener acceso a ese sistema de información no constituye por sí mismo un establecimiento (art. 6, apartado 4).

En definitiva, la determinación del lugar de celebración de los contratos realizada directamente desde una página *web* queda delimitada del modo in-

---

tiempo y el lugar del recibo de la información. El empleo de las técnicas de comunicación electrónica dificulta la determinación del tiempo y el lugar. No es desusado que los usuarios del comercio electrónico y otros medios conexos de comunicación se comuniquen de un Estado a otro sin percatarse de la ubicación de los sistemas de información por medio de los cuales se efectúa la comunicación. Además, la ubicación de ciertos sistemas de comunicación bien puede modificarse sin que ninguna de las partes tenga noticia del cambio. La Ley Modelo, pues, tiene por objeto dejar constancia de que la ubicación de los sistemas de información es indiferente y prevé un criterio más objetivo, a saber, el establecimiento de las partes. A ese respecto, cabe señalar que el artículo 15 no tiene por objeto enunciar una regla de conflicto de leyes". Por su parte, el apartado 107 indica que, "el efecto del párrafo 4) es introducir una distinción entre el lugar considerado de recepción y el lugar al que haya llegado realmente el mensaje de datos en el momento de recepción con arreglo al párrafo 2). Esta distinción no debe interpretarse en el sentido de que reparte los riesgos entre el iniciador y el destinatario en caso de alteración o pérdida de un mensaje de datos entre el momento de su recepción con arreglo al párrafo 2) y el momento en que llegó a su lugar de recepción en el sentido del párrafo 4). El párrafo 4) establece meramente una presunción irrebatible sobre un hecho jurídico a la que deberá recurrirse cuando otro cuerpo de leyes (por ejemplo, sobre la formación de contratos o los conflictos de leyes) requiera que se determine el lugar de recepción de un mensaje de datos. No obstante, durante la preparación de la Ley Modelo se estimó que introducir la noción de un supuesto lugar de recepción de un mensaje de datos como noción distinta del lugar al que llegue realmente dicho mensaje en el momento de su recepción sería inapropiado fuera del contexto de las transmisiones informatizadas (por ejemplo, en el contexto de un telegrama o de un télex). Así pues, el ámbito de aplicación de la disposición estaba limitado a las transmisiones informáticas de mensajes de datos. El párrafo 5) enuncia una limitación adicional que reproduce la fórmula ya utilizada en los artículos 6, 7, 8, 11 y 12 (véase el anterior párr. 69)".

dicado por la directa aplicación a ellos de la Directiva 2000/31/CE, y de las respectivas normas de trasposición española e italiana.

Sin embargo, cuando la contratación se perfecciona mediante el intercambio de mensajes individuales de correo electrónico, la Directiva sobre comercio electrónico y sus normas de trasposición no son aplicables; por esta razón, la forma de alcanzar una conclusión equivalente –respecto de la determinación del lugar de nacimiento del contrato– se asienta en la interpretación auxiliar de la citada Ley Modelo sobre comercio electrónico y de la Convención de las Naciones Unidas sobre la utilización de las comunicaciones electrónicas en los contratos internacionales.

Finalmente, debe analizarse la posibilidad de valorar como un caso de ejecución del contrato previo a la comunicación de la aceptación –es decir, propio del artículo 1327 del Código Civil italiano–, el supuesto en que una de las partes involucradas en una relación precontractual desde Internet asigne, a la otra, su número de tarjeta de crédito o débito. La doctrina italiana se ha manifestado dividida al respecto, aunque puede indicarse que hoy la tesis mayoritaria prefiere excluirla de tal consideración[74].

Esta misma situación, interpretada a la luz del Derecho español, podría ser valorada como un supuesto de aceptación tácita manifestada mediante *facta concludentia*. No obstante, teniendo en cuenta las prácticas que debe seguir la contratación operada en el seno de una *web* comercial –a la luz de la Directiva 2000/31/CE y de las normas española e italiana que la trasponen–, realmente, sería sumamente extraño el supuesto en que el destinatario de un servicio dé su número de tarjeta bancaria de forma autónoma, y no inmersa en el marco de una completa operación –dirigida por el programa informático de contratación del prestador– en la que se suceden distintas etapas en la pantalla del ordenador, hasta que finalmente se solicitan dichos datos bancarios al destinatario del servicio, así como el "clic" o marcado final del cursor sobre el ícono correspondiente y que representa en la mayor parte de los casos la auténtica aceptación del contrato.

Por este motivo, la aceptación del contrato es previa a la posible utilidad que los datos de la tarjeta bancaria reporten al prestador del servicio

[74] De esta forma resalta DE NOVA que marcar "el número de mi tarjeta de crédito implica (o confirma) mi aceptación. Pero no comporta ejecución, porque la marcación no es pago (más bien autorización a cobrar ante el emisor de la tarjeta)" ("Un contratto di consumo via Internet", *I Contratti*, 1999, p. 114). En este mismo sentido, cfr. OPPO, "Disumanizzazione del contratto?", *Rivista di Diritto Civile*, 1998, I, p. 531; FRATERNALE, *I contratti a distanza*, Giuffrè, Milano, 2002, p. 26. Por el contrario, para TOSI "el envío del número de tarjeta de crédito integra la hipótesis recogida en el artículo 1327 del *Codice* de inicio de la ejecución antes de la conclusión del acuerdo telemático: en tal caso el contrato se concluye en el tiempo y en el lugar en que ha tenido inicio la ejecución del contrato" (TOSI, "La conclusione di contratti 'online'", en AA.VV., a cura di E. TOSI, *I problemi giuridici di Internet...*, pp. 19-20).

a los efectos de ejecutar –esto es, pagar, en cuanto cumplimiento de la obligación contractual principal del comprador– un contrato previamente perfeccionado.

F. Derecho aplicable y jurisdicción competente en el contrato por vía Internet de carácter internacional: observaciones

Por último, ha de hacerse referencia a la determinación del Derecho aplicable y del foro jurisdiccional competente cuando el contrato vía Internet es concluido entre partes pertenecientes a distintos países. En su artículo 1.4, la Directiva 2000/31/CE renuncia a establecer normas adicionales de Derecho internacional privado, y expresamente se manifiesta por no afectar a la jurisdicción de los tribunales de justicia. En forma semejante se manifiesta respecto del Derecho aplicable el artículo 26 de la Ley española 34/2002[75].

Por ello, en cuanto a la ley aplicable al contrato cuando las partes no pertenecen a un mismo Estado, debe tenerse presente el Convenio sobre la ley aplicable a las obligaciones contractuales abierto a la firma en Roma el 19 de junio de 1980 –Convenio de Roma–, de los que tanto Italia como España son partes contratantes. Dicho Convenio está dotado de un carácter universal (art. 2), por lo que la ley aplicable al contrato será la designada por dicha norma, incluso cuando se trate de una ley perteneciente a un Estado no contratante. Esto quiere decir que si uno de los contratantes vía Internet es español o italiano –sin importar que sea el prestador del servicio o su destinatario–, y el otro de un país no perteneciente al citado Convenio, las reglas establecidas en él serán directamente útiles para determinar el Derecho aplicable a la relación contractual.

Los específicos criterios determinados en el Convenio de Roma para localizar el Derecho aplicable a las obligaciones contractuales son[76]:

1) Libertad de elección de las partes. La relación contractual se regirá por la ley elegida libremente por las partes de forma expresa, o que resulte elegida de forma segura de acuerdo con los términos y las circunstancias del con-

[75] El citado precepto –titulado: *Ley aplicable*– dispone que "para la determinación de la ley aplicable a los contratos electrónicos se estará a lo dispuesto en las normas de Derecho internacional privado del ordenamiento jurídico español, debiendo tomarse en consideración para su aplicación lo establecido en los artículos 2 y 3 de esta Ley".

[76] A continuación se indicarán las prescripciones más genéricas del citado Convenio de Roma, intercalando las específicas previsiones dirigidas a la tutela del consumidor y recogidas en su artículo 5. Sobre esta materia, vid., DELFINI, *op. cit.*, pp. 138-139; GAROFALO, "I contratti dell'*e-commerce* e i conflitti di legge", en AA.VV., a cura di A. ANTONUCCI, *E-commerce. La direttiva 2000/31/CE e il quadro normativo della rete*, Giuffrè, Milano, 2001, pp. 310 y ss.; SARZANA DI S. IPPOLITO, *I contratti di Internet e del commercio elettronico*, Giuffrè, Milano, 2001, pp. 46 y ss.

trato (vid. art. 3). Este criterio será válido cuando la contratación tenga lugar entre profesionales (*B2B*) o entre particulares (*P2P*) de distintos Estados; en cambio, si está presente un consumidor (*B2C*), deberá acudirse a las prescripciones del artículo 5.2.

De acuerdo con este último precepto, la elección de la ley aplicable al contrato por las partes no podrá privar al consumidor de la protección que le garantizarían las normas imperativas de su país de residencia habitual, cuando se den alguna de las siguientes circunstancias:

–"si la celebración del contrato hubiera sido precedida, en ese país, por una oferta que le haya sido especialmente dirigida o por publicidad, y si el consumidor hubiera cumplimentado en ese país los actos necesarios para la celebración del contrato", o

–"si la otra parte contratante o su representante hubiera recibido el pedido del consumidor en ese país", o

–"si el contrato fuera una venta de mercancías y el consumidor hubiera ido de ese país a un país extranjero y hubiera pasado el pedido, a condición de que el viaje hubiera sido organizado por el vendedor con el fin de incitar al consumidor a comprar".

En definitiva, una vez elegida la ley por las partes, y ésta no coincida con la ley del país en que el consumidor tenga su residencia habitual, y además se den los requisitos a los se ha hecho referencia, regirán en cuanto a sus derechos como consumidor las normas imperativas de su país de origen. En lo demás que no resulte incompatible con la garantía de tales derechos de consumidor regirá la ley del país elegido por las partes.

Como puede apreciarse en este supuesto, cuando la contratación en Internet se concluye a través de una *web* comercial, los derechos del consumidor europeo no se verán defraudados pese a que rija en lo demás la normativa elegida por las partes. De esta manera, incluso si el mensaje que alcanza al consumidor proveniente de una *web*, dirigida por un prestador de servicios perteneciente a un país no contratante del Convenio de Roma, no tiene el carácter de auténtica oferta contractual de acuerdo con el Derecho aplicable elegido por las partes –por ejemplo, el de un país anglosajón– y sí lo tendría en el del consumidor; o si el prestador le ha excluido expresamente este carácter por medio de una condición o cláusula expresa, en nada afectaría a la tutela del consumidor, ya que la mera invitación a ofrecer tendría la consideración de acto publicitario al venir divulgada a través de un medio de comunicación tan masivo, como lo es la *web* publicada en Internet. En este sentido, puede apreciarse claramente que en estas situaciones el Convenio de Roma desvincula el Derecho aplicable y el lugar en que se entiende perfeccionado el contrato mediante la aplicación de los criterios tradicionales que no estaban asentados en criterios objetivos de determinación física[77]; sin embargo, sí va a ser coincidente con la última tendencia dirigida a establecer como lugar de nacimiento de los contratos aquel en el que el consumidor tuviese su residencia habitual, si es que éste está presente en la contratación por vía electrónica (p. ej. art. 29, párr. primero Ley española 34/2002[78]).

Si la contratación es efectuada a través de un intercambio de mensajes individuales de correo electrónico, el uso de *chat* o el empleo de videoconferencia, para que sean tutelados los derechos del consumidor, en este caso, el Convenio exige que el profesional haya dirigido previamente de forma expresa por dicho medio una auténtica oferta contractual al consumidor, o que la aceptación fuera dirigida al profesional en el propio país de residencia habitual del consumidor. Incluso en estos supuestos, si existe alguna comunicación comercial directamente dirigida al consumidor en su país de residencia habitual, habría que concluir afirmando que, si llegado el caso se concluyera el contrato, deberían garantizarse igualmente sus derechos de consumidor. En este caso, puede apreciarse que si bien este tipo de contratación a través del intercambio de una oferta y una aceptación por medio de mensajes de correo electrónico no está regulada por la Directiva 2000/31/CE y las normas nacionales que la trasponen, sí lo está, por ejemplo, con las específicas de tutela en materia de contratos a distancia ofrecida por la Directiva 97/7/CE y normas de transposición, que sería de aplicación.

2) Ley aplicable a falta de elección: la ley del país con el que presente el contrato lazos más estrechos. De no haber elegido las partes el Derecho aplicable a la relación, regirá el Derecho del país con el que el contrato presente los vínculos más estrechos, y se presume que el contrato presenta lazos más estrechos con el país en el que la parte que deba cumplir la prestación característica tenga, "en el momento de la celebración del contrato, su residencia habitual o, si se tratare de una sociedad, asociación o persona jurídica, su administración central". A tales efectos se entenderá por prestación característica la que no consista en la mera entrega de una cantidad de dinero (vid. art. 4). Este criterio determinará el Derecho aplicable al contrato concluido entre profesionales (*B2B*) o entre meros particulares (*P2P*) pertenecientes a distintos países.

De nuevo, si está presente un consumidor y además se dan las mismas circunstancias previamente señaladas recogidas en el artículo 5.2, y no se ha pactado la ley del contrato, ésta lo será aquella del país de la residencia habitual del consumidor. En este sentido, no sólo se aplicarán las normas impera-

[77] En este mismo sentido, cfr. SCANNICCHIO, "La conclusione del contratto *on-line* nella direttiva europea sul commercio elettronico", en AA.VV., a cura di ANTONUCCI, *E-commerce. La direttiva 2000/31/CE e il quadro normativo della rete*, Giuffrè, Milano, 2001, pp. 148.

[78] Acerca del cambio de criterios, vid. *supra*, II, E.

tivas de tutela de sus derechos de consumidor, sino todo el Derecho aplicable a la relación contractual del ordenamiento de su residencia habitual.

3) Contratos celebrados con consumidores. De acuerdo con el artículo 5 del Convenio de Roma, los contratos celebrados con consumidores presentan un régimen específico que altera los anteriores criterios de determinación de la ley aplicable al contrato[79].

Dejando al margen la Convención de Roma, ha de señalarse que, cuando la contratación tiene lugar en Internet entre profesionales de distintos Estados, y se cumplan los requisitos expresamente recogidos en su contenido, tendrá aplicación en lo que a Derecho material uniforme se refiere el Convenio de Viena en materia de compraventa internacional de mercaderías, de 11 de abril de 1980[80].

Por lo que se refiere a la determinación del órgano judicial competente en caso de surgir conflicto entre las partes de un contrato concluido en Internet, deberá acudirse al Reglamento (CE) nº 44/2001 del Consejo, de 22 de diciembre de 2000, relativo a la competencia judicial, el reconocimiento y la ejecución de las resoluciones judiciales en materia civil y mercantil, en vigor desde el 1 de marzo de 2002, y que sustituye, entre los Estados miembros de la Unión, la mayor parte de las disposiciones de la Convención de Bruselas de 1968[81]. De acuerdo con el citado Reglamento (CE) nº 44/2001 se sigue ofreciendo como regla general la competencia del juez del domicilio del demandado; salvo cuando se esté ante un contrato de consumo. En estos casos, y para tutela de la parte más débil, se permite –derogando el criterio del foro del demandado– acudir al juez del propio domicilio del consumidor. En concreto, deben resaltarse los artículos 15-17 relativos a la competencia en materia de contratos celebrados por los consumidores. Estos preceptos permiten acudir a la jurisdicción del domicilio del consumidor para accionar contra un profesional (art. 16.1) y sólo en tal domicilio podrá ser demandado el consumidor (art. 16.2), "en todos los demás casos, cuando la otra parte contratante ejerciere actividades comerciales o profesionales en el Estado miembro del domicilio del consumidor o, por cualquier medio, dirigiese tales actividades a dicho Estado miembro o a varios Estados miembros, incluido este último,

[79] En cuanto a la ley aplicable al contrato en que participe un consumidor ya se le ha hecho referencia en otra obra a la que me remito, vid. MENÉNDEZ MATO, *El contrato vía Internet...*, pp. 226 y ss.

[80] Al respecto, cfr. GAROFALO, *op.* y *loc. cit.*, pp. 307 y ss.

[81] Señala VIGORITI que, en el caso en que la contratación tenga lugar con algún país que no pertenezca a la Unión, deberá recurrirse a la Convención de Lugano de 1988 para determinar la jurisdicción y competencia a nivel internacional (cfr. "E-commerce e tutela giurisdizionale", *Il Diritto dell'Informazione ed dell'Informatica*, 2001, p. 671).

y el contrato estuviere comprendido en el marco de tales actividades" (art. 15.1.c)[82].

De nuevo puede apreciarse que, en estos casos, la determinación de la jurisdicción aplicable nada tiene que ver con el del lugar de nacimiento del contrato propio de los criterios tradicionales[83], siendo independiente además del lugar en que se realice la oferta, la aceptación, la invitación a ofrecer, etc.; pero sí es coincidente con los criterios de determinación del lugar de nacimiento del contrato asentado en aspectos físicos, seguros y objetivos: el lugar de residencia habitual del consumidor o el lugar en que esté establecido el prestador del servicio.

82 Vid. DELFINI, *op. cit.*, p. 142.

83 Cfr. SCANNICCHIO, *op.* y *loc. cit.*, p. 149.

LA CALIFICACIÓN TRIBUTARIA DE LAS DISTINTAS RENTAS DERIVADAS DE OPERACIONES DE COMERCIO ELECTRÓNICO:
Principales cuestiones conflictivas

Juan Calvo Vérgez[1]

1. Consideraciones generales

Con carácter general, a la hora de analizar la problemática derivada de la calificación fiscal de todas aquellas rentas que puedan derivarse de la comercialización electrónica de los bienes y servicios que circulan a través de la Red deben tenerse presentes los criterios específicos desarrollados al efecto por la Organización para la Cooperación y el Desarrollo Económico (OCDE).

A este respecto, uno de los principales problemas que plantea el desarrollo del comercio electrónico en el marco de la fiscalidad internacional reside en la calificación que ha de otorgarse a las rentas derivadas del comercio de bienes digitalizados (*software*) por la Red. Piénsese que la clarificación de esta cuestión permitiría, por ejemplo, resolver los múltiples conflictos que suelen originarse a este respecto entre el país de la fuente de la renta y el país de residencia de la persona que comercializa este tipo de bienes. ¿Deben ser calificadas estas rentas como cánones o, por el contrario, constituyen rentas empresariales?

Tras un análisis pormenorizado de las distintas operaciones y servicios que suelen desarrollarse en el ámbito del comercio electrónico, la OCDE concluyó que la mayoría de las rentas generadas por dichas actividades deberían, en principio, ser consideradas a efectos fiscales como beneficios empresariales[2].

[1] Profesor Titular de Derecho Financiero y Tributario, Universidad de Extremadura.

[2] En efecto, como es sobradamente conocido, las rentas procedentes de las compraventas internacionales suelen ser calificadas en los Convenios de doble imposición internacional como rentas empresariales (arts. 7 y 14 del Modelo de Convenio) o, en su caso, como ganancias de capital (art. 3 del Modelo), en cuyo caso la tributación sólo procederá, como regla general, en el Estado de residencia del perceptor de aquéllas, y no en el de su origen o fuente. Téngase presente que, de acuerdo con lo establecido en el Modelo de Convenio, la regla general es la tributación exclusiva en el Estado de residencia del beneficiario.

Únicamente quedarían exceptuadas de la anterior calificación aquellas rentas que incluyan conceptos a los que se refieran de modo específico otros artículos del Modelo de Convenio de la OCDE (MCOCDE). Concretamente, y por lo que al ámbito del comercio electrónico se refiere, estas rentas específicas son las que suelen quedar encuadradas bajo el epígrafe del art. 12 del MCOCDE en materia de cánones.

Así, por ejemplo, refiriéndose al supuesto de compra mediante contratación electrónica de bienes o servicios que son suministrados por el vendedor al cliente de forma *off line*, considera la OCDE que los pagos derivados de tales operaciones deben incluirse en el ámbito de los beneficios empresariales (art. 7 del Modelo de Convenio) y no en el de los cánones (art. 12 del Modelo).

Por el contrario, en aquellos supuestos en los que el cliente selecciona un producto de un catálogo de programas informáticos y otros productos digitales, adquiriendo éste de forma electrónica directamente de un proveedor comercial mediante la correspondiente descarga del producto en su ordenador (comercio *on line*), se plantea la dialéctica de la calificación de los pagos correspondientes a esa operación como beneficios empresariales o como cánones.

En concreto, si lo que adquiere el cliente es el derecho a explotar comercialmente los derechos de explotación correspondientes al producto digital, el pago realizado por la cesión de uso de tales derechos habría de considerarse como un canon[3]. En cambio, si la adquisición del producto digital no comportase ese derecho a explotar comercialmente el derecho de reproducción correspondiente al producto digital podrían surgir diferentes interpretaciones.

El criterio que parece contar con una mayor aceptación es aquel de conformidad con el cual los pagos efectuados por el cliente no constituyen cánones sino beneficios empresariales, sin que la clasificación de la operación altere la entrega del producto en forma electrónica. Para el proveedor y el cliente el objetivo de la operación sería la entrega electrónica de un producto digital que este segundo (el cliente) puede utilizar, no permitiéndose a éste usar el derecho de reproducción correspondiente a dicho producto. El método de entrega utilizado respondería, por tanto, a criterios de eficiencia y de costes de distribución.

Desde otra perspectiva, sin embargo, se ha considerado que el pago efectuado por el cliente en ese tipo de operación constituye un canon. Al amparo de este segundo criterio interpretativo, de carácter minoritario, el pago no se consideraría efectuado para adquirir la copia del programa informático u otro

[3] Piénsese, por ejemplo, en el caso de un editor que adquiere el derecho de reproducción correspondiente a un dibujo para incluirlo en la cubierta de un libro que está produciendo, concretándose el uso en la reproducción y venta, con fines comerciales, del dibujo objeto del Derecho.

producto digital, sino por el derecho a realizar la copia y, en consecuencia, por el uso o la cesión de uso del derecho de reproducción. Se estima además que en este tipo de operaciones no hay propiedad o servicio, sino el derecho a realizar la copia, que es adquirido por el cliente del proveedor[4].

Otra posibilidad igualmente contemplada es aquella en la que el proveedor de programas informáticos o de otro producto digital se compromete a entregar al cliente actualizaciones y ampliaciones relativas a dicho producto, pero sin que este compromiso alcance a su producción específica para un determinado consumidor.

Pues bien, también en este caso se mantiene la discrepancia entre la posición dominante que califica los pagos correspondientes a esas entregas como beneficios empresariales (con independencia de que la entrega resulte efectuada sobre un medio material o de forma electrónica), y la posición minoritaria que califica el pago como canon cuando la entrega es realizada de forma electrónica.

Por otra parte, en relación con las rentas vinculadas a la cesión de uso, es decir, los cánones, estimamos necesario matizar su definición así como su forma de tributación a efectos de los convenios de doble imposición internacional. Señala a este respecto el Modelo de Convenio de la OCDE que *El término "cánones" utilizado en el presente artículo comprende las remuneraciones de cualquier clase pagadas por el uso o la cesión de uso de un derecho de autor sobre una obra literaria, artística o científica, incluidas las películas cinematográficas, de una patente, marca de fábrica o comercial, dibujo o modelo, plano, fórmula o procedimiento secreto, y por las informaciones relativas a experiencias (know-how) industriales, comerciales o científicas.*

Nótese por tanto que, a través del concepto de canon recogido en el Modelo de Convenio, se está designando a aquellos ingresos percibidos por el uso o la cesión de uso de cualquier derecho de autor, obra literaria, artística o científica (incluyendo películas cinematográficas), así como de cualquier patente, marca registrada, diseño o modelo de utilidad, plano, fórmula secreta, proceso o información concerniente a toda experiencia comercial, industrial o científica[5].

[4] De conformidad con esta segunda línea interpretativa no podría estimarse que la realización de la copia constituya una parte irrelevante de la operación, al tratarse de su aspecto esencial. El pago se efectuaría íntegramente por adquirir el derecho a copiar, adquiriendo la consideración de canon.

[5] Ya en la Conferencia Ministerial de la OCDE "Un mundo sin fronteras: obtener todo el potencial del comercio electrónico", celebrada en Ottawa en octubre de 1998, se propuso una nueva redacción de los Comentarios números 12 a 17 al art. 12 del Modelo de Convenio de doble imposición de la OCDE. La nueva redacción omitía las referencias al "uso personal o comercial" y pretendía clarificar la línea divisoria entre la "adquisición parcial de derechos" de propiedad

Por otra parte, conviene precisar que el Modelo de Convenio de 1992 rompe con la línea seguida en los anteriores Modelos de 1963 y 1977, consistente en incluir en la definición de cánones las "rentas derivadas del uso o la cesión de uso de un equipo industrial, comercial o científico". Así, se opta por incluir tales rentas de alquileres en el ámbito de los beneficios empresariales, resultando de aplicación en consecuencia lo dispuesto en los artículos 5 (Establecimiento permanente) y 7 (Beneficios empresariales) del Modelo de Convenio.

Por lo que respecta a las rentas generadas por la venta de tales equipos, su tratamiento fiscal en el Modelo de Convenio es el correspondiente a las ganancias de capital. Y si en un determinado contrato resultasen combinados ambos elementos (alquiler y venta), la determinación de la naturaleza de las rentas y su respectivo trato fiscal quedaría determinada en función del elemento predominante y de la intención de las partes en la propia configuración del contrato.

Reconoce además el Modelo de Convenio el derecho exclusivo de gravamen al Estado de residencia del beneficiario, siempre que sea el beneficiario efectivo de los cánones. De este modo la exención en el Estado de la fuente no resulta de aplicación cuando un intermediario (caso, por ejemplo, de un agente o de otro mandatario) se interpone entre el acreedor y el deudor, excepto si el beneficiario efectivo resulta ser un residente del otro Estado contratante[6].

Pues bien, al objeto de poder determinar si los ingresos procedentes de estas transacciones han de ser o no calificados como cánones, al margen de tener que acudir a la legislación interna del país afectado por la transacción de que se trate (que será la del Estado de la fuente u origen desde el que se realice el pago), deberemos identificar el motivo por el que se efectúa el desembolso de la operación.

Así, por ejemplo, en el caso de derechos de autor, si el pago derivado de la transacción estuviese motivado por la simple adquisición de datos o servicios que incorporan el derecho a la descarga, almacenamiento y utilización de éstos en los sistemas informáticos de los internautas que los adquieren para su uso y disfrute, dichos derechos no podrían calificarse como de uso o cesión

---

intelectual (cánones) y la adquisición de una copia del programa de ordenador (beneficio empresarial por compraventa internacional).

[6] En cualquier caso esta disposición no resulta aplicable a los cánones procedentes de un tercer Estado ni a los provenientes de un Estado contratante atribuibles a un establecimiento permanente que una determinada empresa de dicho Estado pueda poseer en el otro Estado contratante.

de uso de derechos de autor o propiedad intelectual y, en consecuencia, no podrían ser considerados como cánones[7].

En cambio, tratándose de aquellas otras transacciones en las que, como consecuencia del pago, se concediera el derecho de uso o la cesión del derecho de autor sobre un producto digital, sí que podría hablarse de canon, pudiendo en consecuencia practicarse retención sobre el pago realizado[8].

2. TRATAMIENTO TRIBUTARIO DE LAS RENTAS DERIVADAS DE LOS PROGRAMAS INFORMÁTICOS: ANÁLISIS DE LA REGLA GENERAL

Una especial atención dedican los Comentarios al Modelo de Convenio al trato fiscal que debe otorgarse a las rentas derivadas de los programas informáticos (*software*), como consecuencia del desarrollo experimentado por las tecnologías informáticas durante los últimos años y del considerable volumen alcanzado por las transferencias tecnológicas internacionales en el campo de la informática.

Nos referimos concretamente a aquellos clientes que adquieren el derecho a usar el *software* u otro producto digital durante un período de tiempo inferior a la vida útil del producto, pudiendo este último suministrarse en un soporte tangible (caso, por ejemplo, de un CD) o ser descargado electrónicamente en un ordenador, si bien al término de la licencia todas las copias del producto resultan borradas o se hacen inservibles.

Como es sabido, los Comentarios al Modelo de Convenio definen el programa informático como un programa o una serie de programas que contiene las instrucciones destinadas a un ordenador, a los efectos del funcionamiento operativo de éste (sistemas operativos) o de la ejecución de otras tareas (sistemas de aplicación). En cualquiera de los casos se considera que los derechos sobre un programa informático constituyen una forma de propiedad intelectual.

La transferencia de tales derechos puede efectuarse de diversas formas, que van desde la transmisión de la totalidad de los derechos a la venta de un producto de utilización sujeta a diversas restricciones. E igualmente la remuneración puede revestir diversas modalidades. Todo ello convierte en una tarea difícil la distinción entre los pagos correspondientes a programas informáticos que deben calificarse como cánones y los que han de ser calificados como "otro tipo de pagos".

[7] Piénsese, por ejemplo, en la descarga permitida de audio por Internet con la finalidad de uso o disfrute de las canciones descargadas.

[8] Éste sería, por ejemplo, el caso de la descarga de una imagen de Internet por un editor de libros con la finalidad de incluirla como portada de una novela.

Se hace necesario, en consecuencia, proceder a diferenciar las distintas situaciones en las que el producto es suministrado sobre un soporte tangible, respecto de aquellas otras en las que es descargado de forma electrónica. Siendo suministrado el producto a través de un soporte tangible, la opinión mayoritaria es que el pago por el suministro comercial de este producto digital de duración limitada debe incluirse en el ámbito de los beneficios empresariales (art. 7 del MC). No obstante, en tanto y en cuanto algunos de los actuales convenios de doble imposición internacional incorporan un concepto de canon que incluye "los pagos por el uso, o el derecho de uso, de un equipo científico, comercial o industrial", se plantea la cuestión de si en esta definición podría estimarse incluido el pago por un producto digital de duración limitada suministrado en un soporte tangible.

Ciertamente, en la medida en que la disponibilidad temporal de este producto adquiere un carácter limitado, podría entenderse que la operación es equivalente a un alquiler y, por tanto, considerarla incluida en la definición anteriormente expuesta de canon. Ahora bien, para que éste fuera el caso habrían de cumplirse tres requisitos: primero, que el producto digital de duración limitada suministrado en un soporte tangible fuese considerado un equipo; segundo, que tuviese la consideración de un equipo "científico, comercial o industrial"; y, finalmente, que el pago efectuado por el producto se estimase realizado por "el uso, o el derecho de uso" de éste.

¿Cuál es el criterio predominante a este respecto? La opinión mayoritaria es que ni el producto puede ser considerado un "equipo", ni adquiere la consideración de equipo "científico, comercial o industrial", ni el pago puede estimarse realizado por "el uso, o el derecho de uso". De este modo, el pago no habría de considerarse como canon, sino como beneficio empresarial.

Por lo que respecta a los productos digitales de duración limitada que fuesen descargados electrónicamente en el ordenador del cliente, resultan aplicables los comentarios efectuados en relación con el supuesto anteriormente analizado de la adquisición de un producto digital que no comporta el derecho a explotar comercialmente los derechos de autor correspondientes al producto.

Y de nuevo aquí podríamos diferenciar entre un enfoque mayoritario que califica los pagos como beneficios empresariales al amparo de lo dispuesto en el art. 7 del MC, y una posición minoritaria que defiende su delimitación como cánones, apoyándose en el art. 12 del MC. En relación con los convenios de doble imposición internacional en los que la definición de cánones recoge *los pagos por el uso, o el derecho de uso, del equipo científico, comercial o industrial*, el criterio predominante es aquel que considera que, en la medida en que el producto digital no sea suministrado en un soporte tangible, no podrá considerarse un equipo. Existe no obstante una segunda posición que defiende su consideración de equipo sobre la base de que el resultado funcional es idéntico cuando la copia del programa ha sido entregada sobre un soporte tangible que cuando ha sido descargada y copiada en el ordenador del usuario.

No creemos, en consecuencia, que deba confundirse este caso con aquel otro en el que el cliente adquiere el derecho a usar exclusivamente una vez el programa informático u otro producto digital, pudiendo dicho producto ser descargado electrónicamente o ser usado a distancia (piénsese, por ejemplo, en el uso de un programa informático instalado en un servidor a distancia), careciendo el cliente del derecho a realizar toda copia del producto digital que no sea la estrictamente necesaria para su utilización en la forma establecida.

Las discrepancias surgirían aquí entre el criterio que contempla esta operación como una prestación de servicios al considerar que la propiedad no se transmite por el período mínimo de tiempo necesario para poder clasificar la operación de venta o alquiler y el planteamiento alternativo que asume las conclusiones expuestas anteriormente para los casos de adquisición electrónica con descarga del producto digital y del *software* de duración limitada[9].

Recapitulando, tres pueden ser las categorías susceptibles de ser adoptadas en cuanto al tipo de rendimiento que pueda obtenerse por las distintas modalidades de explotación económica de los programas informáticos. En primer lugar, aquella modalidad de renta cuyo pago se efectúa de tal forma que no se transfiere la totalidad de los derechos sobre el programa informático. En este primer caso, de transferencia parcial, la remuneración sólo tendrá la calificación de canon bajo determinadas circunstancias.

Concretamente se requiere que el transmitente sea el autor del programa (o alguien que haya adquirido del autor los derechos de distribución y reproducción de aquél) y que ceda una parte de sus derechos a una tercera persona para que ésta, a su vez, desarrolle o explote comercialmente el citado programa, particularmente a través de su distribución y desarrollo. Y en el supuesto de que la citada adquisición del programa informático tuviese por objeto su uso personal o profesional por parte del adquirente, la contraprestación habría de ser tratada como renta procedente de una actividad económica conforme a los artículos 7 (beneficios empresariales) o 14 (servicios profesionales independientes) del Modelo de Convenio, careciendo de importancia a este respecto el hecho de que el programa informático se halle protegido por un derecho de autor o que su utilización por el comprador esté sujeta a restricciones.

[9] Recuérdese la dialéctica existente en este punto entre la existencia de beneficios empresariales (criterio mayoritario) o de cánones (criterio minoritario) reservándose a su vez, dentro del criterio minoritario, la aplicación de los cánones a los casos de descarga del producto en el disco duro del ordenador del cliente.

Un segundo tipo de rendimiento susceptible de obtenerse por las distintas modalidades de explotación económica de los programas informáticos sería aquel en que los pagos se realizan en contraprestación a la enajenación de todos los derechos inherentes al programa informático.

Pues bien, en la medida en que el pago es realizado por la transferencia de la plena propiedad, dicho pago no constituirá un canon. A esta misma conclusión parece llegarse en determinados supuestos de enajenación parcial de derechos que comprendan: un derecho exclusivo de utilización durante un determinado período de tiempo o en una zona geográfica determinada; el pago de una contraprestación adicional en función de la utilización del programa o una contraprestación bajo la forma de pago único a tanto alzado de importancia considerable.

Con carácter general se considera que en los casos de transferencia (total o parcial) de la propiedad de los derechos, la contraprestación no puede referirse al uso de éstos. Y la naturaleza de la transacción (que es la de una enajenación) no podrá resultar modificada por la forma que adopte la contraprestación, por el pago a plazos de la contraprestación o por el hecho de que los pagos se vinculen a una determinada contingencia.

Finalmente, una tercera modalidad de rendimiento que ha de ser tomada en consideración sería aquella en la que los pagos relacionados con el programa informático derivan de un contrato mixto que combine, por ejemplo, ventas de un equipo informático con programas incorporados y concesiones del derecho de uso de un programa junto con prestaciones de servicios. En este último supuesto sería preciso desglosar la parte del precio estipulado en el contrato que corresponda a cada prestación, tratando como canon exclusivamente la relativa a la cesión de uso del programa.

Téngase presente asimismo que, en el supuesto específico de programas de ordenador, han de ser tomadas igualmente en consideración las observaciones efectuadas por España a los Comentarios al Modelo de Convenio, en tanto y en cuanto dichas observaciones hacen reserva de la potestad de gravamen sobre toda aquella cesión de *software* que no determine la transmisión plena de éste, salvo que se trate de programas estandarizados[10]. Y es que, tal y como se dispone en el Real Decreto Legislativo 5/2004, de 5 de marzo, por el que se aprueba el Texto Refundido de la Ley del Impuesto sobre la Renta de No Residentes (TRLIRNR), el hecho de que exista o no transmisión de la propiedad adquiere una importancia fundamental, pudiendo considerarse como canon

[10] Para la posición española todas estas cesiones de uso con destino empresarial (uso propio, desarrollo, reproducción, etc.) son consideradas generadoras de cánones.

un rendimiento concreto cuando implique, exclusivamente, una cesión de uso, pero no cuando se trate de una transmisión de propiedad[11].

Recientemente la OCDE ha introducido diversos cambios dentro de los apartados relativos a la cesión de derechos sobre aplicaciones informáticas en la versión del Modelo de Convenio y de los Comentarios publicada el 17 de julio de 2008. Concretamente el nuevo párrafo 14.4 de los Comentarios al art. 12 señala que los pagos realizados en virtud de contrato entre el propietario del derecho de autor sobre las aplicaciones informáticas (*software*) y un distribuidor intermedio no constituyen canon si los derechos adquiridos por el distribuidor se limitan a los necesarios para distribuir las copias por el intermediario comercial. Y, a tal efecto, se considera que los distribuidores sólo pagan por la adquisición de copias de aplicaciones y no por la explotación de cualquier derecho sobre éstas, sin incluir el derecho a reproducir. Los pagos por este tipo de contratos habrían de calificarse como beneficios empresariales encuadrados dentro del art. 7 del Convenio. Y así han de calificarse con independencia de que las copias distribuidas se provean en soporte material o informático o de que se deba realizar una personalización de carácter menor para la instalación.

Lo cierto es que, a pesar del cambio introducido en los Comentarios, y tal y como tendremos ocasión de analizar en el último punto de nuestro trabajo, el Estado español siempre ha mantenido un concepto de canon más amplio que el definido por la OCDE, motivo por el cual se ha mantenido la Observación anterior (modificada), ampliándose al nuevo Párrafo 14.4. Como es sabido, hasta la fecha se calificaban como canon los pagos realizados por distribución de aplicaciones de ordenador. Pues bien, a la vista de la línea de interpretación seguida por los países de la OCDE, se ha modificado por parte de España la citada Observación en los siguientes términos: *México, España y Portugal no se adhieren a la interpretación que figura en los párrafos 14, 14.4, 15, 16, 17.1 y 17.4. México, España y Portugal estiman que los pagos relativos a las aplicaciones informáticas –software– se encuentran dentro del ámbito de aplicación del Artículo cuando se transfiere solamente una parte de los derechos sobre la aplicación, tanto si los pagos se efectúan en contraprestación de la utilización de un derecho de autor sobre una aplicación –software– para su explotación comercial (excepto los pagos efectuados por el derecho de distribución de copias de aplicaciones –software– estándar, sin derecho de adaptación ni de reproducción) como si los mismos corresponden*

[11] Recuérdese que, al amparo de la normativa establecida en el citado RDLeg. 5/2004, de 5 de marzo (art. 13.1.f).3º), los rendimientos que se consideran cánones son los derivados de la cesión de uso del propio contenido digital, conservando el cedente su propiedad, pero no los rendimientos procedentes de la venta de productos obtenidos con la explotación del contenido por el propietario.

a una aplicación –software– adquirida para uso empresarial o profesional del comprador siendo, en este último caso, aplicaciones –software– no absolutamente estándares sino adaptadas de algún modo para el adquirente. En consecuencia, los Comentarios se han modificado y también la Observación de España, en la que debe basarse la interpretación dinámica de los Convenios firmados por España.

3. Calificación de las rentas derivadas de contratos específicos. Análisis de los principales supuestos

Un primer supuesto especial susceptible de análisis sería el relativo a las aplicaciones *hosting* vinculadas a una licencia individual. Se trata de aquellos casos en los que un usuario dispone de una licencia permanente para el uso de un programa informático y firma un contrato con una entidad *host* por el que dicha entidad le carga la copia del programa informático en un servidor de su propiedad proporcionándole, además, el apoyo técnico necesario para la protección contra los fallos del sistema. El usuario puede acceder, ejecutar y operar a distancia la aplicación del programa informático, que resultaría ejecutada, bien desde el ordenador del cliente (después de ser descargada en la memoria RAM), o bien a distancia desde el servidor de la *host*[12].

De acuerdo con el criterio dominante, esta clase de operaciones originarían beneficios empresariales (art. 7 del MC). Sin embargo, en el ámbito de aquellos convenios de doble imposición internacional cuya definición de cánones incluye *los pagos por el uso, o el derecho de uso, de un equipo científico, comercial o industrial*, se plantea la cuestión de su aplicabilidad a la totalidad o a parte de los pagos derivados de estas operaciones. Esta solución ha sido rechazada por dicha posición predominante, al estimar que en tales operaciones la *host* no alquila su equipo al cliente. Incluso en determinados supuestos el usuario podría desconocer el servidor que utiliza para hacer funcionar su aplicación.

Igualmente se ha planteado la posibilidad de que los pagos derivados de esta operación puedan ser considerados como pagos por servicios de "naturaleza técnica", con arreglo a las disposiciones específicas de aquellos convenios de doble imposición internacional que permiten la imposición en la fuente de las "cuotas técnicas". La opinión mayoritaria es favorable a este planteamiento, especialmente cuando la *host* proporciona servicios de seguridad en el acceso y copias de seguridad. Ahora bien la discrepancia a éste

[12] Este tipo de contrato resulta aplicable, por ejemplo, a la gestión financiera, al control de existencias, a la gestión de recursos humanos o a otras aplicaciones *software* de gestión de recursos empresariales.

podría partir de la consideración de que el simple *hosting* de una aplicación no constituye una prestación de servicios técnicos, sino que se trataría más bien de servicios próximos al almacenamiento.

Un supuesto alternativo podría ser, a nuestro juicio, el de una aplicación *hosting* vinculada a un contrato de carácter global. Por un pago único o una cuota global el usuario firma un contrato en virtud del cual el proveedor, que es también el propietario del derecho de reproducción, le permite el acceso a una o más aplicaciones de programas informáticos, instalándole además la aplicación del *software* en un servidor poseído y operado por la entidad *host* y proporcionándole el apoyo técnico necesario respecto al *hardware* y al programa informático[13].

En relación con este último supuesto es unánime la opinión de que, con arreglo a los criterios del Modelo de Convenio, los pagos correspondientes a esta operación constituyen beneficios empresariales, rechazándose su posible calificación de cánones al no obtener el usuario en este caso el derecho a copiar el *software* en el disco duro del usuario.

Analicemos a continuación el caso referido a la "Aplicación Proveedor de Servicios" (ASP), de conformidad con el cual se considera que el proveedor obtiene una licencia para usar una aplicación de programa informático en su actividad como tal, posibilitando al cliente el acceso a un programa informático instalado en su servidor[14].

Nótese cómo en estos casos el proveedor no proporciona al cliente los bienes o servicios, sino únicamente los medios necesarios para automatizar y organizar su relación con los otros proveedores de dichos bienes y servicios. Por su parte, el cliente no tendría derecho a copiar el programa informático ni a usar otro programa que el del servidor del proveedor, careciendo además de la propiedad o del control sobre la copia del programa informático. Al igual que sucede con el supuesto anterior, en este caso el criterio es unánime en el sentido de que, con arreglo a lo dispuesto en el Modelo de Convenio, los pagos derivados de esta operación constituyen beneficios empresariales y no cánones[15].

[13] Así las cosas el usuario podría acceder, ejecutar y operar la aplicación del programa informático a distancia, siendo ejecutada la aplicación, bien a través del ordenador del cliente después de ser descargada en la RAM, o bien a distancia a través del servidor de la entidad *host*. El contrato sería además renovable anualmente mediante el pago de una cuota adicional.

[14] El *software* podría automatizar la información, los pedidos, los pagos y la entrega de los bienes y servicios utilizados en la actividad del cliente, como sucede por ejemplo con los suministros de oficina o con las órdenes de viaje.

[15] Esta posibilidad podría verse, a su vez, completada con la existencia de una licencia pagada por el proveedor del servicio al proveedor del programa informático, produciéndose el abono de una cuota consistente en un porcentaje de los ingresos recaudados de los clientes. En general se considera que este tipo de operación (provisión del programa informático para

Otro caso frecuente es aquel en que el proveedor ofrece espacio en su servidor para la colocación de páginas *web*. Al proveedor no le correspondería facultad alguna sobre el derecho de reproducción originado por el diseñador del contenido de la página *web*. Y el propietario del material sujeto al derecho de reproducción y colocado en la *web* podría manejar a distancia la página, modificando incluso el contenido de ésta. La retribución del proveedor tendría lugar mediante una cuota basada en el paso del tiempo.

¿Cuál es la opinión dominante en torno de esta cuestión? *A priori,* con arreglo a los criterios del Modelo de Convenio, los pagos originados por este tipo de operación habrían de incluirse en el ámbito de los beneficios empresariales (art.7 del MC). No obstante, se considera que en el caso particular de aquellos convenios de doble imposición internacional cuya definición de cánones incluye *los pagos por el uso o el derecho de uso de un equipo científico, comercial o industrial*, o bien tratándose de disposiciones alternativas que permiten la imposición en la fuente de las "cuotas técnicas", habrían de replantearse las consideraciones ya expuestas al analizar la denominada aplicación *hosting* vinculada a una licencia individual.

Por lo que respecta al mantenimiento del programa informático, los contratos correspondientes suelen englobar actualizaciones integradas en la parte principal del contrato y apoyo técnico, fijándose como pago por tales prestaciones una cuota anual única. Se considera entonces que debe recurrirse a los principios establecidos en el párrafo 11 de los Comentarios al art. 12 del Modelo de Convenio para los contratos de naturaleza mixta. Y si, de acuerdo con dichos principios, se admitiese la posibilidad de que parte de los pagos pudieran realizarse por la prestación de apoyo técnico, surgiría inevitablemente la cuestión referida a la posible aplicación en tales casos de aquellas disposiciones que establecen la imposición en la fuente de las "cuotas técnicas".

¿Y cómo deben ser calificadas a efectos tributarios aquellas rentas derivadas de operaciones en las que tiene lugar un almacenamiento de datos? Pensemos, por ejemplo, en el caso de un cliente que almacena sus datos informáticos en el servidor de un proveedor de servicios, pudiendo así acceder, cargar, recuperar y manejar los datos a distancia. Esta operación no exige la concesión al cliente de una licencia de programa informático[16].

---

ser utilizado por el proveedor del servicio) plantea las mismas consideraciones que las ya expuestas para el supuesto de adquisición electrónica con descarga del producto en el ordenador del cliente, cuando dicha adquisición no comporta la facultad de explotar comercialmente el derecho de reproducción correspondiente al producto digital.

[16] Un ejemplo de esta clase de operaciones sería el de un comerciante minorista que almacena sus datos de existencias en el *hardware* del proveedor, pudiendo aquellas personas que deseen efectuar pedidos acceder a distancia a esa información y comprobar si los pedidos pueden ser atendidos con las existencias disponibles.

De acuerdo con los criterios contenidos en los Comentarios al Modelo de Convenio tiende a considerarse que los pagos correspondientes a esta operación constituyen beneficios empresariales (art. 7), si bien en el caso particular de aquellos convenios de doble imposición cuya definición de cánones incluyese "los pagos por el uso o el derecho de uso de un equipo científico, comercial o industrial", o disposiciones alternativas que permitiesen la imposición en la fuente de las "cuotas técnicas", surgirían las mismas cuestiones ya tratadas al hilo de los supuestos de la aplicación *hosting* vinculada a una licencia individual.

Por otra parte, no debe confundirse el citado supuesto con aquel que se caracteriza por el apoyo prestado al cliente a través de una red informática. Piénsese que en este segundo caso el proveedor proporciona al cliente apoyo técnico *on line* que incluye la asistencia en la instalación y el suministro de información para la resolución de problemas[17].

Siguiendo los criterios contenidos en el Modelo de Convenio la posición dominante defiende para estos últimos supuestos la inclusión de los pagos relativos a esta operación en el ámbito de los beneficios empresariales (art. 7). En cambio el enfoque minoritario únicamente acepta esta conclusión en la medida en que la descarga electrónica y la copia de la documentación técnica constituyan una parte irrelevante del pago. Y, si bien estiman que la descarga electrónica de la documentación con el fin exclusivo de su visionado no representa el uso de un derecho de reproducción a efectos de la definición de canon, mantienen al mismo tiempo el criterio de que en aquellos supuestos en los que una parte sustancial del pago corresponda a la descarga electrónica de la documentación en el disco duro del cliente, la calificación del pago podría volver a plantear las cuestiones ya mencionadas al analizar el supuesto de la adquisición y descarga electrónica de productos digitales cuando dicha adquisición no comporta la facultad de explotar comercialmente el derecho de reproducción correspondiente al producto.

En todo caso, y una vez alcanzada la anterior conclusión, hemos de precisar en qué medida cabe considerar que el pago se entiende realizado por "información relativa a la experiencia científica, comercial o industrial", adquiriendo en consecuencia la consideración de canon.

El criterio mantenido a este respecto es que la asistencia *on line*, la comunicación con técnicos y el uso de bases de datos deberían ser considerados más como servicios prestados según criterios de demanda que como prestaciones de *know-how*. Téngase presente que, al amparo de lo dispuesto en el párrafo 11 del Comentario al artículo 12 del Modelo de Convenio, para que

[17] Concretamente el apoyo puede adoptar la forma de documentación técnica *on line* o bien consistir en una base de datos destinada a la resolución de problemas o incluso en una comunicación vía *e-mail* con personal técnico.

la provisión de documentación técnica pueda considerarse, dependiendo de las circunstancias, como provisión de *know-how*, es necesario que la información suministrada sea "información técnica no divulgada", así como que el *know-how* se emplee para la reproducción industrial de un producto o de un proceso. Y ello debido a que, en relación con este concepto de *know-how*, se hace necesario diferenciar entre los contratos celebrados con la finalidad de adquirir experiencias específicas de carácter comercial o científico y aquellos otros contratos que constituyen un mera prestación de servicios.

En el caso de los primeros se admite la existencia de cánones, dado que el acuerdo tiende a proyectarse sobre una información ya existente o fruto de una investigación y un desarrollo previos. De hecho estos contratos suelen incluir cláusulas a través de las cuales se protege la confidencialidad de la información recibida. Un criterio distinto se sigue, por el contrario, en los contratos de mera prestación de servicios. Puesto que el objeto de esta segunda modalidad contractual no contempla en ningún caso "cesión de conocimientos", se estima que no deben dar lugar a la existencia de cánones.

De este modo, en la medida en que el *know-how* sea considerado información técnica relativa a la reproducción industrial de un producto o proceso, aquella información que simplemente se refiere al funcionamiento o al uso del producto en contraposición a su producción no habría de incluirse en la definición de canon.

Por otra parte, se estima que la última parte del citado párrafo 11 del Comentario al artículo 12 del Modelo de Convenio, relativa a los llamados contratos mixtos, sería relevante si se considerara que el contrato abarca ambos, esto es, servicios y *know-how*. Y asimismo se recoge la reflexión relativa a si los pagos originados por este tipo de operaciones no deberían ser tratados con arreglo a las disposiciones alternativas que permiten la imposición en la fuente de las "cuotas técnicas", definiendo estas últimas por referencia a los pagos realizados a cualquier persona distinta de aquella que realiza los pagos y en contraprestación por cualquier tipo de servicio de naturaleza técnica[18].

En el caso específico de aquellas operaciones caracterizadas por la existencia de una recuperación de datos, conviene volver a recordar que cabe la posibilidad de que el proveedor decida crear un depósito de información al que tengan acceso los clientes. El valor principal para estos últimos radica en la posibilidad de que disponen para buscar y extraer un dato específico de entre todos los disponibles existentes.

¿Cuál es el criterio dominante en este punto? Con carácter general, la inclusión de los pagos derivados de este tipo de operación en el ámbito de los

[18] Ahora bien, dada la amplitud de esta definición se hace difícil determinar en qué medida los servicios prestados en el ámbito de la operación anteriormente descrita no constituyen servicios de "naturaleza técnica".

beneficios empresariales. No obstante, mientras para algunos estaríamos ante un contrato de prestación de servicios por cuanto el valor principal de esa base de datos radica en la capacidad para buscar y extraer documentos, otros consideran que en esta operación el cliente paga con el fin de obtener en última instancia el dato que busca[19] . En cambio, el criterio alternativo defiende su inclusión en la categoría de cánones.

Asimismo, en la medida en que estas operaciones comportan, además, una prestación de servicios, se plantea la cuestión de si pueden catalogarse de servicios de "naturaleza técnica" sujetos a las disposiciones aplicables a las cuotas técnicas. A nuestro juicio éste es el criterio dominante, a pesar de que también se ha argumentado que tales servicios no pueden catalogarse de naturaleza técnica, incluso en el caso de que el proceso a través del cual se acometa su prestación implique un importante componente tecnológico.

Un caso especialmente significativo es el relativo al suministro de datos exclusivos o de alto valor. Al igual que sucede en el supuesto anteriormente analizado, el proveedor elabora un depósito de información disponible para los clientes, si bien en este último caso es más importante para el cliente el dato en sí que el medio de búsqueda y recuperación. Por su parte, el proveedor incorpora un importante valor añadido en términos de contenido (por ejemplo a través de la incorporación de un análisis de los datos en bruto), si bien el producto resultante no resulta preparado para un cliente específico, y a los clientes no se les impone obligación alguna de mantener confidencialidad sobre el producto[20]. Normalmente estos informes a los que nos referimos son enviados vía electrónica a los suscriptores, si bien también podrían ser adquiridos mediante la compra y descarga electrónica a partir de un catálogo *on line* o de un índice.

Las principales cuestiones que se originan en este punto suelen ser similares a las expuestas en el supuesto analizado con anterioridad. La opinión mayoritaria es que los pagos correspondientes a esta operación deben incluirse en la categoría de beneficios empresariales. No obstante, un enfoque minoritario mantiene que, en la medida en que se considere que tales pagos son efectuados, no por la prestación de servicios de búsqueda y extracción, sino por el derecho a reproducir los datos disponibles, dichos pagos habrán de incluirse en la categoría de cánones.

[19] Bajo este enfoque, se consideraría que la operación es similar a la ya analizada de la adquisición electrónica de un producto digital, siempre y cuando dicha adquisición no implique el derecho a explotar comercialmente el derecho de reproducción correspondiente al producto, catalogándose los pagos realizados como beneficios empresariales.

[20] Ejemplos de tales productos se encuentran en documentos especiales relativos a la industria o la inversión.

Otro tema de especial relevancia es el de la publicidad. Como es sabido, normalmente los anunciantes pagan por la difusión de sus anuncios a los usuarios de una determinada página *web*. Y, a pesar de que los ratios de publicidad suelen ser especificados en términos del coste por cada número de impresiones (número de veces que el anuncio es expuesto al usuario), también pueden basarse en el número de *clickthroughs*, esto es, el número de veces que el anuncio es "pinchado" por el usuario.

La opinión generalizada es que, al igual que en los supuestos anteriores, los pagos que se derivan de este tipo de operaciones deben incluirse en el ámbito de los beneficios empresariales, no en el de los cánones. Y ello tratándose incluso de aquellas definiciones de cánones que incorporan los pagos "por el uso, o el derecho de uso, de un equipo industrial, comercial o científico".

Una especial trascendencia adquieren aquellas operaciones de acceso electrónico al asesoramiento profesional. No suele ser ni mucho menos infrecuente que un asesor fiscal, un abogado o cualquier otro profesional asesore a sus clientes vía *e-mail*, a través del sistema de videoconferencia o sirviéndose de cualquier otro medio de comunicación a distancia.

El criterio generalizado existente respecto de los pagos derivados de estas operaciones es igualmente el de que se trata de beneficios empresariales y no de cánones. Como ya hemos tenido oportunidad de subrayar, se considera que la prestación de la asistencia ajustada a la demanda constituye un servicio y no la oferta de *know-how*.

Ahora bien, en la medida en que estas operaciones comportan también una prestación de servicios, se plantea la cuestión de si no deberían ser considerados servicios de "naturaleza técnica" de acuerdo con las disposiciones sobre cuotas técnicas anteriormente citadas. Y, en este sentido, viene considerándose que los servicios de naturaleza "de asesoría o técnica" deben quedar incluidos en la definición de cuotas técnicas anteriormente mencionada.

También los supuestos relativos a la información técnica deben ser objeto de examen. Se trata de aquellos casos en los que a un determinado cliente se le suministra información técnica no divulgada relativa al producto o al proceso. El criterio que predomina en este punto es el de considerar el pago derivado de esta operación como un canon, dado que ha sido efectuado por la oferta de *know-how*, esto es, por la "información correspondiente a una experiencia científica, comercial o industrial".

Relacionada con esta cuestión se encuentra, además, aquella otra relativa a la entrega de información. Nos referimos a los casos en los que el proveedor entrega vía electrónica y con carácter periódico a sus clientes datos relativos a sus preferencias personales. Los pagos derivados de este tipo de operaciones suelen generar cuestiones similares a las analizadas anteriormente al contemplar el caso de la recuperación de datos, estimándose mayoritariamente que los pagos derivados de esta operación deben incluirse en el ámbito de los beneficios empresariales.

Otro supuesto adicional es el relativo al acceso a una página *web* interactiva a través de una fórmula de suscripción, en virtud del cual un proveedor pone a disposición de los suscriptores el contenido digital característico de una página *web*, que incluye información, música, video, juegos y otras actividades susceptibles de ser desarrolladas o no por el propio proveedor[21].

En líneas generales se considera que la cuota de suscripción satisfecha por este tipo de operación constituye un pago derivado de la prestación de un servicio. Y, en la medida en que dicho pago se realiza fundamentalmente por la interacción con la página para el disfrute personal del usuario y no por la prestación de un servicio de naturaleza técnica, no debe incluirse en el ámbito de las denominadas "cuotas técnicas".

Igualmente hemos de referirnos a los llamados portales comerciales *on line*. Pensemos, por ejemplo, en aquellos casos en los que el operador de una página *web* instala un catálogo electrónico de múltiples comerciantes en su servidor, pudiendo los usuarios de la *web* seleccionar los productos del catálogo y realizar los pedidos *on line*. El operador de la página *web* no mantiene una relación contractual con los compradores, limitándose simplemente a remitir los pedidos a los comerciantes, y siendo estos últimos los responsables de la aceptación y suministro de éstos. Por su parte, los comerciantes pagan al operador de la página *web* una comisión que representa un porcentaje de los pedidos atendidos a través de la página *web*. Pues bien, también en este supuesto hemos de considerar los pagos derivados de tales operaciones incluidos en el ámbito de los beneficios empresariales.

Y lo mismo podríamos decir de aquellos pagos derivados de las subastas *on line*. En esta modalidad de subasta el proveedor muestra determinadas partidas cuya compra debe efectuarse a través de subasta. El usuario compra los bienes directamente a su propietario y no a la empresa que opera la página *web*, siendo a su vez el vendedor el encargado de compensar al proveedor con un porcentaje de los precios de venta o con una cuota fija.

No menos conflictivas se muestran las operaciones relativas a determinados programas de ventas. Nos referimos concretamente a aquellas situaciones en las que un proveedor *on line* satisface una comisión de ventas al operador de una página *web* por aquellas que han sido efectuadas a través de ella. El operador de la página *web* expone en ésta algunos de los productos del proveedor, de manera tal que cuando un determinado usuario hace *click* sobre alguno de esos productos, se abre la página *web* del proveedor pudiendo realizarse la compra

[21] En todo caso la relevancia de la página para los suscriptores viene determinada por el hecho de que interactúan con ella de forma *on line*, no obteniendo por tanto el producto o servicio de la página.

del producto a través de ella[22]. De nuevo en el presente caso hemos de considerar que los pagos derivados de este tipo de operaciones responden al concepto de beneficios empresariales.

En el supuesto específico de las llamadas operaciones de adquisición de contenidos el operador de una página *web* paga a diversos proveedores de contenido por el suministro de nuevos argumentos, información y otros contenidos *on line* con la finalidad de atraer a los usuarios a la página si bien, alternativamente, el operador de la *web* podría igualmente contratar un proveedor al objeto de crear nuevos contenidos específicos para dicha página.

Dos son las posibilidades susceptibles de ser contempladas en esta clase de operaciones. De una parte, considerar que en aquellos casos en los que el operador paga a un proveedor de contenidos por el derecho a exponer un material sujeto al derecho de reproducción, el pago debe incluirse en la definición de canon, en tanto y en cuanto la exposición pública del contenido constituye una facultad protegida por el derecho de reproducción del propietario del contenido. Y, de otra, estimar que si el operador paga por la creación de un nuevo contenido y, como resultado de un acuerdo contractual, se convierte en el propietario del derecho de reproducción sobre el contenido así creado, el pago no deberá incluirse en el ámbito de los cánones sino en el de los beneficios empresariales.

Por último queremos referirnos a aquellos supuestos caracterizados por la existencia de una página *web* en tiempo real basada en los medios de comunicación, que permiten al usuario acceder al contenido de una base de datos de material audiovisual sujeto a derecho de reproducción.

Las cuotas de suscripción o publicidad que han de satisfacerse en este tipo de operaciones y que debe percibir el emisor constituirían beneficios empresariales y no cánones, al estimarse que la suscripción sólo permite el disfrute en tiempo real del material *web* emitido y no la descarga del material objeto del derecho de reproducción en el disco duro o en otro medio del consumidor.

4. Recapitulación

En todo caso, y a la luz de este conjunto de consideraciones, ¿qué principios deben ser aplicados para la calificación de las rentas originadas por las transacciones de comercio electrónico existentes y emergentes? Para tratar de clarificar esta cuestión deberemos analizar nuevamente el conjunto de mo-

22 Al mismo tiempo, cuando el enlace (*link*) de la página *web* del operador es utilizado, el proveedor puede identificar la fuente de sus ventas y pagar al operador un porcentaje de comisión si el usuario compra el producto.

dificaciones o incorporaciones a los Comentarios del Modelo de Convenio efectuadas por el Comité de Asuntos Fiscales de la OCDE.

Con carácter general se encargó de precisar el Comité a este respecto que todas las rentas generadas por actividades de comercio electrónico son del tipo de las contempladas en el art. 7 del Modelo CDI que, como es sabido, se refiere a los beneficios empresariales, esto es, a rentas generadas por actividades económicas.

Ahora bien, sin perjuicio de lo anterior, determinadas rentas pueden sustraerse a la aplicación del citado art. 7 del Modelo de Convenio en base a la regla contenida en el apartado 7 de dicho precepto, de conformidad con la cual, cuando los beneficios incluyan conceptos de renta a los que específicamente se refieran otros artículos, dichas rentas se calificarán y se los tratará según sus artículos específicos. Y, por lo que al ámbito del comercio electrónico se refiere, estas rentas específicas podrían ser calificadas, con carácter general, como cánones (*royalties*).

Es el art. 12.2 del Modelo de Convenio el encargado de precisar que el concepto de canon se refiere a ingresos recibidos en consideración al uso o a la cesión de uso de cualquier derecho de autor (*copyright*) de obra literaria artística o científica, incluyendo películas cinematográficas, cualquier patente, marca registrada, diseño o modelo de utilidad, plano, fórmula secreta o proceso, así como por información concerniente a experiencia comercial, industrial o científica[23].

De este modo, bajo el término "cánones" podremos diferenciar hasta tres grupos de rendimientos, procedentes de: arrendamiento de activos empresariales; transferencia de tecnología y cesión de propiedad intelectual o industrial, siendo esta última categoría la caracterizadora del comercio electrónico. Los diferentes convenios no definen en cambio los conceptos anteriores, por lo que habrá que acudir a la legislación interna de los Estados para determinar su contenido.

Establecen en primer término los Comentarios al art. 12 del Modelo de Convenio que los principios expresados en relación con los ingresos derivados del *software* resultan igualmente aplicables a los derivados de transacciones relativas a otros tipos de productos digitales tales como imágenes, sonido o texto, precisándose además que para decidir si los ingresos procedentes de estas transacciones son o no cánones la cuestión principal consistirá en identificar el motivo del pago.

Así, por ejemplo, si el motivo esencial del pago fuese la adquisición de datos o servicios que incluyesen el derecho de descarga, almacenamiento y

[23] Téngase presente a este respecto que la mención relativa al "uso o cesión de uso de equipos industriales, comerciales o científicos" desaparece del texto del Modelo CDI desde 2003, si bien la práctica totalidad de los tratados suscritos por el Estado español la han incluido hasta ahora.

operación en los sistemas del adquirente (ya se trate de ordenador, Red u otros dispositivos de almacenamiento, reproducción o visualización), tales derechos serían distintos del uso o cesión de uso de derechos de autor o propiedad intelectual de la obra digital.

En consecuencia, dichos rendimientos percibidos no podrían ser catalogados como cánones, sino como beneficios empresariales (categoría general) o, en su caso, como ganancia patrimonial. Estaríamos ante transacciones que permiten al usuario descargarse productos digitales adquiridos para su uso y disfrute, careciendo de toda relevancia para la calificación el hecho de que el usuario pudiera copiar la señal recibida en un disco duro o sirviéndose de otros medios de almacenamiento permanente[24].

Por el contrario, en aquellas otras transacciones en las que el motivo esencial del pago lo fuese el otorgamiento del uso o de la cesión de uso del derecho de autor sobre un producto digital que se descarga con este propósito, la situación sería distinta, pudiendo originarse un canon[25].

5. Análisis de la línea de interpretación adoptada por la Administración Tributaria española

El Estado español, en consonancia con su carácter de país importador neto de tecnología, tiene formuladas diversas reservas al Modelo de Convenio relativas a los cánones atribuyéndose, de una parte, el derecho a gravar los cánones en la fuente; y, de otra, el derecho a gravar en la fuente y en concepto de cánones las rentas procedentes de la asistencia técnica relacionada con el uso o la cesión de uso de derechos o informaciones no divulgadas (*know-how*) y del arrendamiento de equipos o de contenedores.

Por tanto, en materia de cánones, y con carácter general, el Estado español se reserva el derecho a gravar en la fuente las rentas procedentes del uso o la cesión de uso de derechos o informaciones con destino empresarial, así como la facultad para continuar adhiriéndose a una definición de canon que incluya la renta procedente de la cesión de equipos industriales, comerciales, científicos o de contenedores. Y ello a pesar de que, como ya hemos precisado, la mención relativa al uso o a la cesión de estos equipos desaparece del Modelo de Convenio desde el 2003.

[24] En realidad este hecho será incidental frente al motivo principal de la transacción, que no es otro que la adquisición del producto digitalizado.

[25] Piénsese, por ejemplo, en el caso de un editor de libros que paga por adquirir el derecho a reproducir una fotografía digitalizada, que descargaría con la intención de incluirla en la portada de un libro, situación distinta de la derivada de la mera adquisición de la foto digital.

Asimismo, y como ya se ha manifestado, el Estado español se reserva en materia de cánones la potestad de gravamen sobre todas aquellas cesiones de *software* que no impliquen la transmisión plena de la propiedad, excepto en aquellos casos en los que se trate de programas estandarizados. En efecto, dentro del ámbito de las observaciones formuladas por los países a los Comentarios al Modelo de Convenio considera el Estado español que los pagos relativos a los programas informáticos han de interpretarse como cánones si no se transfieren plenamente los derechos sobre éstos, al margen de que los pagos puedan efectuarse como contraprestación a la utilización de un derecho de autor sobre un programa informático para su explotación comercial, o correspondan a un programa informático adquirido para la utilización personal o profesional del comprador.

En esta línea de interpretación señaló la Dirección General de Tributos (DGT) en su Resolución de 31 de julio de 1998 que los pagos efectuados en contraprestación de derechos parciales sobre el *software* tienen la consideración de cánones, incluso si se trata de un programa estándar, y al margen de la posible inclusión en éste de actividades auxiliares.

En consecuencia, de conformidad con la posición española, si no tiene lugar una plena transmisión de los programas de ordenador (aun en el caso de que su destino sea el uso personal, profesional o empresarial del comprador), la renta generada por la transacción podrá ser calificada como canon. De este modo el artículo 12 del Modelo de Convenio comprendería aquellas operaciones en las que tenga lugar una transmisión de derechos "parciales" o no plenos sobre los programas de ordenador, así como aquellas otras que comprendan la cesión del uso[26].

A nuestro juicio la consideración de las rentas derivadas de los programas de ordenador como beneficios empresariales (art. 7 del MC) o como cánones (art. 12 del MC) no plantea duda alguna. En cualquiera de estos dos casos el Modelo de Convenio adopta como criterio general la atribución del derecho exclusivo de gravamen al Estado de residencia del beneficiario de la renta.

El problema se origina en el caso de aquellos convenios de doble imposición internacional que optan en materia de cánones por reconocer un derecho limitado de gravamen al Estado de la fuente, criterio éste igualmente defendido por el Estado español. No obstante, en adición a este criterio general debemos matizar que en los últimos convenios españoles es posible observar una cierta tendencia a introducir criterios alternativos de reparto de la competencia impositiva entre los Estados contratantes.

[26] Ello será así aun cuando éste se agote en la persona o en el negocio del usuario y no se destine a su desarrollo o explotación comercial.

Así, por ejemplo, en algunos convenios españoles (caso de los Convenios firmados con Bolivia, Canadá, Francia o Méjico) se ha optado por combinar la tributación exclusiva en el Estado de residencia del beneficiario para determinadas categorías de renta con la aplicación de un tipo único de retención para algunos tipos específicos de renta. Por el contrario, en otros convenios españoles (por ejemplo, los celebrados con la Argentina, China, Estados Unidos, Filipinas, India, Irlanda o Tailandia) se ha optado por establecer tipos de retención diferenciados dentro del régimen de los cánones asociados cada uno de ellos a categorías distintas de derechos de autor[27].

Como es sabido, el artículo 12 del Modelo de Convenio establece, junto a un tipo general del 10%, dos tipos de gravamen "especiales": uno del 5%, para derechos de autor sobre obras literarias, musicales y artísticas; y otro del 8%, para películas y otros medios de reproducción de la imagen o el sonido, derechos sobre obras científicas y bienes de equipo.

Esta regulación normativa ha originado numerosos problemas de interpretación y calificación motivados por la necesidad de asociar los programas informáticos a alguna de las categorías de derechos de autor contempladas en el respectivo convenio de doble imposición internacional. El debate se centra en precisar en cuál de las tres clases de renta anteriormente señaladas deben tener encaje los flujos monetarios remitidos al Estado de residencia del beneficiario en retribución por el uso de programas de ordenador[28].

En el caso de los Estados Unidos, por ejemplo, las multinacionales informáticas vienen argumentando que los programas informáticos deben ser calificados como "obra literaria", debiendo beneficiarse sus rentas del tipo más beneficioso del Convenio de doble imposición y procediéndose por tanto a autoliquidar de ese modo.

Sin embargo, el criterio administrativo derivado de las numerosas contestaciones a consultas formuladas al respecto difiere de esta tesis. Y lo mismo sucede con las actuaciones inspectoras desarrolladas en este punto, que tienden a regularizar la situación, generando expedientes litigiosos tanto en vía económico-administrativa como jurisdiccional[29].

[27] A título de ejemplo el Convenio de Doble Imposición entre España y Estados Unidos, cuando regula el reparto de soberanías fiscales entre ambos países en materia de cánones, establece tres tipos de retención en la fuente dependiendo de la situación que origina el pago del canon. Véase a este respecto Vázquez del Rey Villanueva, A., "La calificación de los cánones en los programas de ordenador en el convenio impositivo entre España y Estados Unidos", *Revista de Contabilidad y Tributación*, núm. 192, 1999, págs. 102 y ss.

[28] Debe precisarse por tanto si la "obra informática" ha de ser calificada, a estos concretos efectos fiscales, como "obra literaria", como "obra científica" o bien como un concepto particular, propio y ajeno a ambas.

[29] En líneas generales la posición de la Inspección se inclina por llevar a cabo regularizaciones en atención al tipo del 8%, considerando los programas de ordenador como "obras cien-

En torno de este conflictivo asunto existen decisiones de los tribunales económico-administrativos en contra de la calificación de los programas de ordenador como "obras literarias" (caso, por ejemplo, de la Resolución del Tribunal Económico-Administrativo Regional de Madrid de 30 de septiembre de 1992 o de las Resoluciones del Tribunal Económico-Administrativo Central de 29 de septiembre de 1993 y 30 de abril de 1995) y sentencias de los tribunales de justicia a favor de dicha calificación (entre otras, las sentencias de la Audiencia Nacional de 10 de octubre de 1995 y de 12 de diciembre de 1995).

Con efectos desde el 1 de enero de 2003, el Real Decreto Legislativo 5/2004, de 5 de marzo, por el que se aprueba el Texto Refundido de la Ley del Impuesto sobre la Renta de los No Residentes, contribuyó a clarificar aun más si cabe el concepto de canon, al disponer su art. 13.1 f).3º que tienen tal consideración *Las cantidades de cualquier clase pagadas por el uso o la cesión de derechos sobre obras literarias, artísticas o científicas, incluidas las películas cinematográficas; patentes, marcas de fábrica o de comercio, dibujos o modelos, planos, fórmulas o procedimientos secretos; derechos sobre programas informáticos; informaciones relativas a experiencias industriales, comerciales o científicas; derechos personales susceptibles de cesión tales como los derechos de imagen; equipos industriales, comerciales o científicos y cualquier otro derecho similar a los anteriores. En particular tienen esa consideración las cantidades pagadas por el uso o la concesión de uso de los derechos amparados por el Texto Refundido de la Ley de Propiedad Intelectual, aprobado por el Real Decreto Legislativo 1/1996, de 12 de abril, la Ley 11/1986, de 20 de marzo, de Patentes y la Ley 17/2001, de 7 de diciembre, de Marcas*.

Recuérdese para finalizar que, habiendo mantenido tradicionalmente el Estado español un concepto de canon más amplio que el definido por la OCDE, tras el cambio introducido a este respecto en los Comentarios se ha mantenido la Observación anterior (modificada), ampliándose al nuevo Párrafo 14.4. De este modo, si bien con anterioridad se calificaban como canon los pagos realizados por distribución de aplicaciones de ordenador, a la vista de la línea de interpretación seguida por los países de la OCDE se modificó por parte de España la citada Observación en los siguientes términos: *México, España y Portugal no se adhieren a la interpretación que figura en los párrafos 14, 14.4, 15, 16, 17.1 y 17.4. México, España y Portugal estiman que los pagos relativos a las aplicaciones informáticas –software– se encuentran dentro del ámbito de aplicación del Artículo cuando se transfiere solamente una parte*

tíficas", aun cuando algún pronunciamiento consultivo ministerial ha optado por entender que el tipo de tributación debe ser el 10%, rechazándose la posibilidad de que las rentas en cuestión puedan beneficiarse de alguno de los tipos "especiales" bonificados.

de los derechos sobre la aplicación, tanto si los pagos se efectúan en contraprestación de la utilización de un derecho de autor sobre una aplicación –software– para su explotación comercial (excepto los pagos efectuados por el derecho de distribución de copias de aplicaciones –software– estándar, sin derecho de adaptación ni de reproducción) como si los mismos corresponden a una aplicación –software– adquirida para uso empresarial o profesional del comprador siendo, en este último caso, aplicaciones –software– no absolutamente estándares sino adaptadas de algún modo para el adquirente.

ÍNDICE

INTERNET, ¿UNA AMENAZA PARA LA SOBERANÍA?
Reflexiones sobre el papel de Internet en el fortalecimiento del gobierno a escala nacional y global

Henry H. Perritt (h.)

SOBERANÍAS MÚLTIPLES Y SUPERPUESTAS:
liberalismo, doctrina libertaria, soberanía nacional, propiedad intelectual "global" e Internet

Keith Aoki

SOBERANÍAS CIBERESPACIALES: FINANZAS *OFFSHORE*, EFECTIVO DIGITAL Y LÍMITES DEL LIBERALISMO

Bill Maurer

LA PIRATERÍA INFORMÁTICA EN EL CIBERESPACIO
Recursos jurídicos y tecnológicos para combatirla

Kory D. Christensen

LAS MARCAS EN INTERNET

José Massaguer

EL CASO NAPSTER COMO DISPARADOR DE UN NUEVO DEBATE

Un análisis económico de los derechos de autor en la sociedad de información

Cristian Elbert

LA CONTRATACIÓN MERCANTIL EN EL PLANO DE LO ELECTRÓNICO

Caroline Scaglia

LA CONTRATACIÓN A DISTANCIA E INTERNET EN EL DERECHO EUROPEO: LOS EJEMPLOS DE ESPAÑA E ITALIA

Juan C. Menéndez Mato

LA CALIFICACIÓN TRIBUTARIA DE LAS DISTINTAS RENTAS DERIVADAS DE OPERACIONES DE COMERCIO ELECTRÓNICO:
Principales cuestiones conflictivas

Juan Calvo Vérgez

Impreso en Talleres Gráficos Leograf SRL,
Mail: impresionesleograf@speedy.com.ar
Rucci 408 (1822), Valentin Alsina, Buenos Aires,
Argentina. Tel.011-4208-7766.